Nick Wilder

Das Leben ist wilder, als du denkst

2. Auflage August 2025

BIG SKY VISION LLC
5275 Riverview Drive
Helena, MT 59602

USA

www.nick-wilder.com

Herausgeber: Nick Wilder

Coverdesign: Melina Brinkman
Grafik: Mel Schulz

Print-Ausgabe gedruckt von:

Printing House Multiprint ltd., 10A Slavyanska Str.,
BG-2230 Kostinbrod

ISBN (Print): 979-8-9998499-0-8

Zur Erinnerung an die Lesung

Herzlichst Dein

Sayed Badreya (إبن الحارة)

Egyptian-born actor Sayed Badreya realized a childhood dream by winning roles in big Hollywood film

VORWORT VON SAYED BADREYA

Damals am Sternentor

Vor 26 Jahren stand ich inmitten der Sanddünen von Yuma, Arizona. Ich sollte dort meinen ersten, richtigen Hollywood-Film drehen: *Stargate!*

All diese Jahre war ich meinem Traum hinterhergejagt und nun würde er direkt vor meinen Augen zur Realität werden. Um ihn zu erfüllen, hatte ich meine Heimat Ägypten verlassen, nur um mich nun an einem Ort zu befinden, der ironischerweise für mein Heimatland Pate stand.

Wie verrückt ist das bitte?

Ich war wirklich aufgeregt. Doch dann begegnete ich Nick Wilder, der den Archäologen Foreman Taylor spielte. Regisseur Roland Emmerich bat mich, ihm ein paar arabische Phrasen beizubringen, bevor die Arbeit losging.

Auf mich wirkte Nick sehr erfahren und abgeklärt. Wir probten die arabischen Texte und unsere Szenen, was meine Nerven enorm beruhigte. Nick ließ mich spüren, dass ich einen guten Job machte, was mir wirklich half. Erst 25 Jahre später fand ich dann in einem Telefongespräch mit ihm heraus, dass auch er damals seinen ersten großen Film gespielt hatte und genauso nervös gewesen war wie ich. Er wusste es wirklich gut zu verstecken!
Für uns beide war *Stargate* letztlich mehr als nur ein Film. Es war die Tür zu unserem gemeinsamen Traum.

Danke dir, Nick, und ich wünsche dir nur das Beste für dein Buch und die Zukunft!

Sayed Badreya im Herbst 2020

Inhaltsverzeichnis

Ein Hinweis, bevor wir loslegen.

Du oder Sie?

Etwas Wichtiges vorweg: Wie gehe ich in diesem Buch mit Ihnen, meinen Leserinnen und Lesern, um? Soll ich siezen oder duzen? Lange habe ich darüber nachgedacht. Mit dem Du ist bei mir noch nie der Respekt vor einem Menschen verloren gegangen. Im Gegenteil. Die Nähe, die das Du mit sich bringt, verbinde ich automatisch mit Vertrauen und Respekt. Bei Menschen, die ich mag und die mich mögen, habe ich das Bedürfnis, sie zu duzen. Denn mit dem Du gehen meine Schranken hoch, und ich lasse Menschen in meine Intimsphäre, in mein Leben und den inneren Zirkel. Ich teile dann auch manchmal viele meiner bestgehüteten Geheimnisse.

Da ich davon ausgehe, dass Sie das Buch, das Sie jetzt in der Hand halten, gekauft haben, weil sie mich mögen oder es vielleicht interessant finden, was ich aus meinem Leben gemacht habe, gehören Sie definitiv zu den Leuten, für die ich Tür und Tor öffne und Sie hereinlasse.

Und damit biete ich Ihnen jetzt das Du an. Wenn Sie damit nicht einverstanden sind, sollten Sie das Buch jetzt vielleicht weglegen und weiterverschenken. Sind Sie jedoch einverstanden, wünsche ich dir jetzt viel Freude beim Lesen.

Vorwort

Obwohl es bereits mehr als fünf Jahrzehnte her ist, höre ich diese Worte auch heute noch, als wäre es gestern gewesen. Sie sie suchen mich nachts im Traum heim, in einsamen Momenten, wenn ich durch die wilde Natur Montanas streife, und besonders jetzt, da ich meine Gedanken so häufig in die Vergangenheit schweifen lasse, um dieses Buch, meine Geschichte, aufzuschreiben. Schon als Kind habe ich diesen Ausdruck gehasst: artig sein! Wer bestimmte in meiner Kindheit eigentlich, wie das vonstattenzugehen hatte? Papa? Mama? Die Nachbarn im Ort?

Ich sehe meinen Vater, einen nach außen gemütlichem, rundem Mann, wie er diese Worte in der Regel gar nicht persönlich aussprechen musste. Dafür hatte er meine Mutter. Sie war es, die sie mir bei jeder passenden und unpassenden Gelegenheit um die Ohren haute. Beim Frühstück, nach der Schule, zum Mittagessen, wenn ich zu laut spielte und am Abend vor dem Zubettgehen. Artig sein musste man schließlich immer! Bei meinem Vater spürte man es, meine Mutter war das Sprachrohr.

Und obwohl sie damit im Grunde nur seinen Job machte, höre ich dennoch auch immer seine Stimme, wenn ich daran denke. Ich empfinde ihn jedoch nicht nur wie einen Geist aus der Vergangenheit. Ich kann auch noch immer die Emotionen nachempfinden, die Auswirkungen, die diese drei schlichten Worte jedes einzelne Mal auf mich hatten.

Im Grunde genommen war mein Vater in Gesellschaft zumeist ein geselliger Typ, der auch Fünfe gerade sein lassen konnte. Doch kannte ich eben auch den nachdenklichen Schwarzmaler. Er wollte Kontrolle ausüben. »Sei artig« war seine Art, mir zu sagen: Funktioniere! Funktioniere im Rahmen meines eingeschränkten Weltbildes. Mit etwas anderem konnte er trotz seiner vielfältigen Talente und Fähigkeiten nicht umgehen. Jeder musste funktionieren. Auch der kleine Klaus. Sei artig!

Und obwohl ich inzwischen so viele Kilometer, Jahre und Erfahrungen zwischen mich und diesen Ort, mein Zuhause, gebracht habe, werde ich die damit verbundenen Gefühle niemals vergessen. Meine Vergangenheit hat mich zu dem gemacht, was ich heute bin. Viel habe ich in all den Jahren über das Verhältnis zu meinem Vater nachgedacht. Oft haben mich seine Reaktionen verängstigt, verwirrt und beschäftigt. Auch davon möchte ich in diesem Buch berichten. Doch nicht nur. Leben ist nämlich das, was man daraus macht. In der Rückschau oder Reflexion über das Verhalten und die Taten anderer zu leben, funktioniert nur bedingt. Viel wichtiger ist es, irgendwann aufzuschauen, auf die Welt und sich selbst zu blicken und zu fragen: Was kann ich aus meinem Leben machen?

Bis diese Erkenntnis in mir reifte, sollte jedoch einiges an Zeit ins Land gehen.

Ich möchte dich nun gerne an die Hand nehmen. Begleite mich durch fast sieben Jahrzehnte meines Lebens. Denn dies ist die Geschichte des kleinen Klaus Wilder, der immer artig sein sollte, auf seinem Weg aber mehr als einmal erkennen durfte …

… das Leben ist wilder, als du denkst!

Nick Wilder

(Herbst 2020)

Kapitel 1

Im Märzen der Bauer

(1952)

Hörst du das? Nein, nein. Nicht die Möwen. Die kreischen hier auf Fehmarn immer so laut. Sogar im Winter. Ich spreche von dem anderen Kreischen. Das ist der kleine Klaus. Klaus wurde vor wenigen Minuten auf dem elterlichen Bauernhof der Familie Wilder in Altjellingsdorf geboren. Das Rauschen, das du vielleicht auch noch hörst, ist das Schneetreiben. Denn wir schreiben den 3. Dezember 1952, es ist etwa 14 Uhr, und für mich ging es an diesem kalten Mittwoch erstmal nur um eins, heil auf die Welt zu kommen.

Und wie es sich gehörte, wurde auch ich, das vierte Kind der Familie, auf dem Esstisch in der Küche zur Welt gebracht. Anwesend waren Großbauer Klaus-Herbert Wilder und (wenig verwunderlich) seine Ehefrau Irma. Also hatten meine Eltern im Jahr 1952 die sprichwörtliche Bestellung der Felder im Märzen offenbar direkt mit dem Kinderzeugen abgewickelt. März bis Dezember, neun Monate: Hallo, da bin ich! Frisch geschlüpft.

Ich war nach Hans, dem zukünftigen Hoferben, der bereits 1939 zur Welt gekommen war, der zweite Sohn der Familie. Dann gab es da noch zwei Schwestern. Helga war 1940 als zweite dran gewesen, Magret direkt neun Monate nach der Rückkehr des Vaters aus russischer Kriegsgefangenschaft. Da verlor man damals keine Zeit. Oder wie man das bei uns auch sagen kann: Watt mutt, datt mutt.

Da meine Mutter ihre vielen Vornamen hasste, sie hieß eigentlich Irma Wilhelmine Karoline Flohr, hatte sie ihren Kindern wohlweislich jeweils nur einen spendiert. Doch welchen sollte der jüngste Spross nun tragen? Man entschied sich ganz traditionell für Klaus, also wie der Vater, nur ohne den Herbert dran. So weit, so gut.

Über meinen Vater

Ein Nazi, ein Krieger und zwei Demokraten

Sprechen wir doch ein wenig über meinen Vater. Eines konnte man ihm nämlich ganz sicher nicht unterstellen. Der Mann war definitiv kein Komiker! Im Gegenteil: Ich hatte schon als kleiner Junge Angst vor ihm. Und Angst ist nie komisch. Er konnte wirklich aus der Haut fahren, wenn ihm irgendetwas nicht passte. Und ging es nicht nach seiner Nase, wurde er laut. Sehr laut. Meine Mutter tat also die meiste Zeit des Tages alles, um ihn nicht zu reizen und sorgte dafür, dass wir Kinder ihm nicht in die Quere kamen und immer schön »artig waren«. Da war es wieder. Schön artig sein!

Ob nun zu Hause auf dem Hof, während des Besuchs bei Verwandten oder zu gesellschaftlichen Anlässen; artig sein war immer *das* Thema! Artig sein für den lieben Frieden mit Papa. Nein, komisch war das ganz bestimmt nicht.

Womit mein alter Herr bei neuen Bekanntschaften allerdings immer einen Lacher erzeugte – garantiert - war sein berüchtigter Satz: »Ich habe vier Kinder. Einen Krieger, einen Nazi und zwei Demokraten.« Den musste man erstmal sacken lassen. Er sortierte seine Kinder nämlich nach den Geburtsjahren und ordnete sie zeitgeschichtlich ein. Ich gebe zu: Das war witzig. Das entsprach meinem Humor. Ansonsten fand ich das, was er von sich gab, um ehrlich zu sein, aber nie so richtig komisch.

Umso erstaunlicher verlief eine Unterhaltung mit meiner Mutter. Ich fragte sie einmal, warum sie meinen Vater eigentlich geheiratet hatte. Ihre lapidare und gleichzeitig überraschende Antwort lautete: »Er war sehr unterhaltsam.« Ich hätte vermutlich vieles erwartet, dass jedoch nicht. Nun, sie war 18 Jahre jung gewesen, als sie ihn kennenlernte. Und er hatte sie auf den Tanzveranstaltungen in Wissers Hotel nie bedrängt oder begrabscht, so wie die anderen jungen Männer auf Fehmarn. Das war ein klarer Vorteil! Diese Tanzveranstaltungen liefen eigentlich immer gleich ab. Wenn Papa nicht da war, fehlte er ihr eigentlich auch nicht. Doch wenn er da war, war es immer lustig. Das war die Pflicht. Die Kür folgte, als er sich eines Tages auf den Weg von Altjellingsdorf bis zu ihr nach Burgstaaken an den Hafen machte, um dort um ihre Hand anzuhalten. Keine Frage: Das hatte meine Mutter schwer beeindruckt!

Und auch bei diesem Anlass war er sogar noch lustig gewesen, wenn auch unfreiwillig. Er fiel vom Pferd und brach sich die Nase. So kam er nun also bei ihr am Hafen an, hoch zu Ross, mit gebrochener Nase, und fragte meine Mutter, ob er sie heiraten dürfe. Immerhin war er ja ein großer Bauer und genoss auf Fehmarn ein ebenso großes Ansehen. Und da es auf der Insel verpönt war, eine Frau zu heiraten, die nicht standesgemäß war, fand sie es von ihm äußerst mutig, dass er ausgerechnet um ihre Hand anhielt. Die Geschichte endete mit zwei Buchstaben. Meine Mutter sagte »ja«. Zwei Buchstaben, die sie später oft bereuen sollte.

Denn wie man es so kennt, gab es da noch die Schwiegermutter. Else Wilder, geb. Koch, wollte es meinem Vater einfach nicht verzeihen, dass er eine Kaufmannstochter geheiratet hatte und nicht – wie es standesgemäß gewesen wäre – eine Bauerstochter. Was tun Schwiegermütter in einem solchen Fall? Sie machen dem neuen Familienmitglied das Leben zur Hölle. Insbesondere nachdem mein Vater in den Krieg gezogen war, sah sich meine Mutter (so berichteten sie und Helga es mir später) täglich den Schikanen meiner Oma ausgesetzt. Der Gipfel des Ganzen war erreicht, als diese das Gerücht in die Welt setzte, ihre Schwiegertochter hätte ein Verhältnis mit einem englischen Offizier angefangen. Der war damals (wie viele englische und russische Kriegsgefangene) bei uns auf dem Hof interniert und musste arbeiten. Für meine Mutter war die Situation unerträglich geworden.

Es hieß, mein Onkel, Dr. Max Nagel, der auch unser Hausarzt war, habe ihr einmal den Rat gegeben, drei Schnaps zu trinken und Oma Wilder einfach vom Hof zu jagen. Und so kam es, dass meine Großeltern schließlich verärgert nach Burg ins Altenteil zogen. So nennt man das auf Fehmarn übrigens heute noch. Alt und Jung getrennt und so weit auseinander, dass man sich einen Hut aufsetzen musste, um sich gegenseitig zu besuchen. Meiner Meinung nach auch heute noch eine gute und vor allem weise Regelung.

Irgendwann kehrte dann auch mein Vater aus dem Krieg zurück. Seinen wohltuenden Humor, den meine Mutter offenbar an ihm geschätzt hatte, durfte ich jedoch nie mehr wirklich kennenlernen.

Vielleicht war das aber auch schlicht der Zeit geschuldet: Krieg ist schließlich niemals lustig.

Viele, die damals zurückkehrten, hatten Bilder in ihren Köpfen, die sich die daheimgebliebenen Eltern, Großeltern und Kinder und somit insbesondere die nächste Generation nicht im Entferntesten vorstellen konnten. Heute gibt es dafür längst einen Begriff: Man nennt es PTBS (Posttraumatische Belastungsstörung). In den USA ist dieses Konzept bereits lange etabliert und rückte primär durch die Nachwehen der Kriege in Vietnam, Irak und Afghanistan in den Fokus einer breiten Öffentlichkeit.

Doch im Deutschland des Jahres 1945, geschweige denn auf Fehmarn, gab es so etwas nicht. Innerhalb der Familie und der Gesellschaft wurde nach Ende des ersten und auch zweiten Weltkrieges alles einfach unter den Teppich gekehrt. Man redete nicht darüber. Man schwieg einfach. Nähe zulassen und geben war etwas, das insbesondere die Männer dieser Generation nicht kannten und konnten.

Daher lobte man auch nicht groß, man umarmte sich nicht oft. Man gab sich einfach die Hand, machte als Mädchen einen Knicks oder als Junge einen Diener. Für Gefühlsduseleien war kein Platz. Man sollte einfach immer nur artig sein.

Kapitel 2

Mittendrin statt nur gehört

(1952-1959)

Bis jetzt habe ich ja nur Dinge wiedergegeben, die man mir irgendwann mal erzählt hat. Und ich hoffe, dass das auch alles so stimmt. Denn ich war ja nicht anwesend.

Doch jetzt, da ich es heil auf diese Welt geschafft hatte, wurde ich endlich Zeitzeuge meines eigenen Lebens. Vom Moment meiner Geburt an war ich sozusagen mittendrin; live und in Farbe. Erinnern kann ich mich daran aber natürlich nicht. Vor über 125 Jahren, im

Winter der Jahre 1893 bis 1894, prägte die Wissenschaftlerin Caroline Miles den Begriff der Kindheitsamnesie. Sie fand heraus, dass die ersten Gedächtnisspuren aus unserer Kindheit mit drei Jahren auszumachen sind. Warum sollte ich da eine Ausnahme bilden?

Rückkehr

Also schließe ich die Augen und versuche, mich in meine früheste Kindheit zurückzuversetzen. Ob es mir gelingen wird, Mrs. Miles zu bestätigen? Das Alter von drei Jahren zu erreichen, ist nach fast sieben Jahrzehnten Lebensgeschichte gar nicht so einfach! Zuerst passiert gar nichts. Doch nach etwa fünfzehn Minuten kommen sie endlich, die ersten Bilder.

Ja, wirklich: Ich bin wieder drei oder vier Jahre alt und renne wie wild auf dem Hof meiner Eltern hin und her. Vor meinen Augen sehe ich einen großen Sandhaufen, der sich gleich neben unserer Dieseltankstelle für die Traktoren befand. Genau hier habe ich als kleiner Junge oft gespielt.

Unser Hof befand sich am Ende der Dorfstraße; der letzte Bauernhof rechts. Man fuhr auf den Hofplatz und befand sich direkt vor einer riesigen Scheune; eine Fachwerkkonstruktion aus roten Ziegelsteinen. Das zweifach abgesattelte Scheunendach war mit ebenso roten Dachpfannen bedeckt.

Unübersehbar war auch das riesige, doppelflügelige und grün gestrichene Scheunentor, über dem auf einem Querbalken mit weißer Schrift der Satz stand: »Wie's kommt im Jahr kannst nicht durchschauen, musst hoffen und auf Gott vertrauen.« Ein bedeutungsschwangerer Satz, wenn man bedenkt, dass unser Vater mit der Kirche als Institution nie viel im Sinn hatte und in dem Haus Gottes nur zu Beerdigungen, Hochzeiten oder Konfirmationen einkehrte.

Als Kind habe ich bei den gemeinsamen Kirchgängen aber trotzdem immer eine Art Ehrfurcht bei ihm verspürt. Ob er in solchen Momenten vielleicht daran dachte, dass es neben seinem einst gewählten Gott und Führer (auf den auch die meisten anderen Fehmaraner geschworen hatten) doch noch einen anderen Gott gab? Einen Gott, an den die Menschen schon seit Jahrtausenden glaubten, zu dem sie beteten und dem sie blind vertrauten? Im Jahr 1945, und somit weit vor meiner Geburt, war für ihn und die fehmarnschen Inselbewohner immerhin eine riesige Seifenblase geplatzt; wie auch für eine ganze Nation. Oft hatte ich das Gefühl, dass mein Vater in solchen Momenten Gedanken dieser Art nachhing, auch wenn er natürlich nie darüber sprach.

Doch zurück zum drei- oder vierjährigen Klaus. »Klausi! Klauuuuuuusi!« schallt es über den Hofplatz. Ich höre meine Mutter natürlich, doch der geliebte Sandhaufen hat mich fest im Griff. Tief versunken muss ich meine Geschichte, die ich mir vor kurzem ausgedacht habe, mit allen meine Spielfiguren noch zu Ende bringen.

Ich brauchte jedoch gar kein Spielzeug, um meine Fantasie zu Höchstleistungen zu treiben. Ein Stück Holz, ein Ast, ein Mauerstein, ein kaputter Schlauch oder irgendein anderer, beliebiger Gegenstand, den ich auf dem Hofplatz fand, nahm genau die Form an, die ich in ihm sah; ein Traktor, ein Auto, ein Anhänger, ein Tier, ein Pferd oder gar eine Person. Ich spielte auf dem Mikrokosmos Sandhaufen mit blühender Fantasie nach, was im Makrokosmos Hof geschah. Mein älterer Bruder Hans und mein Vater fuhren mit den Traktoren hin und her. Im Garten hängte meine Mutter die großen weißen Bettlaken an der Leine zum Trocknen auf. Alle waren immer beschäftigt. Da machte ich natürlich keine Ausnahme!

Verschwommen tauchen plötzlich Gesichter vor meinem geistigen Auge auf. Unsere Melkerin Margot, die zu Weihnachten mit Rute und langem Bart einmal den Weihnachtsmann gespielt hatte. Ich erkannte sie damals natürlich sofort an ihrer Stimme und war verwirrt: Der Weihnachtsmann ist eine Weihnachtsfrau? Mein Weltbild begann zu bröckeln.

»Klausi!« Da war es schon wieder. In solchen Momenten zählte nur eines: Ich meldete mich möglichst umgehend und kam zu den Mahlzeiten auf direktem Weg ins Haus. Man musste ja »parieren«! Wieder so ein bekloppter Ausdruck. Dazwischen ließ man mich jedoch in Ruhe. Vielleicht machte mir das Gefühl, nicht beachtet zu werden, aus diesem Grund auch überhaupt nichts aus? Als Jüngstem wurde mir viel Freiraum gewährt. Im Nachhinein wage ich zu behaupten, dass alle einfach zu beschäftigt waren, um sich um mich zu kümmern. Man vergaß mich einfach. Und das war überhaupt nicht schlimm. Heute bin ich sogar überzeugt, dass es großen Einfluss auf meine spätere Entwicklung hatte.

Oma, Opa und Eierlikör

Mich störte es in keiner Weise, dass ich nie im Mittelpunkt und somit nur selten richtig unter Beobachtung stand. Im Gegenteil. Ich war frei. Und das fühlte sich gut an. Freiheit war für mich schon damals ein Gefühl, das mich beflügelte.
In meiner eigenen kleinen Welt rund um den Sandhaufen war alles schön. Ich hatte nie Langeweile (und kenne diesen Zustand auch bis heute nicht).

Immer wusste ich mich zu beschäftigen und konnte meiner Fantasie freien Lauf lassen. Das galt insbesondere im Sommer, wenn ich draußen spielte. Denn bei uns war immer viel los. Trotzdem beschäftigte ich mich meist allein. Damals gab es im Dorf allerdings noch den Nachbarssohn Ewald Lafrentz, den wir alle nur »Ede« nannten. Er war drei Jahre älter als ich. Dann war da Peter Wulf von gegenüber, der immer mit zwei Krücken lief. Kinderlähmung. Ein Bein wuchs langsamer als das andere. Er wurde erst später mein Spielkamerad. Ansonsten war da ja noch meine ältere Schwester Magret, mit der ich mich meist auch sehr gut verstand. Wenn es dann aber mal Zoff zwischen uns gab und wir gleichlaut um die Wette flennten, dann hörten wir es wieder: »Wenn ihr beide nicht gleich artig seid, dann …« Mutter Irma sperrte uns in die dunkle Besenkammer, bis wir aufhörten zu heulen. Wenn das nicht half, kam es noch schlimmer. Ab in den Keller! Und der war richtig unheimlich und feucht. Hatte ich die Spinnen und Mäuse erwähnt? Auch wenn wir uns vorher noch so gestritten hatten, waren wir in Sekunden wieder ein Herz und eine Seele. Hauptsache, wir mussten nicht länger im Keller bleiben. Ich hasse bis heute feuchte Keller. Vielleicht habe ich für unser heutiges Haus in Montana auch deshalb gar nicht erst einen gebaut?

Die gängige Sprache in den ersten sechs Jahren meines Daseins war Plattdeutsch. Mein Vater sprach mit meinem Bruder Plattdeutsch, mit meiner Mutter, mit uns Kindern, allen Angestellten und natürlich auch mit allen, die bei uns auf dem Hof verkehrten. Nur meine Mutter und Oma Flohr, also die Mutter meiner Mutter, die regelmäßig zu Besuch kam, und meine beiden Schwestern sprachen Hochdeutsch mit mir.

Oh ja, Oma Flohr! Elise Flohr. Geboren am 22. November 1890 und verstorben mit 86 Jahren im Jahre 1976. Sie war toll! Was für eine edle Dame! Immer sehr gepflegt in ihrem Aussehen und Auftreten. Man hörte sie nie klagen, sie wirkte immer zufrieden. Sie sprach niemals ein böses Wort über andere. So habe ich sie jedenfalls in Erinnerung. Sie betrieb das Kolonialwarengeschäft ihres verstorbenen Mannes. Es lag am Ende des Staakenwegs, kurz vorm Hafen. Ein großes rotes Backsteinhaus mit Schaufenstern und Auslagen.

Meinen Opa, Johannes Flohr, habe ich leider nie kennengelernt. Er muss ein wunderbarer Mensch gewesen sein, hat sich aber, wie man es mir später berichtete, 1937 erhängt. Es hieß, er habe eine Kugel im Kopf gehabt. Eine Kriegsverletzung aus dem Ersten Weltkrieg. Diese Kugel habe ihm immer schlimme Kopfschmerzen bereitet, die ihn schließlich in schwere Depressionen geführt haben sollen. Doch stimmte das auch? Als Kind nimmt man solche Informationen einfach zur Kenntnis. Jahre danach sieht man als Erwachsener dann plötzlich einen ganz anderen Kontext. Darauf kommen wir später noch einmal zurück.

Oma Flohr war aber ohne jede Frage die coolste Oma, die man sich wünschen konnte. Sie besuchte uns regelmäßig auf dem Hof und war immer gerecht. Es gab für alle Geschwister stets die gleiche Anzahl an Geschenken: Schokolade, Pralinen und immer eine Flasche Kosakenkaffee und Eierlikör für die Eltern.

Eierlikör, das unwiderstehlichste Getränk, das je geschaffen wurde! Mit Begeisterung dippte ich schon mit fünf Jahren ein Stück Apfelsine in ein Schnapsglas voll mit dieser gelblich-cremigen Flüssigkeit und ließ es mir auf der Zunge zergehen. Bedenkt man mein damaliges Federgewicht, war es kein Wunder, dass ich trotz des geringen Alkoholgehalts den Anfang eines Rauschzustands jedes Mal deutlich spüren konnte.

Klaus und der Rausch

Mit der Zeit wurden meine Ausflüge rund um unseren Bauernhof immer größer. Das Dorf musste schließlich erkundet werden! Oft ging ich rüber zu den Nachbarn. Süßigkeiten oder Kuchen, irgendetwas konnte man dort immer abstauben. Auf diese Weise lernte ich meinen Heimatort Altjellingsdorf langsam kennen. Ich weiß noch genau, wie Helga und Hans mir eine kleine Milchkanne in die Hand drückten und mich ans andere Ende des Dorfes zum Bauern Kroll schickten, um für 50 Pfennig Taubenmilch zu holen. Taubenmilch? Unschuldig wie Kinder nun mal sind, dackelte ich los. Bei Kroll schmunzelte man natürlich, füllte aber pflichtbewusst die Kanne und ließ mich stolz zurück nach Hause laufen. Haha ... macht euch ruhig lustig! Einen seelischen Schaden trug ich allerdings nicht davon.

Aber wenn wir schon mal beim Thema Alkohol sind: Die Höpners, befreundete Bauern aus Vadersdorf, waren einmal zu Besuch bei uns auf dem Hof. Die Schnäpse stellte meine Mutter gerne im Flur unter dem großen Tisch kalt. Die Tischdecke hing bis zum Boden hinunter und versteckte somit den geheimen Vorrat. Im Verlaufe des Abends fingen die Männer an, Skat zu spielen, und die Damen ergötzten sich am Dorftratsch. Der jüngste Sohn der Höpners, Klaus, versteckte sich unter dem Tisch, und es dauerte nicht lange, bis er mich überredet hatte, ihm Gesellschaft zu leisten. Dann startete er mit mir eine Schnapsverkostung. Ich musste von allem probieren. Irgendwann rief mich meine Mutter, und ich krabbelte artig, wie immer, unter dem Tisch hervor. Sie kam gerade aus dem Wohnzimmer und war auf dem Weg in die Küche. Ich wollte an ihr vorbeigehen und hielt mich kurz am Türrahmen fest, denn irgendwie schwankte der Boden unter mir. Meine Mutter schlug die Tür hinter sich zu. Sie hatte meinen kurzen Stopp und die kleine Hand am Türrahmen gar nicht bemerkt. Es kam, wie es kommen musste: Die Tür prallte mit voller Wucht gegen meine Hand.

Meine Mutter schrie auf – ich jedoch nicht. Ich hatte nichts gespürt, besoffen wie ich war. Schnell beugte sie sich zu mir herunter und begann auf meine lädierte Hand zu pusten, wie man es bei Kindern eben macht. Als wenn man Schmerz wirklich wegpusten könnte! Aber ich spürte ja keinen Schmerz. Mama nahm mich auf den Arm, trug mich ins Wohnzimmer und setzte mich in den großen Sessel. Ich schaute mir das Bild über dem Schreibtisch an. Ein Ölgemälde. Es zeigte meinen Großvater Johannes Flohr. Er stand auf einem Steg am Hafen. Ich fragte meine Mutter, warum ich jetzt zwei Opas hätte. Dieser Satz weckte die volle Aufmerksamkeit aller Anwesenden im Raum. Plötzlich wurde ich zum Mittelpunkt des Abends. Und ich muss ziemlich einen im Kahn gehabt haben, denn ich sah alles doppelt. Diese und auch andere Geschichten über mich wurden dann später immer wieder bei verschiedenen Kaffeekränzchen auf Fehmarn zum Besten gegeben. Unnötig zu erwähnen, dass mir das Erzählen dieser Anekdoten als Kind immer sehr peinlich war.

Magische Weihnachten

Kommen wir daher lieber zu etwas anderem: Weihnachten bei uns zu Hause! Eigentlich lief es immer gleich ab, daher berichte ich exemplarisch von einem Fest, das mir aus mehreren Gründen im Gedächtnis geblieben ist.

Der Tannenbaum wurde bereits ein paar Tage vorher im großen Saal aufgebaut. Ab dem 22. oder 23. Dezember wurde die Tür dann abgeschlossen, da meine Schwestern meist für das Schmücken verantwortlich waren. Das Endresultat durfte natürlich niemand vor dem Heiligen Abend sehen. Damals hatte man noch richtige Kerzen. Deshalb stand auch neben dem Weihnachtsbaum immer ein großer Eimer Wasser, sollte das Ding mal irgendwie Feuer fangen.

Mit meinen fünf Jahren hatte ich allerdings die perfekte Größe, um schnell an die Tür zu treten, ohne mich größer oder kleiner zu machen, und durch das Schlüsselloch zu spähen. Mit Adleraugen erkundete ich, was da so an Paketen unter dem Baum lag. Die Spannung wurde dadurch allerdings nur noch unerträglicher. Einen Tag vor Heiligabend kam mein Vater dann mit einer Wanne, gefüllt mit Wasser, in die Küche. Darin schwammen die berühmten Karpfen, die es traditionell bei uns zu Weihnachten gab. Das Messer wurde gewetzt, und es roch nach Fisch. Der ganze Tisch war blutig.

Doch kam verlässlich und viel schneller als gedacht auch immer der 24. Dezember. Endlich war es soweit! Heiligabend war fast gekommen. Nun mussten erst einmal Oma und Opa Wilder aus der Stadt Burg abgeholt werden. Sollte jetzt jemand denken, dass Oma Else den schändlichen Akt meiner Mutter, sie und ihren Mann damals vom Hof zu jagen, irgendwie vergessen hatte, der irrt sich. Und zwar gewaltig!

Meine Großeltern wohnten in einem kleinen Reihenhaus in der Osterstraße. Dort stiegen wir aus dem Auto und klopften an die Tür. Oma und Opa steckten zwar jedes Mal schon in Hut und Mantel und waren bereit für die Abfahrt, ließen sich aber dennoch gerne bitten. Dann kam verlässlich der große Moment der Vergeltung. Jedes Jahr, man konnte darauf wetten: Oma Else hob die zu einem Bündel gebundene Dreckwäsche vom Fußboden auf und drückte sie meiner Mutter in die Hand. Frohe Weihnachten!

Ja, wir hatten auf dem Hof eine Waschmaschine. Die Geste meiner Oma und vor allem der Zeitpunkt waren jedoch nicht erklärungsbedürftig. Ich spürte schon damals, wie sehr meine Mutter sich in diesem Augenblick immer zusammenreißen musste, um nicht mit einem Schrei aus der Haut zu fahren. Aber es war ja Weihnachten, das Fest des Friedens. Jetzt musste auch sie mal artig sein. War doch nur gerecht, oder?

Zuhause angekommen wurde die Wartezeit, bis die Saaltür endlich geöffnet wurde, unerträglich. Helga, Magret und ich mussten servieren, und die Erwachsenen erfreuten sich über Stunden an diesen blöden Karpfen, den Kartoffeln, der zerlassenen Butter und der mit Meerrettich unterschlagenen Sahne. Auch Wein durfte natürlich nicht fehlen!

Fairerweise muss ich gestehen, dass man mich während des Essens damals schon ab und zu ein Schlückchen Wein hat mittrinken lassen. Denn alle wussten bereits: Mit Alkohol kennt der Klausi sich schon bestens aus!

Dazu gab's für mich Wiener Würstchen. Und klar, die waren ratzfatz aufgegessen! Ich wollte den Abend ja nicht unnötig in die Länge ziehen! Wann ging denn endlich diese blöde Tür auf? Schnell wurde noch der Jagdhund hereingeholt. Einmal im Jahr durfte er im warmen Flur aus einem Napf sein Essen futtern. Es war eben Weihnachten!

Dann war es so weit. Bumm, bumm, bumm! Von irgendeinem Fenster in unserem Haus vernahm man ein lautes Klopfen. Kurze Zeit später kam mein Bruder Hans ins Haus gestürzt und schrie: »Ich glaub, der Weihnachtsmann war da!« Logischerweise war er es gewesen, der da draußen ans Fenster geklopft hatte. Dennoch: Mein Herz raste. Irgendjemand hatte die Saaltür schon heimlich aufgeschlossen, und jetzt stand sie plötzlich weit offen.

Es war ein atemberaubender Moment. Feierlich! Absolut feierlich! Die flackernden Kerzen, dieser Geruch von frischen Tannennadeln, das plötzlich andächtige Schweigen der Erwachsenen, deren Augen auf mich und Magret gerichtet waren. Jeder setzte sich auf einen Stuhl. Oma und Opa nahmen auf dem Sofa Platz. Ein leichtes ehrfürchtiges Räuspern von allen … dann ging es los. Hans schnallte sich sein Akkordeon um. C-Dur? Ups! Nein, doch lieber F-Dur. »Oh du fröhliche …«. Spätestens bei der dritten Strophe war bei den meisten der Text weg. Nur meine Mutter, die konnte ihn immer! Nun musste ein Gedicht aufgesagt werden. Wer zuerst? Magret oder Klausi? Helga war schon längst davon befreit, und Hans musste ja Akkordeon spielen.

Doch dann der Schock: Scheiße, der Baum brennt! Eine Löschaktion später, bei der der halbe Eimer Wasser draufging, kehrte langsam wieder Ruhe ein. Schnell noch das Wasser aufwischen, dann ging es weiter. Neue Kerzen, alle wieder anzünden. Ging ja nochmal gut. Diener, Knicks, artig das Gedicht aufgesagt. Fehlerfrei. Magret und ich waren endlich damit durch. Geschafft. Jetzt gab es Geschenke!

Mit vier bekam ich eine Puppe. Es war eine »Peter Puppe«. Warum die damals so hieß, weiß ich bis heute nicht. Wahrscheinlich war es ein Junge. Mit fünf gab es einen Roller. Mit sechs folgte eine Märklin-Eisenbahn. Oder war ich da schon sieben? Ich weiß es nicht mehr. Papa fuhr Oma und Opa dann spät am Heiligabend wieder ins Altenteil. Helga und Mama machten die Küche sauber, und Magret und ich durften jetzt endlich mit unseren Geschenken spielen. Aus der Küche hörte ich dann jedes Mal, wie sich meine Mutter Jahr für Jahr darüber aufregen konnte, wie erniedrigend sie die Geste ihrer Schwiegermutter Else fand: Das Bündel mit der schmutzigen Wäsche! Hatte es nicht einen Tag warten können? Nein, hatte es offenbar nicht. Meiner Oma war sehr bewusst gewesen, dass es im Leben oft nur *einen* richtigen Zeitpunkt für etwas gab. Auch ich sollte später ähnliche Erfahrungen machen.

Dütt und datt

Die ersten sechs Jahre meines Lebens gestalteten sich trotz solcher Zwischenfälle sehr unbeschwert. Der zweite Weltkrieg war zum Zeitpunkt meiner Geburt schon seit sieben Jahren vorbei, und seitdem ging es auch wirtschaftlich wieder voran. So war auf unserem Hof auch weiterhin immer viel los, und alle hatten oft bis spät in die Nacht zu tun. Besonders im Sommer. Samstags, sonntags, werktags – jeder Tag war immer irgendwie gleich.

Da meine Arbeitskraft zunächst nicht so richtig gefordert wurde, spielte ich also auf dem Hof und in den umliegenden Feldern, stets ohne große Aufsicht oder Kontrolle. Hauptsache, ich entfernte mich nicht zu weit von den Augen meiner Mutter. Das prägte schon früh mein Gespür für Freiheit. Im Gegensatz zu den meisten Jugendlichen haben mich Autos und Maschinen als Kind nie wirklich fasziniert. Sie gehörten eben zum Alltag auf dem Hof. Mich interessierten die Plastik-Spielfiguren aus den Wundertüten umso mehr, nicht die regelmäßig vorbeifahrenden Traktoren. Während mein Bruder Hans ganz dem Lebensweg meines Vaters folgte, beflügelten Cowboys und Indianer meine Welt. Im Sandhaufen zwischen unserer großen Scheune und dem Garten baute ich mir ein kleines Fort, mein eigenes Reich und somit auch einen Schutzwall gegen die Welt da draußen, der jedoch schon bald Risse bekommen sollte …

Kapitel 3

Die neue Weltordnung

(1959)

Die coole Socke

Das Jahr 1959 brachte eine neue Weltordnung: Auftritt, Herr Grünwaldt! Mit großer Schultüte und nagelneuem Lederranzen ausgestattet, begegnete ich am ersten Schultag voller Stolz meinem Lehrer. Er war zugleich der einzige in der kleinen Dorfschule von Neujellingsdorf.

Sein Name hätte im Normalfall kein großes Problem darstellen sollen, oder? Doch meine Güte, war das »R« schwer für mich in der ersten Klasse! Grrrrr…ünwaldt! Keine Chance. So hieß er bei mir also Herrn Glünwaldt. Die ganze Sache war mir allerdings auch ziemlich egal: Ob mit »L« oder »R«, wichtig war, wir konnten in der Pause Fußball spielen!

Im ersten Schuljahr kam ich oft zu spät. Der Grund war jedoch nicht, dass ich zu langsam lief – denn im ersten Jahr ging ich die 1,2 Kilometer lange Teerstraße nach Neujellingsdorf meist zu Fuß – ich traf vielmehr unterwegs auf Kaninchen, Hasen oder Rebhühner! Ihnen lief ich gerne hinterher und vergaß die Schule komplett. Ich höre noch heute die Stimme von Herrn Grünwaldt: »Ach, da ist er ja, der Klaus!« Ein schlechtes Gewissen hatte ich allerdings nie; die Welt da draußen war ja viel interessanter!

Als Kind wurde ich von meinen Verwandten immer gefragt, wer der Beste in meiner Klasse sei. Ich antwortete stolz: »Ich!« Das war natürlich bei vier Schülern nicht so schwierig. Die ganze Volksschule hatte ja insgesamt nur 18 Schüler. Und alle wurden von Herrn Grünwaldt in einem großen Klassenzimmer unterrichtet. Richtig gehört: alle neun Klassen! Grünwaldt hatte man die Leitung dieses kleinen Instituts anvertraut, und er gab sein Bestes, den Kindern aus Alt- und Neujellingsdorf, Westerbergen, Wulfen, Gold und den umliegenden Höfen das nötige Rüstzeug für den Eintritt in ihr späteren, erwachsenen Lebens zu vermitteln. Diejenigen, von denen man glaubte, sie hätten genug Grips im Kopf für eine höhere Schule, sollte er nebenbei auf die weiterführende Schule vorbereiten. Das konnte er bei neun Klassen mit unterschiedlichem Lehrstoff jedoch unmöglich schaffen. Also machte er diejenigen, denen er schon mal etwas beigebracht hatte, zu seinen Komplizen.

Die Älteren aus der sechsten Klasse brachten den kleinen Erstklässlern das Lesen bei. Die aus der achten und neunten halfen denen aus der vierten bei den Erdkundeaufgaben. Es herrschte in dem einzigen, großen Klassenraum immer ein buntes Treiben.

Herr Grünwaldt war wirklich cool; ein Kettenraucher mit braunen Fingerspitzen, der täglich markentreu mindestens zwei bis drei Schachteln *Juno* ohne Filter durch seine Lungen knallte. Wenn er einem die Ohren langzog, konnte man die letzte Zigarette immer noch riechen. Er war damals schon an die 60 Jahre alt, und er hatte riesige Ohren.

Hatte jemand mal wieder richtig Mist gebaut und musste bestraft werden, schnappte er sich jedoch das kleine Ohr seines Schützlings und zog ihn daran aus der Bank hoch. Es tat jedes Mal verdammt weh, zugegeben, aber man wusste auch, warum. Bei schwereren »Straftaten« holte er darüber hinaus mit großem Showeffekt sein Taschenmesser aus der Hose, klappte es auf und drückte es dem entsprechenden Täter in die Hand. Der musste sich damit dann einen passenden Stock aus den dichten Hecken am Schulhof schneiden: Die Rute! Damit gab es auf den Hintern, vor allen Mitschülern! Aber immer nur einmal, ein einziger Schlag. Und nie so stark, dass jemand Schaden davontrug. Irgendwann war auch ich mal an der Reihe. Ehrensache! Ich hatte längst bemerkt, dass einige Mitschüler meist mit dünnen Weidenzweigen zurückkehrten. Sie dachten wohl, je kleiner und dünner, desto weniger würde der Schlag wehtun. Als ich an der Reihe war, ging ich auf den Schulhof, sägte an einem etwa fünf Zentimeter dicken langen Ast herum und brachte dieses etwa zwei Meter lange Prachtexemplar mit in den Klassenraum. Ich kann mich seltsamerweise sogar heute noch an den Blick von Herrn Grünwaldt erinnern. Er hatte so etwas von: »Okay, der Klaus hat das Zeug zu einer höheren Schulbildung.« Denn erstens war der dicke Ast nicht sehr biegsam und prallte somit besser auf den Pobacken ab, zweitens hatte er eine derartige Überlänge, dass Herr Grünwald damit gar nicht richtig ausholen konnte.

Sein Prinzip war jedoch damals schon goldrichtig. Wenn man glaubt, etwas im Leben verstanden zu haben, sich aber noch nicht ganz sicher ist und es dennoch anderen beibringen soll, dann lernt man die Materie beim »Lehren« erst richtig. Leider habe ich das während meiner Schulzeit erst sehr spät verstanden. Die sogenannten Nerds, die Superschlauen, machten immer brav ihre Hausaufgaben und wurden dann in letzter Minute von den Faulen (wie ich einer war) beauftragt, es einem noch schnell vor der nächsten Unterrichtsstunde beizubringen. Dadurch wurden diese Streber natürlich immer schlauer und schleppten die Faulen in der Klasse mit durch. Später habe ich dann die umgekehrte Erfahrung gemacht: Materie, die für mich auf Anhieb weitestgehend verständlich war, wollte ich meinen Klassenkameraden beibringen und bemerkte, dass die Zusammenhänge auf einmal kristallklar wurden. Hätte ich das alles schon früher gewusst, wer weiß, was aus mir noch geworden wäre.

Dütt und datt

In meinen ersten Sommerferien fuhren wir mit dem Fahrrad oft zum Baden nach Westerbergen an die Steilküste. Naja, Steilküste ist übertrieben. Aber für mich als kleiner Furz war es schon ziemlich hoch. Vielleicht drei bis vier Meter. Dort haben wir dann in den seichten und warmen Gewässern der Orther Bucht nach Krabben gesucht. Reinhard und Karin und Peter Wulf, Ede, Magret und einige andere Kinder aus der Volksschule waren auch mit dabei. Und mein neuer Freund und Klassenkamerad Günter »Günni« Barkow war jetzt oft an meiner Seite.

Der Sommer ging viel zu schnell vorbei. Doch hatte auch der Winter einiges zu bieten: Trotz Schnee und Kälte mussten wir selbstverständlich immer zur Schule. Damals gab es noch richtig hohe Schneewehen. Mein Vater oder mein Bruder spannten dann das Pferd Lotte, das eigentlich den Milchwagen zog, vor einen Schlitten. Zwei Strohballen wurden oben draufgelegt, und dann ging es ab. Im Dunkeln, so kurz nach 7 Uhr morgens. Es war wirklich bitterkalt, aber irgendwie auch megacool. Alle Kinder aus dem Dorf hatten auf dem

Schlitten Platz. So fuhren wir durch die Dunkelheit, eingemummelt in dicke Jacken und Schals.

Und es lohnte sich: Denn war es auch in der Schule in der Vorweihnachtszeit immer am Schönsten. Vor unserem Tisch standen dann ein Tannenzweig und eine Kerze. Die Kerze wurde angezündet, Weihnachtslieder gesungen und Weihnachtsgedichte eingeübt. Draußen blieb es dunkel und bitterkalt. Verrückt, wieviel Schnee damals im Dezember immer lag. Eine herrliche Zeit!

Zwischenspiel

Unser Familienwappen, der stolze Fähnrich!

Dieses Bild des Fähnrichs, das Wappen der Familie Wilder, war einer der wichtigsten Gegenstände in unserem Haus. Es hing gleich neben unserer Stammbaum-Tafel. Auch auf dem Siegelring meines Vaters war dieser Fähnrich eingraviert. Denn Tradition bedeutete ihm alles, dem Familienoberhaupt. Auf jeden Fall war sie wichtiger für ihn als die Kirche und alle anderen Institutionen dieser Welt.
Als kleiner Junge machte ich mir damals oft Gedanken darüber, wie meine Familie es wohl geschafft hatte, zu überleben und sich fortzupflanzen. Ich saß vor dem Bild und stellte mir diesen Fähnrich vor. Man sagte mir, er sei ein Sinnbild für Tapferkeit. Wie bitte? Tapferkeit?

Da stand so ein Typ in roten Pluderhosen und Gehrock mitten auf dem Schlachtfeld, umgeben von hunderten, wenn nicht tausenden von Soldaten, und schwang wie wild eine Fahne. Jeder musste ihn sofort bemerken! Er war eine Zielscheibe! Ich stellte mir vor, wie 3000 Gewehre plötzlich in Anschlag genommen wurden und das Kommando des gegnerischen Feldherrn laut erschallte: »Da! Der Mann mit der
Flagge! Feuer frei!«

Wie konnte er sich dahinstellen, um mit fast hundertprozentiger Sicherheit in einem einzigen Augenblick von einem Kugelhagel durchsiebt zu werden? Seine Lebenserwartung war gleich null.

Als kleiner Junge schämte ich mich bei dem Gedanken, dass meine Vorfahren sich zu so einer dummen Idee hatten überreden lassen. Später musste ich es dann wohl einmal laut geäußert haben, denn man klärte mich umgehend auf: Die Fähnriche waren immer sehr junge Männer, denen man diese Aufgabe anvertraute. Denn es war zu der Zeit auf dem Schlachtfeld verpönt, den gegnerischen Fahnenträger, den sogenannten Junker, abzuschießen. Die Fahnenträger waren damals bei der Kriegsführung wichtig. Sie signalisierten die Stellungen der sich bekriegenden Soldaten. Man wusste also ganz genau, wo Feind und Freund sich befanden.

Ich dachte mir damals in meiner kindlichen Fantasie: Deshalb haben diese jungen Männer wohl auch solche Pluderhosen getragen und nicht enge Jeans, denn in diesen Hosen war genug Platz, um sich seiner Angst zu entleeren.

Kapitel 4

Becher, Bonanza und Badegäste

(1960-1963)

Große Worte

Das Jahr 1960 kam, und Bundesverkehrsminister Hans-Christoph Seebohm und sein dänischer Kollege Kai Lindberg waren am 4. Januar mit dabei, als mit dem offiziellen Spatenstich der Bau der Fehmarnsundbrücke begann. Große Hoffnungen ruhten auf dem Bauprojekt, das nicht nur die Insel Fehmarn mit dem Festland verbinden sollte: Die Brücke über den Fehmarnsund schaffte die Grundlage für eine schnellere Verbindung nach Dänemark und damit die Vogelfluglinie zwischen Deutschland und Skandinavien. Drei Jahre dauerten die Bauarbeiten, bis die kombinierte Straßen- und Eisenbahnstrecke am 30. April 1963 eingeweiht wurde. »Heute Vormittag hat für die Insel Fehmarn die Zukunft begonnen«, kommentierte ein NDR-Reporter mit pathetischen Worten die Feierstunde.

Der Kinderbecher mit dem Hahn

Seit ich denken konnte, gab es morgens zum Frühstück für uns Kinder immer heißen Kakao. Oft war Haut drauf. Ich hasste diese Haut. Ich hatte meinen eigenen Becher. Er war gelb-grün mit einem schwarzen Hahn drauf. Jeden Morgen war es die gleiche Prozedur. Es muss wohl auch genug Zeugen dafür gegeben haben, denn die Geschichte war die Lieblingsgeschichte meiner Mutter bei jedem Kaffeeklatsch, aber für mich eine der größten Peinlichkeiten als junger Mensch. Ich wollte jedes Mal im Boden versinken, wenn sie zum Besten gegeben wurde.

Unsere Mutter rief also morgens: »Magret, Klausi, aufstehen!« Wie bei allen Kindern reichten drei Aufforderungen nur selten aus. Schlaftrunken schaffte ich es dann aber doch irgendwie immer an den Frühstückstisch. Meine Augen waren meist noch geschlossen. Ich musste mich vom Bett aus auf der Treppe heruntergetastet haben. Meine Mutter schenkte den Kakao ein, und ich griff im Delirium zu dem 5-Kilo-Eimer mit Zucker, der immer in der Ecke auf der Küchenbank stand. Nach drei bis vier Löffeln, die ich, ohne etwas zu verlieren, in die Kakaotasse manövrierte, kam die Warnung meiner Mutter: »Jetzt ist genug!« Dann nahm ich den Teelöffel und rührte schlaftrunken um, bis meine Mutter meinte: »Jetzt ist gut!« Sie konnte das Geklapper vom Umrühren wahrscheinlich nicht ertragen. Doch jetzt kam das Beste: In meiner Vorstellung hing immer noch ein Tropfen Kakao am Löffel, den ich aber weghaben wollte, bevor ich den Löffel auf den Tisch legen konnte. Also klopfte ich den Löffel am Rand ab, unaufhörlich, mit immer noch geschlossenen Augen, bis meine Mutter laut wurde und meinte: »Jetzt reicht's!« Diese Tasse sah nach drei Jahren aus, als hätten Mäuse den Rand angefressen. Das Porzellan hatte dem Hämmern nicht standgehalten.

Das war jedoch noch nicht die finale Pointe. Die kommt jetzt: Im Sommer des zweiten Schuljahres ging ich wieder mal zu Fuß zur Schule und war auch schon fast angekommen. Meine Mutter fand unterdessen zuhause auf der Bank voller Entsetzen meinen Schulranzen und dachte, ich wäre ohne ihn losgelaufen und hätte ihn vergessen. Sie setzte sich schnell ins Auto und fuhr mir nach. Ich lief auf der Teerstraße Richtung Neujellingsdorf und trug verträumt den 5-Kilo-Eimer Zucker Richtung Volksschule.

Mut zur Lücke

Im Sommer fand auch traditionell der Johannimarkt in Burg auf dem Marktplatz statt. Es gab ein Kettenkarussell, Schießbuden und natürlich Zuckerwatte. Die Eltern warteten dann meist bei Café

Meinke. Dort musste man als Kind immer artig einen Diener machen und den Verwandten und Freunden einen guten Tag wünschen.

Aber, und das lernte man sehr schnell, so nervig dieses artige Guten-Tag-Sagen auch war, Onkel und Tantchen steckten einem meistens etwas Geld zu, sodass man noch mal Karussell fahren oder sich mit noch mehr Zuckerwatte oder glasierten Bratäpfeln vollstopfen konnte. Die Zähne wurden dadurch allerdings nicht besser, und so stieg auch die Angst vor unserem Hauszahnarzt. Der praktizierte in Petersdorf und hieß, glaube ich, Dr. Broszinski. Er war schon alt und tatterig und trug immer eine Art Daumenschoner aus Leder. Er zog mir in diesem Sommer oben zwei Vorderzähne; angeblich waren es Milchzähne. Nein, Herr Doktor, das waren sie leider nicht. Es waren schon die letzten Zähne. Meiner Tante Karla pflügte er mit dem Bohrer einmal quer durch die Zunge. Ganz ehrlich? Dem hätte man die Lizenz wegnehmen sollen. Ich schaffte es jedenfalls, seine Praxis nach dem verunglückten Ziehen meiner beiden Schneidezähne bis zu seiner Pensionierung nie wieder zu betreten. Von da an hatte ich vorne immer zwei Zahnlücken, woraufhin ich eine Technik entwickelte, mit der ich lachen konnte, ohne die Lücken zu zeigen: die Oberlippe beim Lachen herunterziehen. Ja, das sah ziemlich bescheuert und unnatürlich aus. Sagte mir nur leider nie jemand. Irgendwann schloss sich die Lücke jedoch, und in Florida ließ ich mir mit 30 Jahren von Dr. Lee Alexander die Zähne machen und hatte plötzlich ein Hollywood-Lächeln.

Wunder der Technik

Da wir gerade von Hollywood sprechen: Die mir noch vollkommen unbekannte Traumfabrik in den fernen USA hielt schon in meiner frühen Kindheit Einzug in mein Leben, allerdings auf sehr bodenständige Weise. Der Kroll-Hof auf der anderen Seite unseres Dorfes hatte nämlich plötzlich einen Fernseher: schwarz-weiß, mit bewegten Bildern und Ton. Ich war acht Jahre alt und natürlich aus dem Häuschen!

Die kleine und überschaubare Kinderschar unseres Dorfes versammelte sich nun regelmäßig beim Bauern Kroll vor dem Fernseher. Gespannt wie ein Flitzebogen schauten wir im einzigen deutschen Sender, der ARD, die Serie *Mike Nelson – Abenteuer unter Wasser*. Und wir ließen keine Folge aus!

Dieses neue Medium beflügelte sofort meine Fantasie. Hätte mir zu dem damaligen Zeitpunkt jemand gesagt, dass ich irgendwann später auf dieser Mattscheibe herumrennen würde, um damit mein Geld zu verdienen, ich hätte es sicher nicht geglaubt.

Der 13. Oktober 1962 prägte dann meine gesamte Zukunft: Die ARD strahlte die erste Episode der Serie *Bonanza* aus. Pünktlich hatte sich Bauer Muhl von gegenüber einige Wochen zuvor seinen eigenen Fernseher zugelegt. Und der war sogar noch größer als beim Bauern Kroll. Ganz großes Kino!

Ich war damals schon fast zehn Jahre alt, musste aber nun nicht mehr bis ans Ende des Dorfes rennen, um mir pünktlich zum Sendebeginn meinen Platz vor dem magischen Kasten zu sichern. Nein, jetzt war ich im Nullkommanichts auf der anderen Straßenseite im Wohnzimmer bei Tante Luzi, einer kauzigen, älteren Dame, die uns immer mit dem abgerundeten Ende ihres Krückstocks einfing.

Hatte ich mit sechs Jahren durch die Einschulung meine unschuldige und kindliche Freiheit abrupt verloren, fand ich bei Tante Luzi im Wohnzimmer nun eine neue Freiheit. Und zwar in jeder neuen Ausgabe von *Bonanza.* Ich stellte mir vor, selbst mal irgendwann auf so einem Hügel zu sitzen, auf einen See hinunterzuschauen und meinen Blick langsam über diese herrlichen weiten Landschaften streifen zu lassen. Eine innere Zufriedenheit machte sich dann in mir breit. Es war das Gefühl von absoluter Freiheit. Warum glaubte ich damals eigentlich immer, dass *Bonanza* in Montana spielen würde? Für mein weiteres Leben war diese Vorstellung jedoch entscheidend. Ich wusste nur noch nicht, warum. *Bonanza* und Montana waren jedenfalls in meinem Kopf von diesem Zeitpunkt an eng miteinander verschweißt. In Wirklichkeit wurde die Serie übrigens damals hauptsächlich im Studio in Burbank, in Lake Tahoe und auf dem Paramount-Gelände in Hollywood gedreht.

Fehmarn im Umbruch

Als die Sommerferien kamen, wurde es richtig spannend. Eine vollkommen neue Spezies wurde auf der Insel gesichtet: Badegäste! So nannte man zumindest die ersten Urlauber auf der Insel Fehmarn. Und meine Mutter war eine der ersten, die sehr geschäftstüchtig diese Badegäste beherbergte. Heute würde man das, was sie tat, als *Bed and Breakfast* bezeichnen. Plötzlich waren bei uns im Bauernhaus also fremde Menschen, die sich für mich sehr merkwürdig anhörten. Sie kamen aus Bayern, Nordrhein-Westfalen oder Baden-Württemberg. Hatte ich doch gerade in der Volksschule Hochdeutsch gelernt und war mit meinem plattdeutschen Hintergrund schon mit sieben Jahren zweisprachig gewesen, so tat sich nun eine ganz neue Welt auf. Bayerisch oder schwäbischer Dialekt klangen schon sehr befremdlich für meine Ohren damals. Aber wie Kinder nun mal sind, wurde man schnell miteinander warm. Der riesengroße Vorteil für mich war, dass die Eltern dieser Badegäste-Kinder mich an den schönen fehmarnschen Südstrand mitnahmen und ich somit der Feldarbeit und anderen Verpflichtungen auf dem Hof oft entfliehen konnte.

Wenn aber morgens um 7:00 Uhr in den Schulferien das Telefon klingelte, hatte ich meist schon eine Ahnung, was los war. Es war dann irgendein Bauer aus Vadersdorf oder Gammendorf, der meinem Vater mitteilen wollte, dass das junge Vieh, das auf den von meinem Vater gepachteten Weiden oben im Norden der Insel graste, mal wieder ausgebrochen war. Mist! Das hieß nämlich dann: heute kein Strandbesuch; ich musste dann vielmehr mit Bruder und Vater ins Auto und dafür sorgen, dass die Tiere wieder ihren Weg auf die Wiese fanden. Jede Einfahrt auf eine der angrenzenden Wiesen der Bauern oder ein Feldweg konnte zum potenziellen Fluchtweg dieser Viecher werden. Sehr oft kam die wilde Herde dabei auch auf mich zugerast. Man bedenke, ich war damals noch ein kleiner Hüpfer, vielleicht knapp einen Meter hoch und zudem ein ziemlich dünnes Kerlchen. Bin ich denn bekloppt? dachte ich mir. Ich lass mich doch nicht tottrampeln! Also sprang ich zur Seite, und plötzlich waren alle Tiere durch den von mir bewachten Eingang spaziert und hatten sich gemütlich auf der Weide versammelt. Mein Bruder flippte dann regelmäßig aus. Auf der Heimfahrt musste ich mir dann Sätze und Worte anhören wie: »Du bist auch zu nichts zu gebrauchen! Blödmann! Schlafmütze! Träumer!«

Wenn wir dann endlich auf den Hof zurückkehrten, waren die Badegäste natürlich schon weg zum Strand. Ich hörte dafür dann meinen großen Bruder Hans tönen, nachdem meine Mutter sich erkundigt hatte, wie es gelaufen war: »Wenn Klaus sich nicht so blöd angestellt hätte und nicht ständig träumen würde, dann wären wir schon längst wieder zurück gewesen.«

Danke, Hans, du Arsch, dachte ich dann regelmäßig. Aber das konnte ich natürlich nicht laut sagen, denn mein Bruder war 1,89 groß und ein richtig »breiter Schrank«, wie man so sagt. Dazu war er der Beste im Leistungspflügen und Hegeringleiter im Jagdverein auf Fehmarn. Er brachte als Schütze ständig irgendwelche Preise mit nach Hause. Er konnte Schifferklavier spielen, einen ganzen Saal unterhalten, wurde ständig zu Hochzeiten eingeladen und ritt ganz vorne mit bei den Fanfaren-Bläsern des Fehmarnschen Reitervereins. Selbstverständlich wurde er auch von meinem Vater ständig für alles ausgiebig gelobt.

Gut, dass die Badegäste davon nichts mitbekamen. Sie waren von unserem Hof begeistert. Die Kinder liebten es zum Beispiel, Traktor zu fahren. Ist ja auch logisch, wenn man es nur ein- oder zweimal machen muss. Aber wenn du den ganzen Tag immer im Kreis auf den Feldern fährst, anstatt in deinen Sommerferien an den Strand gehen zu dürfen, würde auch einem Stadtkind der Spaß am Traktorfahren vergehen. Mein Bruder kam oft spät vom Korndreschen zurück zum Hof. Noch ganz schwarz im Gesicht und voller Staub wurde er dann von den Stadtmenschen bewundert. Auch zögerte er in solchen Momenten keine Sekunde, wenn man ihn bat, ein Lied zum Besten zu geben. Er schnallte sich seinen Quetschkasten um und legte los. Die Gäste saßen rührselig in der Küche und halfen meiner Mutter begeistert, die Erbsen zu pulen. Der Alkohol floss in Strömen. Ein Korn, ein Bier und Prost. Es dauerte nicht lange, bis man das Wessel-Lied in lauten Tönen sang und der Arm nach oben ging. »SA marschiert, die Reihen fest geschlossen …«

Ich vergaß zu erwähnen, es waren oft Kriegskameraden, die als Badegäste bei uns Urlaub machten. Ehemalige SS-Soldaten. Doch

Augenblick; war der Krieg nicht längst vorbei? Ich habe sicherlich auch mitgesungen damals, denn die Bedeutung dieses Liedes sagte mir nichts. Um mich aufzuklären, brauchte es später unseren Geschichtslehrer und Gymnasialdirektor, den Herrn Benzin. Auf den komme ich aber noch zurück.

Neue Wege

Während mein Bruder also *sich* feierte, mein Vater *ihn* feierte und die Badegäste einfach *alles* toll fanden, flüchtete ich mich in meine Traumwelten. Träumen, das war schon was Tolles. Sich eine Welt auszumalen, wo alles genauso ist, wie man es sich wünscht, darin war ich schon als kleiner Junge Weltmeister. Das konnte ich auch viel besser als mein Bruder Hans. Was fehlte, war nur noch die Umsetzung dieser Träume in die Realität. Ich würde jedoch schon bald lernen, dass Träume wahr werden können, wenn man die Ärmel aufkrempelt und anfängt, die ersten Grundsteine zu legen.

Doch ging es erst einmal auf den höheren Bildungsweg. Nach Ansicht von Herrn Grünwaldt hatte ich ja angeblich das Zeug für etwas Gescheiteres. Besondere Fähigkeiten? Davon war man offenbar überzeugt. Während meine Geschwister alle auf der Mittelschule in Burg zur Schule gingen, beziehungsweise ihre mittlere Reife dort machten, hörte ich plötzlich, dass man auf Fehmarn ein Aufbaugymnasium plante. Dort wollte man mich nun hinschicken. Und wer hatte da seine Finger mit drin? Mein Vater.

Er war sowieso überall mit dabei, in der Genossenschaft der Bauern, im Ringreiterverein Fehmarn, im Gemeinderat als Amtmann.

Ob ich es zugeben will oder nicht, es geht in meinem Buch letzten Endes auch an vielen Stellen um meinen Vater und seinen Einfluss auf meinen Lebensweg. Trotz unseres im Grunde sehr distanzierten Verhältnisses saß er mir die meiste Zeit meines Lebens hart im Nacken. Und jetzt hatte er maßgebenden Einfluss darauf gehabt, dass das Aufbaugymnasium nicht nach Heiligenhafen ging, sondern auf die Insel Fehmarn. Da sollte der kleine Klaus jetzt glänzen und der Familie Wilder große Ehre machen.

Auf Fehmarn war es immer sehr wichtig, dass nach außen hin alles stimmte. Die Nachbarn und Verwandten sollten den Eindruck haben, dass alles gut war. Kein Streit, keine Krankheiten, Eintracht in der Familie. Die Ernte war stets gut, oder auch schlecht. Bauern können sowieso am besten jammern. Scheidungen gab es nicht. Und sollte das mal alles nicht so sein, besaß jeder Bauernhof auf der Insel einen metaphorischen Teppich, der groß genug war, um alles darunter zu kehren. Nach außen durfte nichts dringen. Auch nicht die Jahre von 1928 bis 1945. Warum auch? Wir waren es ja gewohnt, immer schön artig zu sein.

Dütt und datt

Auf Fehmarn gab es in jedem Frühjahr einen Karnevalsumzug. Man feierte dann standesgemäß im Hotel Wisser. Das erste Mal ging ich als Hahn und trug dazu eine weiße Kopfbedeckung mit einem roten Kamm. Ich muss wohl nicht erwähnen, wie bekloppt ich damit aussah, oder? Du kannst mir aber glauben: Das war in Sachen Kostümierung noch lange nicht der Tiefpunkt meines Lebens. Wir werden darauf zurückkommen! Das zweite Mal ging ich dann übrigens auf Nummer sicher und als Indianer.

Irgendwann wurde ich gezwungen, in Wissers Hotel an den Tanzkursen der Tanzschule Beuck aus Oldenburg teilzunehmen. Ich ging nur hin, weil es dort immer eine Brause gab. Den Unterricht habe ich gehasst. Es sollte jedoch nicht das letzte Mal gewesen sein, dass mir dieses Thema begegnete. Der Junge musste doch tanzen können in seinem späteren Leben!

Zwischenspiel Matrix

Alles im Leben hat eine Bedeutung, einen Zusammenhang. Davon bin ich mittlerweile überzeugt. Manche sprechen sogar von einer Matrix. Aber es stimmt. Deswegen fangen wir gleich mal in meinem Dorf an: Altjellingsdorf.

Wo kommt dieser Name eigentlich her? Fehmarn gehörte bis 1864 zu Dänemark. Wir waren also echte Wikinger. Dann gewannen die Preußen den deutsch-dänischen Krieg, und Fehmarn wurde deutsch. In Dänemark gibt es einen Ort, der Jelling heißt. Und dort gibt es überdurchschnittlich viele Ting-Plätze. Ein Ting-Platz ist eine keltische Versammlungsstätte, an der früher Recht gesprochen wurde. Bei den Kelten war es ein heiliger Platz. Dort begruben sie auch ihre Toten. Das keltische Wort Ting stammt von dem altenglischen Begriff »thin«. »Thin-places« sind Orte, an denen der Raum zwischen dem Irdischen und dem Himmlischen sehr dünn ist. Ich gehe mal davon aus, dass sich damals auf Fehmarn Dänen aus dem Ort Jelling niedergelassen haben und dort auf der Insel Altjellingsdorf und Neujellingsdorf gegründet haben. Schon als Kind hatte ich also einen Bezug zu dem Wort Ting. Es wurde mir buchstäblich in die Wiege gelegt.

Auf TING tauften meine Frau Christine und ich dann vor Jahren unser Anwesen in Montana. Und dieser Ort ist für uns wie ein heiliger Platz. Ein Platz mit einer ganz eigenen und besonderen Energie, wie unsere Gäste uns auch immer wieder bestätigen.

Allerdings leben wir ja, damit wir ständig neue Erfahrungen machen und etwas lernen. Ich war als Kind und Jugendlicher weder Denker noch Philosoph. Doch erinnere ich mich noch gut daran, dass ich mich schon in jungen Jahren oft fragte: Was wäre, wenn ich morgens aufstehen würde und keine Angst hätte? Und die Antwort war immer wieder: Ich wäre wohl unbesiegbar. Aber was war das überhaupt für eine Angst? Woher kam die?

Meine Erfahrung war immer wieder: Ich bin glücklich, wenn ich aktiv bin und etwas mache. *To be is to do.* Ja, ich war ein Träumer, aber es genügte mir nicht, »nur zu träumen«. Ich wurde auch jemand, der immer versuchte, seine Träume in die Tat umzusetzen.

Die Frage als Kind war also: Was muss ich tun, um diesen Traum zu verwirklichen? Was ist der erste Schritt?

Und dann bestätigte sich auch bei mir immer wieder die weise Erkenntnis: Der Weg ist das Ziel. Irgendwo fängt man an. Aber auf diesem Weg war auch sie immer dabei: die Angst. Die Angst, es nicht zu schaffen. Die Angst, zu scheitern.

Doch warum eigentlich? Wem gegenüber musste ich mich behaupten? Wem war ich Rechenschaft schuldig? Oder wollte ich einfach nur bewundert werden?

Nein, der Ursprung war ein ganz anderer. Um vorwegzugreifen: Ich musste fast 40 Jahre warten, um das herauszufinden, denn ich wollte es nur einer einzigen Person beweisen.

KAPITEL 5

Anfang und Ende des Herrn Mahnke

(1964-1965)

Herr Benzin

Meine Welt wurde langsam immer größer. Selbstständig, und ganz alleine, musste ich jetzt mit dem Linienbus von Altjellingsdorf nach Burg fahren.

Im Zeitraffer betrachtet, lief mein weiterer Bildungsweg wie folgt: Von der Volksschule ging es direkt zur Berufsschule, dann zur Hilfsschule, danach zur Mittelschule und dann endlich aufs Gymnasium. Wie bitte? Ja, du hast richtig gelesen. Das ist schon ein sehr ungewöhnlicher Weg und bedarf natürlich einer Erklärung.

Fangen wir nochmal von vorne an: Ein Gymnasium gab es auf der Insel Fehmarn bis zu diesem Zeitpunkt noch nicht. Also improvisierte man. Im ersten Jahr waren wir in der Theodor-Storm-Straße untergebracht, im Gebäude der alten Berufsschule. Wir waren weder Hilfs- noch Grundschüler, weder Mittelschüler noch Gymnasiasten. Was waren wir eigentlich? Wir wussten es selbst nicht. Aber im nächsten Jahr ging es auf die Hilfsschule gleich neben der Burger Nikolai-Kirche. Naja, jedenfalls in das Gebäude der Hilfsschule. Wir durften die Räume nutzen und nannten uns fortan ein Aufbaugymnasium. Es gab drei Klassen. Sexta, Quinta (in der ich jetzt war) und Quarta. Immer so um die 20 bis 30 Schüler pro Jahrgang.

Kaum ging es los, parkte ein kleiner Renault R-4 auf dem Parkplatz vor dem Schulgebäude. Das Nummernschild fing mit »IZ« an. Also kam der Fahrer wohl aus Itzehoe. Ah, es war unser neuer Direktor, Herr Hans-Joachim Benzin. Ein Blick auf das Nummernschild reichte, und wir Schüler tauften ihn vom ersten Tag an einfach »Ize«. Ein Mann von kleinerer Statur, aber jemand, vor dem wir alle sehr schnell viel Respekt hatten.

Schon in der Volksschule tauchte mein Vater regelmäßig auf. Oft auch mitten im Unterricht. Dann nahm Herr Grünwaldt seine Trillerpfeife, wir konnten auf den Schulhof gehen und Fußball spielen. Bis mein alter Herr wieder weg war. Was haben die bloß beredet damals? Und jetzt? Da war er schon wieder mit dabei und mischte sich ein. Man sagte, mein Vater hätte Herrn Benzin zusammen mit ein paar anderen wichtigen und mächtigen Männern auf Fehmarn aus Itzehoe angeworben und ihm dann den Direktorposten auf Fehmarn angeboten. Wussten die Verantwortlichen, wen sie sich da an Bord hievten? Herr Benzin war ein Linker, ein Sozi, aber so was von. Doch konnte er sich durchsetzen und erlangte schnell eine starke Position als Schuldirektor.

Der bedauernswerte Herr Mahnke

Wir wurden in die Quarta versetzt. Mein Zeugnis war jedoch eher mittelprächtig. Meine engsten Freunde damals waren Peter Enge und

Heinz Lange aus Petersdorf und Michael »Mucke« Mackeprang aus Burg. Mit ihnen ging es von der Hilfsschule in die Mittelschule, jedenfalls in die freien Räume der Mittelschule. Denn der Bau unseres Gymnasiums war immer noch nicht abgeschlossen. Mit der Quarta bekamen wir dann auch einen richtigen Klassenlehrer: Herrn Helmut Mahnke.

Kinder können ja bekanntlich grausam sein. Am ersten Schultag kam Herr Benzin und stellte uns Herrn Mahnke vor. Danach verließ er den Klassenraum, und dieser hagere, dunkelhaarige Mann stand jetzt vor uns und wirkte ziemlich nervös. Waren wir vielleicht seine erste Klasse nach dem Studium zum Lehramt? Wer war dieser Mann? Wie Wölfe eine Fährte aufnehmen, saßen jetzt rund 25 Kinder angespannt auf ihren Stühlen und studierten jede Bewegung.

Herr Mahnke nahm ein Stück Kreide und drehte sich um. Während er seinen Namen an die Tafel schrieb, sagte er laut:
»Ich heiße Helmut Mahnke.«

Unser ewig vor sich hin plappernder Heinz Lange kommentierte das sofort mit dem Namen einer der bekanntesten Kneipen auf Fehmarn, »Stahnke«, und erzielte damit einen Lacher. Anstatt zu fragen, wer das jetzt gesagt hatte, um der Sache gleich auf den Grund zu gehen, lächelte Herr Mahnke nur verschüchtert in die Klasse. Das war leider die falsche Entscheidung. Er hatte unseren Respekt schon verloren.

Jeden Morgen trat er von nun an vor uns und versuchte sein Bestes, die Klasse ruhig zu halten. Er unterrichtete uns in Mathematik und Physik. Und jeden Morgen kam er mit dem gleichen Schlips. Zum ersten Advent schmiedeten wir einen Plan. Die Mädchen, besonders Heike Utecht, die später leider viel zu früh verstarb, hatte die Idee, dass wir Herrn Mahnke alle zusammen einen neuen Schlips schenken sollten. Den drapierten wir dann in einem Nikolausstiefel. Wir zündeten eine Kerze an, die zusammen mit dem Stiefel auf seinem Lehrerpult stand. Gespannt warteten wir auf das, was nun passieren würde. Einer hielt draußen Wache, und plötzlich hieß es: »Er kommt!«

Herr Mahnke machte die Klassenzimmertür auf und betrat den dunklen Raum. Nur die kleine Kerze brannte. Andächtig meinte er: »Ach, Kinder. Wir hatten ja schon den ersten Advent!« Und wir riefen im Chor: »Ja, Herr Mahnke, und der Nikolaus war da und hat etwas mitgebracht.«

Gespannt warteten wir auf seine Reaktion. Er schaute in den Stiefel und ergriff das Ende des Schlipses. Langsam und behutsam zog er ihn heraus, immer weiter in die Höhe. Das wurde von uns mit einem sich langsam steigernden »Oooh« in tiefen und hohen Tönen begleitet.

»Oh, Kinder, ein neuer Schlips! Danke.« Heinz Lange kommentierte aus der letzten Reihe halblaut und trocken: »Das wurde ja auch mal Zeit!« Der erste Lacher. Jetzt forderten wir ihn alle lauthals auf, dass er ein Gedicht aufsagen müsse. Die Stimmung stieg. Er meinte: »Also, Kinder, ein Gedicht kann ich leider nicht. Aber ich kann euch ein Lied singen.« Wie bitte? Er wollte sich tatsächlich vor uns zum Affen machen? Wir hatten nur auf so etwas gewartet. Und tatsächlich, unser Wunsch ging in Erfüllung.

Pathetisch stellte er sich genau in die Mitte vor der Tafel hin, holte tief Luft, bekam einen bedrohlichen Gesichtsausdruck und sang aus voller Brust: »Advent, Advent, ein Lichtlein brennt …« Er machte eine Pause. Die Spannung stieg. Er sprang plötzlich hoch und drehte sich dabei in der Luft etwas nach rechts. Stellungswechsel. Als er wieder auf den Füßen landete, startete er den zweiten Teil. »Erst eins, dann zwei, dann drei, dann vier …« Und wieder machte er eine lange Kunstpause. Wir konnten es nicht fassen. Unsere Münder standen offen, und wir hielten den Atem an. Die Spannung stieg weiter, und es wurde fast unheimlich in dem dunklen Klassenzimmer. Er setzte zum nächsten Sprung an, drehte sich diesmal in der Luft nach links, landete wieder auf den Füßen und sang: »Dann steht das Christkind vor der Tür! Olé!!!!« Nach dem »Olé« sprang er noch einmal in die Luft, schwang gleichzeitig ein Bein nach vorne und das andere nach hinten und landete wieder sicher auf den Füßen.

Es herrschte Totenstille im Klassenraum. Wir konnten nicht glauben, was wir dort gerade gesehen hatten. Und plötzlich fielen wir alle vor Lachen fast von unseren Stühlen. Wir konnten uns gar nicht mehr einkriegen, während Herr Mahnke wohl meinte, etwas doch sehr Lustiges gemacht zu haben. Nun war er leider endgültig unten durch. Jahre später waren es dann mein Neffe Björn Klaus Wilder und seine Klasse, die ihm auf einer Klassenfahrt nach England den Rest gaben. Er musste seinen Dienst danach quittieren und seinen Hut nehmen. Irgendwie tut er mir heute leid. Aber Kinder können eben grausam sein. Der Beruf des Lehrers war damals schon nicht leicht und Herr Mahnke leider nicht gemacht dafür.

Zwischenspiel Nick und die Pferde

Ein kleiner Nachtrag noch zum Leben auf dem Hof, bevor wir in die Stadt zogen.

Wenn man glaubt, nur weil Nick Wilder früher *Bonanza* liebte und er und seine Frau Christine heute in Montana leben, dass sie dann wohl konsequenterweise auch Pferde haben und gerne reiten müssten, dann täuscht man sich.

Mein Vater beauftragte mich eines Tages, unser Reitpferd namens Bandit auf die Bahnhofswiese zu bringen. Ich war vielleicht elf oder zwölf Jahre alt. Das Zaumzeug war schon angelegt. Ich kletterte auf eine Mauer, damit ich besser aufsteigen konnte. Das Positive war: Ich wurde von den Kindern, die bei uns als Feriengäste auf dem Hof waren, bewundert.

Doch irgendetwas musste das Pferd auf der Dorfstraße erschreckt haben, denn plötzlich raste es in vollem Galopp Richtung Hauptstraße. Ich konnte den Gaul nicht mehr halten. Dann kam von rechts ein Auto. Der Fahrer sah uns, machte eine Vollbremsung, und das Pferd nahm einen Riesensatz hinüber auf die andere Straßenseite. Es krümmte dabei den Rücken und schmiss mich in hohen Bogen ab. Mit dem Allerwertesten landete ich auf einem Felsen, der an der Kreuzung lag. Von Pferden hatte ich erst mal genug. Es war zwar nichts gebrochen, aber ich war ziemlich geschockt und lädiert. Von da an hatte ich Angst vor Pferden. Im gleichen Jahr noch bat mich mein Vater, in der Scheune in die Pferdebox zu gehen. »Keine Sorge. Er tritt dich schon nicht.« Weit gefehlt. Kaum stand ich neben dem Tier, spürte ich plötzlich, wie es mit einem Vorderhuf mit seinem vollen Gewicht auf meinen Gummistiefel trat.

Pferde und ich waren von diesem Moment an keine Freunde mehr. Im nächsten Jahr sprach mich ein Junge an, der immer zum Reiten zu uns auf den Hof kam, ich solle es doch noch einmal versuchen. Er sagte mir, mein Vater würde es so gerne sehen, dass ich reite und am fehmarnschen Reitsport teilnehme, wie mein Bruder. Verdammt! Warum konnte er es mir nicht wenigstens selbst sagen? Also gingen wir zur Bahnhofswiese und legten das Zaumzeug an. Und es war wieder mal Bandit.

Ich muss zugeben: Es lief ganz gut. Ich trabte ein paar Runden und ging dann über in einen leichten Galopp. Plötzlich streikte Bandit, steckte die Vorderbeine nach vorn aus und machte eine Vollbremsung. Ich flog über seinen Hals und landete auf der Wiese im Gras. Und obwohl sonst weit und breit kein Stein lag, landete ich auf einem dicken Felsbrocken. Das kennen wir doch schon, oder? Diagnose: Schwere Schulter-Verstauchung. Ich konnte meinen Arm gut vier Wochen lang nicht benutzen.

Liebe Pferde: Nein, nein und nochmals nein. Nie wieder.

Doch apropos Pferde in meinem späteren Leben: Im Sommer 2001 sollte ich für das ZDF in Cornwall einen Rosamunde-Pilcher-Film drehen, Mit den Augen der Liebe. Auf der ersten Seite des Drehbuches stand, ich solle im vollen Galopp am Strand herbei geritten kommen. Auweia! Ich nahm also Reit-Unterricht in Los Angeles und bereitete mich vor.

Im Film machte ich dann zwar eine sehr gute Figur und wurde sogar von meiner Nichte Cathrin Wilder, einer echten Reit- und Pferdeexpertin, gelobt. Doch die Angst vor Pferden und den großen Respekt vor ihnen habe ich nie verloren. Es sind mächtige Wesen, und man kann sich verdammt weh tun. Cowboy-Romantik hin oder her, hier in Montana reiten wir so gut wie nie.

KAPITEL 6

Kurzschuljahre und Musikerleben

(1966-1967)

Schule neu, Vater ganz der Alte

Meine Schulkarriere lief auch in den folgenden Jahren erstaunlich geradeaus. Erst folgte die Versetzung in die Untertertia, dann auch in die Obertertia. Was noch fehlte, war der Umzug in unser neues Zuhause: das Gymnasium in der Osterstraße. Es wurde ein intensives Jahr voller Herausforderungen für uns Schüler. Nun gab es am Gymnasium auf Fehmarn alles – von der fünften bis zur neunten Klasse. Ein echtes Aufbaugymnasium eben.

Das Gebäude war ein Flachbau, modern, mit einem Atrium und einem großen Sportplatz dahinter. Es gab viel Glas und große Fenster. Alles war wunderbar. Bis auf eine Sache …

Mit Schrecken erfuhr ich, dass Klaus-Herbert Wilder, mein Erzeuger, sich zum Vorsitzenden des Elternbeirats hatte wählen lassen. Ach du lieber Gott! Da war er wieder, mein Vater, an vorderster Front. Die Einweihung des Gymnasiums in der Aula werde ich in diesem Zusammenhang nie vergessen. Mein Vater war der letzte Redner, holte weit aus und erzählte von den fehmarnschen Traditionen und der Errungenschaft, das Gymnasium nach Fehmarn geholt zu haben, womit Heiligenhafen leer ausging. Das war ja auch alles lobenswert. Nein, nein, ich hatte nichts dagegen. Aber dann sah ich, wie mein Vater einen riesigen geräucherten Schinken aus einem Korb nahm und diesen dann dem Herrn Direktor Benzin mit großen Dankesworten übergab. Hans-Detlef haute mir seinen Ellenbogen in die Rippen und meinte nur trocken: »Deine Versetzung dieses Jahr ist ja wohl gesichert, oder?«

Vor Scham wäre ich am liebsten im Erdboden versunken. Doch genau so war er, der Klaus-Hebert Wilder mit seinen ewigen Vorträgen über »Vitamin B ist wichtig im Leben. Das schadet nie.«

Konfirmation

1966 war aber auch sonst ein komisches Jahr. Beim Schreiben dieses Buches hatte ich gut zwei Monate lang echte Schwierigkeiten, meinen Lebensverlauf für diese Zeit überhaupt zusammen zu bekommen. Irgendwas stimmte nicht: Ein ganzes Jahr war einfach verschwunden.

Doch dann erinnerte mich mein Schulfreund Peter Enge schließlich an etwas, das mir glatt entfallen war: 1966 war dieses sonderbare Kurzschuljahr! Ich musste es wirklich recherchieren und konnte es kaum glauben. Ja, wir hatten in diesem einen Jahr den Lehrstoff von zwei kompletten Schuljahren abgerissen.

Echte Wunderkinder der Nachkriegszeit waren wir!

1966 wurde ich 14 Jahre alt. Zeit, meiner Konfirmation entgegenzusehen. Ich gehörte als Altjellingsdorfer zur Gemeinde Landkirchen und stand unter der Obhut von Pastor Frenzel. Ein unangenehmer Mann, denn er war ein Querdenker. Ich allerdings mochte ihn. Er hatte lange in Südamerika gelebt und kam mit seinen neuen Ideen jetzt auf eine Insel, die sich immer schon sehr schwergetan hatte, etwas Neues anzunehmen. Den Konfirmandenunterricht verstand er aber gerade aus diesem Grund äußerst interessant zu gestalten.

Außerdem ging es noch einmal die Woche zu Wissers Hotel. Erneut wurde ich nämlich zur Tanzschule beordert. Diesmal war es aber nicht so schlimm, denn langsam hatte auch ich ein gewisses Interesse an der Damenwelt gefunden. Auf dem Abschlussball küsste ich das erste Mal ein Mädchen. Es handelte sich um Heike. War das nicht die vom Fahrradgeschäft? Ich weiß es nicht mehr. Es fühlte sich auf jeden Fall irgendwie komisch an, mit Zunge und so. Bäh! Aber ich hatte es vollbracht und war mächtig stolz. Manchmal zählt nur das Ergebnis!

Parallel zum Interesse am anderen Geschlecht wuchs auch das Interesse an der Musik langsam. Die *Beatles* oder die *Rolling Stones* liefen im Radio rauf und runter. Meine Schwester Magret hatte einen Plattenspieler für die 45er-Scheiben. Sie hörte Rita Pavone mit »Wenn ich ein Junge wär, auf einem Motorrad«, Conny Froboess und »Pack die Badehose ein« oder Lale Andersen mit »Weiße Rosen aus Athen«. Heute muss ich nur die Augen schließen, und alle Titel fliegen mir wieder zu. Bill Ramsey! Oh mein Gott. Die Platten dudelten den ganzen Tag bei uns auf dem Hof.

Doch ich stand eher auf die *Beatles* und die *Rolling Stones* und wollte sie am liebsten ständig hören. Ein Tonbandgerät musste her! Da fiel mir ein: Ich würde ja bald konfirmiert! Da traf es sich doch wieder mal richtig gut im Leben, dass rein »zufällig« einer unserer Badegäste ein hohes Tier bei der Firma Blaupunkt war und mir über seine Beziehungen ein UHER-Tonbandgerät der Luxusklasse zum Einkaufspreis besorgen konnte. Es kam bei der Konfirmationsfeier viel Geld zusammen. Bis Oma Flohr und alle Onkel und Tanten und Verwandten ihr Kuvert abgeliefert hatten, war genug da, um mir dieses Goldstück zu kaufen. Ich saß Tag und Nacht vor dem Kasten und nahm alles auf, was ich bekommen konnte: »California Dreaming«, »Last train to Clarksville«, »Good Vibration« und »Black is Black«.

Plötzlich kannte ich jeden Song der Hitparade, und alle anderen in der Klasse hatten auch Tonbänder und Plattenspieler. Wir tauschten uns täglich aus. Die neue Musik brach über uns herein und hielt uns fest in ihrem Bann. Wir wollten sein wie sie, unsere Rockstars.

Mein Bruder Hans, ganz der Traditionalist, spielte währenddessen weiter auf seinem Schifferklavier. Allerdings nicht die Musik, die ich mochte. Ich wollte selbst Musik machen. Meine Musik. Eine Gitarre musste her. Und zwar ganz schnell. Leider kann ich mich an den Zeitpunkt, an dem ich meine erste Höfner in der Hand hielt, nicht mehr erinnern. Aber es brannte in mir, und ich wollte loslegen. Zusammen mit Peter Enge, meinem Kumpel, nahmen wir gemeinsam Gitarrenunterricht. Gerade mal drei Stunden hielten wir durch, dann kotzte es uns schon an. Der Lehrer war todlangweilig und wollte uns deutsche Volkslieder beibringen. Wir wollten aber keine Zupfhanseln sein. Wir wollten Lieder lernen, die wir im Radio hörten oder auf unseren Tonbandgeräten abspielten.

Mein erster großer Traum

Also mussten wir es uns einfach selbst beibringen. Kaum hatten wir zwei, drei Lieder im Repertoire, kam der Traum von einer eigenen Band. Ich konnte es mir alles genau vorstellen. Und wie auch im weiteren Verlauf meines Lebens, wenn ich eine Idee hatte, fing ich immer sofort an, sie in die Tat umzusetzen. Das Ziel war klar abgesteckt: Ich wollte mit weiteren Musikern auf die Bühne!

Immerhin war ich kein Einzelkämpfer und konnte Peter sofort für meinen Traum begeistern. Er tickte genau wie ich. Das Gute daran war: Jetzt träumten schon zwei! Uns fiel auf, dass Heinz Lange ständig im Unterricht mit den Griffeln auf seinem Tisch herum kloppte, und Peter und ich erinnern uns noch ganz deutlich an den Moment, als wir uns damals anschauten und den gleichen Gedanken hatten: Heinz wird unser Drummer. Wir haben ihn dann so lange bearbeitet und bequatscht, bis er sich ein Schlagzeug-Set von Pearl kaufte. Peter wollte lieber Bass spielen, und er musste unbedingt die gleiche Bassgitarre haben wie Paul McCartney. So geschah es. Ich sollte Rhythmusgitarre spielen und singen. In kürzester Zeit regelte sich alles. Aber wir erkannten schnell, dass wir eine richtige Anlage brauchten. Dafür war allerdings auch wieder einiges an Geld nötig. Und Geld musste man sich verdienen. Von den Eltern war auf keinen Fall finanzielle Unterstützung zu erwarten, denn die hassten unsere – wie nannten sie es– „*Jiddel-Jiddel*“-Musik.

Also musste 1967 mein erster Job her: Friedhofsgräber! Es gab 2,50 DM die Stunde auf dem Petersdorfer Friedhof. Man stellte mir meinen Chef vor, der sich als zahnloser, alter Mann herausstellte, mit dem ich zunächst mal ein paar alte Gräber umbetten sollte. Das war eine Knochenarbeit, im wahrsten Sinne des Wortes. Gleich am ersten Tag fand ich beim Graben eine Schädeldecke, unter der sich etwas Stroh befand. Ich habe mich ausgeschüttet vor Lachen. Unter Umständen hatte ich da gerade den intelligentesten Fehmaraner ausgegraben!

Kurz vor Feierabend folgte dann eine weitere Überraschung: Der alte Mann kam mit seinem Spaten nicht weiter. Irgendetwas Hartes war im Weg. Ein großer Fels vielleicht? Er nahm die eiserne Brechstange und rammte sie in die Erde. Es krachte zweimal mit einem dumpfen Geräusch, und die Stange blieb im Erdreich stecken.

»Komisch!«, murmelte er. Dann nahm er die Stange und bog sie zur Seite. Die Aktion machte ein Geräusch, als würde man mit einem Messer in ein großes Schlauchboot stechen. Plötzlich stank es erbärmlich. Ich musste mich wegen des Geruchs fast übergeben. Wir sprangen beide synchron zur Seite. Der alte Mann war verwirrt und nahm sich das Buch mit seinen Notizen noch einmal vor. Oh, er hatte sich in der Grabnummer getäuscht. Dieses Grab hier war gerade mal ein halbes Jahr alt und der Verwesungsgeruch unbeschreiblich. Also wurde schnell alles wieder zugebuddelt, als wäre nichts geschehen. Manche Dinge vergisst man besser.

Am nächsten Morgen spürte ich den vergangenen Tag jedoch körperlich. Ich hatte wohl irgendwie Zug bekommen. Jedenfalls wusste ich jetzt, wie sich zum ersten (und leider nicht zum letzten) Mal ein Hexenschuss anfühlt. Ich wollte zu Hause bleiben, aber so etwas machte man nicht auf Fehmarn. Nein, nicht wenn man den Nachnamen Wilder trug. »Fahr da auf jeden Fall hin und versuche, zu arbeiten. Wenn es dann gar nicht geht, kannst du ja immer noch aufhören«, sagte Mama wenig mitleidig. Wichtig war erstmal, dass man funktionierte oder es zumindest versuchte.

Ich schleppte mich also auf dem Fahrrad nach Petersdorf. Auf dem Friedhof sollte ich direkt eine Schubkarre mit Erde wegfahren. Ich hob sie an und brach sofort vor Schmerzen zusammen. Es hatte keinen Sinn: Auch meine Mutter sah das nun ein und holte mich mit dem Auto ab. Ich vermute, sie hatte mich vorher einfach für lustlos und faul gehalten. Doch so war sie eben, unsere Familie. Hauptsache, man zeigte den Willen, nicht arbeitsscheu zu sein. Ob Spätfolgen daraus entstehen würden, war erstmal Nebensache. Es zählte, dass der Schein nach außen gewahrt blieb.

Das Jahr 1967 war insgesamt sehr aufregend. Ich verbrachte viel Zeit mit Musik. Heinz, Peter und ich trafen uns regelmäßig und übten, bis unsere Finger wund waren. Wir glaubten an den großen Erfolg. Peter fand neue interessante Musik von *John Mayall* oder *Al Kooper,* die unseren eigenen Stil stark beeinflussten.

Beim Gedanken an diese Musik fliege ich mit Leichtigkeit in meine alte Welt zurück. What a Trip! Mein Gehirn empfängt durch sie in rasender Geschwindigkeit alle möglichen Informationen und Bilder aus meiner Jugend. Herrlich. Das Schreiben fällt plötzlich viel leichter. Die Kulisse stimmt. *Jethro Tull*, *Uriah Heep;* die 60er waren schon geil, da kann man sagen, was man will.

Unsere Band formte sich mehr und mehr, und so wurde auch das Thema Drogen immer präsenter. Peter kam als erster an »Shit« ran. Dabei handelte es sich natürlich um Haschisch; alle sprachen davon. Es war *das* Thema. Wir mussten es unbedingt ausprobieren, natürlich ohne, dass unsere Eltern davon erfuhren.

Was aber noch fehlte, war ein Name für unsere Band. Bis heute weiß ich nicht, wie er letztlich zustande kam und ob Peter damals schon vollkommen zugedröhnt war oder ob er es einfach nur erfunden hatte. Er schlug den Namen *Kaipho*s vor. *Kaiphos* – klasse, das hörte sich gut an. Doch was ist das überhaupt? Peter behauptete mit ernster Miene, es sei der Name für den Gott der Musik in Ägypten. Wir glaubten ihm aufs Wort. Frau Google gab es damals noch nicht. Dann rauchten wir etwas Haschisch, lachten uns kaputt und waren uns einig: Da fehlt noch etwas. Wir bekamen die erleuchtende Eingebung des Wortes *Flangia.* Ja klar, das war zwar eine eindeutig durch Drogen initiierte Inspiration, fühlte sich für uns alle aber an wie ein Volltreffer. *Flangia Kaiphos,* das wars. Der Name unserer Band.

Wir waren zu Beginn sicher nicht gut, aber wir waren laut. Sehr laut. So laut, dass wir in Petersdorf direkt ein Verbot erhielten. Man behauptete, es wäre nicht auszuhalten. Dazu sei gesagt, wir übten in der Scheune von Heinz Langes Eltern. Sie betrieben in Petersdorf eine Gaststätte und hatten nebenbei immer noch den bäuerlichen Betrieb. Sie teilten uns humorlos mit, man könne uns im ganzen Dorf hören. Laut und deutlich. Was war also zu tun? Wie konnten wir leiser werden? Gedämpft spielen? Jeder Rockmusiker weiß: Gedämpft spielen ist, als wenn man einem Harley-Fahrer einen riesigen Auspuff an seine Maschine schraubt, und sie klingt dann wie eine Zündapp. Das geht gar nicht. Also mussten wir uns irgendwie »einmauern«. So verbanden wir die Idee mit etwas Nützlichem, und schon wussten wir, wie vorzugehen war.

Das Stroh der abgedroschenen Felder musste gepresst und eingefahren werden. Und so ein Strohballen ist nun mal ein guter

Schalldämpfer. In die Scheune musste das Zeug ja so oder so. Also baten wir Herrn Lange um Erlaubnis und heuerten Gottfried an, Heinz' älteren Bruder. Er fuhr die Strohpresse, und Heinz, Peter und ich waren hinten auf dem Wagen und stapelten die Ballen. Wir konnten es kaum abwarten, unseren Bunker in der Scheune zu bauen, und packten die Strohballen natürlich viel zu hastig auf den Hänger. Der Wagen war voll, und es ging Richtung Dorf und Scheune. Es dauerte nicht lange, bis die gesamte Ladung umfiel und wir alles nochmal aufstapeln mussten.

Der Bunker war aber kurz darauf fertig. Der ständige Staub in der Scheune machte uns nichts aus. Wir lebten in unserer Strohglocke und waren glücklich, unsere geballte Kreativität ausleben zu dürfen. Es war eine unvergesslich schöne Zeit für mich, für die ich heute noch unglaublich dankbar bin.

Vom Tischler Gerd Buhr in Burg ließen wir uns ein kleines Podest bauen, auf dem Heinz sein Schlagzeug aufstellen konnte. Die Idee war klar: Es handelte sich um eine Investition für unsere zukünftigen Auftritte. Denn jetzt wollten wir raus in die Öffentlichkeit. Es brannte uns allen unter den Nägeln. Vorne auf dem Fell seiner Bass Drum stand bereits der Name *Flangia Kaiphos.* Wir hatten es geschafft.Ein Problem gab es jedoch noch: Viele Bands hatten in ihren Liedern auch eine Orgel. Gab es in unserer Klasse überhaupt jemanden, der Klavier spielen konnte?

Claus-Hartwig Kölln – na klar! Es bedurfte nicht viel Überzeugungskraft, und schon wurde eine Hohner-Orgel organisiert. Wer hätte unser Angebot, so cool wie wir zu sein, schon ablehnen können?

Wir waren aber nicht die einzigen jungen Rocker auf der Insel. Nein, da gab es noch die *Marihuanas.* Teilweise kamen die aus Heiligenhafen. Und von denen warben wir den Sänger ab. Wir hatten gehört, dass Ulrich Groth genau die gleiche Stimme hätte wie Mick Jagger. Das wäre doch der Wahnsinn, oder? Und er hatte sie. Wirklich. Sogar die schrägen Verrenkungen von Mick konnte er imitieren. Als wir dann aber mit Blues improvisierten, fiel uns irgendwie auf, dass Ulli gar kein Englisch konnte und manchmal die irrsten Sachen raushaute. Er hatte alles phonetisch gelernt und wusste gar nicht so richtig, was er da sang. Er hatte ja auch nur eine Volksschulausbildung, nie Englisch gehabt und arbeitete schon bei der

Bundesbahn in Puttgarden. Er sang oft etwas, das zwar irgendwie wie Englisch klang, aber meist gar keinen Sinn ergab. Ich biss oft die Zähne zusammen und hoffte immer, dass sich im Publikum kein Engländer oder Amerikaner befand. Den Fehmaranern war es ohnehin egal. Da konnte keiner so gut Englisch, um das herauszuhören.

Eines fiel aber schnell auf: Es war schwer, die Balance zu halten zwischen unserer Musik und der Schule. Die Musik bedeutete alles für uns, und Schularbeiten waren etwas, was sehr lästig war und uns nur vom Üben abhielt. Doch irgendwie musste auch das klappen. Es war inzwischen Sommer 1967, und ich war vierzehneinhalb Jahre alt. Bei uns auf dem Hof hatten alle eine Menge zu tun, und ich machte mich so rar es ging. Der Südstrand war jetzt auch nicht mehr so interessant für mich. Wir trafen uns viel lieber in Petersdorf in der Scheune oder in der Stadt, im *Pferdestall*, der Diskothek in Burg. Dort konnten wir auch all die aktuellen Songs hören. Bis 22 Uhr durften wir damals rein, dann war Schluss.

Wir brauchten aber auch Geld, um unsere Musikinstrumente und die Anlage aufzustocken, und wollten unbedingt ein Sennheiser-Mikrofon, ein absolutes Muss, sowie einen Verstärker der Marke Fender. Klar, das brauchte man. Also suchten wir Gelegenheitsjobs, und mein Bruder bot uns einen an: Rübenhacken auf dem elterlichen Hof für 3,50 DM die Stunde.

Heinz, Peter und ich, bewaffnet mit einer Rübenhacke, verließen voller Energie unseren Hofplatz in Richtung Rübenfeld. Wir kamen am Dorfteich vorbei, und Heinz bemerkte mein altes Floß, das ich mir zwei Jahre zuvor gebaut hatte. Es bestand aus ein paar Brettern, darunter Plastikkanister des Gift-Spritzmittels E 605, damit es schwamm. Alles war nur mit ein paar Schnüren zusammengebunden.

»Schwimmt das noch?«, hörte ich Heinz auf einmal fragen. Doch bevor ich überhaupt antworten konnte, stand er schon auf dem Floß, drückte sich mit Hilfe des Hackenstiels vom Felsen ab und driftete langsam Richtung Mitte des Teiches. »Hurra!«, schrie er, »es hält!« In dem Augenblick brach es in der Mitte auseinander. Was folgte, verlief wie in Zeitlupe: Auf jeder Seite des zerbrochenen Floßes stand Heinz mit einem Bein. Sein gelungener Spagat endete allerdings jäh, als er ins Wasser sprang. Sein Kopf, bedeckt mit der braunen Wildlederkappe und seiner dicken Brille, schaute aus der trüben Brühe hervor. Hinter ihm hatte sich sein grüner Parka mit Luft gefüllt.

Er sah aus wie eine Schildkröte, mitten in einem Meer aus giftgrünem Entenflott. Wir konnten ihm nicht helfen, unmöglich, denn wir lagen schreiend vor Lachen auf der Wiese neben dem Teich. Heinz war inzwischen stinksauer. Er kroch aus dem Teich, lief wortlos und triefend zum Hof zurück und fragte dort nach ein paar trockenen Sachen. Kurze Zeit später radelte er mit Hochwasserhosen und einem viel zu kleinen Pulli auf einem Herrenfahrrad, das meinem Vater gehörte und auf dem ein riesiger, aber sehr bequemer Traktor-Sattel angebracht war, Richtung Petersdorf.

Der Kommentar meines Bruders war deutlich, als er ihm nachschaute: »Jetzt schau dir diesen Idioten an!« Heinz sprach tagelang nicht mit uns.

Zweiter Vollrausch – mit Filmriss

Um einen Idioten geht es auch in meiner nächsten Anekdote. Diesmal war der Idiot jedoch ein gewisser Klaus Wilder. In einer lauen Sommernacht kam ich einmal (wie das zustande gekommen war, weiß ich leider gar nicht mehr) aus der Stadt zurück. Ich hatte sehr viel Alkohol konsumiert. Heimlich schlich ich mich ins Haus, damit meine Eltern mich nicht bemerkten. Ich wollte im Bad nachschauen, wie ich aussah und ob überhaupt jemand mitkriegen würde, dass ich etwas getrunken hatte. So schaute ich also in den Spiegel, konnte aber kaum etwas erkennen. Alles war nur verschwommen. Ich trat einen Schritt zurück, doch vielleicht hatte ich nicht nahe genug am Spiegel gestanden. Meine Kniekehlen berührten nämlich plötzlich den Rand der Badewanne hinter mir. Ich knickte ein, fiel nach hinten und prallte mit dem Hinterkopf gegen die Fliesen.

Mein Bruder Hans fand mich einige Minuten später. Ich hatte mich in der Zwischenzeit übergeben. Es stank wie Hölle, und er fing an, mich aus der Badewanne zu ziehen. Dann knallte er mir eine, schimpfte wie ein Rohrspatz, hielt mir einen Vortrag und petzte es natürlich auch sofort meinen Eltern. Ich konnte keinen klaren Gedanken fassen, so besoffen war ich. Ich erinnere mich jedoch noch, wie es mich getroffen hat, dass gerade er, Mr. Right, mich in die Schranken weisen durfte. Ich konnte mich aber nicht wehren. Ich war nicht mehr Herr meiner Sinne. Am nächsten Tag ging es mir schlecht. Sehr schlecht. Meinem Bruder habe ich die Sache nie verziehen. Er gab mir damals das Gefühl, ein Versager zu sein, und wurde selbst zum Verräter. Sein Verhalten in dieser Nacht hing mir lange nach.

Mrs. Spearmint

Zeit für eine schönere Erinnerung! Nach einigen Jahren hatten wir schon so einige Stammgäste bei uns auf dem Hof. Auch Vaters Kriegskameraden tauchten immer wieder mal auf. Und man sang das *Hesse-Lied.*

Doch nun war da eine neue Familie aus Berlin. Sie hatten eine sehr hübsche Tochter namens Heidi. Diese war, glaube ich, fast siebzehn, also gut zwei Jahre älter als ich. Eines Abends kam ich aus dem Bad, es war schon spät. Ich trat auf den Flur, und sie stand direkt vor mir, fast als hätte sie mich abgepasst. Es war dunkel. Sie hielt mich fest und küsste mich. Dabei steckte sie mir ihre Zunge in den Mund, und es fühlte sich traumhaft an. Sie schmeckte nach Spearmint-Kaugummi. Frisch, wow! Das war ein echter Kuss, der sich ganz anders anfühlte als der vor einem Jahr.

Allerdings wurden wir von einigen Erwachsenen unterbrochen. Am nächsten Tag fuhr ihre Familie bereits wieder zurück nach Berlin, versprach aber, im nächsten Jahr wiederkommen. Schade, dachte ich. Denn im Herbst sollten wir in die Stadt umziehen. Nach Burg. Also würde ich Heidi wohl nicht wiedersehen. Denn, wie ich am Anfang des Buches ja bereits erwähnt hatte: Fehmarn hatte so seine Traditionen. Und eine davon besagte, dass, wenn der Hoferbe, also Hans, heiratete, musste er mit den Alten so weit auseinander wohnen, dass man einen Hut aufsetzen musste, um sich zu besuchen.

Da meine beiden Schwestern Helga und Magret nach ihrer Mittleren Reife nun schon seit einiger Zeit aus dem Haus waren und in

Hamburg wohnten, kam mir das aber alles gerade recht. Denn ich sollte natürlich, wie die Eltern, auch mit nach Burg umziehen und meinem Bruder im wahrsten Worte »das Feld überlassen«. Auch eine Tradition auf Fehmarn: Der erstgeborene Sohn bekommt den Hof. Über diese Regelung war ich später immer sehr dankbar, da ich weder die Verantwortung noch die ganze Nummer mit der Familien-Tradition haben wollte. Ich war einfach kein Bauer. Der Amerikaner sagt: I had my own calling. (Ich hatte meine eigene Berufung.) Und das spürte ich schon sehr früh.

Drogenabhängige Hühner

Die Sommerferien waren vorbei, und die Schule fing wieder an. Zum Glück waren nicht alle Lehrer wie unser Herr Mahnke. Herr Ochsen zum Beispiel, unser Biologie-Lehrer, wusste genau, wie er mich zu nehmen hatte. Bloß keinen Zwang, keinen Druck ausüben auf den Klaus. Ich kam aus eigenem Antrieb, wurde neugierig – und plötzlich faszinierte mich alles, was er uns beizubringen versuchte.

Wir sollten uns für den Herbst ein Biologie-Projekt ausdenken. Viele meiner Klassenkameraden hatten schon heimlich angefangen zu rauchen. Ich probierte es dreimal und hatte sofort jedes Mal danach eine starke Mandelentzündung. Also fand ich Rauchen total doof. Da wir aber Haschisch und Marihuana konsumierten, indem wir es rauchten, bekam ich regelmäßig gleich beim ersten Zug vom Tabak einen so starken Hustenanfall, dass die jeweilige Droge bei mir sofort Wirkung zeigte und mir in die Birne schoss. Also dachte ich mir: Probiere ich es doch mal bei unseren Hof-Hühnern aus.

Ich baute mir zwei Käfige und steckte in jeden jeweils ein Huhn. Dann fütterte ich sie mit Getreide. Das Huhn links bekam Korn, das rechts auch. Nur war es beim rechten ein richtiger Korn, also ein hochprozentiger Schnaps!

Zusätzlich blies ich noch mit einem Schlauch in regelmäßigen Abständen Haschisch- und Marihuana-Salven in den Käfig des rechten Huhns. Die Reaktion des drogenbeeinflussten Tiers war immer die gleiche: Einen kurzen Moment nach dem Konsum beugte es sich nach vorn und legte den Kopf quer auf den Boden. Nach einer kurzen Starre sank das Huhn dann in eine leblose Sitzposition. Es war nun völlig high und weggetreten.

Das schrieb ich täglich in mein Journal und kam mir schon richtig vor wie ein großer Wissenschafts-Professor. Nach vier Wochen schlachtete ich beide Hühner, und siehe da: Die Eierproduktion des rechten Huhns war total eingestellt, und es hatte sich drinnen alles verhärtet, während das andere Huhn bis zum Schluss fleißig Eier gelegt hatte. Was lernte ich daraus? Die Alten hatten recht: Wer Drogen nimmt, sitzt nur faul herum, wird zum Penner und leistet nichts in der Gesellschaft.

Mein Experiment fand bei Herrn Ochsen großen Anklang, und ich erntete immenses Lob. Ab diesem Moment hatte ich bei ihm einen Stein im Brett und immer die Note 2. Ich war aber auch wirklich interessiert an allem, was er uns lehrte. Diese Note wurde später der Schlüssel zu meinem Abitur. Fazit: Ohne die Hühner und die Drogen hätte ich mein Abi wohl kaum geschafft.

Bye-bye

Doch zunächst stand noch unser Umzug in die Stadt an. Dorthin, wo wirklich etwas los war. Burg, ich komme! Wir zogen ganz nah an den *Pferdestall,* die angesagteste Disco. Na gut, eine andere kannte ich bis dahin ja auch noch nicht.

Auch war unser neues Domizil viel näher an der Schule. Endlich waren also keine Busfahrten mehr nötig. Das mit dem Schulbus war sowieso immer so eine Sache gewesen. Nach mehreren Jahren war ich längst zum absoluten Weltmeister im Drängeln beim Einsteigen geworden, nur um mir einen guten Platz zu sichern. Doch Heinz, Peter und ich stiegen immer schon in Landkirchen wieder aus, denn wir hatten keinen Bock, die ganze Runde über die Insel zu fahren, um dann irgendwann mal in Petersdorf, oder wie ich, in Altjellingsdorf anzukommen. Wir trampten von Landkirchen aus weiter und nahmen so den direkten Weg quer über die Insel. Und während wir dann auf eine Mitfahrgelegenheit warteten, konnten wir auch in Ruhe über unsere Musik sprechen.

Trampen wurde ohnehin zum Transportmittel meiner Jugend. Heute trampt fast niemand mehr. Warum eigentlich? Zu bequem, oder ist es zu gefährlich? Ich trampte mit 15 sogar bis Hamburg, um meine Schwester Magret zu besuchen. Und dann später durch ganz Amerika. Andere Zeiten, andere Sitten.

Kapitel 7

Neue Freiheit

(1968-1971)

Ich war inzwischen 15 Jahre alt und durch die zwei Kurzschuljahre bereits in der Obersekunda. Wir zogen also zu meiner Oma Flohr in den Staakensweg, dicht am Hafen. In der oberen Etage richteten meine Eltern sich eine Wohnung ein. Sie hatten dort auch ihr Schlafzimmer. Meine coole Oma Elise Flohr wohnte in der unteren Etage. Ich selbst schlief in einem kleinen Seitenraum, der mehr eine Abstellkammer war. Ich habe mich jedoch nie beschwert: Der Raum hatte ein Fenster, und alles war gut. Außerdem durfte ich mir in einem der Kellerräume sogar einen Partyraum einrichten. Dieser hatte eine Bar und Sofas. Das war, wenn ich so zurückdenke, vermutlich die erste handwerkliche Umsetzung meiner Ideen. Der Raum war der Hammer! Wenn meine Schwestern am Wochenende aus Hamburg kamen und meine Eltern besuchten, überließ ich ihnen gerne mein Zimmer und verzog mich nach unten. Dort konnte ich durch die Kellertür kommen und gehen, wann ich wollte. Oft war ich dann pünktlich um 22 Uhr zu Hause, gab vor, ich würde ins Bett gehen und stahl mich dann heimlich aus der Kellertür wieder hinaus und zurück in die Stadt, wo der Bär tanzte und etwas los war. Oder ich ging zu

Café Ehlers, das war so eine Art Kneipe mit ein wenig Disco dabei, 500 Meter weiter den Staakensweg runter Richtung Hafen. Ich wusste eben schon früh, wie ich mir meine Freiheiten verschaffte.

Mein alter Herr war das, was man heute einen Kontrollfreak nennen würde. Da er meist morgens um 5 oder 6 Uhr zum Hof nach Altjellingsdorf fuhr, um zu schauen, ob mein Bruder auch alles richtig machte, konnte ich dann an den Wochenenden endlich länger schlafen. Wenn er allerdings schon um 8 oder 9 Uhr wieder vom Hof zurückkam, insbesondere an den Wochenenden, dann polterte er lautstark ins Haus mit den Worten: »Verdammt noch mal, jetzt wird aber aufgestanden!« Er ließ uns keine Ruhe und machte so viel Krach, bis wir unsere Gesichter zeigten. Meine Schwestern und ich fanden das immer furchtbar. Aber so war er eben. Wenn er auf den Beinen war, musste es die Welt auch sein.

Und obwohl wir so viel näher an meiner Schule wohnten, kam ich jetzt wesentlich öfter zu spät. Ich hatte sowieso schon immer die Angewohnheit, Dinge, zu denen ich keine Lust hatte, bis zum Extrem hinauszuzögern. Das ließ sich ein paar Jahre später dann sogar noch steigern, als wir in den Badstaven 5 zogen – da waren es nur noch vier Minuten Fußweg bis zur Schule. Unnötig zu erwähnen, dass ich auch dann nicht pünktlicher kam.

Und es war Pfingsten

Doch hatte das Jahr noch einige weitere Überraschungen für mich zu bieten. Die Familie aus Berlin wollte in diesem Sommer wieder bei uns auf dem Hof Urlaub machen. Heidi hatte sich mit meiner Schwester Magret angefreundet und wollte über Pfingsten nach Fehmarn kommen, diesmal ohne ihre Eltern. Am Donnerstag vor Pfingsten kam sie an und sollte jetzt bei uns in Burgstaaken schlafen. Magret hatte geplant, am nächsten Abend aus Hamburg anzureisen. Mein Vater und ich holten Heidi in Puttgarden ab. Sie aß bei uns zu Abend und schlief auf dem Sofa im Wohnzimmer. Meine Eltern fuhren schon sehr früh zum Hof, und ich hatte Ferien. Es gab also eigentlich keinen Grund aufzustehen. Plötzlich kam Heidi in mein

Zimmer und kroch zu mir unter die Decke. Ich muss zugeben, dass ich etwas schockiert war. Sie schien jedoch einen Plan zu haben, den sie dann auch ganz schnell in die Tat umsetzte. Ich hatte zu diesem Zeitpunkt zwar noch kein Oskar-Kolle-Buch gelesen, doch schon reichlich mit Vorlagen wie dem Otto-Katalog und den Seiten für Damenunterwäsche meine Pubertät ausgelebt. Aber nun lag das pralle Leben plötzlich neben mir im Bett. Was zu tun war, wusste ich immerhin theoretisch. Doch darüber hinaus? Redete man dabei? Und über was? Welche Worte waren dieser wichtigen Lebenserfahrung angemessen? Ich schwieg. Und irgendwann hörten wir das Auto meiner Eltern, die vom Hof zurückkamen. Heidi huschte wieder ins Wohnzimmer und tat so, als schliefe sie noch. Meine Mutter machte Frühstück und rief uns. Am Frühstückstisch fiel mir immer noch nichts Gescheites ein, was ich Heidi hätte sagen können. Du warst gut? War ich gut? Hat es dir Spaß gemacht? Hatte es?, fragte ich mich selbst stillschweigend. Irgendwie ging alles viel zu schnell, und ich hatte es mir auch anders vorgestellt. Jetzt konnte ich die Uhr aber nicht mehr zurückdrehen. Ich musste los, um mit den Jungs zu üben.

Magret kam am Nachmittag und traf sich mit Heidi. Sie gingen zum Strand. Ich versuchte jetzt alles, um ihr aus dem Weg zu gehen, und schlief bei Peter. Schnell erzählte ich ihm von meinem ersten Abenteuer. Er fragte gleich: »Hast du ein Kondom benutzt?« Wie jetzt, ein Kondom? Meine Gedanken rotierten: Ich hatte ja gar keins (wofür auch!), und sie hatte auch nichts gesagt, und es ging ja alles so schnell! Jetzt hatte mir Peter einen Floh ins Ohr gesetzt. Am Samstag traf ich kurz auf Heidi, sagte aber wieder kein Wort. Am Sonntag war dann Pfingsten, und sie war am Strand, Magret blieb zum Essen mit den Eltern zu Hause. Trocken meinte sie zu mir: »Also gestern am Strand, da hat Heidi sich übergeben. Ihr war ganz schlecht. Hoffentlich ist sie nicht schwanger.« Meine Welt zerbrach in 1000 Teile. Die absolute Panik. Ich war noch keine 16 Jahre alt und wurde jetzt Vater?

Was war zu tun? Ich brauchte dringend einen guten Ratschlag. Doch wen konnte man da fragen? Wer hatte schon mehr Erfahrung als alle anderen Jungs in der Schule? Keine Frage: Ich musste zu Leif Seyer, dem Sohn vom Bäcker Seyer in Burg.

Leif hatte das größte Maul in der Schule. Er war ein Prahlhans, verkündete allen, mit wem er es schon getrieben hatte.

Außerdem war er ständig in Schlägereien verwickelt und für sein Alter von 15 Jahren extrem kräftig und zäh. Er hatte sich gerade auf der Insel einen Namen gemacht, und jeder, der seine Männlichkeit unter Beweis stellen musste, fing Streit mit ihm an. Meistens zog man dabei den Kürzeren. Leif war ein Tier. Wer, wenn nicht er, würde mir helfen können? Er musste es doch wissen! Was sollte ich in dieser Situation machen? Ich brauchte wirklich den Rat eines Experten. Wir trafen uns, und ich schilderte ihm mein Problem. »Abhauen!«, meinte er. »Wenn ich du wäre, würde ich sofort heute Abend die Insel verlassen und nach Frankreich oder irgendwo hintrampen und dort leben. Sonst musst du dein Leben lang bezahlen. Das sieht nicht gut aus für dich.« Seine Worte waren wie Faustschläge. Vielleicht hätte ich mich doch lieber mit ihm prügeln sollen.

Doch ich stotterte nur noch »Danke, Leif!« und ging schnell nach Hause. Am nächsten Tag musste ich früh auf dem Hof mithelfen. Heidi und Magret schliefen noch. Ich hatte die ganze Nacht kein Auge zugemacht. Mit meinen Eltern fuhr ich zum Hof. Mittlerweile waren dort auch die Ebners angekommen, ein Rechtsanwalt aus Freiburg mit seiner Frau und Tochter Jutta. Diese brachte immer ihre Freundin Ute mit. Die beiden Mädchen waren schon 19 und 20 Jahre alt und freuten sich riesig, mich zu sehen. Allerdings bemerkten sie auch, dass irgendetwas nicht stimmte. Sie fragten so lange, bis ich endlich auspackte, und brachen in schallendes Gelächter aus, als ich meine Geschichte erzählte. Es war mir ja schon peinlich genug, es ihnen zu erzählen, ihre Reaktion machte es jedoch noch peinlicher. »Wenn Heidi wirklich schwanger ist, dann bist du auf jeden Fall nicht der Vater. 100%!« Bäm. Das war ja mal eine Ansage.

Sie gaben mir einen Schnellkurs in Biologie und weiblicher Schwangerschaftskunde. Ich hätte vielleicht ein bisschen besser in der Schule aufpassen sollen, dann hätte ich mir die Antwort auch selbst geben können. Eine Frau kann natürlich erst ab der sechsten Woche Symptome einer Schwangerschaft - wie z. B. Übelkeit -spüren. »Ich glaube, sie will dir nur ein bisschen Angst machen, weil du nicht mit ihr redest«, sagte Ute noch.

Zum ersten Mal in meinem Leben war ich richtig sauer auf meine Schwester Magret, dass sie bei Heidis Plan mitgemacht hatte. Doch fiel mir auch ein Stein vom Herzen. Nun hatte ich erst recht keine Lust mehr, mit Heidi zu reden. Sie fuhr dann irgendwann nach

Pfingsten nach Berlin zurück. Wir haben nie wieder ein Wort gewechselt, und ich habe sie nie wiedergesehen. Leif Seyer habe ich übrigens auch nie wieder um Rat gefragt.

Viel wichtiger war ohnehin: Jetzt konnte ich mich wieder voll auf meine Musik konzentrieren.

The Show must go on

Die Musik nahm so viel Platz ein, dass die Schule darüber total vergessen wurde. Was das Lernen fürs Leben anging, war ich ohnehin schon immer von Grund auf faul. Dinge, die mich nicht interessierten, bekamen weder meine Aufmerksamkeit, noch investierte ich einen Funken Energie in sie. Viel wichtiger war: Wir hatten endlich unseren ersten Auftritt im Hotel Wisser auf dem Marktplatz. Jetzt kam die große Stunde. Wir mussten uns unter Beweis stellen!

Wissers Hotel war auf Fehmarn sowieso der Sammelpunkt schlechthin. Hier wurden alle Hochzeiten, Konfirmationen, silberne und goldene Hochzeiten sowie Geburtstage gefeiert. Hier zelebrierte man Silvester, den Fehmarnschen Reiterball und vieles mehr. Wissers Hotel würde für mich noch mehrmals eine große Rolle spielen.

Die Phase kurz vor Auftritten war immer sehr hektisch. Jeder, der einmal eine Band gegründet hat oder in einer Band gespielt hat, kann das bestens nachvollziehen. Irgendein Kabel ist mal wieder beschädigt und funktioniert nicht. Also schnell raus mit dem Lötkolben und reparieren. Wenn es nicht ging, musste man eben improvisieren. Als Musiker lernt man sehr schnell, warum es den berühmten Spruch gibt: *The Show must go on.* Die Band formierte sich rasch neu, doch bei Claus Hartwig Kölln war der Funke erloschen – er widmete sich lieber anderen Dingen.

war nicht sein Ding. Wir brauchten unbedingt noch einen richtig guten Gitarristen, suchten und wurden sehr schnell fündig: Auftritt Wolf-Dieter Hübner. Er ging sogar bei uns aufs Gymnasium, allerdings eine Klasse unter uns. Ich erinnere mich: Für 16-jährige waren damals alle, die jünger sind, erstmal uninteressant. Ist das heute auch noch so?

Hübi hatte bereits mit einer kleinen 3-Mann-Formation versucht, eine Band zu gründen. Er konnte die Riffs von Jimi Hendrix schon fast perfekt nachspielen. Ich habe ihn jedoch immer für seine großartigen Eltern bewundert. Sie standen immer voll hinter ihm – auch wenn ich, rein schulisch betrachtet, in ihm meinen Meister gefunden hatte.

Er war nämlich noch fauler in Bezug auf Schularbeiten als der berüchtigte Klaus Wilder.

Bei mir war es jahrelang das gleiche Spiel. Das Zwischenzeugnis wurde katastrophal, doch hatte ich ein unerklärliches Gottvertrauen darin, dass die Kurve bis spätestens zum Schuljahresende noch zu kratzen sei. Aber nun, in der Obersekunda, war sich das Lehrerkollegium leider einig. Jetzt reichte es ihnen! Dieses Mal würde Klaus es nicht mehr schaffen. Trotz einer zwei in Biologie purzelten die Fünfer in Mathematik, Physik und Chemie nur so durchs Zeugnis. Allerdings hatte ich noch ein halbes Jahr, um alles aufzuholen! Ein großes Thema waren immer wieder auch die Haare! Keiner von unseren Eltern war begeistert, dass wir unsere Haare lang wachsen lassen wollten. Irgendwie brauchten wir eine Lösung für zumindest dieses Problem. Diese nahte in Gestalt meiner Wenigkeit, auch wenn ich gar nicht mehr weiß, wie es dazu kam. Vor einer Beatles-Frisur mussten wir die Eltern natürlich bewahren – man konnte ihnen ja nicht auch noch zumuten, dass wir neben dieser haarigen Katastrophe auch noch ihre Ohren mit dieser scheußlichen Jiddel-Jiddel-Musik malträtierten.

VoLaHiKu

Es gab damals diesen Kultbegriff „VoKuHiLa“ – vorne kurz, hinten lang – und gefühlt trug ihn jeder Fußballer. Für unswar das nichts. Also musste ein anderer Stil her.

Meine Haare ließ ich mir heimlich vorne lang wachsen. Als sie schon eine gewisse Länge erreicht hatten und den Unmut meiner Eltern erregten, fing ich an, sie hinter meine Segelohren zu stecken. Ich lernte sogar, sie blitzschnell nach hinten zu schieben, sobald meine Eltern in der Nähe waren. So sah ich dann zumindest halbwegs korrekt aus. Eines Tages lief ich jedoch unbedarft durch Burg, und ein Auto hupte neben mir. Es war mein alter Herr. Ich hatte keine Zeit oder Gelegenheit mehr, mir die Haare nach hinten zu schieben. Er schaute mich entsetzt an und meinte auf Plattdeutsch: »Wie siehst du denn aus?« Ich stieg ins Auto, als hätte er mich bei einem schweren Verbrechen ertappt. Ohne Umweg ging es zum Friseur Köhler gleich neben der Kirche. Er befahl mir, mich in den Stuhl zu setzen, und gab dem Friseur den klaren Auftrag, mir einen richtigen Herren-Haarschnitt zu verpassen. Während die beiden über Kommunalpolitik sprachen, konnte ich meine Tränen kaum zurückhalten. Wie sollte ich morgen früh bloß zur Schule gehen? Was würden die Mädchen sagen? Auslachen würden sie mich! Ich war am Boden zerstört. Wer weiß denn schon, was im Kopf eines Jugendlichen alles so abgeht? Mein alter Herr sicher nicht.

Ist es nicht unglaublich, wie schnell Eltern es durch ihre Handlungen oder Reaktionen schaffen, Kinder zu degradieren, ihnen Minderwertigkeitskomplexe zu vermitteln oder einfach wieder dieses blöde Gefühl, man müsse immer artig sein? Was steckte bloß dahinter? Warum musste man zwanghaft in ihr Weltbild passen? Das war wieder so ein einschneidender Moment in meinem Leben mit großen Auswirkungen. Ich schwor mir damals, die Insel zu verlassen, sobald ich mit der Schule fertig war. Denn dank meiner Eltern (und der begrenzten Sichtweise eines Teenagers) verband ich mit Fehmarn eigentlich nur Negatives: Anpassen! Bloß nicht auffallen! Parieren! Von diesem Tag an war ich noch vorsichtiger und schaffte es ziemlich schnell, mir jedenfalls vorne wieder eine »Matte« wachsen zu lassen. Viele meiner Mitschüler kamen zu mir und wollten auch so eine VoLaHiKu-Frisur haben, und so wurde ich dann kurzfristig zum Haus- und Hof-Friseur von halb Fehmarn. 5 Mark pro Haarschnitt. Danke schön!

Backen geblieben!

Abseits von Frisurenproblemen war da aber immer noch die Schule. Diesmal gelang es mir wider Erwarten nicht mehr, die Kurve zu kriegen. Ich musste wirklich wiederholen. Aber ich war nicht der Einzige, der sitzen blieb. Es erwischte auch unseren Bassisten Peter, meinen besten Kumpel. Insofern war es zu ertragen, und die Welt hatte sich nicht viel verändert. Das Schöne war, jetzt war auch Hübi mit uns in einer Klasse. Der war allerdings, wie ich schon erwähnte, noch fauler als ich, und das Vergnügen, mit Hübi in eine Klasse zu gehen, währte leider nur ein Jahr. Dann erwischte es ihn ebenfalls.

Am Telefon im September dieses Jahres sprach ich mit ihm über alte Zeiten, und er beichtete mir, dass er es letztendlich sogar auf dreimal backen bleiben schaffte. Es wäre das Ende für ihn gewesen, doch ging er kurz vor der dritten Runde von unserer Schule ab und machte dann in Oldenburg am Gymnasium sein Abitur. Hut ab dafür, alter Kumpel! War er in der Schule also noch viel fauler als ich, spielte er dafür die mörderischste Lead-Gitarre, die man sich vorstellen kann. Mit Jimi Hendrix und vielen anderen konnte er sich damals auf jeden Fall messen. Und das Tollste war wirklich, seine Eltern haben ihn dabei immer unterstützt. Bei mir herrschte wegen der Ehrenrunde logischerweise eine Zeit lang dicke Luft. Aber auch das ging irgendwann vorbei.

Wir fingen jetzt an, in unserem Bunker auch eigene Stücke zu komponieren. Sehr gut kann ich mich noch an unseren Song *Power* erinnern, von dem sogar noch einige Mitschnitte existieren. Wir hatten inzwischen auch überall Auftritte. Eine der schrägsten Locations war die Schwarz-Bunten-Halle in Lübeck. Doppelt lustig war es, weil dort mein Vater normalerweise seine Rinder kaufte oder verkaufte.

Es war der 18. März 1970, und um Punkt 18:15 Uhr ging es los. Angekündigt war eine »Dance Session mit Christian, Theo, Flangia Kaiphos und Jaques (Frankreich)« – wer auch immer diese Leute waren. Die Schreibweisen brachten in jedem Fall nicht nur uns zum Lachen.

Das Sommer-Highlight: ein Freiluftkonzert im Haus des Kurgastes, und als wäre das nicht genug, standen auch unsere Konkurrenten, die Marihuanas, mit auf der Bühne.

Wenn wir auswärts ein Konzert hatten, konnten wir uns auf Gottfried »Gotti« Lange, den älteren Bruder von Heinz, verlassen. Er fuhr uns mit einem VW-Bus überall hin, half beim Aufbauen der Anlage und wurde so etwas wie ein Roadie für uns. Einmal hatten wir ein Konzert in Ratzeburg in Wittlers Hotel. Als wir dort ankamen, hatte ich doch wirklich meine Gitarre auf Fehmarn vergessen. Hübis Vater sprang ein und holte schnell aus einem Musikhaus in Lübeck eine Leih-Gitarre. Als wir anfingen zu spielen, gab es aber gar kein Publikum. Kein Mensch war da. Man hatte vergessen, die Plakate aufzuhängen. Wir beschlossen, trotzdem zu spielen, und verbrachten eine tolle Session an diesem Abend. Nach und nach kamen dann doch noch ein paar Leute aus der vorderen Kneipe nach hinten in den Saal. Wir waren uns einig, das war eines unserer besten Konzerte.

Wir schwammen total auf der Welle der Sechziger. Intensiver, als wir es taten, konnte man die damalige Zeit nicht erleben, glaube ich. Wir waren die, über die sich die fehmarnsche Society unterhielt, lästerte und sich aufregte. Es kursierten die wildesten Gerüchte über uns, von Drogenpartys, Orgien und sonstigen Dingen. Wären sie doch nur alle wahr gewesen, dann könnte ich sicherlich heute noch ein paar heiße Geschichten erzählen! Jahre später sagte mir mein dänischer. Das Entscheidende war: Wir waren angesagt, wir waren hip, die Mädchenherzen flogen uns zu, und die Haare wurden jetzt endlich auch richtig lang. Nicht, dass unsere Eltern das toll fanden, aber sie versuchten es zu akzeptieren.

Der ultimative Trip

Viel wichtiger war ihnen ohnehin, was auf der Schulbank passierte. Das Jahr in der Obersekunda musste also noch einmal wiederholt werden. Doch nicht nur das: In den Sommerferien waren auch neue Menschen auf die Insel gekommen. Einer von ihnen war ein gewisser Karl-Heinz. Diesen hatte man wohl von irgendeinem Internat geworfen, und bei uns sollte er nun weitermachen. Er trug lange Haare und eine coole Lederjacke – und die verströmte diesen ganz speziellen, schwer beschreibbaren Geruch, der irgendwo zwischen Rock 'n' Roll und Mottenkugel lag.

Karl-Heinz war ein absoluter Querkopf und wehrte sich gegen alles und jeden. Die Lehrer hatten es schwer mit ihm. Doch tangierte ihn das selbst am wenigsten. Er spazierte aus dem Unterricht heraus, wann immer er es wollte, und rauchte draußen seine selbstgedrehten Zigaretten. Was mir direkt auffiel: Er humpelte etwas. Bei einem Drogentrip auf dem Internat hatte er einmal wahnsinniges Glück gehabt. Seine beiden Klassenkameraden starben, nachdem sie LSD eingeschmissen hatten. Er selbst kam mit einer Art Lähmung in den Beinen davon; daher das Humpeln. Drogen konnten also richtig gefährlich werden. Das wussten wir nun. Doch waren wir einfach jung und neugierig, und niemand sprach mit uns über das Thema.

Im *Pferdestall* trafen wir auf den Drogenguru *Tripper*, der aus Berlin kam und eigentlich sehr schüchtern wirkte. Sein Spitzname kam nicht von ungefähr. Er trug eine Hornbrille und wirkte irgendwie schrullig. Aber er schien zu wissen, was man einschmeißen sollte. Er erklärte uns todernst, man müsse die Zigaretten der Marken *Braun* und *Rosig* einfach mit Tee aufbrühen – und schon hätte man eine halluzinogene Wirkung.

Das speicherte mein Hirn sofort ab. Dinge, die mich interessierten, behielt ich sowieso immer perfekt. Aber nur wissen? Nein, das wäre ja verschenktes Potenzial. Also marschierte ich am nächsten Tag in die

Löwen-Apotheke in der Breiten Straße in Burg. Angeblich waren das spezielle Zigaretten für Asthmakranke – was mir herzlich egal war. Der Apotheker, der – wie jeder Fehmaraner – mich und meine Familie kannte (vor allem meinen Vater), schaute mich an, als könne er in zehn Sekunden genau sehen, wie diese Geschichte enden würde. Mit leichtem Kopfschütteln und diesem *„Junge, lass es lieber"*-Blick fragte er nur: „Und… wozu brauchst du die denn?" Ich antwortete ihm kackfrech: »Für meinen Opa.« Er guckte mich etwas schräg an und wusste vermutlich, dass ich gelogen hatte; mein Opa war ja längst tot. Nur die Marke Rosig habe er vorrätig. Mir war es egal, Hauptsache, ich kam schnell wieder aus der Apotheke raus und nach Hause. Jetzt kam das große Rätsel: Wie viele Zigaretten muss man eigentlich mit Tee aufkochen, um in bunte Parallelwelten abzuheben? Keine Ahnung. Also entschied ich mich für vier – eine Zahl, die mir gleichzeitig professionell und vollkommen bescheuert vorkam. Von Packungsbeilage keine Spur. Vielleicht hätte Tripper mir lieber eine schreiben sollen: *„Achtung: Kann zu spontaner Selbstentzündung führen. Nicht in geschlossenen Räumen zünden."* Mein Gebräu roch, als hätte jemand einen LKW-Reifen in einer Autowerkstatt gegrillt, und schmeckte, als hätte ich genau diesen Reifen in heißem Teer gekocht.

Aber egal – runter damit. *Ein Mann, ein Schluck, ein Irrtum.* Zwei Stunden später: Nichts. Null. Nada. Ich gähnte, zog die Decke hoch und dachte: *So viel Aufwand für eine Nullnummer.*

Doch dann – **ZACK!**

Mein Körper explodierte in einer Hitzewelle, als hätte mich jemand in einen Pizzaofen geschoben. Ich schwor, man hätte auf meiner Stirn Spiegeleier braten und im Nacken Würstchen grillen können. Schweißgebadet taumelte ich ins Bad, riss den Duschhahn auf eiskalt – und das Wasser fühlte sich an, als wäre es gerade frisch in der Hölle abgefüllt worden. Ich kreischte wie ein frisch geföhnter Pudel.

Bloß weg hier, dachte ich. Also zurück ins Bett, als wäre nichts gewesen – in der Hoffnung, meine Eltern würden nicht merken, dass ihr Sohn gerade versucht hatte, sich in ein menschliches Fondue zu verwandeln.

Irgendwann schlief ich ein. Wahrscheinlich, weil mein Körper beschlossen hatte, dass er sich jetzt zur Abkühlung in den Winterschlaf verabschiedet.

Morgens um sieben Uhr weckte mich meine Mutter. Ihr Zuruf »Klausi, aufstehen!« hallte dreißigmal durch meinen Kopf. Ich schlug die Augen auf. Der Zeigefinger, mit dem sie mich antippte, um mich zu wecken, sah aus wie ein großer Fleischklumpen, der direkt vor meinen Augen hing. Irgendwo dahinter, circa fünf Meter entfernt, sah ich den Kopf meiner Mutter, etwa so groß wie eine Stecknadel. Mein Gott, was war denn jetzt los? Ich versuchte aufzustehen, musste aber einen Augenblick auf der Bettkante sitzen bleiben und warten, bis sich alle Linien im Raum wieder halbwegs geordnet hatten. Die Wände waren jetzt immerhin gerade, die Decke hing nicht mehr schräg. Endlich konnte ich aufstehen. Ich hatte tierische Angst, dass meine Eltern etwas merken würden. Ich setzte mich an den Frühstückstisch, und meine Mutter stellte mir, wie seit Jahren, eine Tasse Kakao hin. Nach meinen Abschätzungen war diese etwa eine Armlänge von mir entfernt und befand sich neben meinem Teller. Als ich jedoch danach griff, schien sie plötzlich um ein Vielfaches näher zu sein. Ich stieß sie um, und der gesamte Kakao spritzte über den Schoß meines Vaters. Der sprang vor Schreck auf und schrie mich an, warum ich nicht aufpassen könnte und ob ich noch schlafen würde. Er verließ die Küche und musste sich eine neue Hose und ein neues Hemd anziehen. Ich ergriff die Flucht, um so schnell wie möglich in Richtung Schule zu kommen. Ich rannte, um endlich einmal pünktlich zu sein. Auf dem Weg kamen mir immer wieder Menschen entgegen, die eigentlich ganz normal aussahen. Zumindest, bis sie auf etwa zwei Meter Entfernung an mich herangekommen waren. Ich konnte ihre Augen nicht erkennen. Da waren nur noch schwarze Höhlen. Ach du scheiße!

Doch ich erreichte die Schule und saß schließlich auf meinem Platz. Erstmal in Sicherheit. Es ging los mit einer Stunde Physik bei Herrn Vierk, meinem neuen Klassenlehrer, und es handelte sich um eines der wenigen Male, an denen ich meine Hausaufgaben tatsächlich alleine gemacht hatte und sogar imstande gewesen war, die Aufgaben auch selbst zu lösen. Zumindest im Normalfall und ohne den Konsum meiner aufgebrühten Autoreifen.

Du ahnst es vielleicht schon. Wer sollte wohl ausgerechnet heute an die Tafel kommen und es mal eben demonstrieren? »Klaus, bitte!«, hörte ich Herrn Vierk rufen. Ich blickte in mein Heft; die Seite war weiß. Ich wusste aber, dass da etwas stehen musste. Ich flüsterte meinem Tischnachbarn Hartmut zu: »Was steht da?« Der schaute mich ungläubig an, verriet es mir aber sofort: »4G.«

»Vierfache Anziehungskraft, also 4-mal 9,8 m/s«, antwortete ich Herrn *Vierk*.

»Ach, Klaus, kommen Sie doch bitte an die Tafel und demonstrieren Sie mal, wie sie das ausgerechnet haben«, bat dieser mich nun.

Selbstsicher schritt ich vom aufsteigenden Gestühl des Physikraums hinab zur Tafel. Ich nahm das Stück Kreide und fing an zu schreiben. Es war aber nichts zu sehen. Ich konnte den Kreidestrich nicht erkennen. Alles in einem Meter Abstand war total verschwommen. Die Klasse fing an zu lachen, und ich wusste nicht mehr, was ich da auf die Tafel gekritzelt hatte.

»Ist Ihnen nicht gut?«, fragte mein Lehrer besorgt. Nein, mir war nicht gut, und ich bat um Erlaubnis, nach Hause zu gehen. »Ja, dann gehen Sie bitte!«, war die knappe Antwort.

Doch was war das überhaupt für eine blöde Idee? Ich konnte nicht nach Hause! Was, wenn meine Eltern rausbekamen, dass ich Drogen genommen hatte? Niemals. Ich ging also zu Café Börke in der Osterstrasse und verbrachte dort die nächsten fünf Stunden. Danach ging ich ganz langsam nach Hause, mit rasendem Herzklopfen. Was wäre, wenn das nie wieder weg ginge? Zu Hause nahm ich mir die Brille meiner Oma, und siehe da, die Schrift auf dem Papier wurde lesbar. Die nächsten vier Tage machte ich meine Hausaufgaben heimlich auf genau diese Weise. Danach war der Spuk vorbei, und ich konnte wieder normal sehen. Von Drogenexperimenten hatte ich nun erstmal die Nase voll! Manchmal hilft wohl nur „learning by doing".

Plötzlich Schmuggler

Im Herbst freundete ich mich mit Rainer an. Er war zwei Jahre älter als ich, hatte seine mittlere Reife gemacht und absolvierte seitdem eine Lehre als technischer Zeichner. Jetzt wohnte er in Berlin und studierte Architektur. Er wollte etwas im Leben erreichen. Ich fand ihn wirklich toll und bewunderte ihn geradezu.

Er fragte mich, ob ich Lust hätte, mit ihm nach Dänemark zu fahren. Dänemark? Und was sollten wir dann da? »Das wirst du schon sehen.«, meinte er. »Du musst aber 100 DM mitbringen.« Ich stutzte. Ich sollte 100 DM für ein Wochenende in Dänemark ausgeben? Das konnte ich nicht. »Nein, nein«, versicherte er mir, »du wirst wahrscheinlich mit Geld zurückkommen und keinen Pfennig ausgeben.« Nun war ich angefixt und ließ ich mich einfach mal überraschen.

Der nächste Samstagabend kam, und wir gingen zunächst in den *Pferdestall.* Mit dem Bus ging es dann nach Puttgarden und schließlich auf die Fähre. Die 100 DM hatte ich natürlich mit an Bord.

Rainer ging mit mir ganz unten in den Bauch des Schiffes, die so genannte Last. Dorthin, wo Proviant und all die anderen Vorräte verstaut waren. Hier trafen wir auf ein paar Inselbewohner, die auf der Fähre arbeiteten. Rainer kaufte 15 Kartons Zigaretten und zwei Flaschen Schnaps. Es waren Zigaretten, von denen ich noch nie gehört hatte, Marken wie Prince und Kings. Wir setzten uns ganz oben in eine ruhige Ecke, brachen die Kartons auseinander und versteckten jetzt die einzelnen Packungen in unseren Jacken, Hosentaschen und hinten in unseren Rücken. Rainer hatte schon eine ausgefeilte Technik und zeigte mir alles. Er versteckte an seinem Körper neun Stangen. Ich fing erstmal mit vier an.

Eine Stange befand sich außerdem bei jedem von uns offiziell in der Plastiktüte, zusammen mit einer Flasche Schnaps. Ich war ziemlich aufgeregt, Rainer jedoch total cool. Wir verließen die Fähre und bestiegen den ICE, der von Hamburg nach Kopenhagen fuhr. In Nykøbing auf der Insel Falster hatten wir unser Ziel erreicht.

Nachdem wir etwa zehn Minuten in unser Nachbarland Dänemark hineingerollt waren, kamen ein paar Zöllner und die Passbeamten. Wir saßen ganz lässig im Abteil, standen höflich auf, zeigten unsere Pässe und die Plastiktüten mit ihrem Inhalt. Die Beamten nickten und gingen weiter. Mir war fast das Herz in die Hose gerutscht.

In Nykøbing angekommen, fragte Rainer ein paar Taxifahrer in seinem recht holprigen Dänisch, ob sie die Zigaretten und den Schnaps kaufen wollten. Natürlich wollten sie das, denn die Ware kostete ja nur 50 % von dem, was sie normalerweise in Dänemark im Geschäft kostet. Und wir hatten sie gerade erst auf der Fähre für den halben Preis von diesem Preis gekauft. Nämlich zum sogenannten Personalpreis. Schnell erkannte ich, das war ein Supergeschäft. Aus den 100 DM wurden plötzlich 200 DM.

So wurde ich zum Zigarettenschmuggler; es sollte nicht bei diesem einen Mal bleiben.

Doch fehlte noch der beste Teil unserer Reise. Wir gingen in die Diskothek *Friser Kroen.* Rainer hatte schon allerhand Erfahrungen gesammelt und erklärte mir, dass in Dänemark die Dinge etwas anders verliefen. Die Jugendlichen hingen abends mit ihren Eltern vor dem Fernseher, aßen brav zu Abend, und irgendwann so gegen Mitternacht zogen sie los. So war es auch. Die Disco war noch etwas leer, füllte sich dann gegen 1:00 Uhr aber ziemlich schnell. Wir hatten auf der Fähre noch ein paar Mini-Schnapsflaschen eingekauft und bunkerten diese seitdem in unseren Hosentaschen. Das würde noch mal hilfreich sein, hatte Reiner gemeint.

Plötzlich sah ich ein wunderschönes Mädchen. Sie strahlte über das ganze Gesicht, rief Rainer zu sich und fiel ihm um den Hals. Dann schaute sie mich an. Unsere Augen trafen sich, und etwas Magisches passierte. Es war Hanne Ørnstrup-Christensen. Sie war erst knapp über vierzehn Jahre alt, allerdings auf eine Weise geschminkt, dass sie schon etwas älter aussah. Rainer stellte sie mir vor, doch plötzlich war sie wieder verschwunden. Laut Rainer war er vor einiger Zeit mit ihr zusammen gewesen. Er ermutigte mich, die Mädchen einfach anzusprechen. Angeblich fänden sie es toll, Deutsche kennenzulernen. Sie lernten es als Fremdsprache in der Schule, kannten deutsches TV und freuten sich immer, wenn sie sich mit Muttersprachlern unterhalten können. Also fasste ich mir ein Herz und ging auf die Pirsch.

Lange unterhielt ich mich mit der Tochter des Feuerwehrhauptmannes der Stadt Nysted auf der Insel Lolland. Großzügig gab ich ihr ein paar Getränke aus. Ich bestellte zwei Cola an der Bar und holte schnell und heimlich die kleinen Whisky-Fläschchen aus der Hosentasche. Alkohol war in einer dänischen Disco verdammt teuer. Irgendwann gegen 5:00 Uhr oder 6:00 Uhr machte der Laden langsam zu. Rainer hatte irgendein Mädchen im Schlepptau und verabschiedete sich von mir. Wir würden uns am Abend am Bahnhof wiedersehen, meinte er. Die Tochter des Feuerwehrhauptmannes nahm mich mit zu sich nach Nysted, und wir machten das, was heute die meisten Jugendlichen ohne unsere damaligen Hemmungen machen. In Dänemark war das alles irgendwie einfacher. Das Land begeisterte mich. Irgendwann wachte ich dann auf, und es wurde gefrühstückt. Gegen 17:00 Uhr nahm ich den Bus nach Nykøbing. Dort stand Rainer am Gleis, grinste mich an und meinte: »Na, hab'ich dir zuviel versprochen?« Nein, hatte er nicht. Was für ein aufregendes Wochenende das war! Und das Beste: Keiner wusste davon, nicht meine Eltern, nicht meine Mitschüler; es war unser großes Geheimnis.

Hanne

Am nächsten Wochenende rief er mich an und meinte, er würde es nicht nach Fehmarn schaffen. Ich sollte aber ruhig alleine rüberfahren, jetzt, da ich doch alles schon wusste. Das Bild von Hanne ging mir nicht aus dem Kopf. Also machte ich mich am folgenden Samstag auf den Weg. Diesmal versuchte ich es glatt mit sechs Kartons Zigaretten.

Zur damaligen Zeit waren Schlaghosen sehr angesagt. Das waren die, die unten weit ausgestellt waren. Und da ich ja ein cleverer Junge war, stibitzte ich heimlich die Strumpfhose meiner Schwester Magret und zog sie an. Ich hatte nämlich eine geniale Idee, wie ich sechs Kartons Zigaretten an meinem Leib verstauen konnte. Unten an den Beinen war so viel Platz, dass drei Kartons dort leicht unterzubringen waren. Das nächste Mal wollte ich dann gleich neun Kartons ausprobieren, dachte ich mir. Der Rest passte in die Jackentaschen, und jeweils einen Karton klemmte ich mir unter den Arm. Rainer hatte mir eingebläut, niemals die Arme hochzunehmen, wenn man den Pass zeigte. Denn sonst würden die zwei Kartons herunterfallen, und man würde erwischt. Doch alles lief glatt. Ich stand wieder in der beliebtesten Disco von Nykøbing. Und da war sie wieder: Hanne. Sie sah mich, ich sah sie. Wir wussten beide, wir waren füreinander bestimmt, und tanzten die ganze Nacht durch. Ich war wirklich schockverliebt bis über beide Ohren. Deswegen warteten wir auch nicht, bis die Disco schloss. Sie nahm mich mit zu sich nach Hause. Es war alles irgendwie surreal für mich. Ich befand mich in einer anderen Welt, weit weg von Fehmarn. Nicht mehr unter den Augen und dem Radar der Fehmaraner oder meiner Eltern. Keiner kannte mich dort in Dänemark. Es war eine ganz neue Erfahrung. Was immer von der Nacht noch übrig war, war wunderschön. Es fühlte sich toll an, das erste Mal im Leben richtig verliebt zu sein. Und wieder das Gefühl von Freiheit und Unschuld zu spüren, dass ich als kleiner Junge so geliebt hatte. Ich war einfach unbeschwert.

Irgendwann, so gegen 10:00 Uhr, weckte Hanne mich und bat mich, mich anzuziehen und ins Wohnzimmer zu kommen. Ihre Eltern wollten mich gerne kennenlernen. Was? Halt! Ihre Eltern waren die ganze Zeit mit im Haus gewesen?
Auch in der Nacht? Ja, waren sie.

Oh mein Gott, dachte ich. Aber es verlief alles völlig entspannt. Carl und Sonja sprachen beide ziemlich gut Englisch und auch ein bisschen Deutsch. Das Frühstück war schon angerichtet, und wir unterhielten uns. Ich wurde von den beiden ausgefragt, woher ich denn käme und was meine Eltern so machten. Und in welche Schule ich ging. Die Dänen waren anders. »Gut geht es den Dänen, und denen, die den Dänen nahestehen« ist ein wirklich guter Spruch, den ich mal irgendwann aufgeschnappt hatte, der aber in diesem Moment erstmals richtig Sinn für mich ergab.

Auch die Eltern der dänischen Jugendlichen konnten ihre Kinder nicht bremsen, flügge zu werden. Sie zogen es allerdings vor, ihnen zu erlauben, den Freund mit nach Hause zu bringen und es unter ihrem Dach zu treiben, anstatt sie mit Verboten zu belegen. So wussten Carl und Sonja, mit wem ihre Tochter zusammen war, und hatten mehr Kontrolle darüber, und die Kinder mussten es nicht irgendwo heimlich machen.

Seit diesem Tag nutzte ich jede Gelegenheit, um am Wochenende mit Hanne zusammen zu sein. Ihre Mutter war eine gute Köchin, und sie staunte immer wieder, wie viel ich wegputzen konnte. Sie schaute mir immer liebend gern beim Essen zu. Ich war jedes Mal der letzte am Tisch und aß alles, was noch da war. Sie machte einen ganz tollen dänischen Rinderbraten, von dem ich nicht genug bekommen konnte. Sie half mir, Dänisch zu lernen, und hatte eine wahre Freude daran. Immer wieder musste ich bei Tisch dänische Phrasen wiederholen. »Sei so gut und reiche mir bitte die Sahne« (*vær så god og ræk mig fløden*), oder die beliebte Bezeichnung, die kein Deutscher richtig aussprechen kann: »Rote Grütze mit Sahne« (*rød grød med fløde*). Das dänische »d« hat es wirklich in sich. Ein echter Zungenbrecher! So war ich also in Sachen Zunge mit Mutter und Tochter gleichermaßen beschäftigt, nur auf unterschiedliche Weise. Ich lernte jedoch erstaunlich schnell, und Sonja bemerkte bald, dass ich ein feines Gespür für Sprache hatte.

Das half mir auch später, meine Zigaretten schneller an den Mann (und die Frau) zu bringen. Innerhalb der Verwandtschaft von Hannes Eltern hatte sich meine Schmugglertätigkeit schon schnell herumgesprochen, und über den Absatz meiner Ware brauchte ich mir für die nächste Zeit nicht mehr viele Gedanken zu machen. Ich musste nur aufpassen, dass der Zoll mich nicht erwischte.

USA-visionen und Latein-Realität

Doch auch die schönste Zeit in Dänemark war irgendwann immer wieder vorbei. Eines Tages hatte ich mal wieder eine riesige Diskussion mit meinem Vater. Es ging, wie eigentlich jedes Mal, um das dritte Reich und die Verleugnung des Holocausts. Ich muss es heute so deutlich sagen: Als ehemaliges Mitglied der Waffen-SS Gebirgsdivision-Nord war er immer noch ein überzeugter Nazi. Der Holocaust sei eine Erfindung der amerikanischen Juden gewesen, so seine Überzeugung. Ähnliches stand auch meist in großen Buchstaben in der Nationalzeitung der NPD, die uns regelmäßig geliefert wurde.

Ich war so sauer, dass ich mir aus Protest ein Armeehemd anzog, mir ein paar meiner langen Haare abschnitt und als Ober-Bart mit Uhu anklebte, mich vor den Spiegel stellte und mir einen Galgen auf den Hals malte. In die Schlinge zeichnete ich ein Hakenkreuz und daneben die drei Buchstaben KPD für Kommunistische Partei Deutschlands. Auf die Stirn malte ich mir dann noch ein christliches Kreuz. Als ich in den Spiegel schaute, war meine Protestaktion klar und deutlich als solche zu erkennen. Wenn man derartige Faxen allerdings vor einem Spiegel macht, darf man sich im Nachhinein nicht wundern, wenn alles seitenverkehrt ist, wie auch auf dem Erinnerungsfoto dieses denkwürdigen Tages deutlich zu sehen ist. So ging ich also zum Karneval. Ich glaube übrigens nicht, dass ich mich vorher auf diese Weise meinem Vater zeigte, denn damals wollte ich nicht unbedingt seinen Zorn hervorrufen.

In meinem Buch werde ich immer wieder auf Schlüsselmomente zurückkommen. Erlebnisse, ohne die mein Leben anders verlaufen wäre. Einer davon folgte nun. An diesem Abend passierte nämlich etwas, das mein Leben verändern sollte. Und zwar gewaltig.

Wir standen ziemlich zugedröhnt und angetrunken vor der Tür von Wissers Hotel. Plötzlich sprach mich jemand auf Englisch an. Warum gerade mich? Der Junge hatte Sommersprossen und wilde lockige Haare. So stand er da: Mike Quickel. Er war irgendwie ein nerdiger Typ und hatte ein Problem. Mit seiner näselnden Stimme erzählte er mir, dass der damalige Leiter der fehmarnschen Jugendherberge, Herr Schnell, ihm die Tür vor der Nase zugesperrt hatte. Es war nach 22 Uhr. Nun brauchte er also einen Platz zum Schlafen. Da kam mir doch sofort mein Partykeller in den Sinn! Also kam Mike mit zu mir. In dem Punkt waren meine Eltern, besonders mein Vater, immer sehr cool. Wir konnten mitbringen, wen wir wollten. Mike blieb ein paar Tage und fuhr dann weiter nach Dänemark. Als er sich verabschiedete, lud er mich zu sich nach Amerika ein. Was? Ich, nach Amerika? »Why not?«, meinte er. Zwei so simple Worte, die mich direkt wieder zum Träumen brachten. Träume können wahr werden, hatte ich mittlerweile gelernt und glaubte jetzt fest daran. Amerika bedeutete Freiheit und stand für mich zudem für all die wunderbare Musik, die wir toll fanden und nachspielten.

Während in meinem Hinterkopf also wieder neue Dinge herumspukten, ging das normale Leben weiter. In der Schule kam ich einigermaßen mit. Das zweite Mal die Obersekunda durchzumachen, hieß schließlich, den gleichen Stoff nochmals zu lernen. Ergo: Das Jahr war einfach. Ich wusste auch, ein zweites Mal durfte ich nicht mehr backen bleiben. Das erste Mal war schon eine kleine Blamage gewesen, die es nun auszumerzen galt. Obwohl ich damals den naturwissenschaftlichen Zweig gewählt hatte und nicht den sprachlichen, hatten wir neben Englisch trotzdem immer noch Latein. Eine Sprache, die ich als so tot empfand, wie sie auch wirklich war. Aber man sagte uns, dass man sie später nutzen konnte, wenn man studieren wollte. Was soll ich sagen: Keinen von diesen Berufen (Arzt oder Rechtsanwalt) wollte ich erlernen, somit war mein Interesse gleich null.

Das war jedoch nicht immer so gewesen. Ein paar Jahre zuvor hatten wir eine Lehrerin in Latein gehabt, Frau Lier. Bei ihr hatte ich irgendwann mal zwischendurch die Note 2 gehabt. Warum? Diese Frau hatte die schönsten und längsten Beine der Welt. Und nur um ihr zu gefallen, büffelte ich die Vokabeln rauf und runter. Dann kam jedoch Herr Hassenstein. Ich rutschte wieder ab auf die Note 5. So ganz akzeptieren konnte ich das nicht. Bei einer Klassenarbeit ging ich daher mit meinem kleinen Reclam-Heft auf die Toilette und schrieb die Übersetzung, die er uns da zur Aufgabe gestellt hatte, einfach ab. Ich war sicher: Das hat doch jeder schon einmal gemacht! Was sollte schon schiefgehen? Zwei Tage später wurde die Arbeit zurückgegeben, und er sagte, dass ich die beste Arbeit abgeliefert habe. Eigentlich würde er mir eine 2 geben, doch war ich leider so genial gewesen, einen Satz zu übersetzen, den er bewusst ausgelassen hatte. Somit gab es also eine 6 wegen Betrugs. Ich schloss das Fach Latein also mit einer 5 ab, bekam aber trotzdem das kleine Latinum, da ich eine bestimmte Anzahl von Jahren an dem Fach teilgenommen hatte. Welche Ehre! Errare Humanum est = Irren ist menschlich. All das passte aber definitiv zu meiner Latein-Geschichte. Schon ziemlich am Anfang, als wir das lateinische Wort »supra«, also »oben«, lernten, hatte ich den ersten Knaller geliefert. Als das Wort »sine«, also »ohne«, dazukam, haute ich »supra sine« raus, also »oben ohne«. Das war zwar der Brüller des Tages, führte aber auch gleich zu einem Eintrag ins Klassenbuch. Latein und ich, das passte einfach nie.

Ein Traum wird wahr

Irgendwann hörte jemand, dass die BILD-Zeitung einen Wettbewerb ausgeschrieben hatte. Sie suchte die beste deutsche Schüler-Band. Wir waren sowas von bereit und schickten unsere Strohballen-Studio-Aufnahmen ein.

Als die Zeitung antwortete, dass wir unter den Einsendungen zu den besten zwölf Gruppen gehörten und man uns nach Hamburg zum Finale einlud, stockte uns der Atem. Mittlerweile hatten wir schon zwei Groupies, Angela und Heike. Sie waren immer anwesend bei unseren Konzerten, hörten uns zu, nähten uns die Beine unserer Cord-Hosen enger und toupierten uns die Haare. Natürlich nahmen wir sie nach Hamburg mit!

Wir übten wie die Bekloppten, dann kam der große Tag.

Eine Opel-Stafette wurde durch Deutschland geschickt, um die einzelnen Bandmitglieder der Finalisten abzuholen. Nach Fehmarn schickten sie zwei Limousinen. An Bord: Heinz Lange (Drums), Peter Enge (Bass), Wolf-Dieter Hübner (Lead-Gitarre), Klaus Wilder (Rhythmus-Gitarre) und Ulli Groth (Gesang).

Für damalige Verhältnisse waren es riesige Limousinen. Ach, hätte ich doch bloß ein Bild von diesem Moment. Wir sahen so schräg aus. Diese toupierten Haare, diese dünnen Spargel-Beine und diese Lust auf Musik in unseren Gesichtern. Zu schön. Es ging nach Hamburg ins *Star Dust,* ein Etablissement mitten auf der Reeperbahn. Es gehörte damals dem HSV-Fußballspieler Willi Schulz. Wir hatten auch Lieder von *Jethro Tull* drauf, und ich versuchte immer, mit einer kleinen schwarzen Piccolo-Flöte, die ich von der Feuerwehrkapelle bekommen hatte, Ian Anderson zu kopieren. Doch nur weil man auf einem Bein steht, heißt das noch lange nicht, dass man so klingt wie Ian Anderson. Ok, es klang zumindest ähnlich!

Als man uns fragte, ob wir noch irgendwelche Instrumente brauchten, behauptete ich steif und fest, dass ich Querflöte spielen würde, meine aber gerade kaputt sei. Was passierte? Da hatten die doch für mich tatsächlich eine echte silberne Yamaha-Querflöte vom großen Musikhaus auf der Reeperbahn besorgt. Da lag sie jetzt in unserem Umkleidezimmer. Ich machte die große Schatulle auf. Verdammt, jetzt musste ich improvisieren. Ich schob alle drei Teile zusammen und versuchte mein Bestes. Hübi begleitete mich auf der Gitarre, und ich fummelte es ziemlich schnell heraus. Noten kann ich bis heute noch nicht lesen, aber ich hatte immer schon ein gutes Gehör. So merkte ich mir also bestimmte Töne, die für unseren selbstkomponierten Song passten. Es war zumindest genug, um mich auf der Bühne nicht zu blamieren. Denn was wussten die da draußen schon, ob ich nun etwas bewusst spielte oder nur auf gut Glück dahin flötete? Über eine Sache war ich mir aber ganz sicher: Wenn ich das Ding an die Lippen presste, würde ich auf einem Bein, genau wie Ian Anderson, die Nummer durchziehen, ohne von der Bühne zu fallen!

Langsam wurde es ernst. Wir feuerten uns gegenseitig an, wollten alles geben und der Welt da draußen zeigen, dass die Jungs von Fehmarn es voll draufhatten. Unsere Groupies hatten uns gestylt. Ich trug den langen Schafspelzmantel von meinem Vater, der mir bis zu den Knöcheln ging. Er hatte ihn aus dem Krieg mitgebracht. Nur die Ärmel hatten irgendwann mal dran glauben müssen, was meine dünnen Arme sicherlich nicht kräftiger aussehen ließ. Egal, ich trug ihn umgedreht, sodass das Fell außen war. Irgendwie sah ich im Spiegel aus wie Attila der Hunne, allerdings die Dünn-Arm-Version mit toupierten Haaren. Was soll ich sagen? Wir fanden uns damals absolut obergeil und mega-cool.

Dann kam der große Moment. Wir stürmten die Bühne und gaben uns alle Mühe, so zu wirken, als wären 50.000 Zuschauer unser Standardpublikum – und das Star Dust lediglich ein charmantes Provinznest.

Durch die professionelle Gesangsanlage klang mein Flötenspiel einfach genial. Das hatte ich nachmittags schon bei der Probe und dem Soundcheck bemerkt. Wir spielten, soweit ich mich erinnern kann, zwei Stücke. *Power* und irgendetwas anderes im Stil von *Jethro Tull,* wo ich dann mein Querflötensolo abliefern konnte. War das wirklich ich, der da spielte? Wow. Ich betete nur, dass Ulli Groth diesmal etwas Vernünftiges zustande bekam und das, was er auf Englisch singen sollte, auch richtig war. Ulli lieferte ab, und zwar 100

Prozent. Jede Verrenkung am Mikrophon hätte Mick Jagger nicht besser hinbekommen.

In der Jury saßen damals Monika Jetter, eine meiner Lieblingsradiomoderatorinnen des NDR, und Achim Reichel von den *Rattles.* Wir waren aufgeregt, ließen es uns aber nicht anmerken. Wir klangen gut, sogar sehr gut, und waren happy, dass Achim Reichel und Monika Jetter voll auf unserer Seite waren und uns zur besten Schüler-Band Deutschlands küren wollten. Dann aber kam *Kin Ping Meh*, eine Gruppe aus Mannheim. Sie waren alle Hochschüler eines Konservatoriums oder von irgendeiner Musikschule und konnten Noten lesen. Wir nicht. *Flangia Kaiphos* spielte nach Gehör und Gefühl.

Die Jungs klangen sauber und waren echt gut. Das musste man ihnen lassen. Aber sie waren auch ein paar Jahre älter als wir. Egal. Es endete damit, dass wir Zweiter wurden. Zweiter! Zweitbeste Schülerband Deutschlands! Mein Traum war in Erfüllung gegangen. Ich konnte es kaum glauben. Das alles hatten wir innerhalb von gut drei Jahren geschafft und waren stolz wie Oskar. Natürlich stand dann auch direkt das *Fehmarnsches Tageblatt* vor der Tür. Man wollte einen Bericht schreiben. Plötzlich waren wir in der Zeitung und wurden somit Stars. Auf jeden Fall auf Fehmarn. Ob mein Vater darauf nun stolz war? Ich weiß es nicht. Er hat mir nie etwas dazu gesagt.

Wir hatten danach noch ein paar Auftritte, doch das Ende unserer Band war abzusehen. Heinz machte bald Abitur und musste danach zur Bundeswehr. Der Anfang vom Ende.

Dütt und datt

Auch wenn es für mich inzwischen natürlich nicht mehr die gleiche Bedeutung oder gar den Zauber besaß wie als kleiner Steppke, traf sich die Familie immer noch Jahr für Jahr in alter Tradition zu Weihnachten auf dem Hof. Mein Bruder Hans und meine Schwägerin Erika hatten inzwischen sogar Nachwuchs bekommen. Der berühmtberüchtigte Erbhofbesitzer (also ein Junge) blieb allerdings noch lange aus.

Und eins noch: Nach den Schulferien tauschen sich Kinder ja meist aus, was sie alles so erlebt hatten. Nachdem ich mit Drummer Heinz nun enger befreundet war, beichtete er mir eines Tages etwas Amüsantes. O-Ton: »Klaus Wilder, jetzt muss ich dir mal was sagen. Weißt du, was mich früher immer an dir genervt hat? Wir haben doch bestimmt genauso viel in den Ferien erlebt wie du, aber du konntest deine Geschichten einfach immer spannender erzählen als wir, und das hörte sich dadurch immer nach *mehr* an. Und das fand ich früher scheiße.« Tja, eigentlich hätte ich das damals als großes Kompliment auffassen müssen. Ich, der tolle Geschichtenerzähler. Aber ich empfand es als schwere Kritik und war dann in Zukunft bei ihm mit meinem Enthusiasmus immer etwas zurückhaltender.

Zwischenspiel - Blaubart von Fehmarn

Wir schreiben den 23. April 1970, der ein bedeutender Tag auf der Insel Fehmarn war. Denn es war der Tag, an dem Arwed Imiela verhaftet wurde. Es war auf Fehmarn *die* Sensation. So etwas hatte es auf der Insel noch nie gegeben. Ich kam von der Schule nach Hause und kann mich noch sehr deutlich an diesen besonderen Nachmittag erinnern, als ich die Neuigkeit auf der Straße hörte.

Rückblick: Gut ein halbes Jahr vor diesem besagten Tag brachte mein Bruder einen Mann mit auf den Hof und stellte ihn meinem Vater und meiner Mutter vor. Er hieß Arwed Imiela und war angeblich ein Diplom-Astrologe. Es handelte sich bei ihm um einen Typ mit Brille, der sehr bedächtig war und versuchte, besonders intellektuell rüberzukommen. Mein Bruder Hans, der damals Hegeringleiter auf der Insel war, führte ihn in die Jagdgesellschaft Fehmarns ein.

Nun stellte sich an diesem bedeutenden 23. April aber heraus, dass genau dieser Mann einige Frauen ermordet hatte.

Wie war es dazu gekommen? Er hatte wohl irgendwann einen Tankstellenbesitzer auf Fehmarn gebeten, ihm eine so genannte Ludergrube zu graben, in der man dann später die Leichenteile der Frauen fand. Köpfe und ein paar Extremitäten fehlten, denn die hatte er vorsichtshalber abgesägt, um es unmöglich zu machen, die Skelette zu identifizieren. Vielleicht ahnte er ja auch, dass man sie eventuell eines Tages finden würde. Die ganze Insel war auf jeden Fall nun in heller Aufregung.

Warum der Tag für mich so bedeutsam war, hat folgenden Grund: Ein paar Wochen zuvor hatte Helga mich und Magret gebeten, sie in Imielas Ferienresidenz in der Nähe von Marienleuchte zu begleiten. Sie war von ihm zum Abendessen eingeladen worden. Helga war schon seit ein paar Monaten eng mit ihm befreundet gewesen und hatte ihn auch in Hamburg des Öfteren gesehen. Man kann es ruhig so sagen: Er machte ihr den Hof. Allerdings fand sie ihn irgendwie merkwürdig.

Wie recht sie behalten sollte!

In seinem Alfa Romeo Sportwagen lag immer eine Pistole vorne im Handschuhfach. Das hatte Helga gesehen, weswegen sie unsere Gesellschaft wünschte. Sie meinte damals: »Der ist mir ein bisschen unheimlich.« Nach dem Abendbrot passierte dann auch prompt etwas Ungewöhnliches. Er philosophierte und sprach einiges an wirrem Zeug. Dann packte er eine Tafel Schokolade aus und schmiss sie seinem Jagdhund hin. Der zuckte ängstlich zurück, und Imiela begann, mit seiner Zeitung auf den Hund einzudreschen. Er zwang ihn, diese Tafel Schokolade zu essen. Bei einer Tafel blieb es aber nicht, und er fütterte seinen Hund weiter.

Ich hatte am nächsten Tag meinem Schulkameraden »Mucke« davon erzählt. Unser Plan war es, genau an dem Tag, nach dem Imiela schließlich verhaftet worden war, in seine Wohnung in Marienleuchte einzusteigen. Wie wir da eingebrochen wären, das wollten wir erst vor Ort entscheiden. Aber wir wollten wissen, wer dieser Mann ist. Denn er war wirklich verdammt sonderbar.

Wären wir damals bei ihm eingestiegen, um das Haus zu durchsuchen, und hätten wir dann auch noch in die Kühltruhe geschaut, dann wären die Bilder von zwei abgesägten Köpfen und ein paar abgesägten Frauenarmen vermutlich heute noch tief in meinem Gehirn eingebrannt. Das sollte uns jedoch erspart bleiben. Man nannte Imiela später den »Blaubart von Fehmarn«. Mein Bauchgefühl, dass mit diesem Mann etwas nicht stimmte, hatte mir also recht gegeben. Und auf das Thema Bauchgefühl werde ich später noch ganz genau eingehen.

KAPITEL 8

Amerika!

(1972)

Die neue WeltSeit einem Jahr schrieb ich bereits mit dem schon erwähnten Mike Quickel. In den Sommerferien 1971, kurz vor meinem Abiturjahr, war es dann endlich so weit. Meine geliebte Band war bereits Geschichte, den Gitarrenverstärker und einige andere Dinge hatte ich verkauft und somit genug Geld, um mir ein Flugticket nach New York zu kaufen. Ich war 18 Jahre alt geworden und konnte über mein Leben selbst entscheiden.

Drei Tage vor den Ferien beichtete ich es meinen Eltern. Heimlich hatte ich mir schon im Konsulat in Hamburg das Visum abgeholt und war jetzt drauf und dran, die Welt zu erobern.

Am Dienstag, den 6. Juli 1971, um 23:00 Uhr ging es mit Iceland Air von Luxemburg aus über Reykjavik nach New York zum J. F. Kennedy Airport. Ich muss gestehen, ich war schon ziemlich aufgeregt damals. Im Flieger traf ich einen gewissen Dennis Weaver aus Lantana, Florida. Er gab mir seine Visitenkarte und lud mich ein, ihn zu besuchen. Florida konnte ja nicht so weit weg sein, dachte ich. Und sagte ihm leichtfertig, dass ich das auf jeden Fall tun würde. Zugegeben, in Erdkunde hatte ich durchschnittlich immer nur eine 4.

Aber Florida klang für mich damals wie um die Ecke von Pennsylvania. Ich sollte eines Besseren belehrt werden.

Um 2:00 Uhr morgens kam ich in New York an. Schon am Airport fühlte ich mich, als lege mir jemand einen nagelneuen, maßgeschneiderten Handschuh an. Alles passte. Die Mentalität der Amerikaner war genau mein Ding. Alles fühlte sich leichter an. Die Menschen waren lässiger im Umgang mit vielen Dingen und viel unkomplizierter. Und sie hatten McDonalds! Der Wahnsinn. Ich habe die letzten zwanzig Jahre zwar nicht mehr dort gegessen, aber damals war es für mich die Gourmet-Speise schlechthin.

Nun stand ich aber erstmal in New York, dem Big Apple. Es war unglaublich! Ich, Klaus Wilder, war tatsächlich in Amerika, allein und weit weg von zu Hause. Hier war niemand, der mir über die Schulter schaute oder sich an den langen Haaren störte. In der Tasche hatte ich genau 850 DM vom Verkauf des Verstärkers und etwas Zusammengespartes. Das waren etwa 217 Dollar. Heute entspräche das etwa dem Wert von gut 1.400 Dollar. Für eine sechswöchige Reise musste das doch reichen.

Mike wartete pünktlich am Flughafen. Über ein Jahr hatte ich ihn nicht gesehen. Für einen Achtzehnjährigen ist das eine ganz schön lange Zeit. Mike hatte Dave und Bruce mitgebracht. Sie kamen mit einem coolen, großen Auto. Es war ein richtig großer amerikanischer Schlitten. Ich war so aufgeregt und plapperte einfach drauflos. Ich fühlte mich frei. Kein Englischlehrer Herr Heidebreck, der mich ständig auf meine grammatikalischen Fehler aufmerksam machte. War das ein tolles Gefühl!

Die Fahrt nach York in Pennsylvania dauerte dreieinhalb Stunden. Als wir endlich um 6:00 Uhr morgens ankamen, war es Mike etwas peinlich, so schien mir. Er beichtete mir, dass ich nicht im Hause seiner Eltern schlafen konnte. Aber er hatte eine Bleibe für mich, bei seiner Freundin Sally Feldman.

Wir hielten an der 437 West Market Street, und ich stieg aus dem Auto. Die Stadt York war gerade am Erwachen. Es waren unglaubliche Momente für alle meine Sinne. Amerika roch anders, Amerika klang anders, Amerika sah anders aus, und ich sollte auch bald feststellen, dass Amerika etwas anders schmeckte. Ich legte mich schlafen, wachte aber schon um 11:00 Uhr wieder auf. Jetzt begrüßte ich erst einmal Doktor Feldman und seine Frau Ruth. Sie waren sehr liebe Menschen, äußerst gastfreundlich und total entspannt. Mike holte mich mit seinen Freunden am Nachmittag ab, und dann ging es gleich in die neue Mall, ein Shopping-Center mit zig Läden, alle in einem. Da war wieder dieses Gefühl des maßgeschneiderten Handschuhs, als wäre ich schonmal in Amerika gewesen oder hatte immer hierherkommen sollen. Mike zeigte mir seine Heimat, und ich lernte sehr viele Leute kennen. Auf der West Market Street gab es auch noch eine Art Kommune, eine große Wohnung mit vielen jungen Menschen. Dort rauchte man Joints und machte zusammen Musik. Ich nahm damals einfach die Gitarre und spielte von *Crosby, Stills, Nash & Young* das Lied *Deja Vu.* Es war sehr bezeichnend. Denn in diesem Moment spürte auch ich ein Deja Vu. Ich war schon einmal hier gewesen. Irgendwie. Und Mikes Freunde waren sehr beeindruckt von diesem deutschen Jungen, der mal eben dieses Lied raushaute. *Crosby, Stills, Nash & Young* waren damals eine der angesagtesten Bands in den USA. Doch ich hatte den Text im Kopf. Hinzu kommt, riesigen Gebäude.

wenn man in einer anderen Sprache singt, verschwindet oft der Akzent. Ich war angekommen, und jeder konnte das spüren.

Bald fiel mir Dennis Weaver aus Florida wieder ein. Ich bat Mike um einen Rucksack und einen Schlafsack und sagte ihm, ich wolle runter trampen nach Florida und Dennis besuchen. Mike fuhr mich morgens sehr früh bis nach Baltimore und setzte mich dort an einer Autobahnauffahrt ab. Ich winkte ihm zum Abschied zu.

Allein

Nun war ich also komplett auf mich allein gestellt. Ich hatte mir vorher noch ein großes Stück Pappe und einen Filzschreiber besorgt. Und jetzt passierte es. Es folgte einer der intensivsten und prägendsten Schlüsselmomente im Leben des Klaus »Nick« Wilder.

Es war ungefähr 5:30 Uhr morgens. Die Sonne stand am Horizont. Ich schaute mich um und sah die Straßenschilder:

Chicago, New York, Miami, Philadelphia. Hier stand ich nun, ganz allein und ohne jemanden, der mir sagen würde: »Da darfst du nicht hin, das würde ich an deiner Stelle nicht machen.« Ich musste und durfte mich auf meinen eigenen Bauch verlassen. Und ich konnte frei entscheiden! Ja, ich wollte nach Florida. Aber ich hätte in diesem Augenblick auch jede andere Richtung wählen können. Und dieses Gefühl der absoluten Freiheit und Unabhängigkeit löste etwas Großes in mir aus. Dieser Gedanke, dass mir die ganze Welt offenstand und ich überall hinkonnte, beflügelte mich so sehr, dass ich erst einmal ganz laut schrie. Ja, ich schrie! Dann sprang ich wie wild umher vor Freude. Was für ein Moment!

Ready to go south

Fast wie im Rausch saß ich neben der Autobahnauffahrt und wollte auf den großen Pappkarton »German Student to Miami« schreiben. Die Buchstaben für das »German« ordnete ich schön im Halbkreis an wie einen Regenbogen. Ich malte jeden Buchstaben in einem Doppelstrich und füllte ihn dann mit dem Filzstift aus. Die ersten Buchstaben für »Student« gerieten mir dann aber ein bisschen zu groß, und ich merkte, dass nicht mehr genug Platz für den Rest sein würde. Macht nichts! Ich kürzte es also ab und setzte einen Punkt hinter »Stud«.

Schnell malte ich noch »to Miami«, einen Kuss-Mund und ein Herz darauf. Dann steckte ich noch eine kleine amerikanische Flagge oben an das Pappschild. Fertig!

Kurze Zeit später war ich wirklich verblüfft. Was waren die Amerikaner bloß für freundliche Menschen! Fast jeder, der vorbeifuhr, hupte und winkte mir zu. Der erste, der anhielt, bot mir direkt um 6:00 Uhr morgens einen Joint an. Zwar etwas früh für mich, aber mit 18 Jahren will man ja cool sein, und ich hatte die Erfahrung ja schon seit ein paar Jahren.

Irgendwann fing mein Fahrer dann an, mir eine Geschichte zu erzählen. Dabei klopfte er mir auf mein Knie, ließ seine Hand aber dort ruhen. Dann wanderte sie langsam in Richtung meines Reißverschlusses. Ich nahm den Joint aus meinem Mund und löschte die Glut auf seinem Handrücken. Vollbremsung! Schnell griff ich nach meinen Sachen, sprang aus dem Wagen und konnte erstmals das in Amerika so berühmte neu gelernte Handzeichen anwenden: den ausgestreckten Mittelfinger! Was für ein Arschloch. Ich war mir keiner Schuld bewusst und ärgerte mich.

Die 300 m bis zur nächsten Auffahrt musste ich laufen. Hier nahm mich dann eine sehr attraktive Frau mit, die etwa fünfzehn Jahre älter war als ich. Sie schmunzelte ständig, während sie mich ausfragte. Es folgte eine legendäre Unterhaltung. »Du weißt schon, was auf deinem Schild steht, oder?«, fragte sie mich. »Ja logisch!«, antwortete ich, »Deutscher Student nach Miami.« Sie schmunzelte wieder und fragte, ob ich denn das englische Wort »*Stud*« nicht kennen würde. Ich erklärte ihr, dass es eine Abkürzung war, weil der Platz nicht gereicht hatte. Doch sie ließ nicht locker. Ich musste passen, so gut war mein Englisch dann doch noch nicht. Also klärte sie mich auf. »*Stud*« bedeutet so viel wie »*a well hung horse*«, was man am ehesten mit »gut ausgerüsteter Hengst« übersetzen könnte. Wir brachen beide in Gelächter aus. Jetzt war mir klar, warum alle Menschen schon den ganzen Morgen wie wild hupten und mir ständig zuwinkten. Sie fragte mich, ob ich schon etwas zu Mittag gegessen hätte, und bot mir an, etwas zu kochen. Ich nahm dankend an, denn Hunger hatte ich eigentlich immer, und es war sicher gut, mein Budget so sehr es ging zu schonen.
Und es lohnte sich! Das Essen schmeckte hervorragend, und die ließ auch sonst nichts anbrennen.

Eine Stunde später stand ich mit einem sehr zufriedenen Lächeln wieder an der Autobahn Richtung Miami. Mein Hunger war gestillt, in jeder Hinsicht. Amerika schmeckte eben anders.

Ich schaffte es in insgesamt etwas über 28 Stunden von Baltimore bis nach Miami. Eines war jedoch merkwürdig: Alle meine Fahrer fragten mich, ob ich wegen des Starts nach Florida wollte. Ich hatte jedoch keinen blassen Schimmer, worum es ging. Auch in Miami sprach jeder davon. Jetzt wurde mir erst klar, was alle meinten: Apollo 15! Ich war vor an Cape Canaveral vorbeigefahren, doch noch hatte ich Zeit, noch konnte ich es schaffen! Plötzlich fiel mir aber auch Dennis Weaver wieder ein. Den hatte ich doch in Lantana besuchen wollen! Ich machte mich also direkt auf den Rückweg. So stand ich dann bei ihm kurze Zeit später vor der Tür. Er schaute mich überrascht an, empfing mich aber mit offenen Armen. Die Nacht verbrachte bei ihm und brauchte nun nur noch eine Möglichkeit, rechtzeitig in Cape Canaveral zu sein.

Und wieder den Daumen raus. Ein nettes Ehepaar nahm mich mit, denn sie wollten ebenfalls dorthin. Wir kamen spät in der Nacht an. Sie parkten ihr Auto so, dass wir von dort die Abschussrampe sehen konnten. Ich rollte meinen Schlafsack aus und wachte am nächsten Morgen völlig zerstochen auf. Merke: In Florida sollte man nur mit einem Moskitonetz im Freien schlafen.

Am nächsten Morgen ging es los: Über Lautsprecher hörte man überall den Countdown. Genau um 9:34 morgens, am 26. Juli 1971, hob Apollo 15 ab. Und ich war dabei! Erst sah ich den großen Feuerball, dann die Rauchwolke. Schließlich erreichte uns der Knall und Augenblicke später die Druckwelle. Es war ein weiterer gigantischer Moment.

Von der Ostküste ging es dann rüber nach Tampa an die Westküste. Dort traf ich zwei sehr nette Mädchen. Ihre Eltern hatten dort eine Sommerresidenz direkt am Strand. Sie kamen aus Charleston, North Carolina. Ich blieb zwei Tage bei ihnen. Als ich meine Rückreise nach York antreten wollte, fragte mich eine von ihnen, ob ich sie mitnehmen könnte. Ich hatte schon gelernt, dass es beim Trampen zu zweit immer schwieriger war, mitgenommen zu werden. Dennoch willigte ich ein.

Wir kamen gut voran. An einem frühen Morgen sprachen wir an einer Raststätte einen Lastwagenfahrer an, ob er uns mitnehmen könnte. Er war einverstanden. Wir hatten vorne in der Kabine seines Trucks auch genug Platz, um alle drei auf der Bank zu sitzen. Nach etwa zwei Stunden hielt er den Lastwagen an. Die Sonne war schon am Horizont zu sehen.

Er sagte, er müsse nach der Ladung schauen und sie noch einmal sichern. Nach ein paar Minuten stieg ich aus und ging zum hinteren Teil des Lastwagens, um zu helfen. Er war gerade dabei, eine Kette fester zu ziehen. Plötzlich hörte ich meine Bekannte schreien, ich rannte schnell nach vorne und sah, wie sie kreischend aus dem Truck sprang. Ich schaute ins Fahrerhaus und sah einen zweiten Mann. Die Sache war sonnenklar: Er hatte hinten geschlafen und nun versucht, meiner Bekannten das Top herunterzureißen und sich an ihr zu vergehen. Ich kletterte rein, griff mir schnell unsere Sachen, schmiss sie auf den Boden und sprang wieder runter. Wir schnappten uns unsere Rucksäcke und liefen, so schnell wir konnten. Nach einigen Minuten fühlten wir uns sicher genug, um anzuhalten. Ein anderes Auto nahm uns bis zur nächsten Raststätte mit. Hier verließ ich meine Bekannte und bat sie, bitte mit dem Bus weiterzufahren. Eine weitere Verantwortung für sie wollte ich nicht übernehmen.

Fauxpas

Ich schaffte es sicher zurück nach York und wurde dort herzlich von Dr. Feldman und seiner Frau begrüßt. Am Abend luden sie mich zum Essen ein und tischten richtig auf. Sie wollten alles von meiner Reise und meinen Abenteuern erfahren. Auch Sallys kleine Schwester und ihr Bruder Tom waren dabei. Nach meinen Erzählungen fragte mein Gastgeber beiläufig, wie meine Eltern zu meiner USA-Reise stehen und was sie im Krieg getan haben. Ich antwortete naiv und wahrheitsgemäß: Mein Vater war ein Farmer und im Krieg in der Waffen-SS. Plötzlich war es totenstill. Niemand regte sich. Alle starrten mich an. Hatte ich etwas Falsches gesagt? Dann senkte jeder sein Haupt und aß wortlos weiter. Ich bekam ein seltsames Gefühl im Bauch. Mike schaute zu mir herüber und signalisierte, ich solle doch bitte kurz mit nach draußen kommen.

Er war regelrecht erzürnt und fragte, was mir einfiele: Die Feldmans wären schließlich Juden! Ich war völlig hilflos und schämte mich für meine Unwissenheit. Schließlich hätte ich das anhand des Namens doch auch selbst merken können, wie Mike mir erklärte. Mir war das jedoch völlig neu.

Dennoch traute ich mich wieder ins Wohnzimmer, setzte mich an den Tisch und bat höflichst um Entschuldigung. Dr. Feldmans Antwort weiß ich noch heute. Er sagte: »Klaus, es ist alles in Ordnung. Wir waren nur etwas geschockt in dem Augenblick. Du hast ein gutes Herz und bist eine neue Generation. Du hast damit nichts zu tun.« Dann entspannte sich die Stimmung wieder. Nur ich war weiterhin total unentspannt und musste noch lange über diesen Abend nachdenken. Die ganze Zeit dachte ich an meinen Vater, an unsere endlosen Diskussionen, dass es seiner Meinung nach den Holocaust nicht gegeben hatte, und an diese verdammte National-Zeitung, dieses Hetzblatt, das bei uns immer noch regelmäßig ins Haus flatterte.

Naturgewalt und Natürlichkeit

Doch wenden wir uns wieder den Wundern Amerikas zu. Mike wollte mir unbedingt die Niagarafälle zeigen. Es wurde eine wunderschöne Reise quer durch Pennsylvania. In einem kleinen Ort fielen mir ein paar Männer mit Bärten und Hüten auf, gekleidet in schwarz-weiße Gewänder. Als sie sich unterhielten, konnte ich das meiste verstehen, denn es klang fast wie Plattdeutsch. Sie waren Pennsylvania Dutchmen und fuhren dort mit ihren kleinen Einspännern auf den Landstraßen. Sie halten bis heute an ihren Traditionen fest.

Wir kamen nachts an unserem Ziel an und zelteten auf einer Wiese ganz in der Nähe der Wasserfälle. Dort war sogar schon das Rauschen zu hören. Die Niagarafälle am nächsten Tag jedoch auch zu sehen, war schlicht atemberaubend! Ein echtes Natur-Schauspiel. Weiter ging es über eine Brücke nach Kanada. Zu dem Zeitpunkt war es für einen Amerikaner nicht schwer, dort einzureisen. Man zeigte nur seinen Führerschein. Einen amerikanischen Führerschein hatte ich aber nicht. Ich zeigte ihnen meinen deutschen. Nein, meinte der Beamte, jetzt wollte er meinen Pass sehen. Oh mein Gott, den hatte ich in York vergessen! Keine Chance: Die Beamten ließen mich nicht rein, und wir mussten umdrehen. Wir fuhren also auf der Brücke wieder zurück. Jetzt wollte jedoch auch die US-Behörde meinen Pass und mein Visum sehen, was ich natürlich nicht vorzeigen konnte. Ich hatte allerdings Glück. Die Beamten glaubten mir und ließen mich wieder in die USA einreisen. Das sollte nicht immer so einfach gehen, wie ich sechs Jahre später feststellen würde.

Auch wenn es noch unzählige weitere Geschichten zu meiner ersten USA-Reise geben würde, möchte ich es bei einer letzten Anekdote belassen. Am vorletzten Abend in York zogen wir nochmal mit Mikes Freunden um die Häuser und hatten schon eine Menge getrunken. Ich musste auf die Toilette und stand etwas schwankend an der Rinne. Ein ziemlich großer Typ neben mir, der auch schon gut angetrunken war, schaute plötzlich rüber zu mir, blickte nach unten und meinte: »Du kommst doch bestimmt aus Europa, oder?« Was meinte er bloß damit? Auf meine Antwort, dass ich aus Deutschland käme, zog er seinen Hosenstall wieder zu, drehte sich um und meinte beim Gehen: »Das dachte ich mir, denn du bist nicht beschnitten.«

Das musste ich sofort Mike und seinen Freunden erzählen, da mir dieser Umstand natürlich in keiner Weise bemerkenswert vorkam. Doch ist es eben wohl zumindest damals nicht die Hautfarbe gewesen, die amerikanische Männer von deutschen unterschied, sondern eher ein bestimmtes, kleines Stück Haut selbst.

Trotz dieser Begegnung auf dem stillen Örtchen habe ich eines auf dieser Reise in jedem Fall gelernt: Die Amerikaner gehören zu den gastfreundlichsten Menschen, die ich auch in meinem späteren Leben je kennengelernt habe. Sie sind auch nicht oberflächlich, nur weil sie ständig »How are you?« sagen. Nein, der Großteil der Amerikaner, die ich damals traf, besaß ein großes Herz, war offen und stets sehr interessiert Fremden gegenüber.

Diese Reise hatte mir die große weite Welt gezeigt; jedenfalls einen Teil davon. Es gab da draußen also wirklich noch mehr als nur die beschauliche Insel Fehmarn.

Etwas widerwillig begann ich nach meiner Rückkehr mein letztes Schuljahr. Ich musste das Abi irgendwie durchziehen – Sitzenbleiben war keine Option. Warum? Weil da draußen die Welt auf mich wartete. Und es lag an mir allein, sie zu erobern.

Über meinen Vater

Die Telefonnummer

Ich hatte ja bereits erwähnt, dass früher auf unserem Hof mit den Feriengästen gern alte Soldatenlieder gesungen wurden – unkritisch, laut und irgendwie selbstverständlich. Und auch von unserem Direktor, Herrn Benzin, war schon die Rede gewesen – einem glühenden, leidenschaftlichen Sozialdemokraten, der uns mit wachem Geist durch den Geschichtsunterricht führte. In welchem Jahr genau er mit uns das Kapitel über den Zweiten Weltkrieg aufschlug, weiß ich heute nicht mehr. Aber ich erinnere mich noch sehr genau an mein Gefühl: Fassungslosigkeit. Ungläubiges Staunen. Und Scham. Was wir da erfuhren – wie dieser Krieg entfesselt worden war, was die Nazis getan hatten – ließ mir den Atem stocken. Besonders traf mich, als wir über die Waffen-SS sprachen. Über diesen „Haufen“, wie mein Vater sie immer genannt hatte – mit einem seltsamen Unterton aus Stolz und Gleichgültigkeit. Denn genau da, bei dieser Truppe, sei er damals gewesen. Das hatte er oft erzählt. Und ich – naiv, jugendlich, suchend – begann zu begreifen, dass da etwas nicht stimmte. Er spielte seine Rolle ständig herunter. Tat so, als sei das alles nichts gewesen. Ein paar Jahre halt, Soldat wie viele andere auch. Aber mein Bauchgefühl sagte etwas anderes. Da war etwas. Etwas, das er verschwieg – oder sich selbst längst zurechtgebogen hatte.

Dann, eines Tages, fand ich zufällig im Telefonbuch zwischen alten Zetteln und Nummern einen vergilbten Zeitungsausschnitt. *Fehmarnsches Tageblatt*, Jahrgang 1928. Mein Blick blieb an einem Namen hängen: **Klaus-Herbert Wilder** – mein Vater. Dort stand schwarz auf weiß: Wer sich für die SA interessiere, den Vorläufer der Waffen-SS, möge sich bitte bei Klaus-Herbert Wilder melden. Unsere Telefonnummer war angegeben.

Ich dachte nach. 1928? Mein Vater war da gerade einmal siebzehn. Ein halbes Kind noch – und schon tief in die Politik verstrickt. Er gehörte von Anfang an zu denen, die das nationalsozialistische System auf der Insel mit aufbauten. Für mich passte das einfach nicht zu den Geschichten, in denen er sich später so gern als bloßes Rädchen, als Unbeteiligter und Unschuldiger darstellte. Doch nicht nur ich zweifelte daran. Vor ein paar Wochen hatte ich nach über zwanzig Jahren wieder telefonischen Kontakt zu Erika, einer alten Schulfreundin aus Gymnasialzeiten. Sie war nach der mittleren Reife abgegangen, Krankenschwester geworden – und wir hatten uns aus den Augen verloren. Erst als sie regelmäßig bei meinen Eltern vorbeischaute, um meine Mutter zu pflegen, die schon schwer an Parkinson litt, kreuzten sich unsere Wege wieder. In unserem letzten Gespräch erzählte sie mir, dass sie sich noch genau daran erinnerte, wie mein Vater damals immer ungefragt das Thema Krieg aufgriff – fast wie ein Zwang. Wieder und wieder versuchte er, seine Unschuld zu beteuern, verpackt in Anekdoten und Geschichten. Vielleicht meldete sich da doch sein Gewissen? Vielleicht war es der letzte Rest von Zweifel, der ihn manchmal sprachlos machte und dann wieder reden ließ, als könnte er sich selbst reinwaschen? Ich jedoch spürte nie diese innere Nähe zu ihm, wie ich sie zu meiner Mutter hatte. Es war eher ein Knoten aus Respekt, Beklemmung – und Angst. Vor allem, wenn wir allein waren. Im Auto. Auf dem Traktor. In der Scheune. Oder irgendwo im Haus, wo niemand uns störte.

Er hat mich nur ein einziges Mal geschlagen – aber das reichte für ein ganzes Leben. Ich war vielleicht sechs Jahre alt. Im Stall spielte ich mit einem dünnen Stück Strohballenband, fuchtelte damit herum, ohne nachzudenken. Mein Vater stand hinter dem Pferd, beim Ausmisten, den Rücken zu mir gedreht. Ein einziger Moment der Unachtsamkeit – das Band streifte die Hinterläufe des Pferdes. Alles passierte in Sekunden. Ein wuchtiger Schlag – das Tier trat aus. Zwei Hufe, perfekt synchron. Beide landeten punktgenau auf den Arschbacken meines Vaters. Er flog nach vorne, wie ein Sack Kartoffeln, knallte mit dem Gesicht gegen die Stallwand. Ein dumpfer, hohler Laut, dann Stille. Ich erstarrte. Mein Atem stockte. Doch plötzlich richtete er sich wieder auf. In seinen Augen lag etwas, das ich bis dahin noch nie gesehen hatte – ein roter, stummer Zorn, gemischt mit Schmerz und Scham.

Und dann holte er aus. Die Ohrfeige traf mich wie ein Presslufthammer. Ich flog tatsächlich durch den Stall, weiter als er zuvor. Ein kurzer Schrei, ein dumpfes Aufprallen auf dem harten Boden. Alles rauschte. Danach war es seltsam still zwischen uns. Kein Wort. Kein Blick. Vielleicht war das der Grund, warum ich mich später immer sicherer fühlte, wenn wir nicht allein waren. Als könnte die bloße Anwesenheit anderer Menschen diesen unsichtbaren Druck auflösen.

KAPITEL 9

Der Ernst des Lebens

(1972)

Musterung ins Nichts

Kurz vor unserem Abitur kam auch die Zeit der Musterung. Als ich damals zum Arzt ging, gab mir mein alter Herr diesen Satz mit: »Ich war sechs Jahre im Krieg und vier Jahre in Gefangenschaft. Ich habe für deinen Bruder Hans und dich schon längst alles abgedient.« So ein Satz befreit einen aber natürlich nicht vom Wehrdienst. Als ich im Wartezimmer vom Amtsarzt saß, fiel mir jedoch etwas ein: Mir war doch als Kind einmal das Knie ausgehakt, oder?

Ich beschrieb dem Amtsarzt also die Symptome und sagte, dass mir das immer noch passieren würde. Er ordnete zwei Röntgenaufnahmen vom Knie an. Es war an einem Mittwoch. Als ich dann um 13:00 Uhr als letzter Patient in seinem Behandlungszimmer zur »Endabnahme« saß, meinte er: »Leider haben die Schwestern nur Aufnahmen von der Seite gemacht. Eigentlich bräuchte ich jetzt noch mal eine Röntgenaufnahme von oben.« Doch waren alle Schwestern bereits gegangen. Er schrieb mir also kurz und schmerzlos als Befund »Ersatz Reserve 2« in den Bericht.

Dabei handelte es sich erneut um einen Wink des Schicksals, da einige Monate später der Bundestag beschloss, dass »Ersatz Reserve 2« nicht mehr eingezogen werden sollte. Der Gedanke an die Bundeswehr war für mich damals wie ein Freiheitskiller gewesen, fast wie der an einen Aufenthalt im Knast. Ich war also sehr erleichtert.

Letzte Meter

Das letzte Schuljahr hatte nun begonnen. Die Probleme waren zwar die alten, doch immerhin war mein Englisch nun fließend. Na gut, vielleicht ging nicht alles als 100 Prozent grammatikalisch korrekt durch, aber nach sechs Wochen Aufenthalt konnte ich damals auf jeden Fall schneller quatschen als mein Englischlehrer.

Ich war immer noch mit Hanne zusammen und fuhr an den Wochenenden oft nach Dänemark. Die Tage dort mit ihr waren für mich immer wie eine ganze Woche Urlaub; ein anderes Land, eine andere Sprache und eine etwas andere Kultur erwarteten mich, und es gab keine Aufpasser oder das Gefühl, mich rechtfertigen zu müssen. Es passte mir so gut, dass ich von diesem Zeitpunkt an bewusst versuchte, mein weiteres Leben so einzurichten, dass ich alle paar Wochen oder Monate einen Tapetenwechsel vornahm.

Mit Bedacht beobachtete ich meine Leistungen in der Schule. Das Zwischenzeugnis gab mir eine Art Richtschnur. Ich stellte fast buchhalterisch meine Noten auf und rechnete immer alles noch einmal nach. Wie konnte ich mit dem kleinstmöglichen Aufwand mein Abitur schaffen?

Eines Abends kam ich allerdings nach Hause, und Magret fing mich schon an der Haustür ab. Sie meinte, mein Klassenlehrer würde bei uns im Wohnzimmer sitzen und die Luft brennen. Es wäre besser, wenn ich mich so schnell wie möglich blicken ließe. Er hätte schon nach mir gefragt. Ich musste aber vorher unbedingt noch mit Hanne telefonieren. Ich bat meine Schwester, das Telefon unten auszustöpseln und oben bei meinen Eltern ins Schlafzimmer zu bringen. Wir telefonierten kurz, und dann ging ich runter. Was würde mich wohl erwarten? Was wollte er? Die schriftlichen Prüfungen lagen bereits hinter uns. Obwohl ich in Mathematik die Note 5 als Vorzensur erhalten hatte, musste ich aufgrund meiner Berechnungen in der Abschlussprüfung auf jeden Fall die Note 4 bekommen. Damit würde ich es in die mündliche Prüfung schaffen. Wie ich vorher schon einmal angemerkt habe, hatte ich ja in meinem Lieblingsfach Biologie immer eine 2 und somit den nötigen Ausgleich, da im naturwissenschaftlichen Zweig Biologie als Hauptfach zählte. Was konnte es also sein?

Was wollte mein Klassenlehrer bloß von meinem Vater?

Meine Schwestern berichteten, dass er in Begleitung seiner Frau geklingelt und darum gebeten habe, mit meinem Vater zu sprechen. Sie hatten ihn sagen hören: »Wenn ihr Sohn Klaus sich nicht bald mal in der Schule ein bisschen anstrengt, dann wird er durchs Abitur fallen.«

Mein Vater bat ihn dann, doch bitte hereinzukommen, und sie setzten sich ins Wohnzimmer. Wie mein alter Herr nun mal war, bot er dem Gast sofort etwas zu trinken an. Doch Alkohol hatte mein Lehrer zunächst abgelehnt. Bis ich dann ins Wohnzimmer trat, war jedoch einige Zeit vergangen. Mein Vater hatte offenbar nicht lockergelassen, denn am Tisch saß jetzt mein Klassenlehrer, eine fette Zigarre in der einen Hand und ein Glas Rotwein in der anderen. Es war sicherlich nicht das erste Glas, denn er wirkte komplett betrunken. Mit lallender Stimme sagte er: »Den da, den werde ich durchs Abitur fallen lassen, wenn er sich nicht anstrengt.« Er zeigte mit dem Finger auf mich.

Irgendwie war ich erleichtert und dachte mir: Jetzt habe ich mein Abitur in der Tasche. Denn mich vorsätzlich durchs Abitur fallen zu lassen, konnte ja wohl nicht sein. Es waren schließlich genug Zeugen im Raum gewesen. Doch ob das so einfach war?

Die Versammlung löste sich auf, die Stimmung war peinlich, und die nächsten Tage herrschte bei uns richtig dicke Luft. Mein alter Herr war stinksauer und meine Mutter wie immer darum bemüht, die Wogen zu glätten. Konnte ich denn so falsch liegen mit meiner Berechnung? Stand mein Abitur ernsthaft auf dem Spiel? Es sollte sich bald zeigen.

Ein paar Wochen später starteten die mündlichen Prüfungen. Und wie kalkuliert hatte es mich erwischt, und ich war in Mathematik

dran. Auch wenn ich damals dachte, ich hätte das Schulsystem einigermaßen verstanden und meine Situation im Griff, so war ich doch etwas verunsichert und ging nervös in die Prüfung.
Das Regelwerk sah vor, dass unser Klassenlehrer uns nicht persönlich prüfen durfte. Das wusste ich damals jedoch nicht und erfuhr es erst am Morgen der Prüfung. Keine Frage: Das war eine sehr gute Nachricht. Er konnte mir also nicht an die Gurgel. Es prüfte dafür ein Kollege, ein älterer Lehrer und eigentlich ziemlich relaxt. Ich mochte ihn immer sehr. Unser Schuldirektor Herr Benzin war ebenfalls im Prüfungsausschuss anwesend. Ich fühlte die Blicke des gesamten Komitees auf mir. Was ich alles gefragt wurde, weiß ich heute gar nicht mehr. Aber die letzte Frage, über die ich heute noch schmunzeln muss, werde ich nie vergessen. »Klaus, was ist die Wurzel aus Null?« Oh Mann, dachte ich, Wurzel aus Null? Das muss etwas ganz Kompliziertes sein, und jetzt will er mich bestimmt aufs Glatteis führen. Ich musste jetzt also schnell eine intelligente Antwort abliefern. Ohne lange nachzudenken, setzte ich alles auf eine Karte und antwortete: »Unendlich!« Dieses mathematische Zeichen hatte etwas Hochintelligentes für mich. Und selbstsicher schrieb ich es an die Tafel.

Mein Prüfer schmunzelte jedoch und meinte: »Klaus, schauen Sie, wenn Sie nichts im Portemonnaie haben und ziehen daraus die Wurzel, was haben Sie danach im Portemonnaie?« Es leuchtete mir sehr schnell ein. Verlegen antwortete ich:
»Nichts! Null!« Er nickte zustimmend.

Man verkündete mir, dass ich für die Leistung, die ich gerade erbracht hatte, nichts anderes als eine 6 verdienen würde. Und jetzt? Man bat mich, den Klassenraum zu verlassen. Die Beratung dauerte nur kurz. Fünf Sekunden später kam Herr Benzin aus dem Raum und sprach mich an. »Mein Gott Klaus, Sie haben das hier ja alles ganz genau berechnet. Vorzensur 5, schriftlich 4, mündlich 6, zusammengezogen eine 5. Und dafür haben sie ja einen Ausgleich in Biologie und somit ihr Abitur schon längst in der Tasche. Sie konnten gar nicht mehr durchfallen. Aus Ihnen wird bestimmt noch mal ein Schauspieler.« Tja, gut 25 Jahre traf ich ihn in Burg auf der Straße. Er war inzwischen sehr alt geworden und auf einen Gehstock angewiesen. Doch sein Gedächtnis funktionierte noch einwandfrei, und er erkannte mich sofort. Dass er den Satz damals gesagt hatte, wusste er zwar nicht mehr, ein schöner Moment war diese Begegnung aber dennoch.

Nun hatte ich also mein Abitur bestanden, und seine Worte damals klangen wie die schönsten Kirchenglocken der Welt. Ein unbegreifliches Glücksgefühl machte sich in mir breit. Die Schule war vorbei, und ich hatte »artig« abgeliefert. Wenn auch mit, glaube ich, dem schlechtesten Durchschnitt an dieser Schule. In jedem Fall stand eine Vier vor dem Komma.

Ich musste an meinen Klassenlehrer und seine Einschüchterungsversuche denken. Menschen, die im Laufe meines Lebens versucht haben, mit ihrer Angsttaktik bei mir etwas zu erreichen, um ihr Ego zu befriedigen oder ihre eigenen Inkompetenzen zu überspielen, hatten meinen Respekt für immer verloren. Sie zeigten damit ihren wahren Charakter.
Angst war noch nie ein guter Ratgeber.

Aber was sollte es noch? Ich hatte das Abitur geschafft. Natürlich gab es nun überall Abiturfeiern, auch bei uns im Badstaven in Burg. Es war die pure Erleichterung!

Zu diesem Zeitpunkt endete auch meine Beziehung zu Hanne. Wenn ich heute Revue passieren lasse, mit wem ich über die Jahre Phasen meines Lebens geteilt habe, fällt mir eines auf: Ich brauchte verdammt lange, um zu mir selbst zu finden und eine Bereitschaft dafür zu entwickeln, den Weg des Lebens (in Sachen Partnerschaft) nicht alleine zu gehen.

An dieser Stelle, liebe Leser, und vor allem liebe Leserinnen, muss ich kurz etwas erklären. Mein Leben sollte sich in den nächsten Jahren ziemlich wild gestalten. Meinen Vater störte mein doch immer recht unstetes Dasein. Und unstet, wie ihr feststellen werdet, waren auch meine Beziehungen zu Frauen. Ich hatte immer Angst vor tiefen emotionalen Bindungen. Denn all die Träume, die in mir schlummerten und die ich noch realisieren wollte, waren immer mit dem großen Risiko verbunden, dass die Dinge, die ich vorhatte, schieflaufen konnten. Wenn ich dabei drauf gehen würde, dann wäre es mir egal gewesen. Ich wollte aber auf keinen Fall, dass eine Frau etwas für mich aufgibt und ich sie da bei mit meinen doch recht riskanten Unternehmungen mit in den Abgrund ziehe. Auch die Angst, dass eine Beziehung meine Freiheit einschränken würde, war groß. Deshalb nahm ich meist schon vorher Reißaus – bevor eine Beziehung zu intensiv wurde.

Trotzdem, jede Frau hat in meinem Leben einen Einfluss auf mich gehabt, schöne Erinnerungen geprägt und mich zu dem gemacht, der ich heute bin.

Wenn ich bei uns in Montana am Lagerfeuer manchmal abends den Song *To all the girls I loved before* von Willy Nelson spiele, muss ich immer schmunzeln. Christine singt dann mit und ersetzt das Wort »girls« mit »boys« und schmunzelt ebenfalls. Vielleicht sind es genau all diese Erfahrungen, die wir beide in unseren jungen Jahren sammelten, die uns dann weiser und reifer gemacht und uns auf unsere Ehe vorbereitet haben. Als wir uns trafen, wussten wir beide ganz genau, wie unser idealer Partner sein sollte.

Ins Auge gegangen

Jetzt ging es erstmal darum, Geld zu verdienen. Mein guter Freund Rainer hatte mich mit einer neuen Idee angefixt: Ein Motorrad musste her! Wir wollten die Welt entdecken. Wie wäre es zum Beispiel mit einer Reise zum Nordkap? Wow. Ich war begeistert. Er hatte sich von der Bundeswehr schon eine gebrauchte Maico Cross Maschine gekauft. Ich besorgte mir eine gebrauchte deutsche *Triumph*, Baujahr 1952. Die Maschinen mussten aber natürlich erst einmal im Sinne von *Easy Rider* frisiert werden: hohe Lenker drauf, wie im Film.

Meinen neuen Sommerjob erhielt ich beim IFA-Hotel am Südstrand. Dort hatte man vor ein paar Jahren drei Hochhäuser gebaut. Diese waren potthässlich. Von hinten, also von Norden aus betrachtet, sahen sie aus wie drei Kornsilos. Es gab Richtung Osten, Norden und Westen keine Fenster. Nur Richtung Südosten, Süden und Südwesten. Wenn man sich aber in einem der Apartments in diesen Hochhäusern befand, hatte man eine wunderbare Aussicht auf die Ostsee, und sie waren innen auch gar nicht so schlecht ausgestattet. Mein Einsatzgebiet war jedoch ein anderes. Ich hatte meinen Auto-Führerschein gleich mit 18 gemacht und bekam im Hotel den Job als Fahrer. Keine schwierige Aufgabe. Ich musste Gäste nach Puttgarden zum Zug fahren und zurück oder über die Insel irgendwohin kutschieren. Nebenbei gab es noch andere Dinge zu erledigen, und abends arbeitete ich in der Disco, die sich unten im Hotel befand. Es machte Spaß, endlich von der Schule befreit zu sein. Ich fühlte mich erwachsen.

Wir beschlossen, Ende August unsere Reise zu beginnen. Zunächst ging es mit der Fähre rüber nach Dänemark und bis Kopenhagen. Dort streikte direkt die Maschine von Rainer. Ratlos standen wir auf dem Parkplatz, viel mechanische Erfahrung konnten wir beide schließlich nicht vorweisen. Doch plötzlich näherte sich ein anderes Motorrad und parkte direkt neben uns. Es war ein deutsches Paar mit einer 750er BMW. Das Nummernschild begann mit einem K und einem I. Unwillkürlich nahm ich an, die beiden kämen wohl aus Kiel. Der Fahrer sah sich Rainers Maschine an und stellte fest, dass ein Kabel am Auspuff-Krümmer verbrannt war. Er nahm etwas Isolierband, trennte die Kabel wieder, isolierte sie und sagte: »Trete mal drauf!« Rainer konnte die Maschine mit dem Kickstarter sofort wieder zum Laufen bringen. Ich war völlig perplex und fragte ihn, ob er Mechaniker sei. »Nein, ich studiere Humanmedizin«, war die überraschende Antwort. Auch mit Kiel lag ich falsch, die beiden waren aus Köln, wie sein breiter Dialekt verriet. Von Rheinländern und Ruhrpottlern hatten wir jahrelang immer viele auf der Insel gehabt. Seit Rainer und ich damals Jürgen von Manger als »Tegtmeier« im Haus des Kurgastes gesehen hatten, war der Spruch »Da kannze kucken mit dem Auge, woll!« in unser ständiges Repertoire übergegangen.

Ich haute ihn diesen Satz direkt raus, merkte aber sofort, wie die Freundin des Motorradfahrers mich etwas schräg anschaute. Plötzlich sah ich, dass der Mann ein Glasauge hatte. In dem Augenblick wiederholte Rainer den Satz zu allem Unglück nochmal und brach in schallendes Gelächter aus. Ich versuchte noch, ihn per Blickkontakt zu stoppen, aber er verstand mich nicht. Die Situation ist etwas schwer zu erklären, doch wurde es immer peinlicher, da Rainer weiterhin auf dem Satz rumritt, ihn mehrmals wiederholte. Er konnte sich vor Lachen nicht mehr einkriegen. Die beiden Kölner setzten sich wortlos auf ihr Motorrad und fuhren weg. Wir hatten uns nicht einmal bedanken können. Auch heute ist das noch immer einer der peinlichsten Momente in meinem Leben. Er fühlte sich bestimmt persönlich angegriffen und dachte sicher, was wir für ein paar Idioten wären. Doch wenigstens konnten wir weiterfahren und setzten unseren Trip Richtung Jönköping fort.

Zuviel der Kälte

Auf einem Campingplatz lernten wir einen gewissen Raphael kennen, einen coolen Typ. Zwei Jahre später traf ich ihn auf meiner Motorradtour an der spanischen Küste wieder. Wie hoch ist die Wahrscheinlichkeit für so etwas, frage ich mich immer wieder.

Es ging weiter nach Norrköping und dann nach Stockholm. Als wir spät abends in Stockholm ankamen, fuhren wir durch diesen langen Tunnel vor der Stadt. Unsere Motoren hallten laut im Tunnel wider, und wir fühlten uns wie im Film. Rainer war Peter Fonda und ich Dennis Hopper. Cooler ging es nicht mehr. Wir waren die Helden in unserem ganz persönlichen Film!

Mit der Fähre ging es weiter nach Turku. Auf einmal befanden wir uns in einem fremden Land. Ich erinnere mich, wie wir in der Uni-Mensa in Turku saßen und eigentlich nur die Mädchen redeten. Die Jungs, beziehungsweise die männlichen Studenten, saßen alle eher schweigend am Tisch. Man konnte eine Stecknadel fallen hören. Seltsam, dachte ich, in Hamburg in der Uni-Mensa war es immer so laut, dass man sein eigenes Wort nicht verstand. Die Finnen waren schon speziell. Je nördlicher wir mit den Motorrädern kamen, desto seltsamer kamen mir die finnischen Männer vor. Alle trugen sie ein Messer am Gürtel und schauten einem nie in die Augen. Aber die Finninnen waren dafür umso freundlicher. Auch hat Finnland nicht nur hunderte von Seen, sondern auch Milliarden von Mücken. Das stellten wir schnell fest. Noch nie in meinem Leben war ich so von Mücken zerstochen worden, außer vielleicht damals in Cape Canaveral beim Start von Apollo 15.

Oben in Rovaniemi, der offiziellen Hauptstadt von Santa Claus, war es dann merklich kühler. Die Stadt war im zweiten Weltkrieg völlig zerstört worden. Hier oben hatte damals mein Vater mit der »SS-Totenkopf Gebirgsdivision Nord« gekämpft. Ein seltsames Gefühl. Stand ich vielleicht gerade mit meinem Motorrad an derselben Stelle, wo er mit einem Maschinengewehr in der Hand gestanden hatte? War er damals Freund oder Feind der Eltern von den jungen Menschen gewesen, die wir hier trafen?

Unser Plan war es eigentlich, bis zum Nordkap zu fahren. Wir gaben jedoch schnell auf. Denn es war uns einfach zu ungemütlich. Wir änderten unsere Route, fuhren über die Grenze nach Schweden und dann über Luleå und Umeå an der Ostküste wieder hinunter bis zurück nach Fehmarn. Der Plan Nordkap musste warten. Bis zum nächsten Sommer? Doch überlegte ich auch während der ganzen Fahrt, was ich denn nun eigentlich aus meinem Leben machen wollte.

Die Welt der großen Filmemacher

Zu meinen Ambitionen nach dem Abitur gehörte es, Kameramann zu werden. Immerhin hatte ich seit meinem sechzehnten Lebensjahr viel mit meiner Super8-Kamera herumexperimentiert und tolle kleine Filme erstellt (und sogar vertont). Bei meinen Recherchen fand ich heraus, dass ich für diesen Weg einen Praktikumsplatz brauchte. Es klappte auf Anhieb: Hamburg, Geyer Kopierwerke in Wandsbek, gleich neben dem Studio Hamburg. In Windeseile fand ich mich dort zurecht. Es machte Spaß, und ich war schnell von Begriff. Schon nach zwei Wochen vertraute man mir »unter anderem« Original-Material von TV-Produktionen der Sender an (das Erste und ZDF), für die ich viel später noch lange in anderer Funktion arbeiten sollte. Schon unglaublich, oder? Doch wir wissen ja: Es gibt keine Zufälle.

Kommen wir zu der Einschränkung »unter anderem«, die ich eben verwendete. Man kopierte damals bei Geyer auch noch »nicht TV-taugliches« Material: Die Porno-Branche war nämlich ebenfalls ein wichtiger Auftraggeber. In welchem Ausmaß, das konnte ich damals mit 19 Jahren natürlich nicht beurteilen. Aber ich war ja nicht blöd, und da ich vor dem Einlegen der Filmspulen, die direkt aus den chemischen Entwicklungs-Bädern zu mir in die Kopier-Abteilung kamen, das Material kurz vorher immer sichten musste, indem ich die Filmspule ausrollte und auf die Anfangsbilder schaute, wurde mir sehr schnell klar, dass hier in Tonndorf neben dem Studio Hamburg im wahrsten Sinne des Wortes »weiß der Geyer was« alles kopiert wurde.

Die älteren Kollegen bei Geyer mochten mich. Doch alle (inklusive mir) hatten Schiss vor unserem Chef Herrn Tannenbaum! Mit diesem Choleriker konnte keiner. Warum ich das erwähne? Einen Moment noch.

Ich arbeitete mich schnell ein. Nach drei Monaten schob ich meine ersten Nachtschichten. Dort war ich dann ganz auf mich allein gestellt und ging in der Folgezeit stolz wie Oskar im Betrieb ein und aus. Doch Übermut tut selten gut, oder?

Es war noch nicht lange her, dass ich mit meiner Band auf der Reeperbahn zur zweitbesten Schülerband gekürt worden war. Dort hatte ich damals den Schafspelz-Mantel meines Vaters mit dem Fell nach außen getragen.

Es sah sicher komplett bescheuert aus, ich fand mich aber total cool. Also beschloss ich, in exakt diesem Outfit auch einmal ins Kopierwerk einzumarschieren, um mal einen richtig fetzigen Auftritt hinzulegen. An dem Tag stand unser Chef an der Eingangstür. Er unterhielt sich gerade mit einem unbekannten Herrn, beide waren adrett in Schlips und Kragen gekleidet. Nun kam ich mit meinem Pelzmantel und meinen langen Haaren daher; so richtig lässig. Und das auch noch im September! Es war also zusätzlich zu der modischen Verirrung viel zu warm für den Mantel. Trotzdem: Ich fühlte mich wie ein Trendsetter!

Mein Chef schaute mich von oben bis unten an und kommentierte mit entsprechend abfälligem Tonfall in seinem Berliner Dialekt: »Ach, da kommt er ja, unser schwuler Schäfer von Fehmarn, wa!« Der andere stimmte in sein schallendes Gelächter ein, und ich stürmte, beleidigt und geladen wie eine Panzerfaust, ins Kopierwerk.

Das konnte ich unmöglich auf mir sitzen lassen! Die Firma hatte gerade einen wichtigen Auftrag bekommen, und alles hing an der Abteilung Nachtschicht. Ein Kollege war allerdings schon seit Tagen krank. Also gab es nur noch mich, den »schwulen Schäfer von Fehmarn«, der diese dringende Aufgabe bewältigen konnte. Es fühlt sich schon verdammt gut an, wenn man das erste Mal in seinem jungen Leben spürt, dass man nicht nur der Arsch vom Dienst ist, sondern sich plötzlich in einer Schlüsselposition befindet.

Instinktiv bemerkte ich, was in so einer Situation der Begriff »Hebelwirkung« bedeutet. Jetzt ging es darum, sofort zu handeln und diesen Hebel anzusetzen, bevor die Chance verpuffte. Ich war so wütend und aufgebracht, dass ich mir sofort den zweiten Chef schnappte, ihm von diesem Vorfall berichtete und ihn beauftragte, eine sofortige Entschuldigung zu erzwingen – und zwar in seiner Gegenwart und der einiger anderer Mitarbeiter und natürlich auch des Herrn, der sich vor Kurzem noch vor der Tür vor Lachen ausgeschüttet hatte und jetzt mittlerweile beim Chef im Büro saß. Ansonsten würde ich sofort kündigen, denn ich war ja Praktikant und hatte keinen regulär bindenden Arbeitsvertrag. Oh, wie habe ich diese Show genossen. Es ging die nächsten 14 Tage einfach nicht ohne mich. Mein Chef bekam vor Wut einen hochroten Kopf, stammelte vor einigen Mitarbeitern seine Entschuldigung, und ich war in der Belegschaft fortan der gefeierte Held! Wie sagt man bei uns in Amerika immer? *Payback is a bitch.*

Doch ob später bei *S.O.S. Barracuda,* den *Wagenfelds, Traumschiff* oder als Herr Kaiser; ich war immer dankbar, dass das Schicksal, das man auch selbst kreiert, irgendwann ganz natürlich einen Schlussstrich zog und mir die Freiheit gab, Neues zu erleben und neue Abenteuer zu beginnen. Ich genoss also meinen Triumph und kündigte trotzdem.

Kein Holzweg

Etwas enttäuscht und um die Erfahrung reicher, mich nicht klein machen zu lassen und den Mut zu haben, mich zu wehren, gammelte ich jetzt allerdings die meiste Zeit nur herum. Abends ging ich lange weg, und morgens stand ich spät auf.

Eines Tages klingelte bei Magret, bei der ich inzwischen wohnte, das Telefon. Ich hatte auf jeden Fall noch zu wenig geschlafen. Es war Helga, die auch gleich bemerkte, dass ich gerade aufgestanden war. Sie redete auf mich ein und teilte mir mit, ich würde meine Zeit vertrödeln. Ich müsse endlich anfangen, etwas aus meinem Leben zu machen. Das alles prasselte so schnell auf mich ein, dass mir plötzlich schwarz vor Augen wurde und ich zu Boden ging.

Allerdings hatte sie ja recht: Ich musste mir etwas überlegen. Mit so einem miesen Numerus Clausus, was konnte ich da schon machen? Studieren? Rechtswissenschaft und Medizin waren mit diesen Noten ausgeschlossen. Hätte mir damals jemand erzählt, dass ich trotzdem später mal für 10 Jahre einen Arztkittel tragen würde, ich hätte bestimmt gelacht und es nicht geglaubt. Ich schaute mir meine Optionen an und entdeckte etwas: Diplom-Holzwirt an der Universität Hamburg. Das klang doch halbwegs spannend. Doch was fing man damit an? Man leitete dann wohl eine Holzfabrik irgendwo in Afrika, Südamerika oder Thailand. Die holzverarbeitende Industrie bot offenbar viele Möglichkeiten im Ausland. Ausland, Weite, Ferne. Da war doch was. Plötzlich sah ich mich wie den Typen in der Zigaretten-Werbung und mittendrin in irgendeinem coolen Abenteuer. Numerus Clausus? Nicht vorgeschrieben. Also konnte ich es auch studieren. Ich informierte mich näher, und man riet mir, ein Praktikum vor dem Studium abzuschließen. Ich brauchte also mal wieder einen Platz, diesmal für drei Monate in einem holzverarbeitenden Betrieb.

Ich erinnerte mich an die Tischlerei, die uns das Podest für das Schlagzeug von Heinz gebaut hatte, rief kurzerhand dort an, und Gerd Buhr gab mir Arbeit. Irgendwie vermischten sich an dieser Stelle wieder verschiedene Dinge, die eigentlich gar keinen Zusammenhang besaßen. Ich ging zu dieser Zeit oft zu *Studenten-Reisen* und informierte mich, wie man preiswert in die Welt verreisen konnte. Im Geschäft lagen immer ein paar Flyer herum. Mir kam eine Idee, wie man diese Flyer draußen anbringen konnte. Ich dachte an einen Ständer, auf den man mit großen Buchstaben Werbetexte schreiben konnte. Unten hatte ich zwei kleine Holzrahmen vor Augen, in die man die kleinen Handzettel einstecken könnte und die auf diese Weise nicht wegwehen würden. Ich machte eine Zeichnung und legte sie der Geschäftsführung vor. Sie waren begeistert und gaben direkt fünfzehn Aufsteller in Auftrag. So konnte ich auf Fehmarn mein Praktikum mit einem geldbringenden Projekt verbinden.

Ich baute den Ständer aus verleimten Holzplatten, ließ mir noch ein paar Tipps vom Tischlermeister geben und fing mit meiner Mini-Produktion an. Dadurch hatte ich zum ersten Mal eine Angestellte: Es war Elisabeth, die ich aus meiner Parallelklasse kannte. Das erste Mal in meinem Leben wurde ich somit zum Arbeitgeber.

Die Monate gingen schnell herum, und ich wollte mich an der Uni in Hamburg einschreiben. Doch das ging plötzlich nicht mehr, denn in der Zwischenzeit hatten sich schon wieder die Regeln geändert. Nun musste man den Numerus Clausus erfüllen. Würde mein Plan ins Wasser fallen? Nein, denn ich hörte, dass man sich als Härtefall einschreiben lassen konnte. Die Uni hatte mir schließlich geraten, erst mein Praktikum zu machen und dann anzufangen zu studieren. Hätte ich mich direkt eingeschrieben, wäre mir der Platz gewährt worden.

Dieses Verfahren dauerte allerdings einige Zeit, und so begann ich auf Anraten eines Bekannten, erst einmal Forstwirtschaft an der Göttinger Universität zu studieren. Ich machte mich also auf, um mir dort ein Zimmer zu suchen, und bekam auch gleich den Studienplatz. Das Zimmer war zur Untermiete, nicht weit weg vom Nikolausberg, wo sich die Uni befand. Bereits am ersten Tag stellte ich fest, dass fast alle Mitstudenten Söhne von irgendwelchen Forstbetriebschefs aus ganz Deutschland waren. Alle hatten sie extrem kurze Haare und sahen mächtig artig aus. Zu artig für mein Weltbild. Sie fuhren VW GTI, ich bretterte mit meinen langen Haaren auf dem Motorrad daher. Doch auch sonst passte es nicht. Mit dem Quatsch ihrer schlagenden Verbindung konnte ich zum Beispiel gar nichts anfangen. Erst ging es um meine Konfession, dann sagte man mir, ich müsse mindestens einen Liter Bier trinken können, bevor ich auf die Toilette dürfe. Und manchmal wären auf den Verbindungsfeiern auch Mädchen erlaubt. Wie bitte? Manchmal? Nein, das war definitiv nichts für mich, und ich lehnte dankend ab. Ich kam mir ohnehin vor wie ein Außenseiter. Die letzten Wochen des Semesters verbrachte ich also lieber in Hamburg. Dort erhielt ich auch endlich meinen richtigen Studienplatz zum neuen Semester.

Über meinen Vater

Um die Ecke witzig

Irgendwann lag ich einmal krank im Bett, und es klopfte an der Tür. Ein etwa zwanzigjähriger Amerikaner namens Dave steckte seinen Kopf in mein Zimmer. Mein Vater hätte ihm gesagt, dass ich Englisch sprechen würde. Dann erzählte er mir, er hätte in Lübeck an der Autobahn gestanden und nach Puttgarden, also Richtung Dänemark, trampen wollen. Mein Vater hatte angehalten und ihn mitgenommen.

Seitdem hatte Klaus-Herbert Wilder mit allen Mitteln (außer natürlich seinen absolut nicht vorhandenen Englisch-Kenntnissen) versucht, mit ihm zu kommunizieren. Er liebte es einfach, mit Menschen ins Gespräch zu kommen. Dave erzählte mir, dass mein Vater ihm etwas gesagt hatte, er es aber nicht verstanden und somit auf Englisch nachgefragt hatte. Mein Vater hatte seine Frage daraufhin wiederholt, das Ganze aber etwas lauter gesagt. Der bedauernswerte Dave verstand es aber natürlich trotzdem nicht und wiederholte wiederum seine Frage. Das ging wohl ein paarmal hin und her. Mein Vater wurde schließlich so laut, dass Dave es mit der Angst bekam und vorzog, lieber zu nicken und ihm mit einem lauten »Yes!« zuzustimmen.

Das waren immer solche urkomischen Momente, in denen mein Vater zwar nicht selbst komisch war, aber dennoch eine witzige Situation erzeugte.

KAPITEL 10

Reisefieber!

(1972-1975)

Holzbruch und Handwerk

Im Winter 1972 fuhr ich gemeinsam mit Hans, Helga und Magret in den Skiurlaub nach Sankt Anton in Österreich. Natürlich wollte ich meinem Bruder zeigen, dass ich in acht Tagen genauso gut Skifahren gelernt hatte wie er in mehreren Jahren. Daraus wurde jedoch mal wieder ein Wink des Schicksals, denn ich legte einen derartigen Stunt hin, dass ich mich überschlug und in einer Schneewehe steckenblieb. Fazit der Aktion: Ich verdrehte mir das Knie. Mit Skifahren war es also vorbei; ich konnte den Rest der Zeit nur noch in den Cafés herumsitzen. Das führte dazu, dass ich auf einen Dänen traf. Er hieß wie mein Bruder, sprach gut Deutsch und erzählte mir, dass er in Kopenhagen für einen Deutschen arbeitete. Dieser besaß dort eine Möbeltischlerei, und ich fragte ihn, ob er mir nicht einen Job verschaffen könnte. Konnte er. Zwei Monate später fuhr ich hin, stellte mich vor und hatte den Job. Wir einigten uns, dass ich »unter der Hand« bezahlt würde, in Form von dänischen Kiefern-Möbeln. Diese waren damals, auch in Deutschland, richtig angesagt.

Seit längerem spielte ich auch schon mit dem Gedanken, mir endlich ein eigenes Auto zuzulegen. Doch musste es etwas Cooles sein: Einen Bulli! Jetzt, da ich in der Tischlerei arbeitete, konnte ich mir diesen gleich gemütlich ausbauen. Alle Werkzeuge waren schließlich vorhanden. Akribisch bastelte und schraubte ich mir meinen Luxus-Unterschlupf mit Stereo-Anlage, Kleiderschrank und allem Drum und Dran.

Bezahlt wurde ich von meinem Chef mit sogenannter „Ausschussware". Möbel zweiter Wahl. Mein Chef sparte sich somit als Unternehmer alle Sozialabgaben, ich sparte mir die dänischen Steuern und konnte die Möbel mit nach Hamburg nehmen, um sie dort für gutes Geld an Studenten zu verkaufen. Ich war richtig stolz auf meine Geschäftstüchtigkeit! Wie genial ist das denn? Heute ist mir klar, dass ich damals ein doppelter Steuersünder war. Denn die Möbel verkaufte ich in Hamburg ebenfalls ohne Rechnung. Obendrein war ich bekanntermaßen seit Jahren Zigarettenschmuggler. Was soll ich sagen? Die Katholiken beichten ihre Sünden in der Kirche, ich mache es jetzt lieber hier in meiner Autobiographie.

Doch wer möchte schon den ersten Stein werfen? Ich erinnere mich, dass mein Vater, wie die meisten Bauern, stets sehr viel schwarz verkauft hat. Meine Mutter hat die Einnahmen ihrer Badegäste damals ganz sicher ebenfalls nicht versteuert. Jeder bezahlte bar. Ab meinem 30. Lebensjahr änderte ich meine Einstellung zu diesen Dingen aber grundlegend. Fünf war keine gerade Zahl mehr, und man schläft einfach besser, wenn man sich an die Regeln hält. Ich bezahle heute gerne meine Steuern, halte mich an die Vorgaben und gebe meinen Teil an die Gemeinschaft ab; denn Straßen, Krankenhäuser und Infrastruktur lassen sich nicht umsonst bauen.

Viva Italia!

Doch bevor ich auf meine Zeit in Kopenhagen zurückkomme, passierte am Ende des Skiurlaubs noch etwas anderes. Es waren wieder einmal meine Schwestern, die die Idee hatten, dass mein Vater hierherkommen sollte und ich mit ihm dann weiter nach Rom fahren könnte, um ein bisschen Urlaub zu machen. Meine Eltern sind nie gemeinsam mit uns Kindern in den Urlaub gefahren. So etwas gab es nicht. Man nahm sich nicht die Zeit dafür und musste sparen, sparen, sparen. Meine Schwestern meinten damals: Dann kommt er mal raus, und wir beide könnten etwas Zeit miteinander verbringen.

Außer, dass man uns in Rom das Auto aufknackte und die meisten unserer Sachen stahl, passierte auf dieser Reise nicht viel. Das Schloss wurde am gleichen Tag erneuert, nur damit wir am nächsten Morgen feststellten, dass man uns nun den Kofferraum aufgebrochen hatte.

Schon die Situation an sich war spannend: Ich, allein mit meinem Vater – unterwegs, nur wir zwei.

Es war wieder das gleiche Gefühl, das ich als kleiner Junge immer gehabt hatte: beklemmend. Ich konnte nicht offen mit ihm sprechen. Schon damals hätte ich ihm gerne so viel gesagt, aber ich wagte es nicht, weil ich ihm nicht vertraute. Die Angst vor ihm war auch damals immer noch zu groß.

Mit Anlauf zum Nordkap

Ich hielt mich in der Folgezeit mehr in Kopenhagen auf als an der Uni in Hamburg. Meine Kommilitonen fragte ich immer, was ich an Lehrstoff nachzuholen hatte. So pendelte ich ständig hin und her, schmuggelte weiterhin meine Zigaretten, arbeitete in der Möbelfabrik und genoss das Nachtleben in Dänemarks Metropole.

Es gelang mir sogar, über Beziehungen den Schlüssel für einen der so genannten Nøgle-Clubs (Schlüssel-Clubs) zu ergattern. Der *Disc-Club* war in Kopenhagen damals das coolste, was man als junger Mensch erleben konnte. Mein Dänisch verbesserte sich rasant, denn ich sprach wochenlang kein Deutsch mehr. Das Geschäft mit den Möbeln lief derweil immer besser, man riss sie mir förmlich aus den Händen. Als Student hatte ich ein Monatseinkommen irgendwo zwischen 3000 und 4000 DM. Erstens konnte ich davon bequem leben und meine Fahrten nach Kopenhagen bezahlen, zweitens war ich komplett unabhängig von meinem Vater und brauchte keine finanzielle Unterstützung. Es war schon immer dieses Gefühl von Freiheit und Unabhängigkeit gewesen, das mich beflügelte. Einfach immer nur das zu tun, wozu ich gerade Lust hatte. Studieren, hart arbeiten oder nachts in den Kneipen Kopenhagens abhängen, keiner machte mir Vorschriften. Dazu konnte ich ein Motorrad und einen VW-Bus mein Eigen nennen. Das Leben war gut zu mir.

Im Frühjahr 1973 kaufte ich mir dann ein anderes Motorrad, eine gebrauchte BMW 600. Denn eines war absolut klar: Diesen Sommer wollten wir endlich unseren Plan vom Nordkap-Trip verwirklichen.

In den Semesterferien zog ich es vor, die Sommerzeit auf meiner Heimtatinsel Fehmarn zu verbringen. Für unsere Motorradreise musste ich erst einmal eine Menge Geld verdienen. Ich suchte mir also wieder einen Job und wurde der Mann hinter dem Tresen auf einem der berühmten Butterdampfer. Diese wurden jeden Morgen voll beladen mit Scharen von Rentnern, die man aus Hamburg und Lübeck ankarrte. Sie fuhren mit dem Schiff von Burgstaaken hinüber nach Dänemark. Dort machte der Dampfer kurz an der Kaimauer von Rødbyhavn halt. Direkt nachdem man die Ankunft beim Zoll auf dem Papier dokumentiert hatte, drehte man um und fuhr zurück. Damit waren alle EU-Zollauflagen erfüllt, und die Passagiere konnten zollfreie Ware an Bord einkaufen. Die Rentner hatten regelrechte Bestellzettel von Nachbarn oder Freunden bei sich, um billige Zigaretten und andere Dinge zu erwerben und sie dann nach Hause mitzubringen.

Ich war jetzt also auch ein Seemann und erweiterte damit mein ohnehin schon unübersichtliches Portfolio mit Jobs als Friedhofsgräber, landwirtschaftlicher Angestellter zum Rübenhacken, Friseur oder Fahrer in einem Hotel. Eine wichtige Lektion hatte ich schon früh gelernt: Arbeit findet sich immer. Ich wusste, wie man überlebt. Auch wenn mir manche Arbeit nicht unbedingt Spaß machte, so wusste ich immer eins: Es ist nur für eine bestimmte Zeit und keine Verpflichtung fürs Leben. Es erfüllt den Zweck, Geld zu verdienen und damit dann das nächste Ziel zu erreichen. Wenn etwas also keinen Spaß mehr brachte, konnte ich jederzeit aufhören und etwas Neues beginnen.

Als Barkeeper auf einem Butterdampfer lernst du ganz schnell, auf die Windrichtung zu achten. Denn wenn dir bei Windstärke 8 mitten auf der Ostsee ein Rentner eine belanglose Geschichte erzählen will, dann weißt du, dass so ein Würstchen und ein Bier (oder was dein Gesprächspartner sonst gerade im Magen hatte) ganz schnell bei dir hinterm Tresen landen kann. Es war wieder mal ein Sommerjob mit vielen neuen Erfahrungen.

Für unsere Nordlandreise wollten wir allen technischen Pannen vorbeugen und überredeten den Insulaner Frank dazu, uns auf dem Trip zu begleiten. Frank war ein sehr guter Schrauber und hatte selbst auch ein Motorrad. Er war zudem ein stiller Typ, was Rainer und mir gut in den Kram passte.

Doch waren wir erneut viel zu spät dran mit unserer Reiseplanung. Es war später August, und als wir in Nordfinnland ankamen, war es bereits wieder recht kalt. Alle paar Stunden mussten wir irgendwo einkehren und einen heißen Tee trinken. Vor Honningsvåg gibt es einen sehr langen, unbeleuchteten Tunnel. Als Frank und ich am Ende ankamen, warteten wir vergeblich auf Rainer. Nach zwanzig Minuten drehten wir um und fanden ihn mitten in dieser stockfinsteren Röhre. Er hatte keine Taschenlampe dabei und in völliger Dunkelheit ausgeharrt. Seine Maschine war plötzlich ausgegangen, und er konnte sich überhaupt nicht mehr orientieren.

Dennoch ließen wir uns nicht aufhalten, schleppten ihn ab, reparierten alles und erreichten schließlich das Nordkap. Wie fasse ich das am besten zusammen? Es bot sich uns eine öde Landschaft mit so gut wie gar keinem Bewuchs außer Moos und etwas Gras. Das war jedoch nicht so wichtig, denn wir hatten es geschafft!

Honningsvåg ist ein kleiner, niedlicher Ort mit bunten Häusern, der mir auch heute noch gut in Erinnerung geblieben ist. Viel später, im Jahr 2018, drehte ich als Doc Sander auf dem Traumschiff *Kreuzfahrt ins Glück: Norwegen* und machte auch dort oben halt. Natürlich hatte der Ort sich verändert in den 45 Jahren, doch einige Ecken habe ich tatsächlich noch wiedererkannt. Es war ein seltsames Gefühl, als wäre die Zeit stehen geblieben.

Nach dem Nordkap wurde es dann erst richtig ungemütlich. Der erste Schnee fiel. Es war so saukalt, dass uns trotz unserer Handschuhe fast die Finger abfroren. Wir schafften es noch bis zum Hafen von Hammerfest im Nordwesten Norwegens. Dann beschlossen wir, unsere Motorräder auf eines der Schiffe der *Hurtigruten* hieven zu lassen, und setzten unsere Fahrt durch die norwegischen Fjorde bis nach Bergen fort. Was war das angenehm! Wir genossen unsere warmen Kabinen, trockenen Klamotten und den warmen Kakao!

Als wir in Bergen ankamen, wurde es allerdings direkt wieder feucht. Bergen ist schließlich bekannt als einer der feuchtesten Orte auf diesem Planeten. Es regnet dort 270 Tage im Jahr. Und natürlich wurden auch wir von jeder nur erdenklichen Form des Regens begrüßt. Ich muss so ehrlich sein: Bergen ist eine Stadt, in der ich auf keinen Fall leben könnte. Wir fuhren also gleich weiter quer durch Norwegen Richtung Osten und hinein nach Schweden, vorbei an

Göteborg, wo wir noch schnell die Volvo-Fabrik besuchten, und waren dann irgendwann wieder heil auf Fehmarn gelandet. Dieser Road-Trip hatte alle unsere Erwartungen erfüllt, und sogar die Motorräder waren heil geblieben.

Die Welt ist nicht genug

Zwischen den Trips holte mich immer mal wieder mein Studium ein. Ich saß jetzt mit angehenden Medizinern, Biologen und Chemikern in den gleichen Vorlesungen. Das Vor-Studium der Holzwirtschaft war sehr allgemein gehalten, sodass meine Reisen weiterhin im Vordergrund standen.

Den Winter verbrachte ich teils in Hamburg, teils in Dänemark. In Maribo, auf der Insel Lolland, lernte ich die Familie Madsen kennen. Die beiden Töchter Trine und Lise waren Disco-Bekanntschaften von mir. Ihre Eltern betrieben direkt am Marktplatz ein großes Möbelgeschäft und wohnten über ihrem Betrieb. Ich verstand mich auf Anhieb mit ihnen. Henning rauchte *Prince,* Elsbeth *Kings,* die etwas härtere Marke. Dank dieser beiden bekennenden Kettenraucher war mein Absatz nun also auch in Maribo gesichert. Was ich damals nicht wusste: Die Familie Madsen würde mich mein Leben lang begleiten. Es handelt sich bei ihnen um eine der schönsten, ehrlichsten und tiefsten Freundschaften meines Lebens. Ich muss an dieser Stelle auch unbedingt erwähnen, dass ich mich in Dänemark zwar immer sehr willkommen fühlte, man aber gerade bei den älteren Menschen auch oft spürte, welche Spuren der Krieg hinterlassen hatte. Insbesondere bei Trines Großvater hatte ich zu Beginn einen schweren Stand. Nicht nur er nannte uns Deutsche damals gerne *Pølser Tysker,* die deutschen Würstchen.

Er hatte irgendetwas mit einer Widerstandsbewegung zu tun gehabt. Ich ahnte zu dem Zeitpunkt noch nicht, dass ich einmal im größten dänischen Film der Nachkriegszeit einen dieser verhassten deutschen SS-Obersturmbannführer spielen würde.

Meine Reisen führten aber nicht immer nach Dänemark. In einem Jahr wollte ich in den Süden und mir nicht, wie beim letzten Mal oben in Finnland, den Hintern abfrieren. Rainer hatte allerdings diesmal keine Zeit, mich zu begleiten.

Anfang der Semesterferien absolvierte ich noch schnell eine Runde auf dem Butterschiff. Die Kasse musste schließlich stimmen. Auf Fehmarn traf ich wieder auf Elisabeth Arlt, meine erste offizielle Angestellte, die vor ein paar Jahren noch unermüdlich meine Aufsteller bemalt hatte, und ich erzählte ihr von meinem Plan, mit dem Motorrad bis zur Südspitze Spaniens nach Gibraltar zu fahren. Sie war sofort Feuer und Flamme und wollte als Sozia mitfahren. Elisabeth war in Ordnung; warum also nicht?

Wir fuhren in Richtung Frankreich und wollten hinunter bis nach Spanien. Doch schon bei Köln gab es die ersten Schwierigkeiten. Wir wollten eigentlich über Lüttich fahren. Es stand aber immer nur Liége auf dem Schild. Irgendwann war es mir zu blöd, und ich drehte um. Die Richtung stimmte, aber ich war mir sicher, wir waren falsch. Also fragten wir an einer Tankstelle. Wozu hatte Elisabeth eigentlich zwei Jahre Französisch studiert? Sie saß da hinten auf dem Soziussitz und sagte nichts! Woher sollte ich wissen, dass Lüttich auf Französisch Liége heißt? Nun ich richtig angezickt. Ein so unnötiger Zeitverlust; vom Sprit ganz zu schweigen.

Wir fuhren über die Pyrenäen bis nach Madrid, hinunter nach Sevilla und Granada, und kamen irgendwann in einem kleinen Ort mit dem Namen St. Helena in den Bergen an. Dort machten wir Station in einem winzigen Berggasthof. Neben uns sprach ein Paar Englisch, und wir kamen ins Gespräch. Die beiden hießen Kirt und Linda. Wir waren einander sympathisch und tauschten Adressen aus. Ich war mir aber natürlich nicht bewusst, dass ich damals meinen zukünftigen Trauzeugen getroffen hatte. Ohne die Verspätung wegen des Städtenamens wäre es wohl nie dazu gekommen. Und ohne das Treffen mit Elisabeth auf Fehmarn auch nicht. Zufälle gibt es einfach nicht!

An dem Abend sprachen wir mit Kirt und Linda über unsere Reisepläne und stellten fest, dass wir etwa zur gleichen Zeit in Barcelona ankommen wollten. Also verabredeten wir uns.

Die Fahrt ging die spanische Küste hoch und verlief ohne besondere Vorkommnisse. Zumindest fast. Wie bereits vorher schon erwähnt, traf ich auf dieser Reise Raphael vom Campingplatz in Schweden zufällig in einer Kneipe wieder. Die Welt ist klein, oder? Einige Tage später begegnete mir noch die beste Freundin meiner inzwischen ehemaligen Freundin Hanne. Wie wahrscheinlich ist das wohl?

In Barcelona tauschten wir die Plätze. Kirt wurde nun mein Sozius, die Mädchen fuhren das Auto. Aus dieser Motorradreise sollte eine lange und bis heute andauernde Freundschaft entstehen. Wir durchquerten die Pyrenäen, erreichten Andorra und trennten uns irgendwann. Doch ich versprach, die beiden im nächsten Jahr in den USA zu besuchen. Amerika stand schließlich schon wieder auf meinem Plan.

Dann stand die Zeit kurz still

Im Herbst, am 20. November 1974, erhielt ich eine furchtbare Nachricht: Mein Freund Rainer war auf dem Flug von Frankfurt nach Johannesburg unterwegs. Der Jumbo-Jet war in Nairobi abgestürzt. Es macht mich auch heute noch unendlich traurig. Rainer, Sohn eines Maurers, stammte aus ganz einfachen Verhältnissen. Er wollte in seinem Leben so viel erreichen. Er hatte richtig Biss. Mit seinem Architekten-Titel in der Tasche flog er nach Südafrika zu seiner ersten Festanstellung. Er war voller Vorfreude, konnte es kaum abwarten, jetzt endlich loszulegen. In Nairobi hatte er wohl mit einem dänischen Geschäftsmann den Platz getauscht. Dieser überlebte dann auf Rainers Platz. Heute frage ich mich: Warum gerade ein dänischer Geschäftsmann? War das Rainers Karma?

Die Wintersemesterferien standen bevor, und ich hatte das dringende Bedürfnis, mal den Kopf freizubekommen.

Die Sache mit Rainer schwirrte mir ständig im Kopf herum. Mein VW-Bus war inzwischen aber immerhin fertig und knallig gelb. Die Vordertüren wurden von großen Aufklebern verziert. Diese hatten die Aufschrift »Taxi 4 × 33«. Ich fand diese dänischen Taxischilder damals richtig cool. Ein Fahrer eines Taxi-Unternehmens hatte mir einmal diese beiden riesigen Aufkleber geschenkt. In Dänemark wurde ich deshalb ständig angesprochen, ob ich Leute irgendwohin fahren konnte. Das nervte irgendwann etwas, aber in Deutschland fiel das Auto einfach nur auf.

Warum sollte ich eigentlich nicht mit dem Bus bis nach Marokko hinunterfahren können? Das war auch teilweise die Idee von Magret, und wir setzten sie kurz entschlossen in die Tat um. Wir wollten noch zwei Freunde mitnehmen, da man die Benzinkosten zu viert viel besser aufteilen konnte Also, wer sollte mit? Mein Wunsch war: Elisabeth, die schon reiseerprobt war und sich auch mit Magret gut verstand. Der zweite Mitfahrer: Ein Mann. Ich hatte an der Uni gerade Dirk, einen jungen Dozenten, kennengelernt. Er wollte unbedingt mit auf diese Reise. Der Plan: Die Jungs würden im Zelt schlafen, die Mädels im Auto. Abgemacht – und los ging's.

Kleines Sprachwunder

Wir fuhren von Hamburg los, hätten aber fast übersehen, dass man für Marokko ein Visum benötigte. Wir nahmen damals immer alles etwas auf die leichte Schulter, dennoch funktionierte es dann meistens doch irgendwie. Mit dem Fahren wechselten wir uns ab und waren somit schnell in Südspanien. In Cordoba besuchten wir Freunde von Elisabeth, und am nächsten Tag ging es mit der Fähre nach Marokko. Um 19:30 Uhr kamen wir in Ceuta an. Woher ich das alles noch so genau weiß? Magret führte akribisch ihr Tagebuch. Deshalb ist es für mich auch heute noch einfach, diese Reise im Detail nachzuvollziehen.

Unser erster Stopp in Marokko war in Rabat. Magret kannte dort den Sohn eines Regierungsbeamten, und wir wurden herzlich von seiner Familie aufgenommen. Typischerweise aßen Männer und Frauen getrennt. Am nächsten Tag erkundeten wir mit seiner Mutter die Stadt. Eine andere Welt tat sich plötzlich vor mir auf. Neue Gerüche, ein gänzlich anderer Menschenschlag, die Lautsprecher, die, wie es einem schien, unaufhörlich die Stimmen der einzelnen Imame übertrugen, wie sie die Suren des Korans monoton sprachen und zum

Gebet riefen. Ich stellte fest, wie hilfreich es sein konnte, einen fremden Ort oder eine neue Gegend in Begleitung von Einheimischen zu erkunden.

Dann kamen wir nach Marrakesch. Hier steigerten sich alle vorherigen Eindrücke noch einmal. Es war für mich eine fast unwirkliche Stadt. Wer noch nie das farbenfrohe Treiben auf den Souks erlebt hat, kann sich keine Vorstellung davon machen. Die intensiven Farben, die Gerüche der Speisen und Gewürze, der Duft von frischem Pfefferminz-Tee, diese fremd klingende arabische Sprache; all das vermischte sich zu einem bleibenden Eindruck, der mit nichts zu vergleichen ist.

Natürlich wird man als Tourist dort sofort erkannt, besonders Magret und Elisabeth, die damals keine Kopfbedeckung trugen und meist auch mit ihren doch für Marokko sehr kurzen Röcken herumliefen.

Immer wieder folgten uns Kinder und bettelten um Geld. Gab man ihnen welches, kamen noch mehr Kinder. Man musste also unbedingt hart bleiben, auch wenn es schwerfiel. Doch fühlte es sich jedes Mal an, als ob man in der Schar der Kinder ertrank und nie genug Kleingeld, Bonbons oder Essbares im Rucksack hatte, was man ihnen noch hätte geben können. Irgendwo zog immer wieder jemand am Ärmel.

Ein Dreikäsehoch mit großen, strahlenden, braunen Augen schaute mich an und meinte auf Englisch: »*Where are you from, my friend?*« Ich wusste genau, wenn ich jetzt etwas sagte, hatte er mich am Haken. Ich antwortete ihm also nicht. Er zog erneut an meinem Ärmel: »Fußball, Beckenbauer, Bayern München.« Ich reagierte nicht. Dann rief er: »*Svenska Flicka*«, was auf Schwedisch soviel wie »schwedische Mädchen« heißt. Unglaublich, der Knirps war gerade mal fünf oder sechs Jahre alt! Ich dachte mir, wenn ich ihm jetzt sage, dass ich aus Dänemark komme, dann müsste er sicher aufgeben, weil Dänisch so wenig in der Welt gesprochen wird. Überzeugt von meiner Schläue schaute ich ihn an und meinte dann mit fester Stimme: »Jeg er fra Danmark!« („*Ich komme aus Dänemar*k")

Ich blickte in seine Augen und konnte erkennen, wie er krampfhaft alles zu kombinieren versuchte, was er in seinem jungen Leben schon gelernt hatte. Schließlich setzte er ein Siegerlächeln auf und meinte: »Danmark? Eine Mark!« und streckte mir seine geöffnete Hand entgegen. Er hatte gewonnen. Ich gab ihm ein paar Dirham (die marokkanische Landeswährung) und hob den Daumen nach oben, klopfte ihm auf die Schulter und dachte mir: Junge, du wirst es im Leben noch zu etwas bringen. Ja, tatsächlich: Not macht offenbar wirklich erfinderisch, in jedem Winkel der Erde.

Dem Tod von der Klinge gesprungen

Marokko ist nach wie vor ein sehr interessantes Land. Wir waren jeweils 2018 und 2019 mit dem Traumschiff noch einmal dort. Religion und Staat hält man dort seit eh und je streng getrennt, und das ist auch gut so. Es gibt dort Friedhöfe, auf denen Christen, Muslime und Juden Seite an Seite begraben sind.

Überall wurde uns auf den Souks Haschisch angeboten. Wir konnten nicht widerstehen und rauchten auf der Straße einen fetten Joint. Der hatte es jedoch in sich. Im Kino schauten wir uns den Film *Is' was, Sheriff?* mit Mel Brooks und Gene Wilder in den Hauptrollen an. Es war einer der schrägsten und komischsten Filme, die ich jemals gesehen habe. Ich bin ein absoluter Fan von Mel Brooks und seinem Humor, wusste aber nicht, was diesmal auf mich zukommen würde. Immer wieder fragte ich mich: Ist das jetzt der Joint, oder ist das wirklich im Film? Später im Hotel fingen dann die Wände an, sich zu bewegen, und der Schrank kam ständig auf uns zu. Wir lachten uns scheckig an diesem Abend. Der Joint hatte es in sich gehabt.

Wir setzten unsere Reise fort bis zum Ozean und danach südlich entlang der Küste in Richtung der Grenze zu Mauretanien. Direkt am Meer fanden wir einen schönen Platz, wo uns ein gigantischer Sonnenuntergang den Abend versüßte. Die Mädchen kochten uns etwas.

Rund einen Kilometer weiter südlich sahen Dirk und ich eine kleine Kneipe am Meer. Wir zwei wollten uns noch einmal die Beine vertreten und schauen, was es dort gab. Wir schlenderten also am Strand entlang, bis wir bei der Kneipe angekommen waren. Der Ort

Chbika war damals nur eine Ansammlung von ein paar Häusern (und sieht auch heute auf *Google Earth* noch genauso aus). Wie man sich doch an kleinste Details nach so vielen Jahren erinnern kann, ist mir unbegreiflich. Ich sehe die Strecke auch heute noch vor mir.

Wir tranken gemütlich einen wunderbar süßen Pfefferminztee und machten uns in der sternenklaren Nacht bei Vollmond wieder auf den Weg zum Bus. Als wir dort ankamen, waren Magret und Elisabeth vollkommen aufgelöst. Nachdem wir gegangen waren, hatten sie den Bus brav von innen abgeschlossen und sich schlafen gelegt. Sie erzählten uns, dass plötzlich jemand an die Scheibe geklopft hatte. Sie dachten natürlich, dass wir es wären. Vom gespenstischen Mondlicht angestrahlt, sahen sie auf wenige Zentimeter Entfernung durch die Scheibe ein vernarbtes Beduinen-Gesicht ohne Zähne. Der Mann rief laut und versuchte ihnen, wild gestikulierend, klarzumachen, ihm etwas zu essen zu geben. Sie machten ihm jedoch die Tür nicht auf, und irgendwann ging er dann seines Weges. Dennoch: Der Schock saß tief bei den beiden; sie waren gar nicht zu beruhigen.

Dirk und ich schliefen im Zelt – direkt neben dem Bus. Mitten in der Nacht wurde ich plötzlich wach.

Knurren. Scharren. Schmatzen.

Irgendetwas – oder besser: mehreres – trieb sich direkt neben unserem Zelt herum. Ich spitzte die Ohren. Hunde. Wilde, hungrige Hunde. Einer pinkelte sogar seelenruhig gegen die Zeltwand. Genau auf meiner Höhe. Instinktiv griff ich zu meinem Messer, zog leise den Reißverschluss am Zelteingang hoch – und stürzte dann mit einem Kampfschrei à la Rambo aus dem Zelt, bereit, mein Leben, Dirk und unseren Rucksack zu verteidigen. Direkt vor mir, im Mondlicht hockend: Meine Schwester: Hose unten. Mitten im Geschäft. Sie schrie. Ich schrie. Die Hunde flohen. Dirk schnarchte. Und meine Schwester hätte – zum zweiten Mal an diesem Abend – beinahe vor Schreck das Zeitliche gesegnet.

Tja.Vielleicht war das – wenn auch spät, unbeabsichtigt und nächtlich nass – eine kleine Retourkutsche für die Nummer mit Heidi auf Fehmarn.

Karma kommt eben, wenn man es am wenigsten erwartet – manchmal mit einem Klappmesser und viel Gebrüll.

Am nächsten Tag ging es Richtung Osten über Quazar Sad nach Fes. Auf dem Weg dorthin trafen wir auf den Leiter eines Elektrizitätswerkes, das mitten in der Wüste lag. Er lud uns zu sich nach Hause zum Essen ein. Wir schlugen alle kräftig zu. Besonders gut war der Couscous. Am nächsten Morgen war ich allerdings dann der einzige, dem es schlecht ging. Ich musste mich übergeben und hatte Durchfall. Im Delirium schlug ich meinen Mitreisenden ernsthaft vor, man möge mich einfach in der Wüste zurücklassen. Sie brachten es nicht über Herz.

Es dauerte allerdings ein paar Tage, bis ich mich wieder erholt hatte. Mittlerweile waren wir in Fes angekommen, und völlig unbewusst war unser Timing perfekt. Auch wenn die gesamte Altstadt zum UNESCO-Weltkulturerbe zählt und es sich schon alleine für die vielen Sehenswürdigkeiten, Farbspiele, Gerüche und Klänge lohnt, war das Schönste doch das jährliche traditionelle Reiterfest, das gerade begonnen hatte und schon seit dem 15. Jahrhundert veranstaltet wird.

Wir waren die einzigen Touristen weit und breit. Fast wirkte es, als hätten wir schon wieder einen von diesen fetten Joints geraucht oder irgendeine Droge eingeworfen. Reiterspiele um uns herum, die Gerüche, der Staub in der Luft, die Vollblut-Pferde im Galopp und ihre stolzen Besitzer, die um die Wette kämpften; es war wirklich surreal. Die Pferde waren prächtig geschmückt, und ihre Reiter trugen traditionelle Uniformen.

Plötzlich und unerwartet entfaltete sich jedoch noch ein Naturspektakel am östlichen Himmel. Ein goldroter Schimmer begann am Horizont aufzusteigen und immer größer zu werden. Es war fast beängstigend, denn wir hatten so etwas noch nie gesehen. Es wurde unglaublich hell, und jetzt konnten wir sehen, dass es der Mond war, der aufging. Er erschien aber so dicht, dass man meinen könnte, er würde jeden Moment mit der Erde zusammenprallen, fast, als könne man ihn anfassen. Erst einige Zeit, nachdem er in seiner majestätischen Pracht am Himmel zu sehen war, wurde er langsam kleiner. Später erfuhren wir, dass es etwas mit der Reflektion und der Hitze in der Wüste zu tun hat und dass diese Umstände den Mond größer erscheinen lassen. Alles zusammen hinterließ einen sehr intensiven Eindruck.

Von Fes ging es weiter gen Norden zurück nach Spanien. Ich weiß nicht mehr, wo genau es war, als es passierte, doch eines Abends mussten wir lange durch die wilde Berglandschaft Marokkos fahren, um den nächsten Ort zu erreichen. Ich saß am Steuer. Als ich mich umdrehte, bemerkte ich, dass die beiden Mädchen eingeschlafen waren. Auch Dirk schlief auf dem Beifahrersitz. Es war eintönig, und die Serpentinen erschienen endlos. *Yellow Brick Road* von Elton John dudelte von Band. Es war warm im Bus. Plötzlich machte ich die Augen auf, sah keine Straße mehr vor mir und riss das Steuer intuitiv nach links. Ich war eingenickt. Vor mir tauchte plötzlich wieder die Straße auf, und ich hielt sofort an. Mir war schlecht vor Schreck. Ich stieg aus, ging ein Stück des Weges zurück und begutachtete die Stelle, an der ich das Steuer nach links gerissen hatte. Wäre ich nur eineinhalb Meter weiter geradeaus gefahren, wären wir einen steilen, etwa einen Kilometer tiefen Abgrund hinuntergestürzt. Ich sackte zusammen, bekam einen Heulkrampf und fühlte mich elend. Der Schock erzeugte Übelkeit.

Nach einer Weile ging ich dann zum Auto zurück und stieg ein. Dirk wachte vom Schließen meiner Fahrertür auf und meinte: »Alles in Ordnung?« Ich schaute geradeaus und antwortete: »Ja, musste nur mal kurz pinkeln.« Keinem der drei habe ich jemals erzählt, dass wir um ein Haar alle gestorben wären; bis jetzt.

Wortlos durch Spanien

Die Marokko-Reise hatte also doch noch ein gutes Ende genommen. Magret, Elisabeth und Dirk waren wieder in Hamburg, und ich blieb in Torremolinos in der Nähe von Malaga. Ich liebte meinen VW-Bus und wollte meine Luxusherberge jetzt mal so richtig alleine genießen. Die Semesterferien dauerten noch etwas an, und unten in Torremolinos suchte ich mir einen Job in einer Diskothek. Ich wurde plötzlich Türsteher, oder auch »Reinholer«, wie man es nennt. Wieder eine völlig neue Erfahrung, die mir aber lag. Meine Aufgabe bestand darin, die skandinavischen Mädchen anzusprechen, da ich Dänisch, Norwegisch und Schwedisch sprach und natürlich auch mit den Engländerinnen sprechen konnte. Das Prinzip war klar und funktionierte immer: Dort, wo die schönsten Frauen sind, kommen die Männer automatisch hin. Also machte ich denen jeden Abend den Laden voll. Das war wieder mal ein Job, der mir wirklich nicht schwerfiel. Und ich verdiente damit richtig gutes Geld. Mein Auto hatte ich am Strand geparkt, und neben mir stand noch ein Amerikaner, auch mit seinem VW-Bus. Bei ihm stieg fast jeden Abend eine Party. Auf der Seite seines Busses stand in großen Buchstaben: »*Don't smile, it may be your daughter in this car!*« Auch wenn mein VW-Bus des Nachts sicher immer mal wieder etwas schaukelte, sein Bulli-Palast vibrierte eigentlich ständig.

Wieder einmal hatten meine Schwestern eine glorreiche Idee: Ich sollte nicht alleine nach Deutschland zurückfahren. Natürlich nicht. Stattdessen flogen sie kurzerhand unseren Vater nach Málaga ein – und ich durfte ihn dann persönlich aufsammeln. Vater-Sohn-Quality-Time, quer durch ganz Spanien bis hoch nach Deutschland. Ein Roadtrip der etwas anderen Art. Und wie beim letzten Mal saßen wir wieder stundenlang nebeneinander im Auto – schweigend. Zwei Männer, verbunden durch Blutsbande, Traktorenwissen und gegenseitige Sprachlosigkeit. Wenn wir dann doch mal redeten, waren es die Klassiker: Landwirtschaft. Politik. Und – mein absoluter Evergreen – der Nationalsozialismus. Und immer wieder seine Lieblingsfrage, als wäre sie auf Dauerschleife programmiert: „Und – was willst du denn jetzt mal machen?" Ich hatte jedes Mal Lust zu sagen: „Keine Ahnung, Papa – vielleicht einfach ankommen. In Deutschland. In meinem Leben. In diesem Jahrhundert."

Kaum betraten wir eine spanische Kneipe und ich verschwand mal kurz auf die Toilette, ging's los: Mein Vater hatte in der Zwischenzeit garantiert schon irgendwo am Tresen eine Runde für wildfremde Spanier ausgegeben und saß plötzlich mitten unter ihnen – wild gestikulierend, mit leuchtenden Augen und einem Vokabular, das sich auf »Si!«, »Mucho bueno!« und die internationale Sprache der Landwirtschaft beschränkte.

Dann versuchte er, ihnen zu erklären, wie die Zuckerrübenernte auf unserem Hof funktionierte. Er formte mit den Händen eine voluminöse Rübe, fuhr mit der einen Hand über die andere wie über ein Feld, grinste stolz – und die Spanier? Die dachten wahrscheinlich, er spreche von besonders kurvigen Señoritas, die er eigenhändig aus dem Boden gezogen hatte.

Und wie immer kam ich zu spät dazu, warf einen Blick auf die irritierten Gesichter der Spanier – und musste die Situation retten. In Rekordzeit. Mein Vater, der Welterklärer. Der Mann, der mit allen redete. Mit wirklich *allen*.

Nur nicht mit mir.

Zwischen uns blieb es seltsam still. Diese beklemmende Leere. Ich sehnte mich nach einem Gespräch – einfach reden, wie ich es mit jedem anderen Menschen auch konnte. Offen, ehrlich, leicht. Aber es klappte nie. Und vielleicht fehlte mir auch einfach der Mut, ihn wirklich zu fragen.

Aber hey – wenigstens schloss ich auch dieses Semester an der Uni ab. Und der Sommer stand vor der Tür.

Mein Plan war klar: Rüber nach Amerika, Kirt Snyder besuchen – und dann einmal quer durchs Land trampen. Von Ost nach West, von Ahnungslosigkeit zu Abenteuer.

USA, here I come – again!

Quer durchs Land

Sommer 1975. Zum zweiten Mal reiste ich in die USA. Mein ursprünglicher Plan war klar: Kirt und Linda besuchen, dann einmal quer durchs Land. Doch wie das mit Plänen so ist – sie halten selten lange. Kirt und Linda hatten sich inzwischen scheiden lassen. Also sah ich zuerst Linda in New York, dann Kirt in West Hartford. Dort hatte ich auch vor, unseren einzigen berühmten Verwandten zu besuchen: den Schriftsteller Thornton Wilder. Die Familiengeschichte ging zurück bis zum Deutsch-Dänischen Krieg, als ein Wilder von Fehmarn nach Dänemark floh. Über Norwegen landeten spätere Generationen schließlich in Amerika. So war ich irgendwie, über sechs bis sieben Ecken, mit Thornton verwandt. Er lebte in New Haven, nur eine halbe Stunde entfernt. Ich hätte also problemlos vorbeifahren können. Hätte. Ich vergaß es schlicht. Eine zweite Chance gab es nicht – Thornton Wilder starb am 7. Dezember 1975. Ich hätte ihn wirklich gern kennengelernt. Später stand ich oft in Kopenhagen auf dem Wilders Plads oder in der Wildersgade, und dachte an ihn. Es blieb bei Gedanken. Umso schöner war es, Kirt wiederzusehen. Wir kannten uns seit 1974, und bis heute ist es so: Wenn wir telefonieren oder uns nach Jahren wiedertreffen, ist es, als hätten wir uns erst gestern zuletzt gesehen. Diese Art von Freundschaft kennt ihr sicher auch. Aber ich wollte mehr sehen. Der Plan: Einmal quer durch Amerika – von Ost nach West, durch Städte, Wüsten, Hoffnungen. Auf meiner Liste: Los Angeles, San Francisco, und alles dazwischen. Damals gab es in den USA einen interessanten Service. Wer sein Auto an die Westküste bringen wollte, schaltete eine Anzeige in der Zeitung – und hoffte auf einen Fahrer. Ich fand so eine Anzeige: Ein junger Mann wollte ein Auto von Connecticut nach San Diego überführen – suchte jemanden zum Mitfahren. Der Besitzer übernahm den Sprit. Für mich bedeutete das: kostenlos quer durch Amerika. Ich sagte zu. Als er bei Kirt vorfuhr, staunte ich nicht schlecht: Kein alter Chevy, kein verrosteter Kombi – sondern ein Volvo P1800E, Baujahr 1970. Sportlich, elegant, viel zu klein für meinen Rucksack – aber ein echtes Traumauto. Drei Tage brauchten wir für die Strecke. Und irgendwo zwischen Kansas und Arizona wusste ich: Ich will in diesem Land leben. Irgendwann. Kurz vor San Diego ließ mich mein Mitfahrer in Los Angeles raus. Ich blieb. Lernte in kürzester Zeit unzählige Menschen kennen – Künstler, Musiker, Träumer. Und trampte weiter. Immer weiter südlich, bis zur Grenze in Tijuana.

Mexiko? Warum nicht.

Ich zog weiter über die Baja California bis hinunter nach Cabo San Lucas. Die Hitze nahm zu, das Geld wurde knapp. Es war Sonntag, die Banken geschlossen, mein deutsches Bargeld nutzlos. Dann hatte ich Glück: Ein sympathisches schwules Paar nahm mich mit, teilte ihr Coors-Bier (kein Highlight, aber eisgekühlt) – und überließ mir sogar ihren VW-Bus für die Nacht, während sie im Motel schliefen. So erreichte ich tatsächlich noch erholt mein Ziel: Cabo San Lucas. Ein Abenteuer, wie ich es nicht hätte planen können. Und genau darum unvergesslich.

Beschissen

Mexiko, Hitze, Orangensaft – und ein Desaster

Ich war mit Jacques unterwegs – einem Franzosen mit langem schwarzen Bart und wallendem Haar, der aussah wie ein etwas verschwitzt gewordener Jesus auf Abwegen. Wir hatten uns in Cabo San Lucas kennengelernt, klapperten gemeinsam die Bars ab, tranken zu viel Tequila – und landeten schließlich mit zwei Amerikanerinnen in deren Hotel. Zwei intensive Tage später: Fähre nach Mazatlán, Rucksäcke auf dem Rücken, die Sonne brannte erbarmungslos. Ich bekam einen Durst wie ein Kamel mit Sonnenstich. Am Straßenrand: ein Stand mit frisch gepresstem Orangensaft und viel Eis. Ich trank ein Glas. Himmlisch. Ich trank ein zweites. Ein Fehler. Ich hatte nicht an das Eis gedacht. *Trinke neimals das Wasser in Mexico!*

Keine fünfzehn Minuten später – Montezumas Rache. Direkt, kompromisslos, rücksichtslos. Ich presste Jacques den Rucksack in die Hand und rannte los – auf der verzweifelten Suche nach einer Toilette. Die ersten beiden Klos waren entweder abgeschlossen oder besetzt. Ich überquerte die Straße, sah ein Restaurant auf Stelzen über dem

Wasser, stürmte hinein. Drei Türen – eine offen. Ich riss sie auf, zog die Hose im Lauf herunter, landete über der Schüssel. Kein Sitz. Kein Wunder. Denn das Ding war – wie soll ich es sagen – randvoll. Ein monumentales Mahnmal menschlicher Verzweiflung. Es stank zum Himmel. Ich blieb stehend. Zwanzig Minuten. Die Knie zitterten. Alles in mir verflüssigte sich. Und dann – endlich: Leere. Stille. Nur eine Frage blieb: Wo war das Klopapier? Ein Blick in den Papierkorb neben mir. Alles benutzt. In Mexiko wirft man das benutzte Papier ja nicht ins Klo, sondern in einen Behälter – wegen der schmalen Rohre. Ich starrte in die braune Hölle.

Dann: MacGyver-Modus.

Ich suchte die halbwegs sauberen Ecken der gebrauchten Papierschnipsel, riss sie millimetergenau zurecht und bastelte mir aus den kleinen Fetzen ein Notfallpaket – ein Kunstwerk aus Scham, Verzweiflung und Improvisation. Genau in dem Moment bemerkte ich, dass ich in meiner Not vergessen hatte, die Tür abzuschließen. Ich – noch halbnackt, die Papierfetzen wie einen Schatz in den Händen – und da knallt mir ein völlig betrunkener Mexikaner ohne jede Orientierung die Tür voll gegen den Kopf. Ich schwankte – aber ich fiel nicht. Die Klopapierfetzen in meinen Händen – ich hätte sie notfalls mit meinem Leben verteidigt.

Guadalajara, Kinderaugen und ein Dolch

Tage später – ich war wieder halb fit – reisten Jacques und ich weiter nach Guadalajara. Nach unseren kleinen Erfolgen mit dem weiblichen Geschlecht in Cabo und Mazatlán wollten wir sehen, ob unser Charme auch hier funktionierte. Es war Montagabend, wir streiften durch die Stadt – bis wir in einer Straße landeten, aus der Musik drang. Statt Tür: nur bunte Plastikstreifen. Ich trat ein – und wusste sofort, was los war. Ich hatte Monate zuvor einen Bericht gelesen über mexikanische Etablissements, in denen alte Männer mit Kindern tanzten. Genau das sah ich dort. Mädchen, kaum älter als zwölf, mit traurigen Augen, an die Männerkörper gedrückt, während Finger über ihre schmalen Hüften glitten. Ich ging hinaus, sagte zu Jacques: »Da drinnen läuft was Falsches.« Er wollte gehen. . Ich ging noch einmal durch. Schaute mir alles genau an. Als ich wieder rauskam, stand Jacques da – mit erhobenen Händen, zwei Männer durchsuchten ihn. Federalis – Undercover-Agenten. Sie forderten mich auf, es ihm gleichzutun. "Los manos arriva!" (*Hände hoch).* Sie tasteten mich ab – und fanden mein Messer. Ein Dolch, handgefertigt in Finnland, den ich als Souvenir aus Rovaniemi mitgebracht hatte. Wunderschön. Verdammt gefährlich, in den falschen Händen. Einer sagte leise „arma prohibida" – verbotene Waffe – und bedeutete uns mit einem Nicken, mitzukommen: „Vamos." Etwa 300 Meter liefen wir schweigend, dann schoben sie uns in eine heruntergekommene Kneipe. Am Tresen ein Typ mit einer Uzi über der Schulter, schmutziger weißer Rollkragenpullover, links und rechts zwei müde Prostituierte. Die Agenten grüßten ihn mit »Hola, jefe« – klarer Fall: ihr Boss. Sie gaben ihm mein Messer. Er zog es aus der Scheide, drehte es in der Hand, ließ den Daumen über die Gravur gleiten. Ich erklärte hektisch, dass es ein Künstler aus Finnland gefertigt hatte. Er sah mich an, dann sagte er: „Gringos. "Ich protestierte: »No! Soy alemán. Él es francés!« (*Ich bin Deutscher, er ist Franzose*)

Der Chef warf einen Blick in meinen Pass, sah das Foto mit den langen Haaren, grinste – und sagte trocken: »El maricón.« (*Schwuler).* Ich widersprach erneut. Er lachte nur. Dann fragte er, was ich noch bei mir habe. Ich zeigte ihm meinen Brustbeutel. Er fand 70 Dollar und rund 850 D-Mark. Die Dollar wanderte in seine Tasche. Das Messer auch. Die D-Mark legte er zurück. Diese Währung und zwei so fremde Europäische Pässe hatte er wohl noch nie in seinem Leben gesgehen – und bedeutete uns mit einem Nicken: Geht.

Wir gingen. Schnell. Dann rannten wir. Wir liefen, bis wir außer Sicht waren – und dann noch weiter. Wir wussten: Wir hatten unfassbares Glück gehabt. Damals verschwanden junge Amerikaner manchmal monatelang in mexikanischen Gefängnissen. Die Eltern erfuhren erst spät, wo ihre Kinder steckten – wenn überhaupt. Warum sie uns laufen ließen? Vielleicht wollten sie sich den Stress mit europäischen Botschaften sparen. Vielleicht war's unser Akzent. Oder sie hielten Jacques für Jesus. Vielleicht hatten wir einfach ein paar verdammt gute Schutzengel.

Wilhelm aus Bremen

Irgendwo in Mexiko trennte ich mich dann später von Jacques und fuhr mit dem Zug wieder zurück in die USA. In Mexiko zu trampen, war mir dann doch ein bisschen zu gefährlich geworden. Wieder zurück in Los Angeles lernte ich ein paar Musiker kennen, die im Laurel Canyon lebten. Sie gaben mir die Adresse ihres Freundes, Wilhelm, der oben in San Francisco in Marine County wohnte. Ich sollte ihn aufsuchen und könne auch bei ihm bleiben. Er sei aus Bremen, hieß es.

In San Francisco nahm ich einen Bus und fuhr damit über die Golden Gate Bridge bis zur ersten Ausfahrt in Marine County. Was für ein irres Gefühl! Wilhelm holte mich mit einem Mercedes der Luxusklasse ab, und wir fuhren hoch in sein feudales Haus. Er hatte sogar einen chinesischen Koch. Der machte uns allerdings nichts zu essen, sondern schob mit einer Rasierklinge auf einem großen Glastisch erst einmal ein paar Linien Kokain zusammen.

In was war ich hier wieder hineingeraten? Auf dem Weg hoch von Los Angeles hatten mich sogar kurzzeitig zwei Polizisten mitgenommen, die im Dienst ganz entspannt einen Joint geraucht und mich dann an der nächsten Autobahnausfahrt wieder rausgelassen hatten. Damit kam ich noch klar, dass hier war aber endgültig eine Nummer zu groß für mich. Ich versuchte trotzdem, ganz cool zu bleiben, als ob das ganz normal für mich wäre.

Wilhelm war allerdings schon sehr merkwürdig. Ich brauchte einige Zeit, um herauszufinden, womit er wirklich sein Geld verdiente. Angeblich arbeitete er als Rechtsanwalt. Er erzählte mir, dass sein Bruder Jugendrichter in Bremen sei. Doch war er eindeutig in der Drogenwelt unterwegs. Allerdings »nicht strafbar«, wie er meinte. Er lieferte den Drogenbossen an der Westküste eine Substanz, die er aus Italien bezog. Mit diesem Pulver streckte man in der Branche das Kokain, um es dann für wesentlich mehr Geld zu verkaufen. Er sagte mir vertraulich, dieses Pulver wäre eigentlich ein Abführmittel, was aber wohl nur Wenige wussten.

Der Stoff, den der Koch da auf dem Glastisch vorbereitet hatte, war allerdings hochwertige Ware. Ich wollte kein Spielverderber sein und nahm auch eine Nase zu mir. Das erste Mal in meinem Leben. Ich erinnere mich noch ganz deutlich: Die Zunge wurde taub, meine Nase ebenfalls. Als ich später in China Town aus dem Mercedes stieg und die Tür zuschlug, zeigte sich die volle Wirkung dieses weißen Pulvers. Sie knallte so dermaßen ins Schloss, dass ich dachte, das Auto ginge kaputt. Ich fühlte mich unbesiegbar und superstark, als wäre ich Herkules. In einem Club sammelten wir ein paar weibliche Bekannte von Wilhelm auf, die aber nach meiner Einschätzung wahrscheinlich auch in der Horizontalen ihr Geld verdienten. Wir fuhren zu seinem Haus zurück, und die Party ging bis zum frühen Morgen. Dabei musste ich erkennen, dass die Droge nicht nur meine Nase und Zunge lahmgelegt hatte. Doch auch insgesamt hatte ich ein mulmiges Gefühl. *Hier solltest du nicht länger bleiben*, dachte ich, und nach zwei Tagen verabschiedete ich mich daher von Wilhelm.

Ich streckte den Daumen in San Francisco in die Luft und trampte wieder zurück bis nach New York. Dieser Teil der Reise zurück an die Ostküste ist mir nicht in Erinnerung geblieben, ich weiß auch nicht, warum. Vielleicht hatte das weiße Pulver irgendeine Wirkung in meinem Kopf erzeugt, die mich diese fünf Tage hat vergessen lassen. Ich kam auf jeden Fall sicher sowie reich an Erfahrungen und Erlebnissen wieder in Hamburg an.

Über meinen Vater

Immer wieder dieses Lied

Nach vielen Jahren habe ich etwas sehr Merkwürdiges festgestellt. Schon in meiner Jugend, immer wenn ich glücklich und zufrieden war und mich im Begriff befand, meinen Träumen hinterherzujagen, erwischte ich mich dabei, wie ich das Lied *Mein Vater war ein Wandersmann* pfiff.

Auch beim Schreiben dieses Buches, während einer kleinen Pause, ging es mir wieder so, und ich musste schmunzeln. Ich erinnerte mich an die zweite Reise in die USA und daran, dass ich auch dort einige dieser Momente gehabt hatte. Ich stand dann meist allein an einem besonders schönen Ort und blickte auf eine atemberaubende Stadt oder die wunderschöne Natur. Und immer wieder kam meine innere Zufriedenheit, begleitet von diesem Lied.

Auch hier in meiner neuen Heimat Montana erwischte es mich gerade in einem Moment der Glückseligkeit, als ich auf dem Rasen stand und auf den Missouri blickte.

Was ist das bloß mit diesem Lied? Warum gerade dieses? Und immer in Momenten, in denen ich zufrieden und glücklich bin. Merkwürdig. Vielleicht werde ich eines Tages noch darauf kommen, welche Verbindung zwischen mir, meinem Vater, Glück und dem Lied besteht.

KAPITEL 11

Die neue Droge

(1976-1981)

Klaus hat den Blues

Wieder zuhause angekommen, ließ mich eine bestimmte Erinnerung nicht los. In Kalifornien hatte ich den neuen, heißen Sport, das Windsurfen, kennengelernt. Dieser hatte erstaunlicherweise nun auch schon in meiner Heimat Einzug gehalten. Da sollte noch mal einer behaupten, Fehmarn wäre immer hinterm Mond!

Meine ersten Versuche unternahm ich bei dem Lübecker Theo, der in Wallnau auf dem Campingplatz eine kleine Windsurfschule betrieb. Schon am ersten Tag hatte ich nicht nur Talent gezeigt, sondern auch Feuer gefangen.

Im Frühjahr 1976 bestellte ich mir also direkt ein eigenes Windsurfbrett, Modell *Windglider,* mit der berühmten Hohlkehle. Ich weiß noch genau, wie das Brett geliefert wurde. An diesem Abend stieg auf Fehmarn eine große Strandparty, die ich normalerweise nicht verpasst hätte. Doch das Brett war da und in dem Moment viel wichtiger. Ich surfte bis spät in den Abend hinein. Von da an war ich nur noch auf dem Wasser. Der Sport war für mich wie gemacht. Mittlerweile hatten auch meine ehemaligen Klassenkameraden Hans-Detlef und Potter aus Landkirchen ein Brett. Sie gehörten zur Windsurf-Clique auf Fehmarn. Zwei Mädchen, die regelmäßig als Feriengäste kamen und bereits zum Fehmarnschen Touristen-Inventar zählten, hörten von unseren Plänen, mit meinem VW-Bus nach Griechenland zu fahren. Sie wollten, wie auch Magret, dabei sein!

Nicht lange überlegen und schon ging es los: Sechs Personen im Bus, drei Bretter auf dem Dach; die Bude war gerammelt voll. Wir fuhren über Ungarn und erreichten schließlich Budapest. Dort kam uns eine schräge Idee: Wir wollten mit unseren Brettern einmal über die Donau fahren. Warum nicht? Auf der Brücke, die Buda und Pest miteinander verbindet, standen viele Schaulustige, und wir fühlten uns natürlich „bewundert". Einige hatten offenbar noch nie einen

Windsurfer gesehen. Das Vergnügen währte aber nicht lange. Kaum standen wir auf dem Brett, da wurden wir auch schon vom Militär eingekreist und gebeten, alles ganz schnell wieder zusammenzupacken.

Weiter ging's quer durchs damalige Jugoslawien, immer der Sonne entgegen, bis runter nach Thessaloniki – und von dort auf die Halbinsel Sithonia. Kaum angekommen, der erste Tag, perfekter Wind – und *zack*, ein Mast bricht. Unsere Rettung: ein älterer Tischler in einem winzigen Fischerdorf, dessen Werkstatt genauso roch, wie man sich eine Werkstatt in Griechenland eben vorstellt – nach Holz, Olivenöl und Jahrzehnten männlicher Einsamkeit. Der Mann hatte zwar von Windsurfen überhaupt keine Ahnung, aber eine urige alte Drehbank. Wir erklärten ihm wild gestikulierend unser Problem, und er drehte uns tatsächlich ein konisches Stück Holz, das wir von unten bis zur Bruchstelle in den Mast schoben. Nicht schön, aber selten – und vor allem: es funktionierte. Wir konnten wieder aufs Wasser. Während wir ihm versuchten zu erklären, was genau Windsurfen eigentlich ist, fanden wir in einem Magazin eine Doppelseite mit Diagrammen, Brettern, Mast-Fuß-Gelenken – das Übliche. Doch was er entdeckte, war nicht das Board, sondern die *Rückseite* des Posters: eine barbusige Schönheit, räkelt sich lasziv auf einem Surfbrett, irgendwo auf Hawaii im Sonnenuntergang. Er zeigte wortlos drauf, lächelte, und sagte etwas auf griechisch, das sicherlich heißen sollte: „Das will ich." Kein Geld, keine Bezahlung – klar, er wollte das Poster. Und ehrlich gesagt: Wir hätten ihm in dem Moment auch zwei gegeben. Kaum hatte er es in der Werkstatt aufgehängt, sprach sich das Ereignis im Dorf herum wie ein Lottogewinn: Der Tischler mit der nackten Frau! Keine Stunde später standen gefühlt die Hälfte der männlichen Dorfbevölkerung zwischen Hobelbank und Schleifmaschine – und betrachteten das Pin-up-Girl wie eine Erscheinung der heiligen Maria. Nur ohne Schleier.

Auf dem Weg zurück nach Deutschland fuhren wir über Port Grimaud. Ich war im Sommer auf Fehmarn schon mehrmals mit Johannes Rathjen auf dem Tandem der Charchulla-Brüder gesegelt. Diesmal kam er nach Frankreich und traf uns dort. Auch die Charchullas waren dabei. Somit hatten wir die gesamte fehmarnsche Elite dieses Sports versammelt und wollten unbedingt auch teilnehmen oder es zumindest versuchen. Hans-Detlef und Potter mieteten sich also ein Tandem und schrieben sich, wie Johannes und ich, in die Liste ein. Als die Weltmeisterschaft losging, erhob sich der Mistral mit voller Wucht. Selbst unsere Zelte und Vor-Zelte an den Campern und Bullis musste man festzurren, damit nichts wegwehte. Jetzt zeigte sich unser Heimvorteil. Besonders die aus Deutschland und Frankreich angereisten Stausee-Segler kamen mit der hohen Welle, die der Mistral in Port Grimaud am Strand erzeugte, überhaupt nicht klar. Bei dem Versuch, das Tandem überhaupt ins Wasser zu lassen, brachen bei den meisten die Masten wie Spaghetti. Wir hatten jedoch unsere ganz eigene Technik, um durch die Brandung zu kommen. Und am Ende der Meisterschaft wurden wir Sechster. Wow. Sechster? Wir hatten schließlich gerade erst angefangen mit dem Sport und wurden auf einer Weltmeisterschaft Sechster! Johannes und ich hatten dabei sogar die berühmten Charchulla-Zwillinge hinter uns gelassen!

Zum krönenden Abschluss gab's natürlich eine Riesenparty – wie es sich gehört, wenn man jung, braungebrannt und völlig übernächtigt ist. Wir waren stolz wie Oskar auf unsere Leistung – und das völlig zurecht. Bis in die frühen Morgenstunden saßen wir bei den Charchullas am Auto, umringt von anderen Surfern, die aussahen wie eine Mischung aus Beach Boys und Robinson Crusoe nach drei Monaten ohne Spiegel. Manfred versuchte sich auf der Gitarre – allerdings weniger spielend als schrabbelnd. Die Saiten waren ihm egal, die Akkorde sowieso. Der Pegel war hoch, die Fingerkraft niedrig. Jürgen kämpfte derweil mit seiner Quetschkommode, aus der nur noch Töne kamen, die irgendwo zwischen Katzenjammer und rostigem Gartentor lagen. Aber wen störte das? **Keinen!** Es wurde gefeiert. Gegrölt. Gelacht. Gekippt. Wir waren **glücklich. Frei. Weltmeisterlich.**

Und dann – **mein großer Auftritt.** Ich präsentierte zum ersten Mal meinen selbst komponierten Surfer-Blues. Ein echtes Meisterwerk. Der Refrain war simpel, aber ohrwurmverdächtig:

„… und alle Surfer schreien: We do it standing up!“ Der Text? Für immer verschollen.

Die Melodie? Vermutlich ein musikalischer Grenzfall, aber blusig. Egal, an diesem Abend war es der Hit. Die Stimmung kochte, alle sangen mit, brüllten den Refrain, als hinge ihr Leben davon ab. Ein Moment wie aus einem Surf-Film, nur mit weniger Talent und mehr Bier. Was ich *nicht* wusste: Das deutsche Fernsehen hatte die komplette Weltmeisterschaft mitgefilmt. Und sie waren auch an diesem Abend mit der Kamera dabei. Ohne Vorwarnung. Ohne Filter. Wieder zuhause angekommen, hörte ich von allen Seiten: *„Ey Klaus – du warst im Fernsehen! Man hat dich ewig lang gezeigt, wie du diesen Surfer-Blues gespielt hast!"* Na super. Ich besorgte mir natürlich sofort die Aufzeichnung. Und da war ich: Leicht angetrunken. Inbrünstig singend. Die Haare wild. Die Gitarre schräg. Der Blick glasig – aber **voller Leidenschaft**. Kein Grammy-Moment, aber definitiv ein TV-Denkmal.

We do it standing up – auch wenn wir nicht mehr stehen konnten.

Engel oder nicht Engel?

Das Semester hatte mich bald wieder in seinen Klauen, und eine der ersten Vorlesungen war – wie könnte es anders sein – beim gefürchteten Professor für Volkswirtschaft, Dr. Engel. Ein Name wie aus einem Kinderbuch, doch die Realität war weniger Engel als Erzengel Gabriel mit erhobenem Zeigefinger. Volkswirtschaft war ohnehin ein Fach, das in meinem persönlichen Ranking irgendwo zwischen Zahnarztbohrung und Steuererklärung lag. Öde, trocken und mit der Sexyness eines feuchten Bleistifts. Ich hatte es im letzten Semester sogar geschafft, mitten in der Vorlesung einzunicken – im Sitzen, bei geöffneten Augen. Dr. Engel hatte das nicht nur bemerkt – er hatte es zelebriert. Er pirschte sich langsam heran, wie ein Kater vor dem Sprung, und knallte mit der flachen Hand auf meinen Tisch, dass ich fast vom Stuhl fiel. Ich schrak hoch, der ganze Saal lachte, und Engel grinste wie ein kleiner Schuljunge, der gerade erfolgreich einen Furz unterdrückt hatte. Ich dagegen bekam es mit der Angst zu tun – so schnell wie der zuschlagen konnte, würde er mich in der mündlichen Prüfung vermutlich schreddern. Doch wie so oft im Leben – alles kam anders.

Einige Wochen später, neues Semester, gleiche Vorlesung. Ich schlenderte nichtsahnend auf den Hörsaal zu – und da stand er: Engel. Der kleine, gefährliche. Er sah mich. Ich sah ihn. Unsere Blicke trafen sich. *Mist*, dachte ich. Jetzt krieg ich meine Abreibung schon vor der ersten Vorlesung. Doch dann – Verwandlung. Engels Gesicht begann zu strahlen wie ein Weihnachtsbaum nach Stromschlag. Er trat zwei Schritte auf mich zu, packte meine Hand und rief mit leuchtenden Augen:

„Mensch, Herr Wilder! Sie sind ja ein echter Hecht! Ich war im Sommer auch im Urlaub und hab versucht, Windsurfen zu lernen – meine Güte, ist das schwer! Und dann seh ich Sie im Fernsehen – bei der Weltmeisterschaft! Mit Gitarre! Mit diesem Song! Großartig. Meine Hochachtung!"
Ich war sprachlos.

Dieser Mann hatte mich vor Kurzem noch mit einem Tischhieb aus dem Tiefschlaf geprügelt – und jetzt lobte er mich wie ein Moderator im ZDF-Fernsehgarten. Ab da lief alles glatt. Ich bekam eine diplomatisch großzügige Drei, wurde nicht in die mündliche Prüfung gerufen, und Dr. Engel war plötzlich mein größter Fan.

Tja – so ist das eben im Leben:

Ein Weltmeistertitel, ein schräger Blues, und schon wird selbst Volkswirtschaft menschlich.

Die eigene Schule

Ich war wie elektrisiert. Auf Droge – aber ganz legal: Windsurfen war mein Stoff. Alles drehte sich nur noch darum. Ich träumte in alle Richtungen, stellte mir vor, wie ich meine eigene Windsurfschule eröffnete. Nur: Wie stellt man das an? Bei meinem nächsten Besuch in Dänemark teilte ich diesen Traum mit meinen beiden Freundinnen Lise und Trine Madsen. Ihre Reaktion kam wie aus der Pistole geschossen – und war identisch: *»Dann mach die Schule doch hier in Dänemark auf! Du sprichst perfekt Dänisch, die Touristen hier sind größtenteils Deutsche – und du wärst garantiert der Erste, der so etwas hier anbietet.«*

Und was soll ich sagen? Sie hatten recht. Ich wurde tatsächlich der Erste, der 1977 in Dänemark eine offizielle Windsurfschule gründete. Es gab zwar schon einen Händler in Kopenhagen, der seinen Kunden nebenbei ein paar Tipps gab, aber eine richtige Schule mit Kursen, Ausrüstung und Struktur? Fehlanzeige.

Aber ich greife vor.

Irgendwann während der Planungsphase bekam mein Vater Wind von der Sache. Und überraschenderweise bot er an, mich bei der Finanzierung zu unterstützen. Gelegentlich war er schon mit nach Dänemark gekommen und hatte auch die Familie Madsen kennengelernt. Glücklicherweise sprachen sie gut Deutsch – denn er selbst sprach kein Wort Dänisch. Das hatte auch sein Gutes: Er konnte sich nicht in meine Geschäfte einmischen. Ich setzte mich hin und machte eine Kalkulation. Ich brauchte: zehn Boards, zwanzig Neoprenanzüge, einen Simulator, zehn Schwimmwesten. Am liebsten hätte ich das alles alleine gestemmt – aber woher sollte ich so schnell das Geld nehmen? Es ging um eine ordentliche Summe, und ich wollte nicht noch ein Jahr vertrödeln. Also nahm ich das Angebot meines Vaters an. Das gab ihm einen offiziellen Grund, ab und zu in Dänemark aufzutauchen und zu sehen, was ich da so trieb.

Fündig wurde ich auf der Insel Falster. Ein leerstehendes Gebäude direkt am Sildestrup Strand, früher mal ein Kaufmannsladen – also offiziell ein gewerbliches Grundstück. Perfekt. Das Haus hatte zwar schon einige Jahrzehnte auf dem Buckel, war aber unglaublich praktisch: oben wohnen, unten Schule und Laden. Und das Ganze direkt hinter dem Deich. Nun mussten noch die Genehmigungen her. Ich war inzwischen in einem Alter, in dem ich den Sinn von Regularien nicht mehr infrage stellte – ich wollte alles richtig machen.

Außerdem war mir klar: Als Deutscher, der in Dänemark eine Windsurfschule eröffnet, würde ich zwangsläufig im Fokus der Behörden stehen. Also lieber gleich sauber anfangen. Ich marschierte zur Polizeistation in Nykøbing/Falster und sprach beim Polizeichef vor. Bent Rigsager. Der hatte ehrlich gesagt keine Ahnung, was Windsurfen war – also erfand ich meine eigenen Auflagen, damit er zufrieden war: Rettungsboot, Bojen, Megaphon, Schwimmwestenpflicht – alles dabei. Die Genehmigungen kamen prompt. Noch bevor ich die Schule eröffnete, stand plötzlich sein Sohn Søren vor der Tür. Sein Vater hatte ihm von dem „deutschen Surfer“ erzählt. Søren fragte, ob ich ihm das Windsurfen beibringen würde – und ob er dafür im Sommer bei mir arbeiten dürfe. Ein Deal! Er lernte schnell, wurde direkt zum Windsurf-Lehrer befördert und blieb für den ganzen Sommer. Natürlich nicht für Luft und Liebe – er wurde ordentlich bezahlt.

Auch eine Buchhalterin fand sich – eine dänische Dame mit einem Hang zur Ordnung, die meine Firma offiziell anmeldete und verwaltete. Denn auch im sonst so gelassenen Dänemark gilt: Ohne Ordnung geht nichts. Ich nannte meine Firma Wind Surfing Danmark. Und Sildestrup Strand wurde DER Ort, an dem man sein musste.

Bei uns war immer was los.

Eines Tages meldete sich ein Journalist aus Bremen. Er hatte von mir gehört – wusste, dass ich von Fehmarn stamme und angeblich sogar Plattdeutsch spreche. Keine Ahnung, woher er das hatte. Er kam in einem ausgebauten Hanomag-Bus vorbei, älterer Typ, Bart, freundlich – ein wandelndes Radio mit Mikrofon. Es dauerte nicht lang, und wir standen im Sand, mitten im Interview – auf Plattdeutsch! Die Sendung „Hör mol'n beten tou“. Gehört habe ich sie nie – aber der Besuch war unvergesslich. Nach und nach trudelten die ersten deutschen Touristen ein. Sie buchten Kurse, ließen sich übers Wasser ziehen und feierten ihre ersten Stehversuche wie Olympiasiege.

Einer meiner ersten Schüler war niemand Geringeres als Fritz Pleitgen, damals ARD-Korrespondent in Moskau. Ein erstaunlich talentierter Windsurfer – und sehr sympathisch. Jahre später erinnerte ich mich an ihn und schrieb ihm eine kleine Nachricht:

„Lieber Herr Pleitgen, erinnern Sie sich an Ihren ersten Windsurflehrer? Der heißt heute Nick Wilder. Und war damals noch Klaus.“

Seine Antwort kam prompt. Er erinnerte sich. Natürlich. Mit einem Lächeln, glaube ich.

Auf dem Weg zur WM

Häufig nahm ich Søren, meinen dänischen Nachwuchslehrer, mit zu meinen Eltern nach Fehmarn. Dort traf ich dann immer wieder auf Jürgen und Manfred Charchulla, zwei alte Bekannte, Surf-Pioniere der ersten Stunde und mittlerweile Betreiber eines Windsurfzentrums auf der Insel. Sie gehörten zu den Leuten, die nicht nur das Tandem-Surfen mitentwickelt hatten, sondern auch gleich die ITA, die *Internationale Tandem Assoziation*, gründeten. Was man eben so macht, wenn man Wind im Blut hat. Die beiden waren gerade dabei, die Tandem-Weltmeisterschaft 1977 zu planen – und fragten ganz locker, ob man das Ganze nicht vielleicht bei mir in Dänemark veranstalten könnte.

Ich? Dänemark? Weltmeisterschaft?

Ich dachte kurz nach – ungefähr drei Sekunden – und sagte: »Klar. Wird schon irgendwie gehen.«

Doch kaum war der Termin angesetzt, braute sich Ärger am Horizont zusammen – und zwar direkt bei mir am Sildestrup Strand. Es begann mit einem gewissen Herrn Vorsitzenden der Grundbesitzervereinigung von Elkenøre Strand, ein Ort, etwa einen Kilometer weiter nördlich gelegen. Dieser Herr – Pastor Helleskov - nennen wir ihn den selbsternannten Sheriff der Küstenruhe – beschwerte sich bei der Gemeinde und der Polizei: Er höre deutsche Kommandos, während er am Nachmittag gemütlich seinen Kaffee im Garten schlürfe. Ja, richtig gehört: *Kommandos!* Er behauptete, mein Megaphon sei so laut, dass er jede meiner Anweisungen in seinem Rhododendronbeet mitverfolgen könne. Skandal! Man stelle sich vor – ein Deutscher, der laut spricht! Und das auch noch in Dänemark!

Doch damit nicht genug:

Pastor Flemming Helleskov – der Hüter der kirchlichen Ordnung und offenbar kein Freund salziger Seeluft oder salzverkrusteter Surfer – setzte dem Ganzen die Krone auf: Er schrieb einen empörten Leserbrief in der Lokalzeitung. Ein wahres Manifest gegen das moderne Treiben am Strand. Mit heiligem Zorn wetterte er gegen diese „furchtbaren Windsurfer", die mit ihren Segeln das Bild der Ostsee entweihen und vermutlich den Weltuntergang einläuten würden – zumindest akustisch. Ich sah mich schon, wie ich die Weltmeisterschaft auf einem Parkplatz zwischen Mülltonnen austragen musste.

Doch dann – ein Lichtblick.

Ein Nachbar kam auf mich zu, winkte mit der Zeitung und sagte: »Guck mal hier - das ist jetzt aber mal was anderes!« Ein neuer Leserbrief war erschienen. Überschrift: „Die Ostsee blüht!" Darin schwärmte jemand von der bunten Pracht der Windsurfsegel, von der positiven Energie, die die Sportler an den Strand brächten, davon, wie freundlich sie seien, wie sauber sie alles hielten, und wie viel Leben sie ans Meer brächten. Ich war baff. Wer hatte sich denn da so charmant für mich aus dem Fenster gelehnt?

Es dauerte nicht lange, bis ich es herausfand: Kjeld Ib Lise, Dekorateur, Fotograf – und, wie sich bald zeigen sollte: ein ganz besonderer Mensch. Ich machte mich auf nach Nykøbing, in sein kleines Atelier. Als ich ihn zum ersten Mal sah, fiel mir auf: Er erinnerte mich vage an meinen Vater – gleiche Statur, ähnliche Größe, lichtes Haar. Doch da endeten die Gemeinsamkeiten auch schon.

Kjeld war das genaue Gegenteil meines Vaters: warmherzig, leise, klug, überlegt. Ein Mann mit Tiefgang – und mit Herz. Wir mochten uns auf Anhieb. Aus der ersten Begegnung wurde eine Freundschaft, aus der Freundschaft eine Vertrautheit, und Kjeld wurde über die Jahre so etwas wie ein Mentor für mich – vielleicht sogar eine Art Vaterersatz. Denn er hatte all das, was meinem Vater fehlte – oder was er nie zeigen konnte. Und es kam noch besser: Wir wurden Nachbarn.

Doch die Weltmeisterschaft ließ nicht lange auf den nächsten Sturm warten – diesmal aus der eigenen Szene. Kurz vor dem Start im September 1977 kam es zum Zoff zwischen der ITA und dem Tandem-Hersteller Windglider. Dessen Chef hatte ganz eigene Pläne: Er wollte eine Einheitsklasse durchdrücken, also nur noch Surfbretter seines Modells zulassen. Eigenbauten? Verboten. Dafür stellte er großzügig seine eigenen Boards – am Gardasee – kostenlos zur Verfügung. Und zack, hatte die Windsurf-Welt im Jahr 1977 plötzlich nicht eine, sondern zwei Weltmeisterschaften.

Tja – der Wind dreht sich schnell, nicht nur auf dem Wasser.

Rückenwind

Mein Tandem-Partner Johannes kam in diesem Sommer oft von Fehmarn nach Marielyst, und wir trainierten regelmäßig. Daher waren wir sehr gut vorbereitet, als es endlich losging. Pünktlich zum Beginn der Regatta im September blies dann der Wind aus allen Rohren. Und zwar aus Osten. Es entwickelte sich eine mächtige Dünung, und die Wellen schlugen immer höher. Die Baggersee- und Stausee-Segler aus Deutschland und den anderen Ländern waren das ein weiteres Mal nicht gewohnt und hatten somit auch dieses Mal keine Chance. Der Wind blies teilweise mit acht Beaufort!

Wir hatten nun den absoluten Heimvorteil. Während der drei Tage dieser Meisterschaft lief bei uns alles wie geschmiert. War das zu glauben? Mit einer Mischung aus Talent, Frechheit, Training und dem richtigen Wind geschah das Unfassbare: Wir gewannen und wurden Weltmeister!

Zugegeben, das Wort *Welt* war vielleicht damals etwas hoch gegriffen, denn ein Großteil der Welt wusste ja noch nicht einmal, was ein Tandem war, und so war es eigentlich mehr eine Europameisterschaft als eine Weltmeisterschaft. Doch gab es auf der Welt eben auch nur dieses große Turnier. Uns war es ohnehin egal, wir hatten den Titel.

Und wieder war ein Traum von mir in Erfüllung gegangen. Ich hatte es innerhalb von zwei Jahren geschafft, meine eigene Windsurfschule aufzumachen und einen Titel zu gewinnen.

Doppelgänger

Doch sollte in diesem Jahr 1977 noch etwas Merkwürdiges passieren. Ein Freund hatte zum Essen nach Kopenhagen eingeladen, zu einem großen, typisch dänischen „Frokost“. Dabei handelt es sich um eine traditionelle Zusammenkunft, wo viel Alkohol fließt, eine Menge gegessen wird und man immer lange am Tisch sitzt.

Ich war schon mittags losgefahren und wollte endlich mal pünktlich sein. Meine dänischen Freunde hatten mich immer wieder aufgezogen, dass ich es nie schaffte, zu irgendwelchen Festen oder Einladungen pünktlich zu erscheinen. Diesmal wollte ich glänzen! Etwa bei Vordingborg auf der Autobahn Richtung Kopenhagen überholte mich allerdings ein Auto, und der Beifahrer streckte eine blaue Kelle mit einer blinkenden Lampe daran aus dem Fenster. Auf dieser runden Kelle stand Politi (Polizei). Ich hielt an. Als die beiden Herren sich vorsichtig meinem Auto näherten und dabei anscheinend die Hände schon an ihre Waffen legten, fragten sie in sehr holprigem Deutsch, wie ich denn heißen würde.

Stolz erwiderte ich: »Jungs, ihr könnt ruhig Dänisch mit mir sprechen!« Im Gegensatz zu Amerika kann man in Dänemark mit der Polizei sehr locker umgehen. Mit diesen beiden aber leider gar nicht. Sie fragten ungerührt, wieso ich ein deutsches Nummernschild hätte. Ich sei doch schließlich Däne! Das war für mich natürlich ein riesiges Kompliment für mein offenbar fast akzentfreies Dänisch.

Ich verneinte. »Ich bin Deutscher, mir gehört das Auto, und ich habe eine Windsurfschule in Marielyst.« Mein VW-Bus war noch voll mit nassen Neopren-Klamotten. Es müffelte ein wenig hinten. Sie schauten sich den Wagen von innen an, dann baten sie mich um meinen Pass. Der lag im Handschuhfach. Und neben meinem Pass lag auch der Pass von Søren, den er bei unserem letzten Besuch auf Fehmarn im Auto vergessen hatte. Die Beamten in Zivil erkannten diesen sofort, denn die dänischen Pässe waren damals beige. »Und was ist mit dem Pass da?« Sie verglichen beide. Søren Rigsager und ich haben beide am 3. Dezember Geburtstag, wir haben beide blaue Augen und blonde Haare, und mit etwas Fantasie sahen wir uns auf dem Pass-Fotos sogar ähnlich. Schlagartig änderte sich die Situation. Ich sollte sofort aus dem Auto aussteigen. Dann drehten sie mich um und legten mir Handschellen an. Sie forderten über Sprechfunk eine Polizeistreife an, die auch einen kurzen Moment später da war, um meinen Wagen abzutransportieren. Dann ging es auf dem Rücksitz der zwei Zivilbeamten in Richtung Kopenhagen. Es half nichts. Ich sollte schweigen und musste abwarten, was aus der Situation werden würde.

Nach einer halben Stunde kamen wir bei der Polizeistation an. Es war obendrein die Zentrale in Kopenhagen. Ich fragte noch einmal vorsichtig, warum sie mich festgenommen hatten. Es gab jedoch auch jetzt keine Antwort. Mir wurde zunehmend mulmig. Man nahm mir meinen Gürtel und meine Schnürsenkel ab und steckte mich in eine Zelle. Darin war eine kleine Bank, auf die man sich nicht einmal legen konnte. Die Zelle war von oben bis unten gepolstert, also eine richtige Gummizelle.

Kurz bevor sie mich einsperrten, betonte ich noch einmal, dass Søren Rigsager der Sohn vom Polizei-Chef in Nykøbing war. Der ältere Polizist hinter dem Tresen schmunzelte nur und sagte: »Ach, interessant! Zufällig kenne ich den Polizeichef in Nykøbing. Der heißt aber nicht Rigsager.« Leider war er offenbar nicht auf dem neuesten Stand und kannte nur den alten Chef, der vor einem Jahr in Pension gegangen war. Er glaubte mir also nicht, und das machte mich noch verdächtiger. Aber verdächtig für was? Ich gab ihm die Telefonnummer. Er wählte sie, doch keiner nahm ab. Sørens Eltern waren an diesem Abend auf einem Fest. So verbrachte ich also acht Stunden in meiner kargen Zelle.

Die Gedanken kreisten in meinem Kopf. Warum hatten sie mich bloß eingesperrt? Sollte mich das Karma meiner Zigarettenschmuggelei heimsuchen und mir eine Retourkutsche erteilen? Vielleicht hatte auch jemand an der Grenze Kokain in meinen Radkappen platziert und benutzte mich als Transportesel? All das Überlegen half jedoch nicht. Ich musste warten. Morgens um 2 Uhr entließ man mich endlich mit den schlichten Worten: »Du kannst gehen.« Ich fragte, warum sie mich eingesperrt hatten. Die Antwort zog mir den Boden unter den Füßen weg: Wegen Terror-Verdachts!

Was? Das konnte doch wirklich nicht sein. Ich wusste damit überhaupt nichts anzufangen. Man bat mich zu gehen. Als ich mich nochmal umdrehte, meinte der ältere Polizist etwas zerknirscht: »Ach, einen schönen Gruß von Herrn Rigsager und seiner Frau. Die waren bis eben auf einer Party und sind gerade erst nach Hause gekommen.«

Am nächsten Morgen erfuhr ich dann, dass Dr. Hanns-Martin Schleyer, der damalige Vorsitzende des Arbeitgeberverbandes, von der RAF entführt worden war und man den Verdacht gehegt hatte, er wäre nach Dänemark gebracht und dort in einem Sommerhaus gefangen gehalten worden. Deshalb hatte man alle deutschen Autos kontrolliert. Jetzt hatte ich also meine Antwort. Ich war ausnahmsweise zur falschen Zeit am falschen Ort gewesen und hatte auch sonst kein Glück mit der Planung der Menschen gehabt, die mir direkt hätten helfen können. Shit happens! Damals auf der Brücke zwischen Kanada und den USA hatte ich ohne einen Pass wieder einreisen dürfen, hier wurde mir ein Pass zuviel zum Verhängnis.

Meine Freunde haben mir natürlich nicht geglaubt, sondern gemeint, das Ganze wäre eine Revolvergeschichte, die ich frei erfunden hätte. Sie waren sicher, ich hätte wieder einmal nur den Termin vergessen. Spaßeshalber nannten sie mich noch jahrelang Terroristen-Klaus.

Ohne Briefmarke

Das Wintersemester 1977 flog vorbei. Im tief verschneiten Hamburg träumte ich bereits wieder vom Wind, vom Meer, vom freien Leben in Dänemark. Ich war regelmäßig oben, verbrachte viel Zeit in meinem gemieteten Haus, jobbte hin und wieder in der Möbelfabrik. Doch ab Mai war ich ganz dort – bereit für meine zweite Saison als Windsurf-

Unternehmer. Studium? Fehlanzeige. In diesem Sommer herrschte bei mir Vollbeschäftigung. Mittlerweile hatte ich sogar zwei feste Angestellte: Søren – mein rechter Arm – und meine gute Freundin Trine. Alles lief wie geschmiert. Dann kam Pfingsten. Das Wetter war traumhaft. Und am Samstagabend lernte ich in der lokalen Diskothek Kris kennen.

Sie war zu Besuch bei ihren Eltern in Nykøbing, lebte eigentlich in Belgien. Wir verstanden uns auf Anhieb. Was sie mir allerdings verschwieg: Sie war die Tochter eines hochrangigen Kriminalkommissars – und obendrein verlobt mit Morten Olsen, einem der berühmtesten Fußballspieler Dänemarks. Und das war nicht irgendeine Verlobung, sondern eine offizielle. Ich wusste von alledem nichts. Für mich war es einfach eine sommerleichte Affäre – eine Begegnung, die sich wie ein Anfang anfühlte. Ich bat um ihre Adresse in Belgien und schrieb ihr am nächsten Tag einen Brief. Was ich nicht ahnte: Am 9. Juni berichteten sämtliche dänische Zeitungen vom spurlosen Verschwinden von Kris. Sie war mit ihrer Mutter per Fähre von Gedser nach Travemünde übergesetzt – doch sie kam nie wieder zurück.

Die Polizei vermutete Menschenhandel. Eine Zeit lang fiel sogar der Verdacht auf ihren Verlobten. Und ich? Ich war plötzlich Teil einer Geschichte, die sich wie ein Krimi anfühlte. Mein Brief, den ich direkt nach dem Treffen geschrieben hatte, lag noch unfrankiert in meinem VW-Bus. Ich vergaß ihn. Wieder und wieder. Einmal bat ich Søren, ihn mitzunehmen und einzuwerfen – doch auch er vergaß es. Schließlich landete der Brief wieder im Auto. Und blieb dort. Anfang Juli fuhren wir zur Tandem-Europameisterschaft nach Holland. Søren hatte sich Erling Jensen als Partner geholt, und zusammen mit Johannes machten wir uns auf den Weg. Bevor wir losfuhren, räumte Erling den Bus auf – und schmiss dabei sämtliche Papiere achtlos weg. Wenig später, zurück in Dänemark, klopfte die Polizei an meine Tür. Man wolle mit mir sprechen – dringend. Ich fragte Søren, ob er etwas wisse. Er wich aus.Dann kam der Kommissar zu mir – in meine Surfschule. Ob ich Kris gekannt habe, wollte er wissen. Spätestens jetzt war mir klar, wer ihr Vater war. Und dass mein kleines Liebesabenteuer mit ziemlicher Sicherheit nicht mehr ganz so geheim war. Ich gab die Affäre zu. Was blieb mir übrig?

Dann kam die entscheidende Frage: *„Haben Sie ihr mal einen Brief geschrieben?“*

Ich nickte. Und in diesem Moment legte der Kommissar genau diesen Brief vor mich auf den Tisch. Der Brief, den sie nie erhalten hatte. Keine Briefmarke. Nie abgeschickt.

»*Woher haben Sie den*?«, fragte ich.

Die Antwort: »*Ein Mann hat ihn auf der Müllhalde in Marielyst gefunden. Er durchwühlt dort regelmäßig den Abfall mit einem Stock – und erkannte Ihren Namen.*«

Zufall?

Wenn das in einem Krimi gestanden hätte, man hätte dem Drehbuchautor vorgeworfen, es zu übertreiben. Aber das Leben schreibt eben doch die besseren Geschichten. Der Kommissar stellte schnell fest, dass ich mit ihrem Verschwinden nichts zu tun hatte. Was mit Kris geschah – das hat man nie herausgefunden. Sie blieb verschwunden. Ohne Spur. Ohne Abschied. Ohne Leiche.

Winter 1978. Ich war wieder in Hamburg. Und Madhouse war der Laden, in dem man abends sein musste. Immer lief irgendwo J.J. Cale, und besonders der Song „Cocaine“ war der Soundtrack dieser Zeit. Dort lernte ich Renate kennen. Es knisterte. Und ich nahm sie bald darauf mit nach Dänemark. Meine Freunde mochten sie sofort – und wir beschlossen, Weihnachten gemeinsam am Sildestrup Strand zu feiern. Ein romantischer Plan. Doch das Wetter hatte andere Pläne. Kurz vor den Feiertagen setzte starker Schneefall ein. Die Vorhersage klang apokalyptisch: Weiße Weihnacht – deluxe. Wir schafften es gerade noch mit der Fähre nach Dänemark, machten es uns im Haus gemütlich – und draußen wuchs der Sturm. Dann bekam Renate starke Schmerzen im Unterleib. So stark, dass wir den Krankenwagen rufen mussten. Sie wurde nach Nykøbing ins Sygehus gebracht – und sofort notoperiert.

Ich fuhr zurück zum Haus. 15 Kilometer. Die Straße war kaum mehr zu erkennen. Es schneite jetzt unaufhörlich. Am nächsten Tag der

Ausnahmezustand: Alle Straßen dicht. Wind. Schneewehen. Warnmeldungen. Das Radio sagte klipp und klar: Bleiben Sie im Haus. Es ist lebensgefährlich. Aber Liebe macht ja bekanntlich blind – und stur. Ich wollte Heiligabend mit Renate verbringen. Ob im Krankenhaus oder am Strand – völlig egal. Ich hatte da ja noch meine Neoprenanzüge. Erfrieren würde ich nicht. Schwitzen – wahrscheinlich schon. Ich zog einen an, packte mich zusätzlich in Pullover, Jacke, Schal, Mütze – und stapfte los. Durch das Schneegestöber, das jede Orientierung unmöglich machte. Doch ich kannte die Gegend, kannte jede Kurve, jeden Zaun, jede Laterne. Es war finster. Es war kalt. Und es war – irgendwie verrückt. Ich kam an.

In der Notaufnahme hielten mich die Schwestern für halb erfroren und wollten mich sofort in Decken wickeln.Doch ich zog den Neoprenanzug aus – klitschnass vom eigenen Dampf. Es war eine meiner dümmsten Entscheidungen überhaupt. Aber sie hatte funktioniert. Ich hatte Glück. Andere Menschen sind in dieser Nacht im Schnee gestorben. Ich nicht.

Und so konnte ich – wie geplant – Weihnachten mit Renate verbringen. Im Krankenhaus, ja. Aber mit Kerzen, Keksen und dem guten Gefühl, es durchgezogen zu haben. Ein bisschen verrückt vielleicht. Aber auch – ein bisschen romantisch.

Klaus, wie er singt und schafft

Ich hatte inzwischen viele Semester auf dem Buckel, studierte ja bereits seit Anfang 1973. Aber da ich mich selbst finanzierte, konnte mein Vater nicht viel sagen. Er fing jedoch an, daran zu zweifeln, ob ich es jemals zu Ende bringen würde. Man merkte ihm sogar an, dass es ihm langsam peinlich wurde, wenn Leute nach mir fragten. Normalerweise schaffte man dieses Studium in acht Semestern. Ich war jetzt schon im zehnten, und mir fehlten noch die meisten Scheine. Allerdings hatte ich nebenbei auch ein florierendes Gewerbe in einem

fremden Land aufgebaut, die Welt bereist und war Surfweltmeister geworden. Nur das sah mein alter Herr natürlich nicht.
1979 kam Renate dann zu mir hoch und half im Laden. Sie hatte sich dafür extra den Sommer freigenommen. Wir veranstalteten viele Regatten und Strandfeste. In dieser Saison beschäftigte ich bereits zwei Windsurflehrer, den Fehmaraner Hans und den Dänen Bent.

Ansonsten gibt es über das Jahr 1979 eigentlich gar nicht viel zu berichten, außer dass mein Geschäft rund lief und wir unsagbar schöne Abende am Strand verbrachten, an denen ich im Sommer mit den Schülern und Kunden Gitarre und Mundharmonika spielte und bei denen wir am Lagerfeuer dänische, englische und deutsche Lieder sangen.

Eines Abends spielte ich Marlene Dietrichs Song *Lili Marleen.* Mir war nicht klar, dass viele Dänen dieses Lied mit dem Krieg verbinden. Ein Nachbar hörte es prompt, und ich musste mir einen gehörigen Einlauf abholen. Was mir einfiele, an einem dänischen Strand genau diesen Song zu singen! Es sei eine Schande für Deutsche, so etwas in Dänemark zu tun. Die Besatzungszeit wäre schließlich vorbei! Ich hatte allerdings keine Ahnung, dass dieses Lied überhaupt etwas mit dem Krieg zu tun hatte.

Neben diesem Fehltritt endete auch noch meine Beziehung mit Renate. Warum, das weiß ich selbst nicht mehr, vermutlich wurde es mir aber mal wieder zu eng.

Alberta und Robbie

Meine Schüler in Dänemark, meist deutsche Ärzte und Rechtsanwälte, hatten im Sommer auf mich eingeredet, wie dumm ich wäre, meinen Abschluss in Hamburg nach all diesen Semestern nicht einfach durchzuziehen. Doch sah ich mich nicht mehr in der Rolle eines Diplom-Holzwirtes. Trotzdem fasste ich im Herbst 1979 den Entschluss, mein Examen abzulegen. Ich schrieb eine Arbeit über Verbesserungen und Produktivitätssteigerung in einem Sägewerk.

Eine Woche lang saß ich in dem Ort Laasphe in einer Holzfabrik, zählte die Baumstämme, die auf die Förderbänder fielen, um dann zerteilt zu werden, und schrieb endlos lange Berichte darüber, warum der Arbeitsprozess stoppte, wenn irgendein Baumstamm von der Säge nicht zerlegt werden wollte. Ich glaube kaum, dass meine Arbeit der Geistesblitz der holzverarbeitenden Industrie wurde. Am Welt-Forstwirtschaft-Institut in Reinbek bewertete man sie dennoch mit der Note »gut«.

Im Februar sollte es dann um die Wurst gehen, und viele Prüfungen in Fächern wie Holz-Biologie, Holz-Physik oder Weltforstwirtschaft standen an. Bevor ich mir das aber antun wollte, brauchte ich nochmal einen richtigen Urlaub. Ich wollte immer schon mal nach Hawaii. Meinem Windsurflehrer und mittlerweile guten Kumpel Hans ging es genauso. Es fehlte allerdings (du kennst das schon) das nötige Geld. Ein Flug nach Hawaii war schon damals nicht billig. Hans hatte einen Plan. Und eine Kontaktperson.

Er kannte den „Langen“, einen dieser Typen, die man nicht vergisst: fast zwei Meter groß, Schultern wie ein Baugerüst, Hände wie Klodeckel. Seine Firma entsorgte alte Strommasten der Bundesbahn, und jeden Winter stellte er persönlich einen Trupp zusammen – Männer mit Dampf in den Knochen und Frost im Gesicht. Er selbst war der Erste auf der Baustelle und der Letzte, der ging. Vor ihm: ein Mann mit Spitzhacke. Der lief voraus, hackte ein 30 Zentimeter tiefes Loch um den Mastfuß in den gefrorenen Boden. Dann: Kettenheulen. Motorsäge. Abgang.Der Lange schickte den Strommast krachend zu Boden – präzise wie ein Holzfäller auf Adrenalin. Hinten am Mast wartete bereits Team Zwei mit der Flex, um die schweren Eisen-Traversen zu durchtrennen – die Dinger, die früher die Stromleitungen getragen hatten. Dann kam der Vorschlaghammer. Mit einem metallischen Knall, der durch Mark und Bein ging, brach das Rundeisen, und die Trassen lösten sich vom Strommast.

Jetzt waren Hans und ich dran. Wir bildeten die Nachhut. Unsere Aufgabe: die gefällten Masten parallel zur Bahnschiene legen. Klingt einfach – war es aber nicht. Denn die Dinger machten, was sie wollten. Kaum lagen sie, rollten sie munter die Böschung runter – direkt in einen Graben oder mitten in den Wald. Dann hieß es: Schneller sein als der nächste Kranwagen. Runter, stemmen, schleppen, rauf. Ein 15-Meter-Strommast im Dezember bei gefrorenem Boden fühlt sich an wie ein großer Felsbrocken. Der Zeitplan war militärisch. Start: 7:00 Uhr morgens. Ende: 19:00 Uhr. Pause: maximal 15 Minuten – gerade genug, um eine Suppe zu löffeln, ohne sich die Lippen zu verbrühen. Aber: Die Bezahlung war großartig. 150 DM pro Tag, dazu Hotel und Verpflegung. Zwei Wochen durchackern bedeuteten: 2.100 Mark. Bar auf die Hand.

Am ersten Abend im Hotel fiel ich aufs Bett – nur mal kurz hinlegen, dachte ich. Am nächsten Morgen um 6:30 Uhr weckte mich Hans: *»Aufstehen, Klaus!«* Ich hatte nicht mal die Klamotten ausgezogen. Nach vierzehn Tagen waren wir durch. Völlig fertig. Muskelkater bis in die Seele. Aber: reich.

Wir kauften ein Ticket. Ziel: New York – und dann weiter nach Hawaii.

Es war ein wirklich supercooler Trip. Wir surften plötzlich in Oahu auf dem gleichen Wasser, wo sich unser Idol Robbie Nash normalerweise rumtrieb. Es war traumhaft.

Zurück ging es ebenfalls über New York. Hans musste direkt weiter nach Deutschland, ich konnte noch ein paar Tage bleiben. In New York nahm mich ein Freund mit in das Jazz-Lokal *Reno Sweeney.* Dort sang an diesem Abend die Queen des Blues, die 91-jährige, farbige Alberta Hunter. Diese Frau war einfach unglaublich. Sie hatte eine sexy Stimme und lieferte eine Mega-Performance. Begleitet wurde sie von einem nahezu gleichaltrigen Klavierspieler, der standesgemäß einen Smoking trug. Für mich war das ein unvergessliches Konzert. Ich habe heute noch ihre CD, sie heißt *Amtrak Blues.* Geht mal auf *Spotify* oder irgendeinen anderen Streaming-Anbieter und hört mal rein. Ich kann das nur jedem Musikfan empfehlen. Von ihr bekam ich auch mein allererstes Autogramm, obwohl ich überhaupt kein Autogrammsammler bin. Was für eine große Dame!

Endlich Holzwirt!

Meinen Urlaub zum Krafttanken hatte ich also hinbekommen. Nun musste ich aber auch liefern und meinen Abschluss schaffen. Dafür brauchte ich jedoch ein wenig Hilfe. Magret arbeitete damals bei einem Arzt und besorgte mir eine Droge, ich weiß nicht mehr, was für eine, die mich Tag und Nacht wachhielt. Ich war plötzlich fähig, seitenweise Bücher in meinen Kopf zu kopieren, um sie dann später wieder abzurufen. Ich meisterte die meisten Prüfungen mit der Note drei oder vier. Als letztes war im Juni 1980 das Fach Chemie dran. Ein Kommilitone machte mich darauf aufmerksam, dass ein bestimmter Stoff, den ich nicht gelernt hatte, ebenfalls geprüft werden würde. Als ich mir dieses Buch anschaute, bekam ich das kalte Grausen. Es war dick, sehr dick. Das würde ich niemals in der kurzen Zeit schaffen. Also besorgte ich mir, erneut über Magret, ein Attest und behauptete, ich hätte einen Mast gegen den Kopf bekommen und mir eine Gehirnerschütterung zugezogen. Ich war kampfunfähig. Die Prüfung wurde verschoben auf den Herbst. Jetzt konnte ich meine Saison in Dänemark also erstmal ungestört durchziehen.

In dem Sommer kam Armin auf mich zu. Er war Hamburger und gehörte zur Familie eines großen Geschäfts in der Nähe des Hauptbahnhofs, in dem neben Haushaltswaren auch Sportgeräte und Windsurfartikel verkauft wurden. Er war der Schwiegersohn des Inhabers. In seinem Laden konnte er die sehr beliebte Marke *Mistral* nicht anbieten. Sein Geschäft war für Dumping-Preise bekannt, deshalb wollte man ihm keine Bretter verkaufen. Er fragte mich, ob ich ihm welche besorgen könne. Am liebsten hätte er direkt einen ganzen Container genommen! Wenn ich es schaffen würde, ihn zu beliefern, gäbe er mir ein sattes Honorar. Ich sprach also mit dem dänischen Importeur und sagte ihm, ich würde gerne einen Container mit Brettern kaufen. Einen ganzen Container? So ein gutes Geschäft hatte er in dem kleinen Land Dänemark bisher noch nie gemacht. Natürlich wollte er. Ich verhandelte einen sensationellen Mengenrabatt. Die Ware bot ich Armin aber zum normalen

Einkaufspreis an. Den Container reimportierte er dann wieder nach Hamburg und hatte endlich *Mistral* im Sortiment.

Das Ganze war ein Cash-Geschäft, und wir trafen uns in Kopenhagen in einem Restaurant. Armin hatte einen Koffer voller 100-DM-Scheine dabei. Es war ein riesiger Betrag. Ich zählte alles ganz genau in seinem Beisein nach. Dann nahm ich den Koffer und fuhr rüber zum Importeur. Auf dem Weg stoppte ich auf einem Parkplatz, zählte meinen Anteil ab und nahm ihn aus dem Koffer. Beim Importeur lag dann im Koffer noch genau die Summe, die ich mit ihm abgemacht hatte. Er zählte das Geld ebenfalls, und der Vertrag wurde unterschrieben. Er wunderte sich ein wenig darüber, dass der Lastwagen, der den Container übernahm, ein deutsches Nummernschild hatte. Ich erzählte ihm, es sei ein Freund, der direkt von Fehmarn, meiner Heimatinsel, käme und die Ware in mein Geschäft nach Falster bringen würde. Es war alles wie in einem Film. Auf der Autobahn verabschiedeten wir uns. Der Lastwagen rollte gen Hamburg, ich hatte die Taschen voller Geld, und jeder war zufrieden.

Auch die Saison war nun bald vorbei, und es gab keine Ausreden mehr. Es ging um die allerletzte Prüfung in Holzchemie. Ich hatte wahrlich genug Zeit erhalten, um mich vorzubereiten, und saß schließlich in der mündlichen Prüfung dem Chemie-Professor gegenüber. Er lieferte mir eine chemische Formel mit unendlich vielen freien Armen. Dort sollte sich dann an einer bestimmten Stelle eine OH-Gruppe andocken. Nur wo? Es gab ungefähr zwölf Möglichkeiten. Ich zeigte auf die eine, dann auf die nächste, und immer wieder sah ich, wie er seinen Kopf schüttelte. Ich deutete das als klares Nein. Es erinnerte mich an die Prüfung in Mathe damals bei meinem Abitur.

Ich wusste, wenn ich diese Aufgabe nicht lösen könnte, würde ich durchfallen und müsste mein Examen noch einmal machen. Bei der ungefähr achten Variante sagte ich zu ihm: »Verdammt noch mal, ich weiß es ganz genau, denn es steht auf Seite 287 oben rechts.« Mittlerweile hatte ich schließlich fast ein fotografisches Gedächtnis. Er schaute mich etwas verwundert an, drehte seinen Stuhl und griff in das Regal hinter sich. Ja, genau, dieses Buch war es. Er schlug es auf, und tatsächlich war auf Seite 287 oben rechts diese Formel abgebildet. Er meinte dann zu mir: »Herr Wilder, ich habe Sie die ganzen Jahre beobachtet. Wenn Sie sich ein wenig mehr angestrengt hätten in Ihrem Studium, wäre aus Ihnen bestimmt ein ganz passabler Diplom-Holzwirt geworden. Ich gebe Ihnen jetzt aber trotzdem noch eine Note vier, denn Sie wussten, auf welcher Seite die Lösung stand. Und selbst Einstein hat schon mal gesagt: *Man muss sich nicht alles merken. Hauptsache man weiß, wo man nachschauen muss.«* Danke Albert, ich hatte soeben mein Staatsexamen bestanden!

Ich war also ein weiteres Mal in meinem Leben artig gewesen und hatte abgeliefert. Oben in Dänemark schmiss ich natürlich sofort eine Mega-Party. Wir hatten ein Zelt aufgebaut, und es kamen ungefähr sechzig Leute. Von Familie über Freunde aus Dänemark, Hamburg und Fehmarn kamen alle, um mit mir mein bestandenes Examen zu feiern. Auch Armin und seinen Geschäftsführer hatte ich eingeladen. Gute Geschäftspartner soll man sich warmhalten, sagt man.

Auch mein Vater war selbstverständlich anwesend, eine Rede oder gar ein direktes Lob blieben aber leider aus.

Zwischenspiel - Immer wieder Otto

Es gab viele seltsame und auch komische Begegnungen in meinem Leben. Manche Leute trifft man immer wieder und an den seltsamsten Orten. Wenn wir schon von komisch sprechen, dann sprechen wir doch bitte auch von Otto Waalkes.

Ihn traf ich das erste Mal in Hamburg, während ich in Wandsbek bei Magret wohnte. Sie erzählte einmal, dass ein gewisser Otto die ganze Praxis, in der sie arbeitete, unterhalten habe und abends bei *Onkel Pö* in Eppendorf auftreten würde.

Ich konnte mir nicht vorstellen, was sie da erzählte. Angeblich kam er auf die Bühne, musste gar nichts sagen, und die Leute machten sich trotzdem fast in die Hose vor Lachen. Aber genau so war es! Otto war einfach die Granate. Magret stellte uns beide vor. Des Öfteren spielt er auch in der *Blockhütte* auf der Reeperbahn. Zweimal hatte ich sogar das Vergnügen, dort am gleichen Abend mit ihm und seinem Freund Maik aus Amerika aufzutreten.

Otto wohnte damals noch in der Nähe der Hefefabrik in Wandsbek und studierte an der Hochschule für Bildende Künste. Auf einem von Magrets Geburtstagen zerlegte er mit seinem Ellenbogen das Glas von ihrem Küchenschrank, als er zu einem überschwänglichen *Happy Birthday* ausholte.

Jahre später traf ich ihn in Florida wieder. Magret hatte mich dort besucht, und wir standen beide am Tresen, als Otto in den Laden kam, gekleidet in eine dänische Postbeamten-Jacke und eine Baseballmütze. Welch ein Wiedersehen! Er hatte sich in der Nähe ein Haus gekauft, und wir trafen uns noch ein paarmal. Dann sollten wieder viele Jahre vergehen.

Es war 1997, als ich ihn unter schrägsten Umständen in Los Angeles erneut traf. In einem Schauspieler-Workshop fragte mich eine Mitschülerin: »Du kannst doch so toll bauen und Sachen reparieren, oder? Ich habe da eine deutsche Freundin, die wohnt im Gästehaus von Robert Duval. Sie heißt Eva. Die hat gestern vor Wut einen Aschenbecher gegen die Wand geschmissen, und der ist gleich durch die Gipswand geflogen, und jetzt ist da ein großes Loch. Sie ist die Freundin von einem ganz berühmten deutschen Komiker, der heißt Otto oder so.«

Wie bitte? Otto? Etwa *der* Otto? Ich eilte zum Auto und besuchte Eva in ihrem Gästehaus. Dort begutachtete ich den Schaden und versprach, mich um die Sache zu kümmern.

Otto war jedoch weit und breit nicht zu sehen.

Fünf Tage später lief ich gerade auf dem Santa Monica Boulevard umher, als ich hinter mir eine vertraute Stimme hörte. Dazu sei gesagt, dass ich just die Rolle als »Herr Kaiser« erhalten und Otto mich inzwischen bereits neun Jahre nicht gesehen hatte. Die Stimme rief also: »Hallo, Herr Kaiser!« Ich war völlig platt. In den fast zehn Jahren hatte ich mich schon etwas verändert, und dennoch hatte er mich sofort in der Menge der Passanten wiedererkannt und sogar noch die Verknüpfung zu meiner Rolle hergestellt. So etwas schafft nur ein blitzgescheiter Mensch wie er! Andererseits muss man anmerken, dass er auch oft Witze auf Kosten meines Vorgängers gemacht hat. Ich denke da an »Humbug-Müllheimer« oder Ähnliches.

Ohne genau darüber nachzudenken, sagte ich zu ihm: »Hallo Otto. Ich hab‘ gerade das Loch von deiner Freundin geflickt.« Sein

Gesichtsausdruck fiel dementsprechend aus. Ich musste ihm die Sache wohl doch noch etwas genauer erklären.

Dann vergingen wieder ein paar Jahre, und Otto schickte uns eine ganz süße Karte zu unserer Hochzeit mit einem seiner Ottifanten darauf. Sie hängt immer noch bei uns in Montana.

Weitere gut zehn Jahre später liefen wir uns dann 2011 auf dem Traumschiff wieder über den Weg. Otto hatte seinen Auftritt bei uns in der Jubiläumssendung zum 30. Geburtstag des Formats.

Eigentlich hätte ich damals direkt meine Uhr danach stellen können, bis es wieder passieren würde. Und wirklich: Im Jahr 2019 trafen wir uns in Hamburg auf der Gala von *Bild der Frau* erneut. Eine schöne Tradition!

Auf Heller und Pfennig

Ich überlegte, ob ich den Laden am Strand in Sildestrup vielleicht kaufen sollte. Ich hatte bereits mit ein paar dänischen Freunden darüber gesprochen. Alle meinten aber, der Besitzer würde viel zuviel Geld verlangen, und das wäre es nicht wert. Ein Bekannter erzählte mir jedoch, dass eineinhalb Kilometer nördlich am Elkenøre Strand noch ein Kaufmannsladen in der zweiten Reihe zu verkaufen war. Er steckte mir, dass der Besitzer hoch verschuldet sowie dem Alkohol zugeneigt sei und mit dem Rücken zur Wand stand. Über meine Buchhalterin, die ihn auch als Klienten hatte, bekam ich alle Zahlen, um ihm das niedrigstmögliche Angebot zu machen. Der arme Kerl hatte keine Wahl, und es gab keinen zweiten Interessenten.

Das Leben ist schon manchmal seltsam. Mein Onkel Karl Traulsen, seines Zeichens Kapitän, war bereits vor vielen Jahren gestorben. Nun starb im Herbst 1980 meine Patentante Lina. Sie waren mein Lieblingsonkel und meine Lieblingstante gewesen. Nach ihrem Tod waren im Testament sechs Erben eingesetzt. Ihr Haus wurde verkauft und das Geld unter meinen Cousins und mir aufgeteilt. Ich erbte also plötzlich. Damit hatte ich nicht gerechnet. Es war zwar nicht viel, aber auf Heller und Pfennig genau der Betrag, den ich brauchte, um eben diese verflixten 10 Prozent des nun fälligen Kaufpreises anzuzahlen. Timing ist also doch keine Stadt in China. Das Geld fiel buchstäblich vom Himmel in meinen Schoß.

Ich musste daher nicht erneut meinen Vater fragen, konnte selbst entscheiden und kaufte mir mit 28 Jahren mein erstes Haus. Obwohl es damals in Dänemark verboten war, ein Sommerhaus zu kaufen, tat sich in diesem Fall eine gesetzliche Lücke auf. Es handelte sich um ein kommerzielles Gebäude und Grundstück, und kein Gesetz in Dänemark konnte mir verbieten, dieses Geschäft zu kaufen. Alle Papiere wurden unterschrieben, und am 1. Januar 1981 hatte ich den Schlüssel in der Hand.

In dieser Nacht hatten wir Vollmond, und es war kalt. Ich hatte den alten Bollerofen angeheizt. Im Haus war es dadurch angenehm warm. Dennoch ging ich spät noch einmal hinunter an den Strand. Ich war überglücklich und blickte aufs Meer. Mein erstes Haus! Ich konnte es noch gar nicht fassen. Ich beobachtete den vollen Mond, wie er aufging, und ein kalter Wind blies mir ins Gesicht.

Auf einmal hörte ich hinter mir etwas rascheln und knurren. Ich drehte mich um und sah die im Mondschein gelb funkelnden Augen eines Hundes. Er stand auf dem Deich und schaute mich an. Es war eine riesige schwarze dänische Dogge. Sie knurrte, setzte sich in Bewegung und rannte auf mich zu. *Holy shit,* dachte ich. Wohin jetzt? Ins kalte Wasser etwa? Ich machte mir fast in die Hose vor Angst. Doch kurz bevor dieser Hund mir an die Kehle sprang, wurde er plötzlich ganz handzahm und fing an, mich zu beschnüffeln. Ich redete mit ihm und ging dann langsam und vorsichtig in Richtung Haus zurück. Die Gartenpforte machte ich schnell hinter mir zu und war erleichtert, nicht zerfleischt worden zu sein von diesem monströsen Tier.

Ein verrückter Start in dieses neue Kapitel meines Lebens. Ab jetzt schmiedete ich Pläne für den Umbau. *Windsurfing Danmark* sollte in neuem Licht erstrahlen!

Über meinen Vater

Gegensätze

Ich begleitete irgendwann zu dieser Zeit mal wieder meinen Vater. Er hatte ein festes Ritual: Alle zwei Jahre fand in Bad Windsheim bei Frankfurt ein Treffen statt. In dieser Gegend hatten sich am Ende des Zweiten Weltkrieges die siebte Division der amerikanischen Armee und die sechste Gebirgsdivision Nord der Waffen-SS, zu der mein Vater gehört hatte, einen Häuserkampf geliefert. Nun, lange nach dem Ende des Krieges, traf man sich in Freundschaft, und mein Vater fuhr regelmäßig zu diesem Treffen. Bis jetzt waren es immer meine Schwestern gewesen, die den Fahrdienst übernommen hatten. Doch hatten die beiden keine Lust mehr und wälzten die Angelegenheit daher auf mich ab.

Wir kamen in dem kleinen Ort an und checkten in einem Hotel ein. Dort traf mein Vater sofort einige Kriegskameraden und begrüßte sie herzlich. Er stellte sie mir vor. Ich heuchelte natürlich Interesse. Dann gingen wir zur großen Gemeindehalle, wo das Treffen später stattfinden würde. Am Eingang gab es einen Tisch. Dort hatte man bereits einige Zettel ausgelegt; unter anderem konnten die Besucher sich hier in eine Liste eintragen. Auf dem Tisch lagen aber auch ein paar Flugblätter. Ich traute meinen Augen nicht! Dort lag ein Pamphlet, in dem auf Deutsch behauptet wurde, dass es den Holocaust nicht gegeben habe und er nur eine Erfindung der Gewinner des Zweiten Weltkrieges sei!

Augenblick mal, dachte ich: Wenn diese ehemaligen US-Soldaten, die damals gegen die Waffen-SS gekämpft hatten, hier in diesen Eingang traten und nur einer von denen Deutsch lesen konnte, der vielleicht sogar ein Jude war, was sollte der davon bloß halten? Ich fiel wirklich aus allen Wolken. Wir gingen wieder zurück in die Gaststätte des Hotels und tranken zusammen mit ein paar dieser

Kriegskameraden meines Vaters ein Bier. Einer von ihnen fragte mich, ob ich Englisch könne. Ich bejahte. »Wir haben hier einen Brief von dem General, der jedes Mal zu diesem Treffen kommt, diesmal jedoch wegen Krankheit verhindert ist. Könnten Sie diesen Brief übersetzen und dann auf der Bühne vorlesen?«

Oh mein Gott, dachte ich, wollte ich das wirklich? Es war für mich ein Leichtes, den Brief zu übersetzen. Ich sagte zu meinem Vater: »Okay, ich lese diesen Brief vor und werde dann direkt zu meiner Ex-Freundin Renate fahren. Die wohnt ganz in der Nähe in Frankfurt. Und morgen Mittag hole ich dich hier wieder ab.« Er war einverstanden. Wir hatten einen Deal.

Mit Blaskapelle und Marschmusik kamen erst die Amerikaner in den Saal, danach die Deutschen. Alle hatten ihre Standarten und Flaggen dabei und trugen sie stolz in den Saal. Wo war ich bloß gelandet? Ich konnte es nicht fassen.

Minuten später fand ich mich auf der Bühne wieder. Mir wurde ein Mikrofon gereicht, und ich las den Brief vor. Es fühlte sich alles wahnsinnig surreal an. Ich verließ sofort nach meiner kleinen Performance die Bühne und machte mich so schnell, wie es nur ging, aus dem Staub. Dennoch: Als ich da vorne gestanden und gelesen hatte, war es das erste Mal, dass ich einen Hauch von Stolz in den Augen meines Vaters sah. Sein Sohn hatte diesen Brief übersetzt und trug jetzt die Botschaft inmitten seiner SS-Kameraden und vor den amerikanischen Gästen vor. Ich jedoch bekam in diesem Saal einfach nur Atemnot. Am nächsten Tag holte ich meinen Vater wieder ab, und wir fuhren zurück nach Fehmarn. Es war ein äußerst seltsames Erlebnis.

KAPITEL 12

Alles neu: Laden, Name und Land

(1981-1990)

Hexenschuss und Hexenwerk

Los ging es also mit meinen Umbauplänen. Den 150 m² großen Kaufmannsladen teilte ich in zwei Hälften, genauer in ein Surf-Geschäft und ein Bistro, in dem die Schüler und andere Gäste vom Strand Frühstück und Mittagessen bekamen. Ich erhielt sogar eine Mini-Ausschanklizenz für Alkohol, mit der ich sogenannte Leicht-Biere und Leicht-Weine ausschenken durfte. Die Garage, die sich auf dem Gelände befand, war ideal, um sie zu Umkleideräumen umzufunktionieren. Nun brauchte ich aber noch Außenduschen und musste eine Sickergrube graben. Den ganzen Tag hatte ich bereits gebuddelt und am Ende durch den Wind zu viel Zug bekommen, denn am nächsten Morgen konnte ich nichts mehr. Weder aufstehen noch sonst irgendwas.

Da war er wieder, der Hexenschuss. Wie damals bei meinem ersten Job als Friedhofsgräber. Unter großen Schmerzen versuchte ich, aus dem Bett zu steigen, schaffte es aber nur bedingt. Ich hatte lediglich ein T-Shirt an. Mein Oberkörper befand sich nun auf dem Bett, und die Knie waren auf dem Fußboden. Es ging nicht weiter. Was tun? Ich rief meine Buchhalterin an, denn sie wohnte nur rund zwei Kilometer von mir entfernt. Dadurch entstand eine äußerst schräge Situation. Sie hatte nämlich ihre ganze Familie mitgebracht. Ich hörte sie ins Haus kommen und bat alle lautstark, im Wohnzimmer zu bleiben, da ich immer noch mit blankem Hintern vor dem Bett kniete. Ihr Mann Paul kam herein, sah mich und schmunzelte. Er hatte jedoch auch eine Idee, wie man die Kuh vom Eis beziehungsweise den Klaus vom Bett bekommen könnte. Er rief den Schlachter an! Ich wurde kreidebleich.

Doch beruhigte er mich schnell, denn dieser Mann war bekannt für seine Heilkünste. Zwanzig lange und quälende Minuten später war auch er bei mir im Haus angekommen. So viel Publikum hatte ich selten in meinen vier Wänden gehabt! Der Schlachter war ein kleiner

Mann mit aufrechtem Gang und ungefähr 85 Jahre alt. Mit einem hellblauen, blitzeblanken Mercedes aus den fünfziger Jahren war er vorgefahren. Er kam ins Zimmer, fasste meine Füße an und machte, heute weiß ich es, eine Reflexzonenmassage. Unter meinen Füßen fand er den korrespondierenden Punkt zu meinem unteren Rücken. Er massierte diesen nur leicht, dennoch war es sehr schmerzhaft. Dann strich er mir dreimal über meinen Unterschenkel und sagte: »Ich habe dich jetzt hypnotisiert.« *Oh Mann,* dachte ich, *was ist das denn für ein Zauberkasper?* Er befahl mir, aufzustehen. »Kann ich nicht!«, meinte ich. »Doch, du kannst!«, sagte er.

Und es ging wirklich, ganz ohne Schmerzen. Dann bat er mich, ich solle meine Fingerspitzen bis auf den Boden bringen. Auch das funktionierte ohne Schmerzen. Ich konnte es nicht glauben, was dieser Mann da gerade gemacht hatte. Innerhalb von 15 Minuten war ich meinen Hexenschuss los!

Gut zwölf Jahre später sollte ich mich wieder daran erinnern. Mein spontanes Interesse für einen ganz speziellen Massagekurs, Jin Shin Do, über den ich später noch berichten werde, wurde in diesem Moment schon bei mir im Kopf vorprogrammiert.

Plötzlich Bruder

Der Sommer 1981 verging schnell. Wir gründeten den Windsurfklub *Sydfalster* und richteten viele Regatten aus. Die Saison rauschte in Windeseile an uns vorbei. Doch es brachte alles weiterhin enormen Spaß. Das Leben war aufregend, hektisch und schön. Ich saß oft spät allein am Strand und dachte nach. Besonders in Vollmondnächten konnte ich meist nicht schlafen. Ich hatte nahezu acht Jahre lang studiert, nur wofür? Dinge müssen doch irgendeinen Zweck erfüllen, einen Sinn haben, oder? Wie einige Dinge, die in meinem Leben passierten, miteinander verkettet waren, sollte ich jedoch meist erst sehr viel später erkennen.

Plötzlich und gänzlich unerwartet stand mein Bruder mit seinen Kindern vor der Tür bei mir in Dänemark. Ja, du liest richtig. Der gute

Mann hatte inzwischen nicht nur geheiratet, sondern auch erfolgreich eine Familie gegründet. Wobei das Wort *erfolgreich* vielleicht nicht mehr ganz so passend war. Ich war auf jeden Fall wirklich überrascht. Beim Strandspaziergang erzählte er mir, dass er sich scheiden lassen wolle. Seine Frau sei fremdgegangen. Dass die emotionale Verbindung zu ihm, meinem einzigen Bruder, der dreizehneinhalb Jahre älter war als ich, so gut wie nicht existierte, lag in meinen Augen ausschließlich an ihm. Er interessierte sich nie für das, was ich tat oder dachte. Das Gleiche galt auch für meine Schwestern, denen er ebenso wenig Interesse oder Aufmerksamkeit entgegenbrachte. Während ich dieses Buch schreibe, merke ich, wie wenig mich über all die Jahre sein Leben tangiert hat. Wie hätte es auch anders sein sollen? Wir waren einfach zu verschieden und hatten uns schon immer auf unterschiedlichen Wegen befunden. Und obwohl von seiner Seite so wenig kam, mussten wir immer unserem Vater zuhören, wenn dieser stolz von Hans und seinen Erfolgen berichtete, von der guten Ernte, oder dass Hans bei der letzten Treibjagd auf Fehmarn wieder mal Schützenkönig geworden war.

Suchte er jetzt wirklich bei seinem kleinen Bruder Schützenhilfe? Oder vielleicht einen Rat, wie man mit Frauen umging?

Ich kannte die Geschichte, dass Karl, damals ein Gehilfe bei uns auf dem Hof, vor Jahren mit einem Blumenstrauß vor der Tür gestanden und mein Bruder ihn ganz verdattert gefragt hatte: »Was willst du denn damit?« Und Karl hatte geantwortet: »Deine Frau hat doch heute Geburtstag.« Das erzählte mir eigentlich schon die ganze Geschichte dieser Ehe. Ich hatte echt keine Lust, meinem Bruder jetzt zur Seite zu springen und ihn in seiner rechthaberischen Meinung zu befeuern, dass nur seine Frau am Scheitern dieser Ehe schuld sei. In diesem Moment war ich nur froh, dass ich vom Hof gedanklich und räumlich inzwischen so weit weg war und mit all den Dramen, die sich dort über die Jahre abspielen sollten, nie wieder etwas zu tun hatte. Freiheit, wie gut du doch schmeckst!

Zum Glück verließ mein Bruder mich ziemlich schnell wieder, und ich konnte mich erneut meinen eigenen Dingen widmen. Ich war mir sicher: Er würde auch diese Krise ganz bestimmt auf die ihm eigene Art »meistern«.

Floh im Ohr und Glück im Unglück

Im Herbst meldete sich dann mal wieder mein (ich nenne ihn mal spaßeshalber so) Handelspartner Armin aus Hamburg. Er hatte eine super Idee, wie er mir mitteilte. Jetzt, da ich doch nicht mehr studieren würde, könnte er sich vorstellen, mit mir zusammen ein Windsurfgeschäft in Florida zu eröffnen. Er würde es finanzieren, und ich sollte es leiten. Wir könnten den Gewinn teilen. Große Worte, lässig ausgesprochen! Ich glaubte Armin und flog im Herbst nach Fort Lauderdale, um den Markt und die Situation zu sondieren. Am Strand lernte ich schnell die lokalen Windsurfer kennen. Mein erster Eindruck war sehr positiv, denn Dollar und DM hatten einen äußerst günstigen Wechselkurs, sodass man importierte Bretter sicherlich unter dem Marktwert verkaufen und immer noch einen großen Gewinn erzielen könnte. Ich berichtete Armin von meinen Ergebnissen. Der war aber just unterwegs nach Tokio zu einer Fotomesse und wollte sich anschließend bei mir melden. Doch war er nach diesem Telefongespräch nie mehr erreichbar, und ich hörte auch nie wieder etwas von ihm.

Mit noch ein wenig mehr Erfahrung sollte ich bald lernen, *„Schnacker" oder „Quatscher"* von wirklichen Machern zu unterscheiden. Dennoch hatte er mir natürlich einen Floh ins Ohr gesetzt; und wir wissen beide, wozu so etwas bei mir führen kann.

Jetzt saß ich also in Florida und wusste nicht, was ich anfangen sollte. Zurück nach Dänemark oder Deutschland in den kalten Winter? Auf keinen Fall.

Doch musste ich zumindest bis zum nächsten Frühjahr finanziell überleben, dann lief die Windsurf-Saison in Dänemark wieder an. Am besten suchte ich mir irgendeine Arbeit, die Cash bezahlt wurde, denn eine Arbeitsgenehmigung hatte ich natürlich nicht.

Auf ein paar neuen Roller-Skates, mit einem coolen Kopfhörer auf dem Kopf, der zwei Antennen hatte und mit dem man Stereo-Radiosender empfangen konnte, rollte ich jetzt durch Fort Lauderdale und tingelte alle Yachthäfen ab. Ich fragte die Bootsbesitzer, ob sie Hilfe benötigten.

Dabei traf ich auf Jerry. Er stand in Badehose auf seiner 46 Fuß langen *Grand Banks* und war schwer beschäftigt. »Nein«, meinte er, »heute will ja keiner mehr richtig arbeiten.« Er bräuchte keine Hilfe. Doch fragte er noch, wo ich denn herkäme. In Florida gibt es sehr viele Juden, insbesondere aus New York. Aus meiner Erfahrung mit Dr. Feldman war ich jetzt etwas vorsichtiger geworden, also nannte ich Dänemark und nicht Deutschland. Schon sonderbar, denn nur dadurch hatten wir plötzlich einen Aufhänger für das Gespräch. Jerry meinte: »Meine letzte Frau war aus Dänemark. Ich hab' mich scheiden lassen von ihr.« Wir waren jetzt im Dialog. »Was schleifst du da mit dem Sandpapier?«, fragte ich ihn. »Ein Stück Reling.« – »Mahagoni?«, hakte ich nach. »Ich verstehe einiges von Holz. Ich bin ein Diplom-Holzwirt und hab das studiert, fast acht Jahre! Ich liebe Holz und kann damit gut umgehen!«, schmiss ich noch in den Topf. Dann schaute er mich an und sagte: »4 Dollar und 50 Cent die Stunde, inklusive Essen!« – »Gut«, meinte ich, »abgemacht.« – »Wann kannst du anfangen?«

Auf eine derartige Frage hatte ich nur gewartet, zog meine Rollschuhe aus, legte meinen Rucksack ab und sprang aufs Schiff. Schon hatte ich ein Stück Sandpapier in der Hand und meinen ersten bezahlten Job in Amerika geangelt. Während der Arbeit unterhielten wir uns weiter. Als ich erzählte, dass ich momentan bei zwei Däninnen wohnte, von denen ich glaubte, sie seien Drogenkuriere, warnte Jerry mich. Ich solle vorsichtig sein, damit ich da nicht mit reingezogen würde.

Nach Feierabend nahm er mich mit zu seinem Freund Thurston, bei dem er wohnte. Aus heiterem Himmel wurde aus meiner kleinen Jobsuche nun plötzlich viel mehr, und mein Leben sollte sich wieder einmal komplett ändern.

Thurston war ein graumelierter, gutaussehender Mann Mitte 50. Er sah aus wie ein Konsul, ja, sogar ein bisschen wie Konsul Weyer. Er war äußerst charmant, verkaufte Waschmaschinen in Fort Lauderdale und hatte es zu etwas gebracht in seinem Leben. Und er hatte ein Herz aus Gold. Ihm gehörte dieses wunderbare Haus, das direkt an einem Seitenkanal der Intercoastal lag. Es war groß, hatte ein Schwimmbad und einen Jacuzzi. Das Haus war eine Luxus-Villa.

Jerry war etwa 48 Jahre alt. Der dritte Mann im Haus hieß John, ebenfalls um die 50. Alle drei waren geschieden, zwei von ihnen hatten einen Sohn, Jerry eine Tochter. Sie lebten in einer Art Wohngemeinschaft in diesem traumhaften Haus. Die typischen Junggesellen aus dem Klischeebuch!

Thurston und Jerry fragten mich den ganzen Abend aus und wollten alles Mögliche von mir erfahren. Mir war nicht klar, dass ich getestet wurde. Zu viert gingen wir später noch in das damals angesagteste Tanzlokal *Yesterdays,* direkt an der Intercoastal. Dort gab es eine Live-Band, und der Laden war immer voll. Sie wollten dem jungen Mr. Wilder mal zeigen, was sie so draufhatten und wie man eine Frau abschleppte. Als wir dann spät abends nach Hause kamen, sagten sie mir, sie hätten einstimmig beschlossen, dass ich als viertes Mitglied ebenfalls in der Villa wohnen könne; denn nicht nur die drei kamen in weiblicher Begleitung nach Hause.

Mein Raum war zwar nicht groß, aber ich hatte mein eigenes Reich. Vier Dollar fünfzig pro Stunde Lohn und eine luxuriöse Bleibe inklusive; was wollte man mehr mit gerade mal 28 Jahren in einem fremden Land? Den Winter über in Florida zu bleiben, war ein unwiderstehliches Angebot. Damit begann für mich eine unvergessliche und verrückte Zeit mit den schönsten Erinnerungen.

Die drei nahmen mich überall mit hin, doch ich konnte natürlich auch kommen und gehen, wann ich wollte. Oft, wenn ich abends allein unterwegs war und nach Hause kam, hörte ich die eindeutigsten Geräusche aus den Zimmern meiner Mitbewohner. Oder ich traf auf unbekleidete Menschen, die noch spät abends im Pool schwammen oder im Jacuzzi saßen.

Ich nannte das Haus spaßeshalber *The moaning castle (Das stöhnende Schloss).* Damit ist eigentlich alles gesagt. Ich musste damals oft an Hugh Hefner denken.

So feierte ich meinen 29. Geburtstag also ebenfalls in den USA, an der Seite von Thurston, John und Jerry, die ich gerade kennengelernt hatte. Jerrys neue Freundin Becky, eine professionelle Bäckerin, war ebenfalls dabei. Sie brachte jeden Nachmittag zum Kaffee eine Torte am Schiff vorbei. Wie ich beichten muss, liebe ich Süßigkeiten! Das hatte in diesem Fall leider aber auch Folgen. Nach sieben Wochen zeigte sich tatsächlich eine kleine Wölbung auf meinem Bauch. Welcome Wampe! Es war die erste in meinem Leben.

Doch ab wann hat man überhaupt eine Wampe? Dazu gibt es einen ganz einfachen Test: Wenn man zum Pinkeln an der Rinne steht und erschrickt, weil man sein bestes Teil nicht mehr sehen kann, ohne sich vornüberzubeugen, dann hat man eine Wampe! Zum Glück bekam ich kurz darauf eine starke Grippe und lag eine Woche lang krank im Bett. Danach war sie wieder weg, die Wampe.

Model, wie die Jungfrau zum Kinde

Kurz vor Weihnachten 1981 lernte ich Julie kennen. Sie war ein Model aus Fort Lauderdale und fragte mich eines Tages, ob ich sie nach Miami zu ihrer Agentur fahren könnte. Bei Thurston standen immer einige Autos herum, und ich durfte mir ungefragt jederzeit eines ausborgen.

In der Agentur *Kennedy Models* angekommen, wartete ich im Flur auf einer Bank auf Julie. Plötzlich ging eine Bürotür auf, die Besitzerin kam heraus und wollte wissen, wer ich denn sei. Ich stellte mich vor mit Klaus Wilder. »Are you a model?«, war ihre überraschende Frage.

Ob ich ein Model bin? Was war denn das für eine Frage? Mutig entschied ich mich, einfach mal mit »Yes, Ma'am!« zu antworten. Bäng: Sie wollte mich in zehn Minuten in ihrem Büro sprechen. In unserem Gespräch erzählte ich ihr, dass ich eigentlich nach Florida gekommen war, um einen Surfladen aufzumachen. Sie wollte wissen, was ich außer Windsurfen noch so konnte. »Naja«, sagte ich: »Segeln, Wasserski fahren und Tauchen.«

»Prima!«, meinte sie. »Und in welcher Agentur bist du in Dänemark?« Jetzt wurde es eng für mich. Denn eigentlich bin ich zwar oft kackfrech, aber im Herzen doch ein Wahrheitsfanatiker und stand nun mit dem Rücken zur Wand. Ich entschied mich für die kackfreche Tour. Mein Freund Hendrik war Model in Kopenhagen, und ich kannte den Namen seiner Agentur. Also behauptete ich kurzerhand: »Bei *Kopenhagen Models!«*

Meine Haare waren damals ziemlich lang, und sie fragte, wie ich mit dieser Frisur denn in Dänemark überhaupt Arbeit fände. Ich erklärte, dass ich mich aktuell mehr auf meine Windsurfing-Aktivitäten konzentriere und gar keine Zeit zum Modeln hätte.

Doch es wurde noch besser: Sie fragte, ob ich mir vorstellen könne, in ihre Agentur aufgenommen zu werden. Ich hakte ganz lässig nach, was man denn so als Model in Florida verdienen würde. Sie meinte: »150 Dollar.«

Mein Kopfrechner schaltete sich ein: Zehn Stunden auf dem Boot mit harter Arbeit mal 4,50 Dollar die Stunde ergaben 45 Dollar pro Tag. Ein Tag Modeln wären 150 Dollar. Das hörte sich doch verlockend an. Ich fragte jedoch lieber noch einmal nach und sagte mit ernstem Gesicht: »Pro Tag?« Sie schaute mich ungläubig an, als hätte ich einen wenig lustigen Scherz gemacht. Dennoch schmunzelte sie und meinte: »Pro Stunde natürlich!« Mir sackte zwar das Blut aus dem Gesicht, doch sagte ich ganz cool zu und schickte noch ein »Ich hab nur Spaß gemacht!« hinterher.

Während ich noch ungläubig überschlug, dass das 1.500 Dollar pro Tag bedeuten würde (bei angenommenen zehn Stunden Arbeit), fragte sie: »Würdest du dir die Haare abschneiden und wieder kürzer tragen?« Meinte die Frau das jetzt *wirklich* ernst? Ich, Klaus Wilder, hätte eine Chance als Model? In Florida?

Man denke noch einmal an meine berüchtigten Zahnlücken. Doch hatte ich diese mit meiner Lachtechnik offenbar wieder erfolgreich kaschiert. Dazu gab es allerdings auch noch leichte Segelohren im Angebot, die man bei kurzen Haaren wieder deutlicher sehen würde. Mir blieb aber nur noch etwa eine Dreihundertstelsekunde für eine überzeugende und nach Selbstsicherheit klingende Antwort. Also sprang ich einfach ins kalte Wasser und sagte: »Ich gehe morgen früh gleich zum Friseur!«

Erste Jobs mit neuer Frisur

Obwohl ich ihr weder Sedcard noch Portfolio bisheriger Modeljobs bieten konnte, versprach sie mir, mich direkt auf einige Castings zu schicken. Ich wiederum sagte ihr zu, mich um meine Dokumente aus Dänemark zu kümmern. Das war jedoch nie nötig.

So saß ich also am nächsten Tag auf einem Stuhl, schaute in den Spiegel, und hinter mir stand Tom, ein Freund von Julie. Er war Make-up- und Haarspezialist und setzte direkt die Schere an. Ein Flashback rauschte in diesem Moment durch meinen Kopf. Ich erinnerte mich an meinen Vater und den erzwungenen Besuch damals bei Friseur Köhler auf Fehmarn.

Doch diesmal war es erstens meine Entscheidung und zweitens für Zweifel viel zu spät. Ich konnte es kaum glauben: Die Haare, für die ich so lange gekämpft hatte, kamen wirklich ab! Kurz darauf blickte mich ein etwas ungewohnt aussehender Klaus Wilder aus dem Spiegel an.

Ich ging auf fünf Castings und bekam – man glaubt es kaum – alle fünf Jobs auf Anhieb. War das für mich schon unglaublich, flippte meine Agenturchefin vollkommen aus. So etwas erlebte sie offenbar auch nicht jeden Tag.

Den Fotografen war ich anscheinend sympathisch. Ich tat immer so, als würde ich schon ewig lange modeln, und erzählte allen dann einfach die Geschichten aus der Model-Welt, die mir mein Freund Hendrik in Dänemark immer erzählt hatte. Die Fotografen machten dann nur kurz ein Polaroid-Foto für den Kunden und sagten, denen würde es reichen, solange der Fotograf meinte, ich wäre der richtige für den Job.

Der fünfte Job war für einen Werbefilm. Für eine Kreuzfahrtlinie. Du musst zugeben, du hast jetzt gerade »Das kann doch wohl nicht wahr sein!« gedacht, oder? Im Nachhinein musste ich auch schmunzeln, als ich mich viel später einmal daran erinnerte.

Aber langsam wurde es schwierig, denn der Kunde benötigte meine Social-Security-Number wegen der Abrechnung. Ach du je! Was sollte ich jetzt sagen? Ich hatte ja überhaupt keine Arbeitspapiere und war in die Sache ziemlich über Nacht hineingeraten. Ehrlicherweise hatte ich mir auch gar keine Gedanken darüber gemacht, dass ich nicht einmal ein Konto in den USA besaß. Doch sprang mein Friseur Tom ein, und so erhielt ich für den Job in deren Buchhaltung seinen Namen und hieß offiziell nicht Klaus Wilder.

Ich verdiente in dieser ersten Woche 5.800 Dollar. Dazu kam das Geld von Jerry auf dem Boot. Das Jahr 1982 fing also verdammt gut an! Wenn man bedenkt, dass ich nur durch Armin und seinen letztlich unsinnigen Vorschlag nach Florida geflogen war, konnte ich wirklich zufrieden sein, wie sich alles entwickelt hatte.

Den Job bei Jerry auf dem Boot gab ich natürlich nicht auf. Erstens machte er mir Spaß, zweitens kam ich mit ihm super klar, und drittens war das *Moaning Castle* die coolste Unterkunft, die man sich als junger Kerl wünschen konnte.

Es dauerte nicht lange, da hatte ich dann auch mein eigenes (echtes) Portfolio. Mit den Fotografen, mit denen ich gearbeitet hatte, verstand ich mich immer gut, und fast alle machten ein paar Gratis-Fotosessions mit mir. Nach drei Wochen hatte ich sogar meine eigene Sedcard. *I was in business!,* wie man in den Staaten so schön sagt.

Der Moment

Ein wenig Zeit verstrich, dann meinte meine Agentur plötzlich, ich solle meinen Namen ändern. Klaus würde einfach zu deutsch klingen. Wilder sei aber ein guter Nachname.

Ich überlegte. Irgendeinen generischen Namen wollte ich nicht nehmen. Also ging ich den Familienstammbaum durch und landete schließlich bei meinem Urgroßvater Nikolaus. Daraus wurde dann ganz schnell Nick. Nick Wilder. »Wow!«, meinte meine Agentin, »that sounds like an actor's name!« Abgesehen davon, dass sie recht behalten sollte, fühlte sich der neue Name für mich vom ersten Moment richtig und irgendwie vertraut an. Ich war nun der Nick, und das war vollkommen in Ordnung.

Mit meinem Job auf dem Boot und dem Modeln verdiente ich sehr viel Geld. Während viele andere Models immer nur behaupteten, sie würden Wassersportarten wie Windsurfen oder Tauchen beherrschen, war ich meist derjenige, der es dann auch wirklich konnte. Deshalb wurde ich auch oft für Hotels und Resort-Kataloge gebucht oder durfte Sportklamotten und Bademode vorführen.

Einer meiner schrägsten Jobs war dieser hier: Ich wurde ausgesucht, zusammen mit einem Mädchen für ein Foto zu posieren. Nur eine

einzige Pose: am Pool sitzen und gegenseitig anlächeln. Das konnte doch nicht so schwer sein, oder?
Doch, war es aber. Denn die Sache hatte einen Haken. Es sollte zehntausendmal das gleiche Foto sein. Du hast richtig gelesen: zehntausendmal! Es war eine Kampagne, die es damals bereits seit gut zehn Jahren für die Firma Polaroid gab. Jedes Jahr sollte in jedem Geschäft Amerikas, in dem man diese Polaroid-Kameras verkaufte, das gleiche Original-Polaroid am Verkaufsstand hängen. Der Fotograf hieß Edward und kam aus Boston. Als ich die letzten Monate für dieses Buch versuchte, mich an mein Leben zu erinnern, halfen natürlich auch meine Fotoalben. Von diesem Tag habe ich sogar noch vier von diesen Polaroids. Wir machten sie alle bei Thurston im *Moaning Castle* am Pool. Hier sollte ich dann sechs Jahre später noch einmal fürs deutsche Fernsehen auf einer Luftmatratze sitzen; doch dazu kommen wir noch.

Während ich das Buch schrieb, fragte ich mich auch immer wieder, was bloß aus all diesen Menschen, die ich in meinem Leben getroffen hatte, geworden war. Wo beispielsweise war dieser Fotograf abgeblieben? Lebte er überhaupt noch? Das Internet ist für so etwas wirklich unglaublich. Ich fand ihn tatsächlich. Edward ist mittlerweile 85 Jahre alt, er lebt immer noch in Boston, und ich fand auch seine Emailadresse und schrieb ihm eine Nachricht. Er freute sich riesig: Vor ein paar Tagen hat er sich telefonisch gemeldet, und wir sprachen dann sehr lange über diesen ungewöhnlichsten Foto-Job meiner Model-Karriere.

Zwischenspiel -Sterne lügen nicht

Ich bin einmal zufällig in Zusammenhang mit meinem Künstlernamen Nick Wilder auf einer englischen Webseite gelandet. Dort war Folgendes zu lesen: Nick Wilder ist im Zeichen des Schützen geboren. Er ist neugierig und voller Energie, von allen Sternzeichen ist er eines der am häufigsten reisenden. Schützen haben eine offene

Haltung, und ihre philosophischen Ansichten motivieren sie, in der Welt nach dem Sinn des Lebens zu suchen. Schützen sind extrovertiert, optimistisch und lieben die Abwechslung. Schützen können ihre Ideen in konkrete Taten umsetzen, und sie tun alles, um ihre Ziele zu erreichen.

Wow, den Nagel auf den Kopf getroffen. Genau das bin ich.

Im chinesischen Sternzeichen bin ich ein Drache. Dort steht: Nick Wilder ist unter dem Zeichen des Drachen geboren. Es ist ein starkes Zeichen. Alle, die in diesem Zeichen geboren sind, sind voller Energie und haben ein warmes Herz, Charisma, Glück in der Liebe, und sie sind egoistisch. Drachen sind natürliche Anführer, können gute Anweisungen geben und machen alles Notwendige, um erfolgreich zu sein.

Was soll ich sagen? Auch das stimmt.

Da war ja noch was!

Obwohl das Geld weiter in meine Kasse floss, erinnerte ich mich irgendwann, dass ich eigentlich nicht nach Florida gekommen war, um zu modeln, sondern um ein Windsurfgeschäft aufzumachen!

Das Modeln war interessant und brachte mir sogar Spaß, aber es war auch keine große Herausforderung. Ich erkannte es sehr schnell als ein Geschenk des Universums, denn es war Mittel zum Zweck. Mutig entschloss ich mich daher, eine eigene Firma in Amerika zu gründen. Ich hatte genug Geld verdient, um einen Rechtsanwalt in West Palm Beach anzuheuern, der für mich die Firma *European Wind Surfing Inc.* ins Leben rief. Somit war der Grundstein schon einmal gelegt. Es würde auch ohne den Mann aus Hamburg gehen.

Durch die Firmengründung bekam ich auch ein Business-Visum, das mir zukünftig erlaubte, ungehindert in die USA einzureisen. Außerdem meinte der Rechtsanwalt, dass ich, wenn meine Firma Angestellte hätte und ich somit Arbeitsplätze schaffen könnte, die Green Card sehr schnell bekommen würde. Das Ganze sollte mich 5.000 Dollar kosten. Ich vertraute wie so oft meinem Bauch und schob das frisch verdiente Bündel mit den grünen Scheinen über seinen Schreibtisch. Stolz hielt ich einige Wochen später meine Urkunde in der Hand: meine eigene Firma in den USA!

Damit endete es mit dem Friede, Freude, Eierkuchen jedoch. Ich vertraute dem Anwalt und lernte daraus: Vertraue niemals einem Anwalt! Denn meine Green Card bekam ich durch ihn nie. Er hatte offenbar Beamte der Einwanderungsbehörde bestochen, um das Visum für ein paar Drogenbarone aus Kolumbien schneller zu erhalten. Diese Sache flog auf und somit auch seine gesamte Kanzlei. Mein Geld war weg. Egal, die Firma *European Windsurfing Inc.* existierte zumindest schon einmal auf dem Papier.

Zwischenstopp

Jetzt ging es zunächst einmal wieder zurück nach Dänemark. Die zweite Saison in meinem neuen Geschäft lag vor mir. Ich freute mich auf meinen alten Freund Kjeld, der immer mehr zu meinem Mentor wurde. So ein wunderbarer Mann! Ich habe so viele philosophische Gespräche mit ihm geführt. Er ist jemand, den ich immer für seine Zufriedenheit bewundert habe.

Auch anderweitig schien ich mein Schicksal kurzzeitig überholt zu haben. Denn ich ging mit meinem Portfolio und meiner Sedcard nun zu *Kopenhagen Models* und wurde sofort von der Agentur aufgenommen. Aber diesmal fühlte es sich wesentlich besser an, denn jetzt musste ich nicht mehr lügen, sondern konnte wirklich behaupten, dass ich von *Kennedy Models* in Miami vertreten wurde.

Während der Vorbereitungen auf die Saison 1982 und mit all den verschiedenen Modelaufträgen musste ich auch noch kurz einen unangenehmen Gerichtstermin in Dänemark wahrnehmen. Bevor ich im Herbst 1981 aus Dänemark abgereist war, hatte ich meiner damals guten Freundin Emilie nicht nur den Schlüssel für mein Haus am Elkenøre Strand anvertraut, sondern ihr auch 75.000 Kronen überlassen, mit denen sie für mich über ihren Bruder einen coolen Jeep aus der dänischen Armee kaufen sollte, den ich dann ganz offiziell mit dänischem Nummernschild in meiner Firma fahren könnte. Als ich im Mai 1982 wieder in Dänemark ankam, musste ich jedoch feststellen, dass nicht nur mein Geld weg war, sondern auch aus meinem Inventar im Laden zwei Windsurfbretter fehlten, die Emilie während des Winters auf dem Schwarzmarkt verkauft hatte. Sie hatte wohl geglaubt, es würde mir nicht auffallen. Allerdings kam dann doch alles durch Zufall heraus, da der Käufer mich anrief und mir sagte, man hätte ihm den falschen Gabelbaum ausgeliefert. Ich kann dir sagen: Zur Polizei zu gehen und eine gute Freundin wegen krimineller Machenschaften anzuzeigen, ist nicht leicht und wahrlich keine angenehme Erfahrung.

Bauchgefühl

Ich erzähle diese Geschichte übrigens aus einem ganz bestimmten Grund: Es geht um das berühmte Bauchgefühl! Es gab nämlich einen Brief, den Emilie mir damals im Herbst aus Dänemark nach Florida geschickt hatte. Dieser wurde zum Beweisstück im folgenden Prozess. Während Emilie im Verfahren immer behauptet hatte, sie habe für mich als Managerin gearbeitet, mit dem ihr anvertrauten Geld als vereinbartem Arbeitslohn, war es für mich eindeutig ein freundschaftliches und kein geschäftliches Verhältnis gewesen. Der Inhalt des besagten Briefes bewies das ganz eindeutig. In diesem hatte sie mir geschrieben, dass sie an einem Wochenende von Kopenhagen nach Falster gefahren wäre und in meinem Haus mit einem Freund übernachtet hätte. Dort wäre dann beim Sex das Bett zusammengebrochen.

So weit, so gut. Die Richterin wollte das Beweisstück dennoch aus den Prozessakten entfernen, da ich vergessen hatte, den frankierten und abgestempelten Umschlag mitzubringen. Er existierte vermutlich ohnehin nicht mehr. Somit konnte ich nicht beweisen, dass der Brief vom Oktober 1981 stammte. Mit dieser Wendung hätte ich den Prozess verloren. Doch bekam ich in diesem Moment wieder dieses ganz starke Bauchgefühl und erinnerte mich blitzschnell, dass in dem Brief die Worte gestanden hatten: »… als wir am Samstag, den 27. bei dir im Haus waren.« Ich hob also schnell meine Hand und rief der Richterin zu, sie solle doch bitte kurz im Kalender nachschauen, ob der 27. im Oktober ein Samstag war. Sie tat es und meinte dann zu mir: »Du bist ein schlaues Kerlchen (in Dänemark duzt man sich). Darauf wäre ich selbst nicht mal gekommen.«

Ich gewann den Prozess. Das Geld bekam ich zwar nie von Emilie zurück. Doch das Universum hatte mir erneut gezeigt, wer Freund ist und wer nicht. Ich war um eine Erfahrung reicher. Und vor allem: Mein Bauchgefühl hatte mich erneut nicht getrogen.

Hin und her, kreuz und quer

Der Sommer 1982 war dann etwas Besonderes. Es war wieder ein Jahr der Fußballweltmeisterschaft, und ich hatte bei mir im Laden einen großen Fernseher installiert, der meist auf der Terrasse aufgestellt wurde, mit Blendschutz gegen die Sonne. Vom 13. Juni bis zum 11. Juli war bei mir jeden Tag die Bude knüppelvoll und die Hölle los.

Vom Fußball ging es aber schnell zurück zu meinen Leisten: Der vierfache dänische Goldmedaillengewinner im Segelsport, Paul Elvstrøm, bat mich in diesem Sommer, Testpilot für sein neu entwickeltes Windsurfbrett zu werden. Es war eine sonderbare Kreation und lief trotz vieler technischer Details und Raffinessen auf einer Regatta nicht höher am Wind und hatte auch keine bessere Abrisskante am Heck. Es war also auf dem Wasser faktisch nicht schneller. Auf der Werbebroschüre war ich zwar groß zu sehen, ein Erfolg wurde dieses Brett aber nie. Ich fühlte mich trotzdem gebauchpinselt, dass er damals mich gefragt hatte und keinen dänischen Landsmann.

Nachdem die Saison vorbei war, ging ich nach München und wurde in der Agentur *Klages-Models* aufgenommen. Jetzt war ich auf einmal zwischen Kopenhagen, Hamburg und München unterwegs. Sogar in der Schweiz hatte ich einen Job. Im Winter ging es dann zurück nach Fort Lauderdale, wo ich wieder bei meinem Freund Thurston wohnte. Ich erforschte fleißig weiter den Windsurf-Markt von Florida und machte mir meine Notizen. Erneut erhielt ich auch einige Jobs für Werbekampagnen von Kreuzschifffahrtslinien. Ich kam dem Traumschiff also weiterhin mit großen Schritten näher.

Zurück in Dänemark wurde die Sommersaison 1983 schon fast zur Routine. Mittendrin organisierten wir zusammen mit unserem *Surfklub Sydfalster* eine große Regatta. Das Besondere war: Es gab einen sogenannten LeMans-Start. Alle Teilnehmer mussten beim Startschuss vom Laden aus loslaufen, bis hinunter an den Strand sprinten, ihr Brett zu Wasser lassen und nach der Regatta wieder bis zum Laden zurücklaufen. Erst dann war der Parcours abgefahren. Am Abend gab es noch ein riesiges Fest. Ich organisierte auch meine erste Modenschau. Davon hatte ich zwar keine Ahnung, doch mit der Hilfe einiger Freundinnen aus Kopenhagen wurde es dennoch eine passable Geschichte. Immerhin fiel keiner von Laufsteg.

All das machte mir großen Spaß, und bevor ich mich versah, war die Saison auch schon wieder vorbei. Die Schule, das Geschäft, das Bistro, zwischendurch noch ein paar Modeljobs in Kopenhagen; ich war voll ausgelastet.

Die zündende Idee

Mittlerweile hatte ich mir mit allen dänischen Importeuren der verschiedenen Windsurf-Marken eine vertrauensvolle Geschäftsverbindung aufgebaut. Ich bezahlte über Jahre pünktlich meine Rechnungen, und so kam mir die zündende Idee. Ich machte mit jedem einzelnen Importeur einen Termin aus und unterbreitete dort meinen Vorschlag. Jetzt, am Ende des Sommers, hatten alle ein Lager voll mit alten Waren dieser Saison, die sich höchstwahrscheinlich bis zum nächsten Frühjahr nicht verkaufen lassen würden. Im nächsten Jahr war die Ware dann ein Auslaufmodell. Sie sollten mir also ihren Lagerbestand anvertrauen, damit ich diesen über den Winter in Fort Lauderdale verkaufen könne. Alles, was sie tun mussten, war, mir bis zum Frühjahr 1984 Kredit zu gewähren. Somit hätten dann alle im Frühjahr gutes Kapital, um die neuesten Modelle zu kaufen und bestens für die neue Saison aufgestellt zu sein.

Das klang für jeden einzelnen überzeugend. Das Problem war nur, dass ich drüben in Florida noch gar keinen Laden hatte! Was ich aber hatte, war ihr Vertrauen. Und wenn ich eins im Leben gelernt habe, dann, dass Vertrauen der wichtigste Grundstein für jedes Geschäft ist.

Ich packte also einen 40-Fuß-Container voll mit Ware. Der Wert lag bei über 100.000 Dollar. Darin befanden sich Windsurfbretter, Neoprenanzüge, Segel und Ersatzteile. Im Oktober 1983 schickte ich ihn auf große Fahrt nach Port Everglades in Florida.

In diesem Sommer hatte ich einen neuen dänischen Windsurflehrer namens Morten beschäftigt. Dieser hatte die Statur von Arnold Schwarzenegger. Als er hörte, dass ich in Florida einen Laden aufmachen wollte, nervte er mich so lange, bis ich einwilligte, ihn mitzunehmen. Drüben angekommen war ich sehr dankbar für all die Hilfe, die mein lieber Freund Thurston uns anbot. Er verkaufte mir seinen alten Cadillac für kleines Geld und stellte mir seinen Freund Ernie vor. Ernie besaß ein kleines Haus an einem der Kanäle in Fort Lauderdale, das er mir und Morten günstig vermietete.

Als der Container endlich ankam, fand ich ein Lager in einem dieser großen Storage Center, in dem wir alles unterbrachten. Jetzt hingen Morten und ich wochenlang am South Beach von Fort Lauderdale herum und gingen auf Kundenfang, um zu supergünstigen Preisen die ersten Windsurfbretter zu verkaufen.
Mit dem Hotel *Howard Johnson* in Pompano Beach machte ich den Deal, bei ihnen am Strand Windsurfbretter vermieten zu dürfen. Ich kaufte einen Trailer, mit dem wir die Bretter jeden Tag dorthin transportierten. Während Morten den Verleih schmiss, versuchte ich, in der Stadt ein geeignetes Gebäude zu finden, um den Laden aufzumachen.

Auf dem Sunrise Boulevard wurde ich schließlich fündig. Gleich an der Kreuzung mit dem Federal Highway #1 sah ich ein paar Ladenfenster, die mit braunem Paketpapier beklebt waren. Das Gebäude hatte sechs Gewerbeeinheiten. Links daneben lag das Gateway-Kino. Verkehrstechnisch war das ein idealer Ort mit hoher

Sichtbarkeit. Durch ein kleines Loch im Papier konnte ich sehen, dass es das Lager einer Druckerei war. Ich schrieb mir den Namen auf und fuhr hin. Und wieder war es ein Wink des Schicksals, denn der Druckereibesitzer hatte vor, den Vertrag für dieses Lager demnächst zu kündigen. Er gab mir den Namen der Besitzerin des Gebäudes, und ich traf mich mit ihr. Rosemarie war eine ältere und sehr nette Frau, die ich jetzt mit all meinem Charme bezirzte. Ich wollte ihre Ladenfläche vorerst für drei Jahre mieten. Da aber noch viel aufzuräumen war, bis ich würde aufmachen können, wollte ich drei Monate lang keine Miete zahlen. Ich war wohl charmant genug, denn sie ging auf diesen Deal ein.

Während ich nun den ganzen Tag die Wände strich und Verkaufstresen und Regale baute, blieb Morten am Strand von Pompano Beach und betreute unseren Verleih. Eines Tages brauchte ich seine Hilfe und fuhr zum Hotel hinaus. Es war jedoch kein Segel am Strand und auch kein Morten zu sehen. Ich fuhr ein wenig in der Gegend herum und sah plötzlich unser Auto mit dem Trailer. Es parkte vor einem kleinen Apartment. Schon als ich mich diesem Apartment näherte, sprachen die Geräusche, die ich hörte, für sich. Wie oft Morten zu diesem Zeitpunkt bereits die Arbeit geschwänzt und irgendwelche Strandschönheiten vernascht hatte, war mir eigentlich egal. Ich feuerte ihn, setzte ihn in einen Flieger nach Dänemark und war ihn los.

Am 24. März 1984 eröffnete ich dann feierlich meinen Laden. Nebenbei hatte ich mich auch noch verliebt: Sie hieß Regina und war Stylistin. Ich hatte sie bei einem Modeljob kennen gelernt, und sie wohnte ganz in der Nähe von meinem Geschäft. Regina half mir auch, die Auslagen zu dekorieren. Alles lief wie geschmiert: Von Anfang brummte das Geschäft. Genug Ware hatte ich ja.

Langsam wurden auch die amerikanischen Importeure der deutschen und europäischen Windsurf-Marken auf mich aufmerksam. Man wollte mit mir ins Geschäft kommen. Nichts war mir lieber als das, denn so langsam ging mir die Ware aus. Für die lokalen Geschäfte wurde ich somit schnell zu einer Konkurrenz. Ich hatte nämlich das, was die anderen meist nicht hatten: alle Ersatzteile der damals meist europäischen Fabrikate und den dazugehörenden Reparaturservice.

Auch ein anderes Problem löste sich nach Mortens Abgang: Am Strand traf ich eines Tages auf Daniel, einen kleinen schüchternen Argentinier, der schon länger in Fort Lauderdale lebte, aber der englischen Sprache kaum mächtig war. Daniel fing an, bei mir zu arbeiten. Das war besonders hilfreich, wenn ich als Model aktiv war.

Zwischenspiel - Wahrsagen und Voraussagen

Während ich mit dem Schreiben an diesem Buch begann, begab sich etwas Interessantes. Ich stand bei mir zu Hause in Montana im Wohnzimmer und genoss unseren herrlichen Blick auf den Lake Hauser. In diesem Moment erinnerte ich mich plötzlich an mein allererstes Treffen mit einer Wahrsagerin in Florida. Es war das Jahr 1984, und ich besuchte mit meiner damaligen Freundin Regina einen kleinen Ort mit dem Namen Kissimmee.

Das war damals und ist auch heute noch eine Hochburg der Esoterik. Ich fand die Angelegenheit zu diesem Zeitpunkt sehr albern, ließ mich von Regina aber trotzdem dazu verleiten, es einmal auszuprobieren.

Als mir die Dame sagte, ich würde später in meinem Leben in der Schweiz wohnen, protestierte ich sofort und meinte: »Überall auf der Welt, aber sicher nicht in der Schweiz.« Denn die Schweiz fand ich damals absolut furchtbar. Ich war vor einigen Jahren einmal in Zürich gewesen, wo ich von mehreren Passanten auf offener Straße angegangen wurde, weil ich für einige Minuten in einem Halteverbot gestanden hatte. Jeder schien dort Polizist zu sein. Damit waren die Schweizer für mich kollektiv Spießbürger und für meinen Geschmack zudem noch viel deutscher als die Deutschen. Kurz vorher hatte ich auch noch im Kino den ungemein witzigen Film *Die Schweizermacher* gesehen. Mein Urteil stand fest, und diese Tussi erzählte mir als erstes, ich würde später mal in der Schweiz leben? »Forget it!«, sagte ich und wollte schon aufstehen. Sie meinte dann: »Well, it may not be exactly in Switzerland. But it definitely looks like Switzerland. You are looking down onto a lake and you are surrounded by mountains. And you will write books and fly over a big pond many times.«

Mannomann, dachte ich, *die Frau hat ja einen totalen Schatten!*

Tja, inzwischen waren mehr als 35 Jahre vergangen, und ich erlebte einen echten *Magic Moment.* So, wie sie es damals vorausgesagt hatte, stand ich nun in unserem Wohnzimmer und schaute hinunter auf den Lake Hauser, dahinter die Elkhorn Mountains und rundherum überall Berge. Ja, es sieht bei uns tatsächlich ein wenig aus wie in der Schweiz. Und ich fliege seit Jahren regelmäßig über diesen großen Teich nach Europa.

Und zum Thema Bücher: Ich schreibe gerade meine Memoiren, und auch weitere Bücher sind in Planung. Woher konnte diese Frau so etwas wissen?

Noch nicht überzeugt? Springen wir doch noch ein wenig weiter in der Zeit voran: 1999 lief ich frisch verliebt mit meiner heutigen Frau Christine Mayn hier in Montana durch Helena und zeigte ihr das wunderschöne historische Viertel unserer Landes-Hauptstadt. Dort gibt es eine kleine Straße mit dem Namen Reeder's Alley, wo zu Goldgräberzeiten die Chinesen gewohnt hatten, die damals in den Gold-, Silber- und Kupfer-Minen der Umgebung schufteten. Dort sahen wir ein Schild in einem Fenster mit der Aufschrift *Psychic Readings.*

Wir machten uns also den Spaß und gingen hinein. Die Frau sagte mir, dass sie mich auf einem Schiff sähe, und es würde überall geschossen. Sie erschien etwas irritiert, denn sie hatte das Gefühl, dass dieses Schießen nur gespielt sei, also nichts Ernstes. Ich solle mir keine Sorgen machen. Auch die Waffen sähen nicht wirklich echt aus. Christine und ich schmunzelten, denn wir wussten sofort, was diese Frau da sah. Ich sollte im Jahr 1999 noch zurück nach Europa fliegen, um *S.O.S. Barracuda* auf Mallorca zu drehen.

Die Frage blieb: Wie funktioniert so etwas?

Von Kühlschränken und Komparsen

Landen wir wieder im Jahr 1984: Eines Tages bat mich meine Agentur zu einem Casting am Strand. Es ging um einen Werbespot für *Sears-Robuck,* was genau die Firma war, in der mein Freund Thurston Kühlschränke und Waschmaschinen verkaufte. Bei ihr handelt es sich bis heute um eine Ladenkette, die in ganz Amerika vertreten ist.

Auch hier zeigte sich wieder einmal, dass die anderen männlichen Models null Ahnung vom Windsurfen besaßen. Auch konnten sie auf dem Brett kaum die Balance halten. Ich musste also noch nicht einmal meinen Weltmeistertitel in die Waagschale werfen. Schon nach kurzer Zeit fiel die Wahl auf mich. Der Spot wurde jedoch unter dem Einflussbereich der S.A.G. (Screen Actors Guild) gedreht. Ich hatte nun also die Wahl, in die Gewerkschaft einzutreten oder nicht. Ich müsste nur den Einstiegsbeitrag zahlen und eine jährliche Mitgliedschaftsgebühr. Mein Bauch meldete sich und sagte: Werde Gewerkschaftler! Gesagt, getan.

Das war damals eine sehr weise Entscheidung, da es äußerst schwierig ist, als Schauspieler in diese Gewerkschaft hineinzukommen. Über Jahre hatte ich dadurch immer eine sehr gute Krankenversicherung und beziehe heute über die S.A.G. eine schöne monatliche Rente.

Der Spot war auch mein erster landesweit ausgestrahlter Beitrag, die Tantiemen entsprechend hoch. Sie kamen wöchentlich herein, und man gewöhnt sich sehr schnell an einen Geldfluss dieser Art. Das gilt zumindest, bis der Spot dann plötzlich im Fernsehen abgesetzt wird und man nur noch »in die Röhre schaut«.

Doch ging es immer weiter: Ein paar Wochen später fragte meine Agentur, ob ich Lust hätte, einen Komparsen-Job zu übernehmen. Es ging um die Serie *Miami Vice.* Die kannte natürlich damals noch kein Mensch, und auch ich hatte keine Ahnung, dass das mal *der* Straßenfeger schlechthin werden würde. Als ich morgens am Filmset ankam, fragte mich die Komparsen-Betreuerin, ob ich Lust auf ein Upgrade hätte. Da ich in Amerika sehr schnell gelernt hatte, am besten immer erstmal mit »Yes!« zu antworten, hielt ich mich auch hier nicht zurück. Was sie genau mit diesem Upgrade meinte, war mir allerdings nicht ganz klar.

Ich sollte ein paar weiße Klamotten anziehen und einen Richter bei einem Bootsrennen spielen. Jetzt hatte ich also auch noch Text und verstand: Das Upgrade war eine Sprechrolle! Mein Glück war hierbei, dass ich bereits in der Gewerkschaft war, sonst wäre die Sache gar nicht möglich gewesen.

Don Johnson und sein Kumpel Philip Michael Thomas nahmen in meiner Szene an einem Bootsrennen teil, das man unter Drogenhändlern organisiert hatte. Ich sollte sagen: »Wo ist die Nummer 5?« Das war das Boot von Don Johnson. Mein Schauspielkollege sollte dann antworten: »Keine Ahnung.« Und mein zweiter Satz war: »Dann fangen wir eben ohne die an!« Danach ging meine Flagge runter für den Start.

Das war's.

Doch bevor ich den Job bekam, musste ich natürlich erstmal vorsprechen. Nicole, die Betreuerin, führte mich rüber zum Bootssteg. Sie kannte mich noch unter meinem alten Namen Klaus und hatte vergessen, dass ich jetzt ja Nick hieß. Sie stellte mich also lauthals vor: »This is Klaus Wilder!« Alle drehten sich auf dem Dock um zu mir. »Klaus?«, sagte der Regisseur ungläubig. »You are German? Can you say the lines?« Ich wusste, dass er jetzt vermutlich dachte, ich würde den Text mit einem starken deutschen Akzent sagen. Und genau das tat ich auch, aber dazu noch sehr übertrieben. Die ganze Gesellschaft brach vor Lachen zusammen. Ich bekam einen hochroten Kopf und hatte Angst, dass ich mich zu weit aus dem Fenster gelehnt hatte. Ich korrigierte also schnell: »No, no, no, I can do it!« Danach sagte ich es noch einmal in akzentfreiem Englisch. Der Regisseur bewies Humor und fand meinen kleinen Auftritt urkomisch. Ich bekam die Rolle.

Nach einer Stunde war ich fertig und konnte gehen. Statt der 75 Dollar für einen ganzen Tag als Komparse hatte ich nun 385 Dollar verdient. Das Leben wurde immer besser.

Geliebäugelt habe ich zu diesem Zeitpunkt mit der Schauspielerei aber noch nicht, obwohl ich es bereits früher immer genossen hatte, mit meiner Band im Rampenlicht auf der Bühne zu stehen. Doch meine Windsurf-Welt hatte mich noch fest in ihrem Griff.

Nun musste ich aber wieder zurück nach Dänemark, denn dort warteten schließlich *Windsurfing Danmark* und eine neue Sommersaison auf mich. Wie sollte ich das alles jetzt bloß unter einen Hut kriegen? Hatte ich mich übernommen? Ich konnte mich schließlich nicht zweiteilen und hatte bereits häufiger erlebt, was passierte, wenn man den Falschen vertraute.

Einen Großteil der Ware aus Dänemark hatte ich tatsächlich verkaufen können und den Importeuren drüben ihre Rechnungen bezahlt. Mittlerweile lagen bei mir im Laden aber auch schon Bretter und Waren, die ich von amerikanischen Importeuren bezogen hatte.

Ich führte ein langes Gespräch mit Daniel, denn mir blieb keine große Wahl: Ich machte ihn kurzerhand zu meinem Manager. Irgendwie vertraute ich ihm. *Augen zu und durch,* dachte ich. Daniel konnte es kaum glauben und fühlte sich geehrt. Ich hoffte einfach, dass er trotz seines schlechten Englisch imstande war, den Laden von Mitte Mai bis Mitte September alleine zu führen. Etwas beunruhigt flog ich zurück nach Europa und startete in meine vierte Saison am Elkenøre Strand in Dänemark. Sie sollte meine letzte werden.

Neue Wege

Jeden Tag telefonierte ich mit Daniel und ließ mir alle Informationen geben. Er machte seine Sache wirklich sehr gut und war äußerst bemüht. Auch Regina schaute jeden Tag im Laden vorbei und hielt die Augen offen. Die Sommersaison in Florida war meist ohnehin schwach. Irgendwann war ich sicher: Daniel würde das schon schaffen.

Am Ende meiner Saison in Dänemark stellte sich für mich jedoch die große Frage: Was machte ich bloß im nächsten Jahr? Es war mir klar, dass ich nach Florida wollte. Aber wer sollte hier dann für mich weitermachen? Ich musste ja auch noch jedes Jahr die Hypothek für mein Haus in Dänemark abbezahlen.

Doch wann immer eine Situation in meinem Leben eng wurde, hatte ich für gewöhnlich schnell ein paar Lösungen parat. Not macht eben wirklich erfinderisch. Das sollte sich auch diesmal zeigen, und ich wundere mich heute noch darüber, wie ich damals überhaupt auf diese geniale Idee gekommen war. Ich streute nämlich in der Windsurfgemeinde in Dänemark das Gerücht, dass ein bekannter Geschäftsmann aus Hamburg Interesse gezeigt hätte, meinen Laden zu pachten. Dazu ergänzte ich, dass es mir aber egal sei, wer ihn letztlich pachten würde.

Das Gerücht erzielte eine große Wirkung. Schon nach drei Tagen stand mein damaliger Konkurrent Jan vor der Tür und wollte sich mit mir unterhalten. Wir setzten direkt einen Pachtvertrag über fünf Jahre auf. Die Miete war genau der Betrag, den ich jedes Jahr an Hypothek abzahlen musste. Ich konnte also aufatmen und beruhigt nach Florida zurückkehren.

Vorher besuchte ich allerdings noch einmal meine Mutter. Es ging ihr zunehmend schlechter. Ihr Zittern hatte zugenommen, und man sah ihr die Parkinson-Erkrankung inzwischen an.

Im Herbst wollte mich mein Bruder Hans ein weiteres Mal besuchen, diesmal in Florida. Viel Lust hatte ich nicht, doch meine Schwestern meinten, es würde ihm guttun, da er wohl sehr unter seiner Scheidung litt. Es war ein regelrechter Rosenkrieg zwischen ihm und seiner Frau ausgebrochen, bis die Scheidung endlich vollzogen war. Ich wusste auch diesmal wieder nur wenig mit ihm anzufangen. Meinen Laden kommentierte er so gut wie gar nicht. Kein Lob, keine Begeisterung. Eines Morgens fragte er dann, ob meine Freundin Regina eine Freundin hätte, die er vielleicht mal kennen lernen könnte. Wie jetzt? Sollte sein kleiner Bruder ihm eine Braut besorgen, die er dann von Florida mit nach Fehmarn nehmen konnte? War er so verzweifelt? Er tat mir in diesem Moment erstmals richtig leid. Meinem Ego tat die Sache allerdings ebenfalls gut. Vielleicht war ich ja doch kein so großer Versager. Es war auf jeden Fall ein äußerst merkwürdiger Besuch.

Eine Braut konnte ich ihm aber nicht verschaffen.

Die Jahre 1985 bis Anfang 1987 waren für mich genaugenommen *business as usual.* Mein Laden wurde stetig größer und bekannter, und schließlich bot mir die deutsche Firma Klepper an, Exklusiv-Händler für ihre Bretter in Florida zu werden. 1986 übernahm ich daher auch noch die Räume gleich neben meinem Geschäft. Wir brachen die Wand durch und renovierten alles selbst. Das gleiche wiederholte sich 1987. Danach konnte ich nicht mehr erweitern, denn dann war ich am Ende des Komplexes angekommen. Jetzt war das Gateway-Kino mein direkter Nachbar. Meine Bekleidungsabteilung hatte sich in der ganzen Zeit ebenfalls enorm erweitert. Christian, ein sehr aufgeweckter 16-Jähriger, kam eines Tages in den Laden und sagte mir ins Gesicht, dass meine Skateboard-Abteilung ein Lacher sei. Keiner von den Kids nähme sie ernst. Er könne mir aber helfen, sie zu verbessern. Ich ließ ihm weitestgehend freie Hand, gab ihm ein festes Budget, mit dem er arbeiten durfte, und im Nu war *Windsurfing Madness* der angesagteste Skate-Laden im Ort. Gib der Jugend eine Chance! So einfach kann das manchmal sein.

Dann fand die jährliche Bootsmesse in Fort Lauderdale statt. Ich hatte einen Stand gemietet und wollte dort das erste Mal stolz meine Firma präsentieren. Das Ganze sollte auch noch mit einer Modenschau garniert werden. Meine Erfahrungen aus Dänemark kamen mir bei diesem Vorhaben definitiv zugute.

Im Fadenkreuz

Zehn Tage vor Messebeginn stand ich abends in meinem Laden und rechnete gerade die Kasse ab, als es am Fenster klopfte. Draußen stand meine Kollegin Donna, mit der ich schon einige Male gemeinsam gemodelt hatte. Donna war zwar stets sehr nett, wirkte auf mich aber auch immer etwas bieder. Obwohl mein Geschäft bereits geschlossen war, ließ ich sie herein. In der Woche zuvor hatte ich gerade eine große Ladung der neuesten Bikinis aus Brasilien hereinbekommen. Sie fragte mich, ob sie einen anprobieren dürfe. Es störte mich nicht, und ich dachte mir auch nichts dabei. Nick spielte also mal wieder die Unschuld vom Lande; nach allem, was ich bereits erlebt hatte!

Ich war gerade mit dem Geldzählen fertig, da rief sie: »Wie findest du den hier?« Ich ging zur Umkleidekabine und schaute über die halbhohe Saloon-Schwingtür, die den Ankleideraum abtrennte. Donna, die ich bis jetzt immer als eher flach oben herum wahrgenommen hatte, präsentierte mir hier plötzlich die perfekte Bikinifigur. Meinen erstaunten Blick erwiderte sie mit: »Ja, die habe ich mir gerade machen lassen.«

Logischerweise wurden bei mir alle Instinkte des Jägers und Sammlers wach, insbesondere, da es mit Regina seit einer Weile vorbei war. Leider musste ich aber ihre Einladung, noch etwas trinken zu gehen, abschlagen, denn ich war an dem Abend schon mit einem Freund verabredet. Wir verlegten es also auf den nächsten Tag.

Wir trafen uns in der Bar des *Turnberry Isle Country Clubs.* Es war ein romantischer Abend. Wir lachten viel und fuhren dann in ihr Apartment. Am nächsten Morgen wachte ich mit einem Riesenschreck auf, denn es war schon nach 9:00 Uhr, und ich hatte als einziger einen Schlüssel zum Laden. Jetzt brauchte ich noch eine gute Dreiviertelstunde bis nach Fort Lauderdale. Ich fragte Donna, wann wir uns wiedersehen würden. Da sie noch nach Washington fliegen müsse, einigten wir uns auf die kommende Woche Montag.

Am Montagmorgen rief ich meine Agentur in Fort Lauderdale an und fragte, ob sie mir ein paar coole Models besorgen könnten, die die Bademoden in der *Fort Lauderdale Boatshow* vorführen sollten. Schnippisch antwortete mir die Chefin: »Warum fragst du nicht Donna?«

Augenblick mal, dachte ich, *wie war das denn jetzt gemeint?* Wie konnte die Agentin wissen, dass ich mit Donna eine Nacht verbracht hatte? »Warum erwähnst du gerade jetzt Donna?«, hakte ich nach. »Schau es dir doch selbst auf CNN an«, war ihre lakonische Antwort.

Mittags fuhr ich kurz nach Hause und sah das Malheur. Anscheinend hatte Donna schon seit längerem eine heimliche Affäre mit dem Präsidentschaftskandidaten Gary Hart gehabt. Deshalb also ihr Trip nach Washington! Sie war am Wochenende bei ihm gewesen. Und jetzt war auf einmal alles aufgeflogen. Ein Reporter des *Miami Herald* war ihr nachgereist und hatte die Beweisfotos gemacht. Kurz danach trat Hart als Kandidat der Demokraten zurück. Auch für Donna war alles aus. Zwei große Firmen, für die sie gerade in den Zeitungen und im Fernsehen Werbung gemacht hatte, kündigten die

Verträge mit ihr. Ihr Telefon stand nicht mehr still, und auch ich konnte sie nicht erreichen. Am Ende der Woche rief sie mich an und bat mich, heimlich Umzugskartons in ihre Wohnung zu bringen. Das Apartmenthaus, in dem sie wohnte, wurde von Fotografen belagert. Gut nur, dass keiner wusste, dass wir noch vor einer Woche eine Nacht zusammen verbracht hatten. Das hätte sicher noch mehr Öl ins Feuer gegossen.

Die Presse hätte sicher weiter gegraben, und Donna wäre noch mehr an den Pranger gestellt worden. Amerika ist in dieser Hinsicht schon ein sehr seltsames Land. Warum war die Geschichte mit ihr so sensationell? Gary Hart war doch bereits von seiner Frau getrennt. Donna war ohnehin frei und konnte machen, was sie wollte. Und ihr Verhältnis zu Hart war wohl auch mehr eine kleine Affäre und nichts Ernstes, denn sonst hätte sie wahrscheinlich kaum die Nacht vorher mit mir verbracht. Was Donna, Hart, ich oder jeder andere in diesem Land in seinem Privatleben treibt, sollte anderen Menschen doch eigentlich vollkommen egal sein. Amerika tickt in dieser Hinsicht allerdings noch extrem puritanisch und nach der alten Uhr der Mayflower-Einwanderer.

Die politische Konsequenz des Ganzen war vorgezeichnet: Rücktritt von Gary Hart und sein politisches Aus gingen Hand in Hand. Einerseits stoßen sich die Amerikaner an solchen Dingen, wie auch an der Clinton-Affäre um Monica Lewinsky, andererseits hat das Land die größte Pornoindustrie der Welt. Hier herrscht eine große Doppelmoral, die ich niemals verstehen werde.

Immer wieder Holzwirt

Ein guter Kunde von mir, Alex, kam schon seit Jahren in meinen Laden. Er, seine Frau Dee und ich wurden schnell gute Freunde. Bei einem Abendessen erzählte ich den beiden die Geschichte von meinem Rechtsanwalt in West Palm Beach, den es jetzt nicht mehr gab, dass mein Geld weg war und ich immer noch keine Green Card hatte, nur ein Business-Visum. Dee empfahl mir den Anwalt Michael Bander in Miami. Er sei ein exzellenter Rechtsanwalt für Einwanderungsfragen.

Ich befolgte den Rat und machte mich auf nach Miami. Das erste, was Michael mich fragte, war: »Bist du zur Schule gegangen, und hast du studiert?« Da war er wieder, der Diplom-Holzwirt! Mein neuer Anwalt hatte keine Ahnung, worum es sich dabei handelte, und ließ sich alles genau erklären. Ich führte auch aus, dass man diese Fachrichtung nur in Kanada, Frankreich und Deutschland studieren konnte. Den letzten Satz konnte ich gar nicht zu Ende sprechen, da fiel er mir schon ins Wort und sagte: »Besorg dir einen Job als Diplom-Holzwirt und komm dann wieder. Dann hast du die Green Card bereits in sechs Monaten.«

Noch hatte er keinen Cent von mir genommen. Es war lediglich eine Beratung gewesen. Ich dachte krampfhaft darüber nach, was man als Holzwirt in Amerika wohl anstellen konnte. Meine Freundin Dee und ihr Mann verkauften große Soundanlagen an Diskotheken, Kirchen, Schulen und Konzerthallen. Hier installierte man oft Holzpaneele an den Wänden, um eine gute Akustik zu erzeugen. Jetzt hatte ich die Idee. Dee führte mit ihrem Ex-Gatten zusammen in Fort Lauderdale immer noch eine große Firma, die sich auf Sound-Systeme spezialisiert hatte. Ich machte mich aufgrund meines Fachwissens jetzt also schnell zum Experten in Sachen Resonanzeigenschaften der verschiedenen Holzarten.

Dees Firma setzte eine Anzeige in die Fachblätter und suchte einen Holz-Akustik-Experten. Jeder, der sich auf die Ausschreibung bewarb, hatte sicher mehr Ahnung als ich, doch keiner konnte einen Universitätsabschluss auf diesem Gebiet vorweisen. Also war mein akademisches Ranking höher als deren Erfahrungen. Es war genau das, worauf Michael Bander hinauswollte. Und wieder konnte ich einen neuen Job in meinem Resümee verbuchen.

Der Besuch

Das Jahr brachte aber noch eine Überraschung mit sich: Meine Eltern hatten sich zu Besuch angekündigt! Ich bin ehrlich: Ich konnte es kaum glauben. Aber eines Tages standen sie wirklich, wahrhaftig, live und in Farbe bei mir vor der Tür. Auch Magret war zu diesem Zeitpunkt in Florida, was sich als glückliche Fügung herausstellen sollte. So erhielt ich ein wenig Unterstützung mit den beiden. Sie hatte auf einem Kreuzfahrtschiff gejobbt und später auf einem Flohmarkt im Westen der Stadt. Nun konnten wir gemeinsam meine Eltern herumführen und ihnen Florida zeigen. Wir fuhren zum Beispiel nach Key West und Disney World.

Stolz zeigte ich meinem Vater natürlich auch meinen Laden, den ich ohne jegliche Hilfe jahrelang aufgebaut hatte. Vor allem ohne seine Hilfe. Er schaute sich alles lange und sehr genau an und meinte dann nur ganz trocken: »Verdienst du damit Geld?« Das war also mal wieder alles, was ihn interessierte. Ja, ich verdiente natürlich Geld, doch hätte ich mir gewünscht, dass er mich gefragt hätte, wie es mir geht oder ob ich glücklich sei. Und selbstredend wäre es auch schön gewesen, wenn er einfach gesagt hätte, dass ihm der Laden gefällt.

Nein, in dieser Hinsicht war einfach nichts zu holen. Erfolg wurde bei ihm ausschließlich an Geld gemessen. Ich war enttäuscht, auch wenn es nichts Neues war. Es entsprach ihm.

Im Victoria Park, der Gegend gleich hinter meinem Laden, hatte ich mir vor einer Weile ein Haus angeschaut. Es war klein, aber sehr schön. Mit Magret war ich schon einmal dort gewesen, und wir hatten auch in der Gegenwart meiner Eltern darüber gesprochen. Ich überlegte ernsthaft, es zu kaufen. Mein Vater war neugierig und wollte es ebenfalls sehen. Ich fragte also den Besitzer, ob ich nochmal vorbeikommen könnte.

Gary Schneider empfing mich und meinen alten Herrn mit großer Herzlichkeit, und wir gingen gemeinsam durchs Haus. Es war wirklich schön und hatte sogar einen herrlichen Garten. Überraschenderweise gefiel es auch meinem Vater. Sogar der Preis stimmte für ihn. Er hielt das Haus eigentlich sogar für günstig mit den aufgerufenen 95.000 Dollar. Nun wollte er allerdings unbedingt eine Unterhaltung mit dem Besitzer anfangen. Ich musste also mal wieder übersetzen. Mein Vater fragte nochmals nach dem Namen des Mannes und tönte dann, dass genauso, also Schneider, sein Kommandeur bei der Waffen-SS oben in Karelien geheißen habe. Aber dieser Mann hier war nicht nur schwul, er war auch Jude. Ich bin mir nicht mehr ganz sicher, was ich damals übersetzt habe, jedenfalls gewiss nicht das, was mein Vater gesagt hatte. Lieber lenkte ich ganz schnell vom Thema ab. Doch da war er wieder gewesen, dieser Stolz auf die Waffen-SS und die Zeit unter Hitler. Nicht zum ersten Mal war es mir peinlich, und ich musste wieder an Dr. Feldman in Pennsylvania denken.

Am Abend bot mein Vater an, mir das Geld für das Haus zu leihen, zinsfrei. Ich nahm das Angebot an und war sogar wirklich dankbar dafür. Doch im Nachhinein beschlich mich ein seltsames Gefühl. Es ging bei ihm immer nur ums Geld, und irgendwie fühlte ich mich dadurch wieder abhängig und unfrei. Ob er dieses Gefühl bei mir mit seiner Geste damals erzeugen wollte? Ich weiß es nicht, glaube es aber eigentlich nicht. Ich weiß nur: Ein Lob wäre mir damals wichtiger gewesen als 95.000 Dollar. Ich verkaufte das Haus 1991 wieder und gab ihm das Geld zurück. Mein Bauch hatte mir wohl keine Ruhe gelassen.

Bevor meine Eltern abreisten, ereignete sich an ihrem letzten Abend in Florida noch eine sehr lustige Geschichte. Wir hatten im *Coconuts* gegessen, und am Ende des Abends sagte mein Vater: »So, Mutter, jetzt sind wir satt. Jetzt können wir ja noch mal in einen Striptease-Laden gehen.« Magret und ich dachten, wir hätten uns sicher verhört. Einen was? Hatte er das jetzt nur als Spaß gemeint? Ich zwinkerte meiner Schwester zu und sagte: »Fahrt ihr beide schon mal nach Hause. Ich nehme Papa noch mal mit ins Geschäft.« Das war aber natürlich nicht der Plan.

Zufällig kannte ich die Geschäftsführerin vom *Golden Nugget*, einem Stripclub am Federal Highway. Gail war Windsurferin und eine gute

Kundin bei mir. Schon öfter hatte sie mich gebeten, doch mal im *Nugget* vorbeizuschauen. Das war jetzt die Gelegenheit, dachte ich. Ich nahm also den alten Herrn mit und fuhr vor dem Laden vor. Mein Vater sprach ja kein Englisch und verstand auch nicht, wie ich dem Türsteher erklärte, wer ich war und dass Gail mich eingeladen hatte. Er sah nur, wie jeder Gast 5 Dollar Eintritt zahlte. Warum sein Sohn und er hingegen umsonst hineinkamen, war ihm ein Rätsel. Wir setzten uns an einen Tisch. Es war 22:00 Uhr, und die Show hatte gerade begonnen. Überall kamen sehr leicht bekleidete Mädchen an die Tische und fragten die fast ausschließlichen männlichen Gäste, ob man einen Table Dance wünsche. Ich schickte etwa zehn von ihnen wieder weg, bis mein Vater dann endlich meinte: »Warum schickst du die denn immer wieder weg?« Ich musste schmunzeln und antwortete: »Weil ich mir die hübscheste für uns aussuchen werde!« Kurze Zeit später war sie da. Sie hatte wahrlich eine Traumfigur und Beine bis unter die Decke. Nun stimmte ich dem Table Dance zu. Sie stieg auf den Hocker und fing an, sich im Rhythmus der Musik zu bewegen. Elegant entledigte sie sich ihres BHs. Ich beobachtete meinen Vater sehr genau, wie sein Mund offenstand und er abwechselnd zu dem Mädchen hochschaute und das Treiben an den anderen Tischen beobachtete. Ich gab ihm den Tipp, doch seine Brille aufzusetzen, und das tat er auch. Plötzlich hatte er ein entspanntes Lächeln im Gesicht, denn nun konnte er alles richtig scharf sehen.

Irgendwann fragte uns die Tänzerin, wo wir denn herkämen. Ich berichtete kurz von meinem Laden unten am Sunrise Boulevard, dass mein Vater aus Deutschland zu Besuch war und er kein Wort Englisch verstünde. Sie stoppte ihren Tanz, schaute sich meinen alten Herrn genauer an, beugte sich dann hinunter zu ihm, nahm seinen Kopf in ihre Hände und drückte diesen zwischen ihre nicht so kleinen Brüste. »Du bist so süß«, sagte sie noch, lächelte ihn an und ließ ihn wieder los. Da saß er nun also total verdattert auf seinem Stuhl, die Brille hing völlig schief auf seiner Nase, und er wusste nicht, wie ihm gerade geschehen war. So selig hatte ich ihn noch nie gesehen.

Doch die Mädels tanzten natürlich nicht umsonst. Unsere Stripperin trug, wie auch all die anderen Damen, ein Strumpfband am Bein und hatte dort schon einige einzelne, sauber gefaltete und eng nebeneinander aufgereihte Dollar-Scheine drapiert. Das war ein Zeichen selbst für den blödesten Bar-Besucher: Du musst bezahlen und die Kohle hier reinstecken! Und zusätzlich zu den 10 Dollar war auch immer Trinkgeld erwünscht.

Ich platzierte also einen 10-Dollar Schein in ihrem Strumpfband. Dann stieß ich meinen Vater ans Bein und übergab ihm unter dem Tisch ein Bündel mit 1-Dollar-Noten. Er verstand und fing an, einen Dollar auf dem Tisch glatt zu streichen und ihn akribisch der Länge nach zusammenzufalten. Dann stand er auf, steckte diesen behutsam in ihr Strumpfband und schob ihn zu den anderen Scheinen. Danach sortierte er noch etwas an ihrem Bein rum, sodass am Ende alle Scheine gerade und schön parallel zueinander angeordnet waren. Dieses kleine Spielchen wiederholte er dann etwa zehnmal, bis er keine Munition mehr hatte.

Dann zog sie auch noch das letzte Stückchen Stoff aus, ihren String, drehte sich um und beugte sich nach vorne, bis sie mit ihren Fingerspitzen an ihre hohen Hackenschuhe reichte. Der Anblick war vermutlich eher für einen Gynäkologen gedacht, denn man konnte ziemlich weit blicken. Als ehemaliger Schiffsarzt würde ich aus heutiger Sicht attestieren: Sie hatte keine Mandelentzündung. Jetzt hätten eigentlich nur noch beschlagene Brillengläser bei meinen Vater gefehlt. Doch dazu kam es nicht, denn die Musik verstummte, und die Show war vorbei. Wir tranken noch unser Bier aus, für das ich, dank Gail, ebenfalls nichts bezahlen musste. Die gingen aufs Haus. Für meinen Vater war das alles nur ein großes Rätsel. Ich führte ihn dann aus dem Etablissement wieder hinaus, und draußen auf dem Parkplatz meinte er ganz trocken auf Platt: »Das Bier da drinnen hat aber gut geschmeckt.« Das war vielleicht einer der witzigsten Abende, die wir jemals zusammen verbracht haben. Ach ja: Meiner Mutter erzählten wir nichts, außer, dass im Laden alles gut gewesen sei.

Doch obwohl es schön war, kam ich auch an diesem Abend irgendwie nicht an meinen Vater heran. Ich spürte keine Nähe. Da war immer noch diese Distanz. Vielleicht galt auch hier wieder etwas, das ich bereits erwähnt habe: Nicht er war komisch, die Situation war komisch.

Vom Tellerwäscher zum Millionär?

Im gleichen Jahr fand auch noch die Weltmeisterschaft im Windsurfen statt, die über einen Zeitraum von sieben Tagen in Florida über die Bühne gehen sollte. Sechs Tage lang herrschte jedoch totale Flaute. Es regte sich kein Lüftchen. Der Strand war geschmückt mit Flaggen und Segeln und bot ein buntes Treiben. Doch trat eben etwas ein, das bei einer Windsurf-, Kite- oder Segelregatta niemals eintreten darf: Es wehte kein Wind. Nicht mal ein Hauch!

Meine Firma fungierte gemeinsam mit dem Windsurfing-Club in Fort Lauderdale als Ausrichter. An einem der Veranstaltungstage hatte ich am Strand eine riesige Fashion-Show für die Bühne organisiert: Wunderschöne Models waren gebucht, die coolste Musik ausgesucht, und die gesamte Choreografie hatte ich persönlich geplant. Eine komplette Strandmode für das kommende Jahre wurde vorgeführt, inklusive G-Strings für Männer und Frauen. Die Show war der Hingucker an diesem Nachmittag. Als es am Ende der Show dann noch um die neuesten Modelle brasilianischer Bikinis ging, die ich für meinem Laden importiert hatte, wurde es allerdings sehr grenzwertig, und der Unterschied zu der Stripshow im *Golden Nugget* definierte sich nur noch über ein paar Quadratzentimeter mehr Stoff.

Aus Deutschland hatte man extra ein Fernsehteam der ARD rübergeschickt. Die Jungs waren aus Hamburg. Da man nun aber aufgrund der Flaute keine Action auf dem Wasser drehen konnte, entschloss sich das Fernsehteam, einen Bericht über den deutschen Auswanderer Nick Wilder zu machen und meine Geschichte zu erzählen, wie ich nach Fort Lauderdale gekommen war und den eigenen Laden aufgemacht hatte. Nachdem sie im Geschäft gefilmt hatten, wollten sie mich auch kurz interviewen. Ob ich einen Swimmingpool hätte, wollten sie wissen. Das traf zwar nicht zu, doch dachte ich an Thurston und seine Villa und rief ihn an. Kurz darauf lief die Kamera wieder, und ich lümmelte mich in einem großen Plastiksessel im Pool mit einem Bier in der Hand und sollte sagen: »Naja, aller Anfang war schwer.«

Später, als ich die Sendung dann sah, habe ich mich vor Lachen weggeschmissen. Es kam rüber wie die berühmte Tellerwäscher-Geschichte. Dazu trug auch bei, dass nicht erwähnt wurde, wem die Villa samt Pool wirklich gehörte. So gewann man den Eindruck, ich hätte es in jeder Hinsicht geschafft, obwohl mir das Wasser damals eigentlich bis zum Hals stand, denn ich hatte gerade mal wieder meinen Laden erweitert und musste jetzt sehen, wie ich aus den Schulden herauskam. Der wahre Brüller folgte aber am Ende des Beitrags. Das Fernsehteam hatte sich nach der Rückkehr nach Deutschland nämlich auf den Weg gemacht, um meinen Vater zu finden und ihn zu interviewen, ohne mein Wissen. Da saß Klaus-Herbert Wilder nun also in Burg auf Fehmarn, vor sich ein Glas Wein und in der Hand eine fette Zigarre. Er setzte an und meinte voller Stolz: »Ja, der Klaus war schon immer ein …« und bekam aufgrund der Zigarre einen ewig langen Hustenanfall. Irgendwann beendete er den Satz aber doch noch und schloss mit »… ein großer Weltenbummler.« Wenn ich ehrlich bin, schien er schon richtig stolz zu sein in diesem Beitrag. Warum konnte er es mir nicht einmal sagen?

Auch wenn dieser Bericht nur in Deutschland und somit weit weg von Florida lief, so schmeckte es mir dennoch nicht, dass man mich wie einen irre erfolg- und auch sonst reichen Geschäftsmann darstellte. Ich war zwar tatsächlich erfolgreich, aber weiß Gott nicht reich. Jeder Einzelhändler weiß, wie schwer es ist, mit einem Nischen-Produkt und nur einem Geschäft wirklich Geld zu verdienen.

Die Realität war daher: Je größer mein Laden wurde, desto größer wurden auch die Kosten. Meine Hauptkonkurrent damals war Micky mit seinem Versandhandel in Miami. Der drückte massiv die Preise, und es wurde immer schwerer, in der Branche noch gutes Geld zu verdienen. Mittlerweile machte ich mit gelegentlichen Werbejobs mehr Geld als mit meinem Laden.

Um die Kosten niedriger zu halten und beim Wareneinkauf durch eine größere Menge bessere Rabatte zu erzielen, dachte ich darüber nach, einen zweiten Laden zu eröffnen. Vielleicht könnte ich damit auch meinen Vater beeindrucken?

In Jon Grau hatte ich inzwischen einen sehr guten Manager gefunden und konnte es mir damals erlauben, mal eben für eine Woche oder zehn Tage weg zu sein. Die meisten Jobs für Werbung in

Florida waren in der Lifestyle-Szene. Dazu gab es immer wieder Werbe-Drehs für Casinos und Hotels auf den Bahamas oder in der Karibik. Mein Body war topfit, ich war braun gebrannt, konnte segeln, windsurfen, tauchen und Wasserski fahren, und es brachte mir einfach Spaß. Warum auch nicht? Ich fand mich in den schönsten und teuersten Hotels wieder und musste meist nur morgens und spät nachmittags arbeiten, weil dann in der Regel das Licht am schönsten war. Außerdem waren das Essen und die Drinks inklusive. Das Leben war mal wieder wunderbar, und ich konnte dem Unternehmerstress immer mal wieder für ein paar Tage entfliehen.

Das mag jetzt absurd klingen, man sollte aber auch die andere Seite sehen. Die Zeit damals war sehr intensiv. Ich kam nicht einmal dazu, an Fehmarn oder generell Deutschland zu denken und mich mit meiner Auswanderung wirklich auseinanderzusetzen. Von morgens bis abends war ich mit meinem Laden beschäftigt. Die Zeit verging dabei wie im Flug: Feiertage, Samstage, Sonntage, alles war für mich gleich. Mein Geschäft war jeden Tag geöffnet, von 9:00 bis 20:00 Uhr. Nur am 1. Weihnachtstag und am 1. Januar, da war es dann wirklich mal geschlossen.

Ich hatte keine Zeit und keinen Kopf für eine feste Freundin. Der Laden erforderte meine komplette Aufmerksamkeit. Selbst nach Feierabend räumte ich oft bis spät in die Nacht die neuen Waren ein, reparierte noch irgendwelche Surfbretter in unserer Werkstatt, vollendete Aufgaben, die meine Angestellten an dem Tag nicht mehr geschafft hatten, und versuchte dann, oft übermüdet, noch der Buchführung Herr zu werden. Eine Tätigkeit, die ich absolut verabscheute. Jeder Selbstständige, der das hier liest, kann das alles sicher nachempfinden. Wenn man es erlebt hat, ergibt »selbst« und »ständig« wirklich einen Sinn.

Nebenan hatte ein alter Rechtsanwalt sein Büro. Als er in Rente ging, übernahm ich auch noch diesen Teil des Gebäudes. Der Laden wurde also immer größer und größer, und wir waren prall gefüllt mit Ware. In der rechten Hälfte befand sich das Restaurant *Il Molinos* und in der linken *Windsurfing Madness*. Oft schloss ich den Laden erst um 21:00 Uhr oder noch später, denn die Kinokundschaft sorgte für zusätzlichen Umsatz. Es gab bei uns einfach alles. Jedes Ersatzteil, selbst von Marken, die ich gar nicht führte, hunderte verschiedene T-Shirts, Shorts, Bademoden, die angesagtesten Sonnenbrillen-Marken,

Sonnenschutzcreme, Aufkleber fürs Auto, eigentlich alles, was man so für den Strand brauchte. Fort Lauderdale war jahrelang der Hotspot für das jährliche *Spring Break.* Horden von Marihuana rauchenden und besoffenen Jugendlichen fielen in die Stadt ein und machten sie zur Party-Meile. Sie hinterließen Dreck und Chaos. Aber auch Geld, viel Geld. Auch bei mir.

Ritterschlag

Kurz nach der Windsurf-WM im Dezember 1988 musste ich mich dann noch einmal um meine Green Card kümmern, flog daher noch einmal zurück nach Deutschland, ging dort in Frankfurt zur Botschaft und musste eine medizinische Untersuchung und einen Aids-Test ablegen. Dann reiste ich im Januar 1989 endlich nach Amerika als »legal Alien« ein, und mein größtes Problem war gelöst. Es war exakt so gelaufen, wie Michael Bander es mir versprochen hatte: Nach sechs Monaten hatte ich wirklich meine Green Card in Händen. Die Sache war simpel und legal: Die offizielle Regelung der Einwanderungsbehörde verkürzte die Wartezeit auf die Green Card für Menschen mit Universitäts-Abschluss damals auf nur sechs Monate. Für Otto Normalverbraucher waren es hingegen zwei Jahre. Den Job in der Sound-Firma machte ich noch ein halbes Jahr nebenbei und wusste nun endgültig, warum ich die vielen Jahre in Hamburg an der Uni verbracht hatte. Das Studium hatte mir meine neue Heimat geschenkt!

Im Januar 1989 kam dann auch ein großer Artikel in der Fachzeitschrift *Action Sports Retailer.* Damals hatte ich sieben Angestellte und war voller Stolz, als ich dieses Magazin in der Hand hielt. Im Rahmen der Weltmeisterschaft hatte man mich obendrein noch interviewt und Fotos im Laden gemacht.

Zu diesem Zeitpunkt hatte ich alles erreicht, was ich mir je vorstellen konnte. Ohne fremdes Kapital war es mir gelungen, in Amerika einen Laden aus dem Nichts aufzubauen, der nun in einer renommierten Fachzeitschrift über mehrere Seiten als einer der coolsten Windsurfing-Hotspots an der amerikanischen Ostküste zelebriert wurde. Jetzt durfte ich stolz sein.

Nur eins fehlte mir immer noch. Die Anerkennung und das Lob meines Vaters. Diesen Traum hatte ich mir aber seit seinem Besuch in Florida schon mehr oder weniger abgeschminkt. Ich schickte diesen Artikel auch nicht nach Fehmarn zu meinen Eltern. Mein Vater konnte ja sowieso kein Englisch. Was hätte es also genützt?

Tischgespräche

Auch 1989 flog ich dann wieder, wie jedes Jahr, sowohl zur Bootsmesse nach Düsseldorf als auch zur jährlichen Windsurfmesse nach San Francisco. Ich musste am Puls der Zeit bleiben. Diese Reisen waren für mich aber auch immer eine Gelegenheit, mal aus dem täglichen Trubel und Wahnsinn herauszukommen. Immer nahm ich auch einen meiner Angestellten mit. Entweder Jon oder auch Bill, der ebenfalls bereits seit vielen Jahren immer mal wieder für längere Zeiträume im Geschäft tätig war.

Jon Grau ist zum Beispiel auch heute noch ein guter Freund. Als ich mit ihm zusammen nach der Bootsmesse in Düsseldorf nach Fehmarn fuhr, um ihm meine alte Heimat zu zeigen, blieben wir ein paar Tage auf der Insel. Und obwohl wir regelmäßig telefonierten, freute meine Mutter sich natürlich immer riesig, mich wiederzusehen. Ich war schließlich ihr Jüngster und sorgte für einen Lichtblick in ihrem gesundheitlichen Zustand.

Jon war jedoch Jude. Zwar kein praktizierender, doch schon beim ersten Kennenlernen damals in Fort Lauderdale kam mir der Gedanke, dass er vielleicht jüdischer Abstammung sein könnte. Es war mir vollkommen egal, aber ich musste auch wieder unwillkürlich an meine erste Begegnung mit Dr. Feldman denken. Ich hatte ja von Mike gelernt, dass bestimmte Namen auf eine jüdische Herkunft hinwiesen. Bei ihm traf das wieder mal zu.

Noch nie hatte ich ihm von der SS-Vergangenheit meines Vaters erzählt. Auch nicht, dass er ein absoluter Holocaust-Leugner war.

Beim Besuch von Jon bei uns zu Hause auf Fehmarn spielte sich nun wieder das gleiche Szenario ab, das ich bereits 1972 erlebt hatte, als jüdische Freunde von Mike kurz auf Fehmarn zu Besuch gekommen waren. Irgendwann bei Tisch kam mein Vater unweigerlich auf den Krieg und seine Waffen-SS zu sprechen. Jetzt hieß es wieder aufzupassen, was ich übersetzte, um dann so schnell wie möglich die Unterhaltung in eine andere Richtung zu lenken. Ich versuchte beide im Dunkeln zu lassen. Bloß keine unnötigen Konfrontationen. Am Tisch war mein Vater allerdings immer tonangebend und sprach mit lauter Stimme, sodass jeder hören konnte, was er zu sagen hatte. Er hatte generell ein sehr lautes Organ. Und er war sehr forsch, wenn er sprach.

Ständig spürte ich diese Angst, meine Freunde in der Gegenwart meines Vaters zurückzulassen, und achtete immer peinlich genau darauf, dass solche Situationen gar nicht erst entstanden. Man wusste schließlich nie, ob er das Thema nicht doch wieder anschneiden würde. Und auch wenn die Freunde vielleicht nicht über Deutschkenntnisse verfügten, sie könnten eventuell doch durch ein einzelnes Wort erahnen, wovon er sprach.

Es war interessant, die Dynamik zwischen Jon und meinem Vater zu beobachten. Jon fand ihn lustig, und mein Vater sagte, Jon sei ein anständiger Junge. Sie prosteten sich mit nicht nur einem Schnaps zu. »Der ist in Ordnung«, meinte Vater. »Ein feiner Junge.« Wie hätte er sich wohl verhalten, wenn ich alles offengelegt hätte? Und wie hätte Jon sich verhalten?

Die Mauer

Auch wenn Deutschland damals gefühlt am anderen Ende des Planeten lag, bekam ich natürlich mit, was sich 1989 in meiner alten Heimat abspielte. Heute wird man ja oft gefragt: „Wo warst du, als die Mauer fiel?" – Ich weiß es noch ganz genau. Ich stand in Florida hinter dem Tresen meines Surfshops und sortierte wahrscheinlich gerade ein paar bunte Lycra-Badehosen, als plötzlich ein junger Mann den Laden betrat – mit einer verdächtig langen, schmalen Tasche über der Schulter. Ich dachte sofort: *Aha, ein teilbarer Windsurfmast!*, Ich sprech ihn also an: „Hey, cooler Mast – Carbon oder Alu?“ Er guckt mich an, grinst breit und sagt mit schwerem bayrischen Alpen-Singsang: „Des is koa Mast, des is a Alphorn.

Ich dachte erst, der verarscht mich. Aber nein – der meinte das todernst! Und ehe ich mich versah, stand der Typ mitten in meinem Laden und blies voller Inbrunst ins Horn – zwischen Neoprenanzügen und Sonnenmilch! Nach ein paar schmetternden Tönen packte er sein Instrument wieder ein, grinste mich an und sagte im Rausgehen noch so nebenbei: „Hast du schon gehört? Die Mauer is gefallen!“ Ich: „Welche Mauer denn?!“ Er: „Na die in Berlin!“ – und weg war er.

Ich stand da, leicht benebelt vom Alphorn-Gedudel, und dachte: *Okay, der hat nicht nur ein langes Horn, sondern auch ’n Knacks weg.*

Aber am Abend – zu Hause vor dem Fernseher – traf’s mich wie ein Alphorn direkt ins Hirn: Die Mauer war tatsächlich gefallen. Kein Scherz. Kein LSD. Realität!

Ich freute mich riesig – wie Millionen andere auch. Und das Beste: Ich konnte jetzt ganz offiziell meine Tante in Warnow besuchen, ohne stundenlang an der Grenze zu stehen, mir von einem grimmigen Grenzer das Auto auseinandernehmen zu lassen und anschließend mein Pausenbrot wieder zusammenzusetzen.

Unvorstellbar – und doch war es plötzlich Realität.

Gloria

Ende der achtziger Jahre lernte ich noch einen mir bis heute sehr wichtigen Menschen kennen.

Der Weg zu dieser Bekanntschaft basierte allerdings auf einem herben Rückschlag. Ich war nämlich einem Schwindler und Betrüger aus Argentinien auf den Leim gegangen und hatte dabei 50.000 Dollar verloren! Ich war am Boden zerstört. Da tröstete es mich auch nicht, dass neben mir viele andere auf seine Betrugsmasche hereingefallen waren. Hätte ich es nicht kommen sehen müssen? Warum war ich so blind gewesen?

Die Antwort war im Nachhinein recht einfach: Meinen Surfladen in Fort Lauderdale hatte ich 1983 auf dünnem Eis gebaut, und er war jetzt endlich erfolgreich. Doch ich wollte mehr! Wenn man sein Leben lang die Anerkennung und Bestätigung des Vaters sucht und glaubt, ihm durch Reichtum und Besitz imponieren zu können, um damit dann endlich das große Lob des Erzeugers zu erlangen, so tappt man schnell in eine Falle. Doch ist der schnelle und verlockende Weg zum Geld eben nicht die Lösung. Ich hatte mich blenden lassen.

In meiner Verzweiflung empfahl mir damals eine gute Freundin, doch mal die ihr bekannte Wahrsagerin Gloria aufzusuchen. Eine Wahrsagerin? Du erinnerst dich: Ich hatte ja schon meine Erfahrungen mit sowas gemacht, doch war natürlich zu diesem Zeitpunkt noch nichts davon eingetreten. Kurzum: Ich hielt das Ganze für Quatsch, erklärte mich aber dennoch bereit, es zu versuchen.

Als ich zu ihr fuhr, schmerzte mein rechtes Knie. Ich hatte mir vermutlich beim Surfen auf dem Atlantik etwas zugezogen, humpelte aber nicht. Es tat nur weh. Doch war mir das alles natürlich völlig egal, denn viel wichtiger war ja, wie ich die 50.000 Dollar wieder reinbekommen könnte.

Als ich mich vorstellte und Gloria mich bat, ihr gegenüber am Tisch Platz zu nehmen, haute sie gleich das erste Ding raus, bevor ich mich überhaupt setzen konnte.

»Wenn du nicht bald anfängst und endlich lernst, auf deinen Bauch zu hören anstatt auf deinen Kopf, wirst du in Zukunft viele Misserfolge erleben und viele ungute Erfahrungen machen. Das Universum zwingt dich gerade in die Knie, wortwörtlich! Und deshalb tut dir auch jetzt dein Knie weh.«

Wie bitte? Ich sagte erstmal nichts und war überzeugt, dass meine Freundin ihr sicher schon einiges über mich und mein momentanes finanzielles Problem erzählt hatte. Doch eins wusste auch diese zu dem Zeitpunkt nicht: dass mir mein Knie wehtat. Ich wurde also hellhörig und wollte nun wissen, was diese Wahrsagerin mir sonst noch zu berichten hatte.

Es folgten weitere Informationen, die mich stutzig werden ließen. Gloria erzählte mir Dinge, die wie ein Handschuh auf mich passten und die kein Mensch außer mir wusste. Ich war so beeindruckt von dieser Frau, dass ich mir erhoffte, mehr Informationen über mein verlorenes Geld zu erhalten. Dazu kam es zwar nicht, aber dennoch erzählte sie mir vieles an dem Tag. Dazu gehörte auch, dass sie zehn Tage später zu ihrer Tochter nach Kalifornien reisen wollte, aber anscheinend sehr wenig Geld besaß. Also machte ich ihr den Vorschlag, bis zu ihrer Abreise bei mir im Haus zu wohnen. Sie könne das zweite Schlafzimmer haben, und da ich ja sowieso jeden Morgen in meinen Laden musste, hätte sie dann das ganze Haus für sich. Sie könne dort auch in Ruhe Kunden empfangen, und ich würde die Werbetrommel rühren, damit sie möglichst viele Sitzungen zusammenbekam. Es funktionierte. Sie war in kurzer Zeit ausgebucht und überglücklich. Und ich erhoffte mir dadurch natürlich, dass sie mir vielleicht in den nächsten Tagen doch noch den rettenden Tipp geben würde, wie ich schnell wieder an die 50.000 Dollar käme.

Am dritten Morgen, ich war gerade auf dem Weg zum Laden, wollte sie unbedingt mit mir sprechen. Es sei sehr wichtig, sagte sie. Ich bat sie, schnell zu erzählen, denn ich hatte es an dem Morgen eilig. In der vergangenen Nacht habe sie einen Traum gehabt, in dem die Bilder so real waren, dass sie alles hätte anfassen können. Sie wirkte etwas verwirrt. In ihrem Traum stand ich zurückgelehnt vor einem Auto. Ich trug einen dunklen Anzug mit Krawatte. Meine Arme und meine Beine waren verschränkt, ich lehnte lässig gegen die Wagentür. Das Fahrzeug hatte offenbar einen Unfall gehabt, denn es war total zerbeult. Aber sie meinte, mir schien es nichts auszumachen. Sie sagte, es hätte etwas mit einer Versicherung zu tun, und ich würde mit dieser Versicherung viel Geld verdienen.

Ich weiß noch heute, was ich ihr damals antwortete: »Gloria, dieses viele Geld könnte ich jetzt wirklich sehr gut gebrauchen.« Damit drehte ich mich um und eilte zum Laden. Ich habe an diesem Tag und auch später nie wieder darüber nachgedacht und vergaß diesen Moment komplett. Um es vorauszuschicken: Die 50.000 Dollar sah ich nie wieder.

Nun springen wir einmal kurz sieben Jahre in die Zukunft.

Es war Mai 1997, und ich stand in einem Fotostudio in Hamburg. Seit gut einem halben Jahr war ich der frischgebackene Werbestar Herr

Kaiser. Wir machten gerade Bilder für eine Print-Werbekampagne der Versicherung. Ich lehnte mich lässig gegen ein zerbeultes Auto, einen Peugeot, gekleidet in den typischen dunkelblauen Anzug, den ich als Herr Kaiser in den meisten TV-Spots trug. Meine Arme und meine Beine waren verschränkt. Für den Fotografen lächelte ich entspannt.

Der Fotograf begann die Bilder zu schießen. Die Lampen im Studio blitzten auf, ich hörte das Klicken vom Verschluss der Kamera. Plötzlich wurde mir schwindlig. Ich erinnerte mich an Glorias Traum, den sie mir vor Jahren in meinem Haus erzählt hatte. Mir wurde kalt. Der Fotograf fragte besorgt, ob alles okay wäre. Ich würde so blass aussehen.

Nach einer Verschnaufpause konnte ich die Arbeit fortsetzen. Die Fragen blieben jedoch. Wie konnte das sein? Gloria hatte vor sieben Jahren genau diese Szene exakt so vorausgesehen. Das war der Moment, in dem mir unwiderruflich klar wurde, dass es noch mehr zwischen Himmel und Erde gibt als das, was man sehen und anfassen kann. Das Metaphysische. *Das* war mein erster großer *Magic Moment,* der mich an diesem Tag sehr nachdenklich machte.
Und ja, sie behielt recht: Ich sollte noch viel Geld mit Herrn Kaiser verdienen, denn für vierzehn Jahre war ich Deutschlands bekannteste Werbefigur. Eine Ikone, die heute noch in den Köpfen der Leute existiert. Aber zu Herrn Kaiser später. Denn da gibt es noch viel zu erzählen.

Kehrtwende

Einen zweiten Laden aufzumachen, gestaltete sich derweil schwierig. Ich hatte allerdings den perfekten Ort gefunden, oben in Boca Raton, etwa zehn Kilometer nördlich von Fort Lauderdale. Das war dort, wo die Superreichen wohnten. An einem Baggersee, der gleich neben dem Freeway I-95 lag, waren gerade einige zweistöckige Geschäftsgebäude entstanden. Die riesigen Fensterflächen erlaubten einen freien Blick auf den See, auf dem zu dem Zeitpunkt jedoch nichts passierte. Mein Plan war es, in diesem Gebäude einen riesengroßen Laden aufzumachen, in dem es zusätzlich zu Windsurfbrettern, Surfboards, Skateboards und Strandmode auch noch Katamarane, kleine Segelboote und Ruderboote, Kanus und Ähnliches zu kaufen geben sollte. Ich wollte außerdem eine Kupferschleife um den See legen, um so über wasserfeste Kopfhörer die Schüler auf dem See über Funk instruieren zu können. Es war wirklich ein genialer Plan. *Think big!* Doch gab es auch ein großes Problem.

Florida ist bekannt für Alligatoren, und in diesem Baggersee wohnten schon seit Jahren mehrere von ihnen. Wie würde man diese fangen und aus dem See herauskriegen können? Das Gebäude, die Location, alles war perfekt. Da konnte es doch nicht an den Alligatoren scheitern!

Für mich waren sie aber auch ein Wink des Universums mit einem großen Zaunpfahl. Ich fragte Gloria um Rat. Am Telefon sagte sie mir: »Wenn du es willst, wird es dir gelingen, diesen Laden zu eröffnen. Du wirst Erfolg haben, aber auch sieben Jahre an diesen Laden gekettet sein, bevor du ihn verkaufen kannst. Überleg es dir gut. Willst du das?«

Nein, das wollte ich auf keinen Fall. Ich hätte vielleicht noch ein Jahr durchgehalten, aber nicht länger. Die Luft war raus. Die Routine setzte ein, und ich hatte Routine noch nie gemocht. Es fehlte mir einfach die Herausforderung. Einen zweiten Laden aufzumachen, wäre letztlich dasselbe in Grün gewesen, nur ein bisschen größer.

Ich dachte darüber nach, was mich glücklich machen würde. Was wollte ich? Meine kleinen Werbejobs kamen zu dieser Zeit immer häufiger herein. Gloria riet mir, diese andere Bühne, die ich brauchte, zu finden und auszuleben, wie sie sich ausdrückte. Sie hatte recht. Das machte mir Spaß, und ich verdiente gutes Geld. Außerdem war ich ja bereits Mitglied der Schauspielergewerkschaft.

Ich nahm inzwischen regelmäßig Unterricht mit Schauspiellehrern und besuchte Workshops. Sollte ich es wirklich versuchen? Dann müsste ich aber auch alles auf eine Karte setzen und ins Mekka des Filmgeschäftes ziehen: nach Hollywood.

Ein zweiter Laden kam nicht in Frage. Und auch meinen ersten musste ich aufgeben. Es hatte alles vor mir gelegen, ich war jedoch lange nicht in der Lage gewesen, es zu erkennen. Zu sehr war ich eingespannt gewesen, zu sehr Teil meiner eigenen Maschinerie geworden.

Als ich den Entschluss einmal gefasst hatte, ging alles ziemlich schnell. Ich traf mich mit Spezialisten und Beratern, wie ich es anstellen könnte, den Laden optimal zu verkaufen, merkte aber, dass ich ihn eigentlich so schnell wie möglich loswerden wollte. Egal zu welchem Preis. Meine Freiheit war mir wichtiger, und ich wollte raus.

Als sich meine Expansionspläne in der Windsurfszene herumgesprochen hatten, sprach mich einmal eine meiner Kundinnen an, ob ich einen stillen Teilhaber bräuchte. Das ist es, dachte ich. Ich unterbreitete ihr also ein Angebot und fragte, ob sie den ganzen Laden übernehmen wollte. Hauptsache, es ging schnell. Und das tat es. Sie schlug ein. Windsurfing Madness wechselte innerhalb von nur sechs Wochen mit allem Drum und Dran den Besitzer. In diesen sechs Wochen durfte ich mir nichts anmerken lassen, und ich sagte es meinen Angestellten erst am Abend zuvor. Sie waren geschockt.

Einen Tag darauf räumte ich mein Büro und betrat das Geschäft nie wieder. Ich fuhr nach Key West und hatte einen kleinen Zusammenbruch. Ich heulte drei Tage lang. Der immense Druck, der seit der Eröffnung bis zu diesem Tag auf mir gelegen hatte, war vorbei. Kein Hamsterkäfig mehr. Die Fesseln waren gelöst, und ich hatte gerade noch rechtzeitig die Kurve gekriegt.

Über meinen Vater - Achtung, Wiederholung!

Wenn man merkt, dass man in manchen Eigenschaften dem Vater ähnlich wird, das Verhältnis zu ihm aber angespannt ist, versucht man nach Kräften, die Fehler, die man im Vater sieht, nicht zu wiederholen.

So erzählte mein Vater zum Beispiel immer die gleichen Geschichten, und selbst ich konnte feststellen, dass er vielen Menschen Geschichten oder Witze dreimal oder viermal erzählte, ohne es zu bemerken. Diese haben dann meist aus Höflichkeit nichts gesagt und sich alles noch einmal angehört.

So habe ich immer genau darauf geachtet, mir zu merken, wem ich was erzählt hatte, um diesen Fehler nicht ebenfalls zu machen. Und wenn ich mir nicht sicher bin, dann haue ich meist schnell den Satz raus: »Wenn ihr die
Geschichte schon kennt, dann sagt es bitte.«
Das klappt sicher nicht immer, aber ich gebe mir Mühe.

KAPITEL 13

Von Freiheit und Sternentoren

(1990-1995)

Die große Freiheit

Der Prozess des Schreibens einer Biografie ist schon eine merkwürdige Reise. Viermal gab mir das Schicksal in meinem Leben die Gelegenheit, mich mit meinem Vater auszusprechen. Viermal sollte es scheitern. Da war zunächst die Reise nach Rom, nach meinem Skiurlaub, dann der Trip durch Spanien, sein Besuch bei mir in Florida und als ich ihn zu seinem Kameradentreffen nach Bad Winzheim fuhr. Immer, wenn ich mit ihm zusammen war, in einem Auto, in einem Raum, alleine, war es für mich ein beklemmendes Gefühl, in seiner Gegenwart zu sein. Das hatte in frühster Kindheit begonnen und sich immer weiter fortgesetzt. Doch warum?

Wieder bestätigt sich, es gibt im Leben keine Zufälle.

Ich hatte Florida hinter mir gelassen und konnte sogar das Haus im Victoria Park gewinnbringend verkaufen. Es ging zurück nach Deutschland, wo ich zuerst meinem Vater das geliehene Geld zurückgab und mich mit dem restlichen Geld an die Arbeit machte, mein Haus in Dänemark so umzubauen, dass ich es an Feriengäste vermieten konnte. Schließlich hatte ich noch einige Jahre an diesem Objekt abzuzahlen. Der Sommer in Dänemark war wunderschön. Ich fühlte mich frei. Der Stress und die Verantwortung für mein Geschäft in Florida waren wie weggeblasen.

Während ich das Haus umbaute, besuchte mich der kleine Carsten. Es war genau der Junge, der 1981 morgens um sieben mit seinen acht Jahren immer ganz aufgeregt vor der Tür gestanden hatte, um mir in meiner Windsurf-Schule zu helfen. Er war mittlerweile 18 Jahre alt und Elektriker. Seine Hilfe beim Umbau kam mir wie gerufen. Mein Plan war es, sobald ich mit dem Umbau des Hauses fertig wäre, nach Los Angeles umzuziehen. Das Baumaterial war in Deutschland billiger, und so fuhr ich oft nach Fehmarn oder nach Hamburg, um dort einzukaufen.

Auf einem der Abstecher nach Hamburg lernte ich Kathy kennen, die eine Werbeagentur führte. Spontan sagte sie mir, ich solle mein Bild und Resümee an RTL schicken. Die suchten gerade jemanden für die Rolle des Dennis, eines Tennis-Lehrers. Es handelte sich um eine vierteilige Serie mit Hans-Joachim Kulenkampff unter dem Titel *Die große Freiheit.* Der Name gab mir zu denken.

Warum das so war, sollte ich bald erfahren, habe es aber erst heute, hier in Montana, am 14. September 2020 bewusst realisiert. Der Titel war kaum ein Zufall. *Die Große Freiheit.* Meine große Freiheit. Sie sollte mit diesem Film beginnen.

Ich bereitete also alles vor, versiegelte und verschickte den Umschlag und fuhr zurück nach Dänemark in mein Haus, um dort weiterzubauen. Ich hatte als Kontakt die Telefonnummer von Magret in Hamburg angegeben. Eine Woche später war ich wieder dort, Ich stand vor der Wohnungstür meiner Schwester und wollte gerade aufschließen, da hörte ich ihr Telefon klingeln. Ich schloss schnell die Tür auf und meldete mich mit »Hier bei Wilder!« Man verlangte nach Nick Wilder. »Sie haben uns Ihre Unterlagen geschickt. Könnten Sie in einer halben Stunde im *Hotel Elysee* sein, um den Regisseur zu treffen?« Und ob ich das konnte! Eine halbe Stunde später stand ich vor ihm. »Ach, Sie sind auf dem Weg nach Hollywood. Auf die Rolle passen Sie ja perfekt.« Er begutachtete mich noch einmal von oben bis unten. »Sie sind als Tennislehrer gecastet.« Kein Vorsprechen, keine weiteren Fragen. Er hatte nicht einmal ein Demo-Band von mir gesehen, denn das gab es zu diesem Zeitpunkt noch gar nicht. Einige Wochen später fingen die Dreharbeiten in Hamburg an. Den Toningenieur und seinen Assistenten sollte ich einige Jahre später auf dem Traumschiff wieder treffen. Die Welt des Films ist klein. Man trifft sich in der Branche immer wieder.

Der Star des Ganzen war Hans-Joachim Kulenkampff. Er war mir eigentlich immer eher wie ein Showmaster vorgekommen. Wenn wir auf den Hamburger Straßen drehten, liebte er die Menschenmenge und ließ sich gerne von den Passanten ansprechen. Auch abends im *Elysee* gab es immer große Runden, die mit Alkohol gesegnet waren. Wie verrückt war das eigentlich? Plötzlich drehte ich mit Heidi Kabel, Kulenkampff und Karin Dor! Im Oktober 1991 schmiss RTL dann eine große Party in St. Pauli an den Landungsbrücken auf dem Schiff Rickmer Rickmers, um den Vierteiler der Presse vorzustellen.

Hier saß ich nun zwischen Dor, Ernst Stankowski, Ernst Hilbig, Kulenkampff und meiner Filmpartnerin Eva Freese auf einer richtigen Pressekonferenz. Das waren damals schon wirklich große Namen im Fernsehen. Und ich war mittendrin. Zwar hatte ich mit meiner Karriere noch gar nicht richtig angefangen, meine Karriere fing aber schon mit mir an. Ich war mir nur damals noch nicht wirklich bewusst, wie das alles im Leben noch zusammenhängen würde.

Denn jetzt, nach fast 29 Jahren, realisiere ich etwas Unglaubliches: Die Rickmer Rickmers, das Schiff der Brüder Bertram und Erck Rickmers, zwei Reeder aus Hamburg, die 2016 eine Flotte von über 222 Schiffen managten, war die Grundlage für meine Rolle des Johannes Feddersen bei *Rote Rosen* ab 2017. Er ist nämlich die Verkörperung des einen dieser Brüder. Kann so etwas Zufall sein? Ich stelle mir die Frage jeden Tag, besonders jetzt, da ich auf mein bisheriges Leben zurückblicke.

Alte Pfade

Am 2. November 1991 stand es dann auf der Titelseite des Fehmarnschen Tageblatts. Man berichtete darüber, besuchte meinen Vater auf dem Hof und machte ein Foto von uns beiden. Mein Vater sah auf dem Foto etwas unglücklich aus. Er hatte es immer noch nicht verdaut, dass sein jüngster Spross in seinen Augen wieder mal alles hingeschmissen und den Laden verkauft hatte und nun auf einmal etwas ganz anderes machen wollte: nämlich Schauspieler werden. Ihm war das irgendwie alles peinlich, denn das Produkt, den Film, hatte er ja noch gar nicht gesehen. Ich erinnere mich gut, wie steif er in diesem Interview war. Fast war es mir damals, als lehne er sich zur Seite, um nicht zu mir zu gehören. Aber vielleicht war das nur Einbildung. Man erwähnte im Artikel auch, dass ich in den USA schon einmal einen kurzen TV-Auftritt in der bekannten Serie *Miami*

Vice gehabt hatte, und auch, dass der Fehmaraner Klaus Wilder eigentlich nur nach Europa zurückgekehrt war, um sein Haus in Dänemark zu restaurieren, als plötzlich das Angebot von RTL gekommen war. Die ganze Insel wusste es also jetzt: Nick Wilder, der mal Klaus Wilder geheißen hatte, wollte jetzt Schauspieler werden. Es war meinem Vater so peinlich!

Nach dieser Mini-Pressekonferenz auf dem Hof ging es für mich wieder in Dänemark aufs Dach, und ich baute weiter. Zu Weihnachten setzte ich mit der Fähre über den großen Belt und war das erste Mal nach langer Zeit wieder auf dem Hof in Altjellingsdorf, dort, wo ich geboren wurde. Ich war in meiner Heimat. Diesen Begriff zu verwenden, war jedoch schon damals ein seltsames Gefühl. Ich fühlte mich fremd auf dem Hof. Er gehörte inzwischen auch offiziell meinem Bruder, der geschieden und wieder neu verheiratet war und mit seiner Familie dort lebte. Hier saß ich jetzt also im Kreise meiner Mutter, meines Vaters, meines Bruders, seiner neuen Frau, zu der ich keinen Bezug hatte, und meiner Schwester Magret. Wäre sie nicht gewesen, ich hätte daran gezweifelt, im Kreis der richtigen Familie zu sitzen. Alles erschien mir fremd. Am liebsten hätte ich geschrien und wäre gegangen. Die Beklemmung war kaum auszuhalten. Und da war es wieder, diese Gefühl der Unterdrückung: Artig sein! Auf diesem Hof hatte sich nichts geändert.

Ich wusste, dass es ganz sicher das letzte Mal war, dass ich dort Weihnachten feiern würde. Leid tat mir nur meine Mutter. Meinem Bruder war es stets egal, was seine Geschwister machten. Ob ich studierte oder Winzer wurde; bei ihm ging es immer nur um ihn. Ich hatte es längst aufgegeben, in ihm einen Bruder zu sehen. Als ich später von seinem Tod erfuhr, spürte ich nichts. Nicht das Gefühl von Verlust, einfach nichts.

Wunder gibt es immer wieder

Ich wollte nur noch frei sein. Den Laden in Florida gab es nicht mehr. Ich hatte 8000 Dollar und würde bald im Flieger nach Los Angeles sitzen. Nur noch ein paar Wochen in Dänemark durchhalten, bis alles fertig war. Mein Plan ging auf: Durch die jährliche Vermietung zahlte sich die Rest-Hypothek von alleine ab. Somit war auch dieser Druck weg.

Als *Die große Freiheit* im Januar 1992 dann auf RTL lief, war ich in Dänemark in meinem Haus am Strand. Ich hatte meine dänischen Freunde eingeladen, zusammen mit mir meine deutsche TV-Premiere anzuschauen. Meine Rolle war nicht groß, aber es war eine Hauptrolle, und ich stand im Vorspann. Ein bisschen aufgeregt war ich schon, ließ es mir aber nicht anmerken. Kulenkampff war damals in Deutschland ein TV-Liebling und Karin Dor durch James Bond und andere Filme ein Weltstar. Und der Film lief zur Hauptsendezeit. Es war ein schöner Abend.

Die Freunde waren bereits gegangen, als das Telefon klingelte. Es war mein Vater. »Du noch auf?«, fragte ich. »Ja, wir haben Fernsehen geschaut.« Wohl nicht alleine, denn er zählte mehrere Namen von Freunden und Verwandten auf, die er anscheinend zu sich nach Hause eingeladen hatte, um gemeinsam mit ihnen die Sendung zu sehen. Ich fragte: »Und, wie war's? Hat es denen gefallen?«

Dann passierte es. Ich hörte es tatsächlich, ganz deutlich, auch wenn es nur durchs Telefon war. Hierauf hatte ich vierzig Jahre lang gewartet. Auf Platt sagte er: »Ich war richtig stolz auf dich!«
Wow. Es schnürte mir die Kehle zu. Mir wurde schwindelig. Ich konnte nicht antworten. Der Hörer rutschte mir aus der Hand und fiel auf den Boden. Es war, als hielte ich ein heißes Bügeleisen in der Hand. Hastig nahm ich ihn wieder hoch und beendete das Gespräch mit: »Wir sehen uns ja morgen
Abend.«

Am nächsten Tag wollte ich ohnehin noch einmal bei meinen Eltern vorbeischauen, bevor ich dann von Hamburg nach Los Angeles flog, um mich auf das Abenteuer Hollywood und die Schauspielerei einzulassen.

Doch kommen wir noch einmal zurück zum Telefonat. Was war das eben gewesen? Was ging da gerade in mir vor? Ich setzte mich auf einen Stuhl und blieb lange, sehr lange, sitzen. Ich war vollkommen neben der Spur.

Am nächsten Tag räumte ich draußen noch ein paar Sachen weg, drehte das Wasser ab, machte das Haus winterfest und nahm spät abends die Fähre von Rødbyhavn nach Puttgarden. Als ich in unserem Haus ankam, war meine Mutter schon im Bett. Mein Vater fragte mich, ob ich ein Glas Wein trinken möchte. Ich nahm dankend an. Wir schauten ein wenig fern. Dann hörte ich die Stimme von Gloria, der Wahrsagerin aus Florida, ganz laut in meinem Kopf. »Du musst mit deinem Vater sprechen, bevor er diese Welt verlässt.« Sie hatte es damals nur am Rande erwähnt, aber in diesem Moment spürte ich, dass der richtige Zeitpunkt gekommen war. Mein Herz fing an zu rasen. Ich griff nach der Fernbedienung und schaltete den Fernseher ab. Vater schaute mich fragend an. Ich nahm allen Mut zusammen. Wenn nicht jetzt, wann dann? »Ich muss mal mit dir reden«, meinte ich. »Vierzig Jahre habe ich darauf gewartet. Und jetzt hast du es einmal gesagt.« Er blickte mich an und fragte: »Was denn?«

Ich hatte den Satz schon angefangen und mir meine Worte auf der Fähre mindestens zehnmal zurechtgelegt. Aber dann brach alles um mich herum zusammen. Mein Herz raste mit maximaler Geschwindigkeit, mein Mund wollte nicht mehr so, wie ich es wollte, die Tränen schossen mir plötzlich in die Augen, mein ganzer Körper fing an zu zittern, und ich bekam panische Angst. Was passierte da mit mir? Ich wusste nur noch eins, hier musste ich jetzt durch, egal wie. »Was habe ich gesagt?«, hakte er noch einmal forsch nach. Ich konnte diesen Satz »Ich war stolz auf dich«, auf den ich jetzt fast vierzig Jahre gewartet hatte, einfach nicht aussprechen.

Wie lange dieser Zustand dauerte, weiß ich heute nicht mehr. Ich rang nach Luft, aber als ich mich dann wieder ein wenig beruhigt hatte, legte ich endlich los. Ich schrie ihn mit lauter Stimme an. »Mein Bruder war immer der Bessere, ich habe alles immer nur falsch gemacht, mit nichts warst du zufrieden, nie war etwas gut genug. Selbst als du in Amerika warst und den Laden gesehen hast, den ich aus dem Nichts aufgebaut habe, dazu noch in einem fremden Land, hast du mich nur gefragt: Verdienst du damit Geld? Ob ich glücklich war, war dir anscheinend egal. Es war immer nur das Geld. Das Scheißgeld!«

Ich sagte noch viele andere Dinge zu ihm, doch irgendwann war ich fix und fertig. Er schaute auf den Boden und meinte nur: »Das habe ich ja nicht gewusst.« Dann stand er auf und ging. Wohin? Ich war ja noch nicht fertig mit ihm. Ein paar Minuten, nachdem er das Zimmer verlassen hatte, ging ich auf den Flur, um ihn zu suchen und ihn weiter zur Rede zu stellen. Selbst draußen beim Auto war er jedoch nicht zu finden. Ich ging wieder ins Haus zurück und sah, dass in der Küche noch Licht brannte. Als ich die Tür öffnete, saß mein Vater am Küchentisch und hatte ein Stück Schwarzbrot mit Butter bestrichen, ein Stück Käse draufgelegt, und er war gerade dabei, eine Tomate kleinzuschneiden und sie auf das Stück Brot zu drapieren. Das war mein Lieblingsgericht. Das wusste er. Er schaute mich kurz an, schob den Teller zu mir rüber und sagte: »Hier, bitte. Für dich!«

Ich hatte die Geste verstanden. Mehr war nicht drin. Kein »ich habe dich lieb«, keine Entschuldigung, nichts. Das war alles, zu was diese Generation fähig war. Aber ich hatte es verstanden. Und seine Geste war groß. Ich setzte mich und fing an zu essen. Es war still am Tisch. Wir sprachen kein Wort. Während ich aß, spürte ich, wie Tausende von riesengroßen Felsen von meinen Schultern rollten und ich mich von allem Ballast befreite. Diese Sucht, dieses ewige Verlangen, vom Vater einmal aufrichtig und ehrlich gelobt, ja geliebt, zu werden. Aus unzähligen Gesprächen mit anderen Menschen weiß ich heute, dass ich mit diesem Verlangen und dieser tiefen Erwartungshaltung, die wohl in jedem Kind steckt, nicht alleine war. Aber an diesem Abend hatte sie sich erfüllt.

Es bedurfte keiner besonderen Erklärung. Es war alles gesagt. Vater und ich trafen uns – zum ersten Mal – auf Augenhöhe. Von Mann zu Mann. Ohne dass ich Angst verspürte. Ohne die Distanz.

Mein erster Film *Die große Freiheit* konnte für mich keinen besseren Titel haben, denn er brachte mir *meine* Freiheit. Ich hatte mich mit meinem Vater ausgesprochen. Ich hatte mich der Aufgabe gestellt. Ich hatte ihm alles gesagt.

Heute weiß ich, dass mein Vater die treibende Kraft war. Ohne ihn hätte ich es nicht geschafft. Meine Sucht nach seinem Lob und seiner Anerkennung hatte mir die Kraft gegeben, die unmöglichsten Dinge zu vollbringen: Meine Band zur zweitbesten Schülerband Deutschlands zu machen, mein Abitur zu schaffen, mich in Dänemark, einem fremden Land, als junger Mensch zu behaupten, die Sprache zu lernen, mein eigenes Geschäft dort aufzubauen, Weltmeister im Windsurfen zu werden, einen Universitäts-Abschluss zu bekommen, ein wunderschönes Geschäft in Florida ohne eigenes Kapital aufzubauen, eine Green Card zu erhalten, diesen großen Sprung nach drüben über den großen Teich zu schaffen und jetzt auch noch meinen Jugendtraum, Schauspieler zu werden und ins Filmgeschäft einzusteigen, zu erfüllen.

Ich atmete dreimal tief durch und schlief erschöpft ein.

Am nächsten Morgen fühlte ich mich leicht. So leicht, als wären mir über Nacht Flügel gewachsen. Endlich war ich bereit, ganz alleine meinen weiteren Lebensweg zu beschreiten. Als wir uns beim Abschied noch einmal in die Augen schauten, traf mich für eine Zehntelsekunde ein vielsagender Blick von ihm. Ab jetzt musste ich nur noch einem etwas beweisen: mir selbst. Ich wollte es schaffen, mein nächstes Ziel zu erreichen: Als Schauspieler meinen Weg zu finden, damit Geld zu verdienen, davon leben zu können und mir eine Existenz aufzubauen. Und Freude daran zu haben!

Hollywood, here I come!

Endlich war ich frei von den Fesseln meines Vaters, die sich letztlich nicht als Fesseln herausgestellt hatten. Jetzt wollte ich es mir selbst beweisen. Doch in dieses ungewisse Abenteuer zu springen, machte mir schon etwas Angst. Ich hatte gemischte Gefühle.

Als ich in Los Angeles ankam, suchte ich Gloria auf. Sie wohnte in Marina del Rey, denn sie war mittlerweile von Florida nach L. A. umgezogen und hatte dort eine kleine Wohnung. Ich mietete mich bei ihr für ein paar Monate ein und kaufte mein erstes Möbelstück, ein großes Bett. Gleich in den ersten paar Wochen traf ich eine sehr nette ältere Dame in einem Supermarkt. Sie saß im Rollstuhl, und ich half ihr mit ihrem Einkaufswagen an der Kasse. Sie bedankte sich höflich und fragte mich, ob sie mich einladen dürfe. »Wozu?«, fragte ich. »Toastmaster!« Ich hatte keine Ahnung, was das war, wurde aber neugierig und sollte es schnell herausfinden. An dem darauffolgenden Abend traf ich auf eine Gruppe von Menschen, die mir erklärten, worum es ging. Toastmaster hilft, die Angst zu verlieren, vor fremden Menschen zu sprechen. Man lernt, sich zu einem bestimmten Thema vorzubereiten, seine Gedanken zu ordnen und diese Themen dann mit Augenkontakt zum Publikum und unterstreichenden Gesten innerhalb einer bestimmten Zeit vorzutragen. Gar nicht so einfach! Man traf sich wöchentlich, und ich blieb fast ein ganzes Jahr dabei. Rückblickend weiß ich, dass mir das damals die Grundlage für später gab. Als Herr Kaiser, egal bei welcher Veranstaltung, bat man mich oft, schnell mal auf die Bühne zu springen, ohne vorbereitet zu sein, und vor Tausenden von Menschen frei zu sprechen; ohne Lampenfieber und ohne Angst. Meine Freundlichkeit im Supermarkt hatte sich also ausgezahlt.

Als ich damals in Los Angeles ankam, kaufte ich mir auch noch mein Traumauto: einen gebrauchten Chrysler LeBaron Convertible. Er war schwarz und hatte ein weißes Dach. Das Gefährt hatte zwar schon einige Meilen auf dem Buckel, aber es war makellos, und ich fühlte mich wie im Himmel.

Als nächstes brauchte ich eine Wohnung und ging auf die Suche. Ich fand ein wunderbares Loft-Apartment in der Normandy Avenue. Es war bezahlbar und klein, aber fein, wie man so schön sagt. Die Wohnung war hell und die Decke hoch. Oben in der zweiten Etage konnte ich mein Bett aufstellen. Also auf zu IKEA! Ja, richtig, das gab es glücklicherweise schon damals in Los Angeles. Im Handumdrehen war die Wohnung eingerichtet.

Eines Abends, ich wollte gerade von der Franklin in die Normandy Avenue abbiegen, trat eine Fußgängerin plötzlich auf den Zebrastreifen und wollte die Straße überqueren. Alles ging so schnell! Ich hatte sie nicht gesehen und hätte sie fast mit dem Auto erwischt. Aus dem offenen Wagen heraus entschuldigte ich mich sehr laut und freundlich. Sie stoppte und schaute mich an. Irgendetwas war merkwürdig. Bis ich feststellte, dass es keine Frau war, sondern ein Mann in Frauenklamotten. Die Gegend, in der ich jetzt seit einem Jahr wohnte, war eine Hochburg der LGBT Community. *Welcome to Hollywood!*

Ich brauchte nun erst einmal ein paar gescheite Porträtfotos, die die Agenten dann an die Castingdirektoren schicken konnten. Einer der angesagtesten Fotografen war damals Alan Weissmann. Ich wurde nicht nur sein Klient, wir wurden auch sehr schnell Freunde. Er stellte mir über die Jahre viele Leute vor. *Hollywood is all about networking.*

Durch ihn lernte ich auch Lou kennen. Er stammte aus Südafrika und hatte mit dem Filmbusiness eigentlich nichts zu tun. Im Gegenteil: Er war Kinesiologe. Ich musste mir erst einmal erklären lassen, was das war. Doch war ich fasziniert von ihm und davon, wie gut und wie tief er die Kinesiologie beherrschte. Er benutzte mich oft als Medium, um aus der Ferne per Telefon seine Klienten zu diagnostizieren. Ein Prozess, der mich immer wieder faszinierte.

Dabei stand ich vor ihm; er murmelte alle möglichen medizinischen Fachausdrücke und nannte die jeweiligen Organe, die er gerade untersuchte. Ich konnte ihm nicht folgen und ließ es einfach über mich ergehen. Er drückte auf meinen rechtwinklig ausgestreckten Arm und versuchte, ihn herunterzudrücken. War die Antwort positiv, dann konnte ich seinem Druck leicht entgegenhalten, war sie negativ, brach mein muskuläres System völlig zusammen, und ich konnte dem kleinsten Druck seiner Hand nichts mehr entgegensetzen: Mein Arm ging runter. Ich habe in diesem Buch nicht den Raum, Kinesiologie zu erklären, es ist aber eine faszinierende Wissenschaft und ein geniales Werkzeug, den Körper zu erkunden, ohne invasiv zu werden. Ich freundete mich mit Lou an, und wir verbrachten viel Zeit miteinander.

Eines Tages fragte er mich, ob er einmal meine Chakren testen sollte. Warum nicht? Ich war für alles offen. Ich legte mich also auf die Bank, und er fing mit dem Basis-Chakra an. Alles war okay, und ich konnte jedes Mal mit meinem Arm dem Druck seiner Hand entgegenhalten. Bis er zum Hals-Chakra kam. Dieses steht für Kommunikation. Mein Arm sackte ab, als hätte ich keinerlei Kraft. Also war da irgendetwas nicht in Ordnung. Er stellte schnell fest, dass von meiner Geburt an bis zu meinem sechsten Lebensjahr mein System perfekt reagiert hatte. Als er jedoch das sechste Lebensjahr abfragte, brach mein System zusammen.

Das ergab direkt Sinn für mich, denn mit sechs Jahren hatte ich damals dieses tolle Gefühl von Freiheit verloren und mich der Schule unterordnen müssen. Die Zeit des Spielens war vorbei, und der Ernst des Lebens begann. Schule und Kommunikation? Ja, vielleicht. Er versuchte jetzt, herauszufinden, was der tieferliegende Grund dafür sei. Er testete die Verbindung zur Mutter, zu meinen Geschwistern, doch alles war gut. Aber eine Sekunde, bevor er den Begriff Vater ins Spiel brachte, versagte mein System intuitiv komplett. Ich hatte keine Kraft, seinem Druck zu widerstehen. Mein Arm sank in die Tiefe. Ich bekam plötzlich einen unkontrollierbaren Heulkrampf, der einige Minuten dauerte. Ich hatte keine Ahnung, warum ich plötzlich so emotional wurde. Etwa zwanzig Minuten später testete Lou noch einmal. Diesmal blieb der Arm oben, und er meinte, es wäre jetzt alles wieder richtig eingestellt. Was meinte er damit?

Etwa zwei Wochen, nachdem Lou mich durchgecheckt hatte, sagte mir eine Freundin am Telefon: »Sag mal, was ist denn mit deiner Stimme los? Du klingst ja auf einmal total sexy.« Darüber musste ich erst einmal nachdenken und dachte zuerst, sie mache Spaß. Ich fing an, mir selbst zuzuhören, und stellte fest, dass mein Brustkorb beim Sprechen vibrierte. Ich nahm meine Stimme auf einem Tonband auf. Dann holte ich ein paar alte Videobänder aus dem Schrank und verglich meine Stimme damit. Es war ein riesiger Unterschied! Vorher hatte ich geklungen, als hätte man mir beim Sprechen den unteren Hals abgeschnürt. Die Stimme war flach, ohne Resonanz und klang sehr hell. Jetzt war sie plötzlich tiefer, und ich spürte ganz deutlich, wie bei jedem Ton, den ich von mir gab, mein Brustkorb vibrierte wie ein Resonanzkörper; meine Stimme war nun eine ganz andere. Sie klang wesentlich tiefer.

Es fiel mir wie Schuppen von den Augen. Ich war seit ein paar Monaten überzeugt davon, dass ich seit meiner Aussprache mit meinem Vater die Angst ihm gegenüber verloren hatte und in Zukunft wirklich mit ihm kommunizieren konnte.

Die Stimme ist eines der wichtigsten Organe eines Schauspielers. Ohne unsere Stimme sind wir nichts. Ich hatte plötzlich die Stimme, die zu mir passte.

Ja, ich hatte mich wirklich endlich losgesagt. Ein letztes Mal noch war er vorhanden gewesen, mein Vater. In mir. In meinem Hals-Chakra. Damit hatte ich nicht gerechnet.

Stotterstart

Doch wie stellte man es jetzt an, Hollywood zu erobern? Okay, erobern klingt ein bisschen hoch gegriffen, erst einmal: Wie könnte ich hier überleben, meine Miete zahlen und etwas zu Essen kaufen?

Jeder Schauspieler träumt davon, nach Hollywood zu gehen und es irgendwie zu schaffen. Auch wenn es manche vielleicht nicht zugeben würden. Aber es ist nun mal die Höhle des Löwen. Hollywood ist und bleibt eine Traumfabrik. Täglich kommen in dieser Stadt hunderte von Menschen an, beseelt vom immer gleichen Traum, und täglich fahren hunderte wieder nach Hause, die nach Jahren ihren Traum beerdigen müssen.

Wenn man es als deutscher Schauspieler versucht, sind die Hürden doppelt so hoch. Was für eine glückliche Fügung für mich, dass ich meine Green Card sowie die Mitgliedschaft in der Schauspielergewerkschaft bereits in der Tasche hatte, oder?

Dennoch besaß ich immer noch einen leichten Akzent. Deshalb schrieb ich mich gleich 1992 bei der Universität in Los Angeles ein und fing an, Phonetik zu studieren. Es handelt sich dabei um eine sehr präzise Wissenschaft, die enorm hilft, seines Akzents Herr zu werden oder sich gewisse Dialekte sogar anzueignen.

Ich schrieb viele Agenturen an, telefonierte viel und hatte einige Interviews. Eine Agentur nahm mich dann schließlich auch auf, die vorrangig im Bereich Werbung, also TVSpots und Modeling für kommerzielle Zwecke, aktiv war. Sie schickte mich direkt zu Castings, und ich landete auch ein paar gute Jobs, die finanziell ein bisschen was abwarfen. Doch ist L. A., wie gesagt, keine billige Stadt. Das Geld war schnell wieder weg.

Dann fragte ich bei anderen Casting-Agenturen an, ob ich vielleicht dort arbeiten könnte, ohne Bezahlung. Vielleicht bräuchte man ja jemanden im Büro oder beim Casting-Prozess. Ich musste mich so schnell wie irgend möglich in die Filmwelt Hollywoods eingraben. Es hagelte Absagen, doch endlich klappte es! Im Büro von Carolyn Barry hatte ich Glück. Sie war spezialisiert auf Werbe-Castings. »Commercial-acting« nennt man das. Und in der Werbe-Branche sah ich meine besten Chancen, denn ich hatte ja schon einige Kampagnen in Florida und auch in Deutschland gemacht.

Ich organisierte also fortan ihre Workshops, registrierte die Schüler, bereitete den Klassenraum vor und konnte somit sogar unentgeltlich zuhören. Bei ihren Castings machte ich die Videoaufnahmen, schrieb die Namen der Schauspieler auf, ordnete die Castingbänder und bekam einen sehr guten Einblick, wie die Dinge abliefen. Ich lernte so zwar viele Leute kennen, aber damit verdiente ich ja kein Geld.

In Los Angeles gibt es einen alten Witz. Wenn jemand sagt, er oder sie sei Schauspieler, dann ist die nächste Frage immer: »Und in welchem Restaurant arbeitest du?« Das ist leider Realität! Viele

Schauspieler jobben nebenbei in irgendeinem Restaurant oder in einer Bar, weil sie sonst niemals in dieser Stadt überleben könnten. Ich hatte mir geschworen: Ich würde niemals jemandem einen Cappuccino oder ein kaltes Bier servieren. Es musste auch anders gehen.

Alles außer Kellner

Meine gute Freundin aus Florida, Julie, war mittlerweile auch nach Los Angeles gezogen. Sie wusste, dass ich ein geschickter Handwerker war, und stellte mich Karen vor. Diese suchte jemanden, der ihr Haus komplett renovieren konnte. Sieben Dollar pro Stunde konnte sie zahlen, Essen und Trinken sollte zudem inklusive sein. Als ich damit fertig war, kam gleich der nächste Job. Und so war ich für einige Zeit Handwerker.
Mundpropaganda ist wunderbar!

Vor ein paar Jahren habe ich in einem alten Umzugskarton zufällig etwas wiedergefunden: Es war ein Gedicht, das ich Karen damals geschrieben hatte, auf Englisch. Welcher Handwerker macht das schon? Was hatte mich damals bloß motiviert, unter die Dichter zu gehen? Es war gar nicht mal so schlecht und auch irgendwie witzig. Ich bedankte mich darin für den Job, den sie mir gegeben hatte.

Mittlerweile hatte ich auch einen richtigen Agenten. Joel Kleinmann hatte sich auf Schauspieler spezialisiert, die keine Amerikaner waren: Russen, Italiener, Deutsche; er hatte ein sehr gemischtes Klientel. Ich fing an, regelmäßig zu richtigen Castings für Kino- und TV-Filme zu gehen. Das taten aber auch tausende andere Schauspieler, die mir sogar ähnlich sahen und in meiner Kategorie unterwegs waren. Man bekommt dadurch schnell ein dickes Fell. Es hagelte mal wieder eine Absage nach der anderen. »Thank you!«, war meist das letzte Wort, das man vom Caster oder der Casterin hörte.
Und dann nie wieder etwas anderes.

Die nächsten Wochen war ich damit beschäftigt, alle möglichen kleinen Bau-Jobs anzunehmen. Das Geld investierte ich wiederum in

Kamera-Workshops und Schauspielunterricht. In einem der Workshops schnappte ich auf, wie eine Studentin von einem Kurs für eine ganz spezielle Massagetechnik sprach: Jin Shin Do (»Der Weg des mitfühlenden Geistes«). Es ist eine einzigartige Synthese traditioneller japanischer Akupressurtechnik, klassischer chinesischer Akupressurtheorie, der Segment-Theorie von Reich, Taoistischer Philosophie und Qigong-Übungen.

Das interessierte mich. Ich ließ mir die Telefonnummer geben und rief dort an. Glücklicherweise war gerade einer der zwölf Teilnehmer abgesprungen, und so wurde ein Platz für mich frei. Die Gruppe traf sich monatelang zweimal pro Woche. Es gab viel zum Mitschreiben, und alles wurde sofort in die Praxis umgesetzt, indem man die Techniken gegenseitig aneinander ausprobierte. Es geht bei Jin Shin Do darum, das Chi, also den Energiefluss, im Körper zu fördern und somit Körperblockaden zu lösen. Es ist weit entfernt von der typischen Massage. Ich fand das alles sehr spannend, konnte mir aber am Anfang nicht vorstellen, dass das »Wenige« so einen großen Effekt haben könnte. Ähnlich wie bei der Osteopathie, die ja auch sehr sanfte Methoden anwendet, die dann aber große Wirkung zeigen.

Ich kaufte mir eine klappbare Massagebank und fing an, mein Wissen an Freunden auszuprobieren. Anscheinend hatte ich wohl ein gutes Händchen, ein Ausdruck, der in dieser Situation wirklich gut passt. Dann belegte ich noch einen Kurs in Meridian-Streckung und entwickelte mein eigenes zweistündiges Massageprogramm. Ich unterlegte das Ganze mit entsprechender Musik, zum Beispiel von dem amerikanischen Flötisten Carlos Nakai, einem Indigenen, oder Peter Kater mit seiner wunderschönen Klaviermusik.

Am Ende der Massage hatte ich aber immer ein Problem: Die Klienten waren komplett weggetreten! Doch brauchte ich meinen Tisch für den nächsten Termin, oft genau am anderen Ende der Stadt. Und ich hasste es, sie aus ihrem »schwebenden Zustand« in die Realität zurückzuholen.

Ich schwor mir damals: Sollte es mit der Schauspielerei nicht klappen, würde ich auf dieses Thema zurückkommen. Ich habe persönlich sehr viel aus dieser Arbeit gelernt. Erstens gab sie mir im richtigen Moment meines Lebens die Möglichkeit, Geld zu verdienen, ohne – so wie ich es mir geschworen hatte – als Kellner Kaffee oder Bier zu servieren, und zweitens war ich jetzt flexibel mit meiner Zeit.

Ich konnte mir meine Massagen und die Casting-Termine entsprechend einteilen. Wer einmal in Los Angeles war, vor allem in dieser Branche, weiß, wie anstrengend ein Tag auf den Straßen von L. A. sein kann.

Die Castingbüros, zu denen man fährt, befinden sich nicht alle im gleichen Gebäude, nein, noch nicht einmal im gleichen Stadtteil. Ich verbrachte die meiste Zeit im Auto, und obwohl ich schon alle Seitenstraßen und Schleichwege kannte, genau wusste, welche Freeways man zu einer bestimmten Zeit nicht befahren durfte, steckte ich immer, wie Tausende mit mir, im Verkehr fest. Schon damals gab es den berüchtigten *Traffic Jam,* für den diese Stadt so bekannt ist. Man kam eigentlich jedes Mal gestresst beim Termin an, weil man Angst hatte, ihn zu verpassen.

Für die Leser, die nicht im Filmgeschäft unterwegs sind, hier eine kurze Erklärung: Ein Casting ist der Prozess, in dem man für eine bestimmte Rolle vorspricht. Das wird dann auf einem Video-Band aufgenommen. Da es meist um ein Zusammenspiel mit einer anderen Person geht und die Szene einen Dialog hat, braucht man ein Gegenüber. Das ist dann meist ein Assistent. Die Kamera wird auf einen gerichtet, und man spielt die Szene durch. Meist bleibt nicht viel Zeit, etwas für die Rolle vorzubereiten. Man bekommt jeweils nur die Seiten, auf denen der Dialog für den Charakter steht, für den man gecastet werden soll.

Daraus wird nicht immer ersichtlich, wie diese Person gestrickt ist und was für Charaktereigenschaften sie besitzt, beziehungsweise nach welchen Motiven diese Person handelt. Man verlässt sich da meist auf seinen Instinkt und interpretiert und entscheidet sich, es so oder eben anders zu spielen. Hollywood erscheint einem dann plötzlich wie ein Fließband, wie eine Fabrik.

Immer wieder kam am Ende eines Castings dann der gleiche Satz: »Thank you. We will call your agent.« Und anschließend hörte man nie wieder was von denen. Hunderte von Castings verliefen so. Doch sollte sich das bald ändern.

Mein erster bezahlter Auftritt war in der weltbekannten und zu dem Zeitpunkt sehr beliebten Soap *General Hospital.* Ich teilte sogar eine Szene mit den Hauptdarstellern Luke & Laura. Dann folgten Auftritte in den Soaps *Schatten der Leidenschaft* sowie *Reich und schön.*

Eines Tages stellte ich mich im Büro des American Film Institutes vor. Ich sprach mit der Sekretärin Corinne Kason, die ebenfalls Schauspielerin war und dort nebenbei arbeitete. Sie mochte mich, und über sie bekam ich einen Job bei ihr im Büro, allerdings ohne Bezahlung. Auf diese Weise konnte ich nun Filmstudenten bei ihren Projekten helfen. Ich machte so ziemlich alles, was es an Jobs in der Film-Branche gab. Ich wollte überall reinschauen, um einen Eindruck zu bekommen. Manchmal durfte ich sogar als Schauspieler in den Abschlussfilmen der Studenten mitwirken. *Learning by doing!* Zwischendurch dann immer wieder Massagen und ab und zu mal eine Küche fliesen oder eine Gipswand erneuern. Geld kam immer rein. Und zwischendurch steckte man verlässlich im Stau fest.

Der Riss im System

Viele werden das kennen: Man kann immer viel machen, solange die Gesundheit es zulässt. Wenn man jedoch nicht vorsichtig ist, kann es damit auch schnell vorbei sein.

Die ganze Zeit über trieb ich viel Sport, ging zum Beispiel in Venice am Strand oder oben in den Bergen rund um das Griffith Observatorium joggen. Ich war zudem Mitglied in einem Fitnessclub und spielte Racquetball, das man am ehesten mit Squash vergleichen kann.

Monatelang duellierte ich mich mit den Spielern vor Ort, hatte aber immer nur meinen deutschen Squash-Schläger. Der ist von der Fläche wesentlich kleiner und weiter weg von der Hand wegen des längeren Schafts. Irgendwann leistete ich mir dann einen richtigen Racquetball-Schläger und ging damit voller Stolz zum Fitness-Center. Meine Spielpartner sahen mich und baten mich sofort mitzuspielen. Ohne mich vorher zu strecken oder warm zu machen, ging ich aufs Spielfeld. Ich traf jeden Ball. Was für ein Unterschied so ein Schläger doch machte. Wow! Ich war begeistert und machte sie alle platt. Ja, ich fühlte mich unbesiegbar, wie Achilles eben, und grätschte in jeden

Ball hinein. Doch wer ist schon unbesiegbar? Boom! Einen lauten Knall später lag ich plötzlich auf dem Boden. Niemand wusste, was los war; niemand hatte etwas gehört, nur ich.

Als ich aufstehen wollte, fiel ich gleich wieder um. Was war bloß mit meinem rechten Fuß los? Verstaucht? Ich humpelte rüber zum Jacuzzi und saß dort für eine gute Stunde. Wärme tut ja bekanntlich gut. Es wurde jedoch nicht besser. Irgendetwas stimmte nicht. Nachmittags ging ich zum Arzt. Die Diagnose war niederschmetternd: Kompletter Riss der rechten Achillessehne. Sie war zerfetzt wie Spaghetti, meinte der Doc.

Die Operation fand direkt am nächsten Tag statt. Zum Glück war ich in der amerikanischen Schauspielergewerkschaft und hatte somit eine sehr gute Versicherung. Das ist in Amerika wirklich extrem wichtig, denn sonst wird es schnell sehr teuer. Er nähte die Achillessehne an eine zweite Sehne, und dann bekam ich einen Gips. Drei Monate sollte ich diesen tragen. Augenblick. Drei Monate lang kein Geld verdienen? Konnte ich damit überhaupt massieren? Autofahren? Und wie sollte ich demnächst meine Miete zahlen?

Über meinem Traum von Hollywood zogen dunkle Wolken auf.

Einige Tage vor meinem Unfall hatte ich Michelle kennengelernt. Sie war frisch aus Florida angekommen, hübsch, temperamentvoll und hatte immer gute Laune. Wir waren zu einem Dinner verabredet. Doch musste ich sie nun anrufen und ihr sagen, dass ich morgen operiert werden würde und das Dinner canceln musste. »Wie kommst du nach der OP nach Hause?«, fragte sie. »Soll ich dich abholen?« Das nahm ich natürlich dankend an. Ich hatte noch nie einen Gips an meinem Körper gehabt und fühlte mich nach der OP ziemlich unbeholfen. Und dann diese blöden Krücken! Michelle holte mich also vom Krankenhaus ab und bot mir an, ein paar Tage bei ihr zu bleiben. Sie wollte für mich kochen und mir all die Sachen besorgen, die ich brauchte. Da hatte ich wohl Glück im Unglück!

Das Problem war jedoch: Sie hatte nur ein Bett. Das war aber groß, King Size, und bot Platz für zwei. Hat jemand von euch den Film mit Jamie Lee Curtis und Kevin Kline gesehen? *Ein Fisch namens Wanda?* Die Szene, in der John Cleese mit ihr im Bett ist und in verschiedenen Sprachen sprechen soll, um sie sexuell zu stimulieren?

Ich zitiere Michelle einfach mal. Sie sagte damals: »Du bist doch Deutscher, Nick. Kannst du bitte Deutsch reden? Und sag bitte etwas richtig Versautes!« Im Leben wächst man ja bekanntlich an seinen Erfahrungen, auch wenn ich diese nicht unbedingt gebraucht hätte und sie als sehr skurril empfand. Aber was tut man nicht alles, um über die Runden zu kommen? Und man muss sich ja auch gelegentlich mal dankbar zeigen, wenn sich jemand so liebevoll um einen sorgt.

Ihr nächster Wunsch überstieg dann allerdings meine Dankbarkeit ihr gegenüber. Sie meinte eines Abends: »Ich habe mal vor Jahren eine SS-Uniform auf einem Flohmarkt gekauft. Die liegt noch zu Hause in Florida. Meine Mutter könnte sie mir schicken. Würdest du sie dann anziehen?« Damit toppte sie die Vorlieben von Jamie Lee Curtis.

Ich schob alle möglichen Gründe vor, dass ich dringend wieder zurück in meine eigene Wohnung musste, und sah Michelle danach nie wieder. Ich verbuchte es unter Lebenserfahrung und konnte damit immerhin meine sexuellen Grenzen neu ausloten und bewerten.

Ein Hauch von Kaiser

Ich brauchte also wieder mal einen Job, um die nächsten Monate zu überleben. Mir fiel Michael Kölln ein, der früher eine Klasse unter mir gewesen war und in L. A. in einen Parkservice am Flughafen investiert haben sollte. Michael war jedoch zu dieser Zeit in Deutschland und gab mir daher die Nummer seines Managers. Der suchte gerade einen Nachtwächter. Sind es Zufälle, oder ist es das, was man daraus macht? Der Impuls war schließlich von mir gekommen; dass die Stelle aber zu vergeben war, hatte ich nicht beeinflussen können. Vermutlich ist es immer eine Mischung aus vielen Faktoren.

Ich fuhr also runter zum Einstellungsgespräch. Mein Auto hatte ein Automatik-Getriebe, und ich wurde schnell Experte darin, den Wagen nur mit dem linken Bein zu fahren. Auch mit meinen Krücken wurde ich immer schneller. Als Nachtwächter musste ich dafür sorgen, dass, wenn spät abends noch Flüge hereinkamen, die Autos für die anreisenden Kunden gewaschen und poliert von einem Fahrer zu dem entsprechenden Terminal gefahren wurden, wo sie auf den Kunden warteten und dieser dann direkt sein Auto übernehmen und nach Hause fahren konnte. Man half dem Kunden noch mit dem Koffer, bekam meist noch ein kleines Trinkgeld und musste dann irgendwie versuchen, zur Basis zurückzukommen. Den Job übernahm ich auch oft, wenn der Wagen ein automatisches Getriebe hatte. Durfte ich das überhaupt mit meinem Gipsbein? Nicht lange fragen, war die Devise! Die Gelegenheit auf ein Trinkgeld wollte ich mir nicht nehmen lassen. Das Geld ging schließlich schneller weg, als es reinkam. Ersparnisse besaß ich keine.

Doch nahte die Rettung bereits: Einige Wochen vor meinem Unfall war ich auf einem Werbe-Casting für die Auto-Nobelmarke *Cadillac* gewesen. Diese hatten damals vier Modelle. Für jedes Modell suchte man einen Schauspieler für ihre neue, große Jahreskampagne. Für das Model *Seville* sollte es ein Typ Geschäftsmann sein, der aus dem *Wallstreet Journal* die neuesten Innovationen der Firma *Cadillac* erfährt und zustimmend nickt. Ich setzte mir also eine intelligent wirkende, runde Nickelbrille auf, zog einen Anzug an und versuchte, den „vertrauenerweckenden Eindruck“ durch die Kamera überzeugend rüberzubringen. Es klappte auf Anhieb, und ich bekam den Job. Es handelte sich ein weiteres Mal um einen Werbespot, der in ganz Amerika auf allen Sendern zu sehen war. Das füllte für den Moment die Kasse.

Doch war ich drei Monate später schon wieder am Verzweifeln und dachte bereits über einen Bankraub nach. (Natürlich nicht ernsthaft!) Da rief mich mein Agent an. Man hätte alle vier Spots in einer Marktanalyse getestet und versucht herauszufinden, wie sie auf den Konsumenten wirkten. Mein Spot hatte mit Abstand am besten abgeschnitten. So gut, dass man sich von den anderen drei Darstellern (einem Rancher, einer Frau und einem Afro-Amerikaner) trennte und mein Gesicht auf jeden Werbespot für die vier verschiedenen Modelle setzte. Und da klingelte die Kasse, das kann ich dir sagen! Tantiemen für jeden der vier Spots prasselten plötzlich herein. Ich konnte aufatmen.

Es kam sogar noch besser: Man plante plötzlich, eine nationale Printkampagne zu erstellen. In einem grünen Anzug stand ich, ehe ich mich versah, mit Gipsbein in einem Studio irgendwo in L. A. neben der Kühlerhaube eines *Cadillacs Seville* und gab mir die größte Mühe, so überzeugend glücklich wie nur möglich auszusehen. Es sollte auf den amerikanischen Autokonsumenten ansteckend wirken. Kein Problem. Ich strahlte wie ein Honigkuchenpferd, denn dafür gab es jetzt zusätzlich noch einmal Geld obendrauf, und die Zukunft sah wieder rosig aus, trotz meines Unfalls.

Barry Junior

Ich hatte nun bereits ein Jahr in meiner Wohnung verbracht, und der Vertrag sollte für ein weiteres Jahr erneuert werden. Ich wollte dort aber nicht mehr länger wohnen. Es war mir doch zu abgeschieden.

Die Anzeige für ein Zimmer in einer großen Villa in den Hollywood Hills sprach mich sehr an. Ich fuhr hin und schaute es mir an. Es war ein wirklich wunderschönes Haus in den Bergen. Der Besitzer, Barry, meinte, ich müsste mir die Küche und das Wohnzimmer mit zwei anderen Personen teilen. Für mich war das kein Problem. Mein Zimmer war das schönste von allen. Es war zwar nicht sehr groß, hatte aber eine Terrassentür, die zum Pool führte. Zwei Schritte aus der Tür hinaus, und ich konnte in den Pool springen. Und ich hatte mein eigenes Bad. Die Sache war klar: Ich zog ein!

Meine Mitbewohner waren ganz in Ordnung. Er war Rausschmeißer in einer Bar und hatte unmenschlich große Muckis; sie stammte aus Australien und war Stripperin in einem Table-Dance-Club. Durch ihre unterschiedlichen Arbeitszeiten begegnete ich beiden kaum und kann mich nicht einmal mehr an ihre Namen erinnern.

Mein Vermieter lebte zurückgezogen in der Garage, die er sich als Apartment ausgebaut hatte. So etwas ist in L. A. üblich, um sich zusätzlichen Wohnraum zu verschaffen. Ab Donnerstag sah man ihn fast gar nicht mehr. Das ging jede Woche so. Dann kamen ein paar sehr attraktive Damen zu Besuch, und erst am Sonntag sah man sie wieder gehen. Es kam mir alles ein bisschen merkwürdig vor. Eines Tages fragte Barry mich, ob ich ihn zu einer Autowerkstatt fahren könnte. Er wollte sein Auto abholen. Wir fuhren ein Stück und fingen ein Gespräch an. Er fragte mich, woher ich käme und ob ich Geschwister hätte. Irgendwann kamen wir auf das Thema Vater, und ich erzählte ihm die Geschichte, wie mein Vater mich nach 40 Jahren das erste Mal gelobt hatte. Dann passiert etwas sehr Seltsames. Barry fragte mich, ob ich wüsste, wer er sei. Ich hatte natürlich keine Ahnung.

Er war Barry Goldwater Jr., Sohn des berühmten Politikers Barry Goldwater. Sein Vater war 1964 der republikanische Präsidentschaftskandidat gewesen und hatte damals die Wahl verloren. Barry wurde nun sehr emotional und öffnete sich mir gegenüber. Wir teilten ein ähnliches Schicksal. Er hatte in seinem Leben nie eine emotionale Verbindung zu seinem Vater aufbauen können, dem übergroßen und übermächtigen Politiker und Patriarchen Barry Goldwater. Auch er hatte versucht, seinem Vater mit allen Mitteln zu imponieren. Doch dieser sah ihn nicht, nahm ihn einfach nicht wahr. Er erzählte mir von einer Reise zum Colorado River. Damit hatte er gehofft, endlich die emotionale Verbindung zwischen seinem Vater, sich und seinem eigenen Sohn herzustellen. Doch das passierte nicht. Barry war immer noch extrem enttäuscht davon und sagte mir, wie sehr er mich beneiden würde.

Da saßen wir beide nun also in meinem Auto, erwachsene Männer, weinten ein bisschen und teilten etwas sehr, sehr Intimes. Genau wie ich war Barry sein Leben lang einem Lob und einer Anerkennung seines Vater hinterhergerannt. Seine eigene politische Karriere, die er 1982 beendet hatte, war nicht so erfolgreich verlaufen wie erhofft, und er steckte 1993 in einem tiefen emotionalen Loch. Tagelange Partys, Alkohol, Drogen; sein Leben war exzessiv. Er suchte später Hilfe und fing sich dann. Heute ist er Leiter des konservativen Goldwater Institutes in Phoenix, Arizona.

Obendrauf gibt es nun aber noch etwas Schräges: Ich rief während der Arbeit an diesem Buch aus Neugierde in diesem Institut an und wollte einfach wissen, wie es Barry geht. Seine Sekretärin Dominique war sehr nett und sagte mir, er sei fit und gesund. Sie gab mir die Nummer seiner Privatsekretärin. Als ich dort anrief, meldete sich der Anrufbeantworter. Es war Barrys Stimme. Ich hinterließ ihm eine Sprachnachricht.

Ein paar Tage später begrüßten wir neue Gäste in unserem Gästehaus. Mark und Jennifer waren aus Arizona eingeflogen. Unser Gespräch kam auf meine Memoiren, und sie fragten mich, worum es denn in diesem Augenblick gerade gehen würde. Ich erzählte die Geschichte von Barry Goldwater. Da sagte Mark zu mir: »Das gibt es ja nicht. Barry Goldwater? Ich war mit seiner Nichte verheiratet und habe ihn erst vor kurzem getroffen.«

Konnte das wirklich wahr sein? Mark und ich riefen Barry dann gemeinsam an. Wie klein ist diese Welt, bitte?

Was kannst du spielen?

Doch gibt es auch noch andere Dinge, die eigentlich unfassbar, für mich aber inzwischen nicht mehr verwunderlich sind.

Ich hatte zwar schon über ein Jahr in Los Angeles überlebt, parkte Autos am Flughafen, flieste Küchen, massierte meine Klienten, rannte zu Castings und hatte auch immer wieder mal einen Job als Schauspieler, aber irgendwie ging es nicht so richtig voran.

Dann traf ich Jay Howarth. Sie war einfach unglaublich, sah verdammt gut aus, war blond, hübsch, frech und hatte Feuer im Arsch. Sie war auch noch nicht allzu lange in Los Angeles, aber bereits mit vielen Leuten verknüpft. Sie ging ständig auf Partys und schleppte mich dann mit. Wir wurden ein Paar.

Auf diesen Hollywood-Partys lief es immer gleich: Man stellte sich gegenseitig vor, und es wurde gefragt, was man beruflich denn so macht. Jay sagte immer: »Mein Freund ist Schauspieler.« Und dann fragte man mich, was ich denn so vorzuweisen hätte. Irgendeinen Film, in dem ich vielleicht mitgespielt hatte, den man kannte? Nein, den gab es nicht. Ich erzählte also von den wenigen Projekten, die mein karges Resümee zierten. Ich kam mir langsam immer kleiner und unwichtiger vor.

Jay merkte das und sagte mir eines Tages: »Nick, du machst alles falsch. Du tust nichts anderes, als Klinken zu putzen. Du lässt neue Fotos machen, schneidest deine fünf Szenen, die du auf deinem

Videoband hast, tausendmal um und hoffst, dass dich jemand bemerkt. Das ist der falsche Weg.« Ich war ein wenig sauer. »Gut«, meinte ich, »du bist zwar keine Schauspielerin, aber wenn du so schlau bist und es besser weißt, dann sag mir doch bitte mal, wie es geht.« Sie fragte mich: »Was kannst du spielen?« Wie aus der Pistole geschossen antwortete ich, wie wahrscheinlich jeder Schauspieler: »Alles!«

Sie ließ sich jedoch nicht beeindrucken: »Kannst du einen Schwarzen spielen? Oder einen Japaner?« Was für eine blöde Frage! »Natürlich kann ich das nicht, weil ich ja nicht so aussehe!«, konterte ich.

»Also frage ich dich jetzt nochmal«, setzte sie nach. »Was kannst du spielen?« Ich überlegte für einen Moment ernsthaft und kombinierte laut: »Ich bin Europäer, spreche alle skandinavischen Sprachen, habe an der Universität studiert. Ich könnte zum Beispiel einen schwedischen Archäologen spielen.« Ich schaute sie an, sie nickte und meinte: »Gut, das würde ich dir glauben. Das könntest du. Das passt zu dir.«

»Ja, und jetzt?«, wollte ich wissen. »Jetzt kommt der schwere Teil. Alles fängt im Kopf an«, meinte sie. »Du musst es dir vorstellen, ausmalen, lass deiner Fantasie freien Lauf. Und glaub mir, dann passiert es auch. Geh nach Hause, mach das mal ein ganzes Wochenende lang und fokussiere dich nur darauf. Das ist wirklich Arbeit.«

Noch niedergeschlagener fuhr ich in meine Wohnung und war sehr deprimiert. Das erste Mal in meinem Leben fühlte ich mich wirklich leer und antriebslos. Ich weiß noch genau, dass ich an dem Abend auch nicht bei ihr übernachten wollte, sondern mich lieber bei mir in der Wohnung unter meiner Decke verkroch.

Am nächsten Tag machte ich mich dann aber an die Arbeit. Eigentlich tat ich es mehr Jay zum Gefallen, damit ich ihr sagen konnte, dass ich ihren Rat befolgt hatte.

Ich saß dann tatsächlich meditierend den größten Teil des Wochenendes im Garten bei Barry, ganz allein, spielte mit Sand und stellte mir vor, ich sei irgendwo in Ägypten in der Wüste in einer Art Ausgrabungsstätte in der Nähe der Pyramiden, und irgendwann kam sogar Harrison Ford vorbeigeritten. Ich war mitten in einem Abenteuerfilm. Zwischendurch, das muss ich ehrlich gestehen, fand ich das allerdings schon ziemlich albern. Und am Montag fand ich es dann sogar langweilig und war mit meiner Übung durch. Ich dachte nie wieder daran.

Zu dieser Zeit war ich wirklich am Boden und sicher kein angenehmer Partner. Deshalb ging es mit mir und Jay auch ziemlich schnell zu Ende. Es war eine kurze, aber doch sehr intensive Affäre. Ich war schon etwas traurig, denn ich mochte sie sehr. Aber da war einfach nichts mehr zwischen uns.

Im Nachhinein stellte ich jedoch fest: Jay hatte in meinem Leben erscheinen müssen. Das war Bestimmung. Ich brauchte nur noch etwas über ein Jahr, bis ich verstand, was da Seltsames geschehen war.

Das verdiente Geld ging weiterhin schnell wieder weg. Schauspielkurse, Essen, Wohnung, Auto, Versicherung; jeder Job, der irgendwie Geld brachte, diente dem schlichten Überleben in der Stadt der Engel.

Intellektueller Windsurfer

Eine Schauspielkollegin hatte mich mal wieder als Masseur weiterempfohlen. Beverly Dean wollte mich sehen. Sie war eine etwas rundliche, damals vielleicht 65-Jährige Dame, klein, mit einer sehr lauten Stimme. Man spürte ihre italienische Abstammung durch und durch. Und sie war streng katholisch. Der heilige Sankt Anthony war ihr Held! Ihre Wohnung war voll mit Statuen von ihm.

Ihre Beine taten ihr immer so weh, erzählte sie mir. Doch auf eine Massagebank wollte sie nicht. Sie blieb einfach, rund wie sie war, auf dem Sofa liegen, und ich sollte einfach mal loslegen. Es war eine etwas seltsame Situation, und ich musste schmunzeln, denn Beverly war schon sehr eigensinnig. Doch was auch immer ich an diesem Abend machte, es wirkte Wunder, und sie bat mich, am nächsten Tag gleich wiederzukommen. Danach sollte ich direkt bei ihr bleiben, denn sie veranstaltete bei sich immer einen Improvisations-Abend mit ihren Schauspielern. Es handelte sich also um eine Art von

Improvisationstheater. Hier sah ich dann auch zufällig Kevin Sorbo wieder, den ich bereits mehrfach bei Castings getroffen hatte, von dem ich aber nicht gewusst hatte, dass Beverly seine Managerin war. 18 Monate später sollte er mit seiner Hauptrolle in *Hercules* weltbekannt werden. Jim Caviezel war ebenfalls anwesend. Auch er war damals noch nicht bekannt, würde aber einige Jahre später durch *Die Passion Christi* oder *Person of Interest* berühmt werden. Beverly glaubte an alle ihre Schäfchen und sah in jedem von uns einen potenziellen Star. Und sie glaubte auch an mich und dass sie für mich etwas bewegen könnte.

Freudig rief sie mich eines Tages an und meinte: »Nick, ich habe die ideale Rolle für dich. Der deutsche Sender RTL will eine zwölfteilige Serie auf Hawaii drehen. Darin gibt es die Rollen eines Surfers und eines Windsurfers, der um die 40 Jahre alt, etwas über 1,80 Meter groß, blond und blauäugig sein soll. Allerdings ist es sehr merkwürdig, dass die Castingdame dich nicht zum Casting zulassen will. Verstehst du das?«

Wie bitte? Beverly Dean kriegte mich nicht in dieses Casting rein? Sie war immerhin eine Agentin, die man in Hollywood wirklich schätzte und kannte! Ich passte haargenau auf die Beschreibung dieser Person und war obendrein auch noch Weltmeister im Windsurfen. Das war schon sehr merk würdig. Ich wollte der Sache auf den Grund gehen.

Am Tag des Castings wartete ich draußen, bis eine der Teilnehmerinnen herauskam. Sie hatte für die dritte Hauptrolle gelesen, hieß Kismet Salem, kam aus München und sprach natürlich auch Deutsch. »Kannst du für mich bitte die Adresse vom Produzenten rausfinden?«, bat ich sie höflich. Sie rief mich später an und gab sie mir. Dann schnitt ich zuhause ein paar Szenen meines Demos zusammen und fügte noch ein paar heiße Windsurf-Action-Szenen hinzu, in denen ich wild in den Wellen surfte. Ich erklärte kurz, wer ich war, und dass ich in Kürze auf dem Weg nach Dänemark sei. Falls Bedarf bestünde, könnte man mich dort telefonisch erreichen. Der Produzent hieß Peter Trunk. Heute weiß ich gar nicht mehr, warum ich damals überhaupt nach Dänemark musste, aber das Timing war mal wieder unglaublich.

Gerade in Dänemark angekommen, stand ich mit meinem Koffer vor meinem Haus und hörte drinnen das Telefon klingeln. Ich schloss schnell die Tür auf und nahm ab. Peter Trunk war am Apparat und wollte Nick Wilder sprechen. Um es kurz zu machen: Er konnte auch nicht verstehen, warum man mich nicht ins Casting gelassen hatte, aber ich wäre die ideale Besetzung für die Rolle. Die des Surfers war an Diego Wallraff gegangen. Er fragte, ob wir nach meiner Rückkehr nach L. A. direkt ein Casting vereinbaren konnten. Aber natürlich konnten wir das! An einem Freitag betrat ich wieder amerikanischen Boden und fand über die Gewerkschaft heraus, dass Diego gerade im *Pasadena Play House* ein Stück probte. Ich suchte ihn auf und fragte, ob wir die Szene für Montag schon mal am Sonntag üben könnten. Wir trafen uns und verstanden uns auf Anhieb.

Am Sonntagabend rief dann mein Agent Joel an. »Nick, wie gut ist dein Schwedisch?«– »Fließend«, antwortete ich. »Gut!«, meinte er. »Ich habe morgen Vormittag ein Casting für dich. Nichts Großes. Vier Sätze. Ich schicke dir gleich die Seiten.« Das lief damals immer per Fax. Ich studierte den Text. Es war die Rolle eines schwedischen Archäologie-Professors. Der Film hieß *Stargate.* Er sagte noch etwas von einem deutschen Regisseur namens Roland Emmerich, von dem ich schon mal gehört hatte. Es waren drei Seiten per Fax, und die Szenen kamen direkt am Anfang des Films. Sie spielten 1928. Ein Professor kam darin mit seiner Tochter in einem archäologischen Ausgrabungscamp irgendwo in Ägypten an, und der Vorarbeiter zeigte ihm den Fund: das Sternentor.

Der Dialog war natürlich auf Englisch geschrieben, aber man erwartete, dass ich meine Rolle auf Schwedisch spielen konnte. Ich lernte den Text und überlegte mir: Was ziehe ich an? Es spielte schließlich 1928. Khaki-Klamotten wären doch bestimmt gut, überlegte ich mir. Hemd, Hose. Ja, das passte zur Rolle. Eine Nickelbrille vielleicht? Das war intellektuell. Haare mit strengem Seitenscheitel, bisschen Pomade ins Haar? Super. Das passte doch.

Am Montagmorgen ging ich zum Casting und fand mich pünktlich zu meiner bestellten Zeit ein. Als ich in den Raum trat, war dieser schon ziemlich voll. Sehr viele mir sehr ähnlich sehende Männer saßen auf den Stühlen, und einige kamen sogar aus Schweden. Fast alle trugen Khaki-Klamotten, hatten Pomade im Haar und einen Seitenscheitel. *Holy Shit,* dachte ich, auf jeden Fall lag ich mit meinem gewählten Outfit schon mal nicht ganz falsch. Dann war ich dran.

Am Sternentor gleich links

Die Casting-Direktorin hieß April Webster. Sie war eine äußerst charmante Frau und meinte: »Nick, es sind ja nur vier Sätze hier in dem Skript. Könntest du ein bisschen improvisieren und die Rolle etwas größer machen?« Das lag mir, das war kein Problem!

Zu dem Zeitpunkt hatte ich schließlich gerade drei Improvisationskurse parallel belegt. Aus dem Stand fing ich an, Schwedisch zu sprechen, und führte meine nicht anwesende Tochter durch ein Labyrinth von schönen Steinen, Sand, Schmuck und irgendwelchen Sehenswürdigkeiten. Ich konnte an Aprils Gesicht sehen, dass sie kein Schwedisch verstand und keinen Schimmer hatte, von was ich da sprach. Nach drei Minuten beendete sie meinen Monolog und meinte: »Kannst du heute Nachmittag zum *Producers Callback* kommen?« *Producers Callback*? Ich wusste nicht so richtig, was ein Callback ist, aber konnte es mir denken. Eine zweite Chance. Die wollte mich noch mal sehen. Eine Art Vorsprechen vor den Produzenten vermutlich.

Leider ging das aber nicht, was April ein wenig irritierte. Sie drehte mein Foto um und schaute auf mein Resümee, das immer noch nicht viel dicker geworden war. Ich erklärte ihr, dass ich am Nachmittag ein ganz wichtiges Casting für RTL hätte und für die Hauptrolle gecastet werden solle. Sie wusste, was RTL war, und drückte ihr Verständnis aus. »Wie wäre es denn mit morgen früh?«, sagte sie zu meiner Überraschung. »Morgen früh geht«, meinte ich und ging.

Das Casting bei Peter Trunk für RTL hätte nicht besser laufen können. Peter war überrascht, wie toll Diego und ich harmonierten. Naja, wir hatte ja auch am Tag vorher geprobt. Davon wusste er aber nichts. Wir sollten uns am Abend alle in einem Restaurant treffen, um das Ganze zu feiern. Denn Kismet, Diego und ich standen jetzt für den Hauptcast fest.

Ich konnte es nicht glauben! Zwölf Folgen sollten für RTL gedreht werden. Und dann noch auf Hawaii! Ich konnte in der Rolle sogar wieder windsurfen. Das hieß auch, ich würde einen festen Job haben und Geld verdienen. Doch halt, nicht so schnell. Denn fast hätte ich bei der ganzen Freude das Casting am nächsten Tag vergessen, so überdreht war ich an diesem Abend.

Also wieder rein in die Khaki-Klamotten. Bei meinem zweiten Anlauf waren plötzlich nur noch drei potenzielle Schweden im Wartezimmer, die für die Rolle in Frage kamen. Ich wurde von April hereingebeten. In dem Raum saßen etwa zwanzig Menschen in Anzügen. Alle Augen lagen auf mir. An der Wand links kauerten zwei Typen in Jeans und T-Shirt, lässig an die Wand gelehnt. Eine der beiden schaute auf mein Resümee und meinte auf Englisch: »Nick, sprichst du auch Deutsch?« Ich bejahte. Das war Dean Devlin, der Kreativ-Partner von Roland Emmerich. Der andere sagte im gleichen Augenblick etwas zu einem der Männer an den Tischen, und ich hörte deutlich einen deutschen Akzent heraus. Spontan fragte ich ihn auf Deutsch: »Sag mal, bist du auch Deutscher?« – »Ja!«, antwortete er. »Und woher kommst du?«, wollte ich wissen. »Aus Sindelfingen«, meinte er trocken. »Ach, Sindelfingen. Da hatte ich mal von der Firma Faller einen kleinen Bahnhof zum Zusammenbauen für meine elektrische Märklin-Eisenbahn. Die Station hieß Sindelfingen.« Alle schauten uns beide ungläubig an. Nur eine Frau, seine Schwester Ute, die neben ihm saß, konnte uns folgen.

Dann ging alles sehr schnell. April unterbrach uns und forderte mich auf, loszulegen. Ich trug erneut meinen improvisierten Monolog mit meiner nichtanwesenden Tochter vor. Gut eine Minute später war alles vorbei. »Thank you!« Das kannte ich schon. Es hieß so viel wie »Sie dürfen jetzt gehen.«

Ich bedankte mich ebenfalls und war umgehend wieder draußen. In diesem Moment setzte mein Hirn wieder ein. War der Deutsche da drinnen vielleicht Roland Emmerich gewesen? Man bedenke: Es gab damals keine Frau Google, die man mal eben fragen konnte.

Oh Mann, dachte ich. *Das Ding hast du jetzt aber richtig verhauen.* Ich ärgerte mich aber nicht weiter. Denn in meinem Kopf war ich schon längst auf Hawaii. Um was für einen Film es hier gegangen war, spielte keine Rolle.

Noch gar nicht ganz zu Hause angekommen, rief mich Joel aufgeregt an und meinte: »Du hast die Rolle!« – »Was? Wirklich?« – »Nein!«, meinte er, »nicht *die* Rolle. Für einen Professor siehst du viel zu jung aus. Aber den Gegenpart, Foreman Taylor, den Leiter der Ausgrabungsstätte. Er hat genauso viele Sätze wie der Professor.«

»Gut!«, sagte ich leichtfertig, »wann geht's los?« – »Du musst sofort rüber zu den *Universal Studios* zur Anprobe.« Da konnte ich zu Fuß hinlaufen. Ich wurde schnell eingeklei det. Alle schwirrten um mich herum und brachten mir alle möglichen Klamotten. Dann passte es. Schaftstiefel, original von 1928, Pluderhosen, Hemd, Weste und so eine Art alter Golfmütze. Es waren fast alles Originalteile aus den zwanziger Jahren. Kaum war ich wieder zuhause, rief Joel erneut an. Es ging nun Schlag auf Schlag. Ich sollte gleich morgen mit dem ersten Flieger nach Arizona fliegen und dann weiter nach Yuma. *Yuma? Was zur Hölle war Yuma?* Ja, das sei ein kleiner Ort in Arizona. Dort würde der Film gedreht. Moment mal. Hatte da nicht irgendwas von Ägypten im Drehbuch gestanden? *Ach*, dachte ich mir, *dann ist es wahrscheinlich nur ein Studentenfilm oder ein Low-Budget-Projekt.* Kopf hoch! Hauptsache, ich hatte die Rolle für mein Resümee.

Am nächsten Tag saß ich im Flieger nach Phoenix. Dort stieg ich um in eine kleine Propeller-Maschine nach Yuma. Im Flieger fiel mir ein älterer Herr auf, mit einem weißen dünnen Schnurrbart. Ganz klar: Wenn ich der Castingdirektor gewesen wäre, das wäre mein Professor. Ich sprach ihn an und hatte recht. Es war Erik Holland, geboren in Norwegen, ungefähr 65 Jahre alt. Schwedisch sprach er zwar nicht, konnte aber Norwegisch und wollte einfach improvisieren.

Ein Fahrer holte uns am Flughafen ab. Fünf Minuten später kam uns ein großer Lastwagen mit Anhänger entgegen. Dieser war voll mit blauen Wasserflaschen. Der Fahrer meinte trocken: »Das ist das Wasser für die Komparsen.« Ich überlegte: *Wie, für die Komparsen?* Ich fragte ihn, wie viele denn dabei wären. Seine Antwort: »Eintausendzweihundert.«

Ich fragte Erik nach dem Budget des Films. Laut seinen Infos sollte es bei 55 Millionen Dollar liegen. Ich wurde langsam blass. Ob er wisse, wer noch mitspielen würde, fragte ich ihn. Die Antwort haute mich um: Kurt Russell, James Spader und noch ein paar große

Namen. Nein, das war kein Studentenfilm. Das war ganz großes Kino!

Wir checkten im Hotel ein, wurden abgeholt und zum Set gefahren. Der Fahrer hielt vor zwei riesigen Wohnwagen. »Here we are!«, meinte er. Auf der Tür des einen Wohnwagens stand ein Schild »NICK WILDER«, und auf dem anderen stand »ERIK HOLLAND«. Ich hatte einen Trailer ganz für mich allein? »Erik, ich habe meinen eigenen Trailer!«, rief ich. »Klar!«, meinte er. »Du hast ja auch eine volle Rolle und bist kein Komparse oder Kleindarsteller.«

Dann zogen wir unsere Kostüme an und wurden zum Set geführt. Roland Emmerich begrüßte uns und kommentierte begeistert, wie authentisch wir in unseren Klamotten aussahen. Er war es wirklich gewesen beim Casting.

Am Set wuselten, mit Komparsen und Crew, so etwa um die tausend Leute herum. Roland hielt sich bei uns mit SmallTalk auf, und ich kann mich heute noch daran erinnern, was für einen blöden Gedanken ich damals im Kopf hatte: Jungs, das kostet hier echtes Geld. Jede Minute bestimmt tausend Dollar. Wieso unterhält der sich so entspannt mit uns?

Am nächsten Morgen wurde gedreht. Am Tag zuvor stellte Roland Emmerich mir noch einen weiteren Kollegen vor: Sayed Badreya. Er war in der Anfangsszene des Films der Ägypter, der den Professor und seine Tochter begleitete, mich vorstellte und mit dem wir dann gemeinsam zur Fundstelle des Stargates hinübergingen. Roland meinte, Sayed solle mir noch einige arabische Phrasen beibringen, die ich dann locker in den Dialog mit einbauen könnte. Zum Beispiel: »Warum sind die Männer verängstigt?« Diesen arabischen Satz kann ich bis heute noch. Er lautet: »Leomal chai fin lae?«

Vor zwei Jahren nahm ich Kontakt zu Sayed auf. Als wir telefonierten, war es, als hätten wir erst gestern das letzte Mal miteinander gesprochen. Wir fanden heraus, dass es für uns beide der erste richtig große Film gewesen war, den wir drehten. Er hatte von mir geglaubt, ich sei ein routinierter Schauspieler, ein absoluter Profi, der schon viele große Filme gedreht hätte. Das gleiche hatte ich von ihm gedacht. Er wirkte total cool und relaxed. Von wegen, erzählte er mir, er sei so aufgeregt gewesen, dass er kaum laufen konnte an dem Tag. Er hatte total weiche Knie. Da wir die arabischen Sätze gemeinsam geprobt hatten, spielten wir auch immer wieder in seinem

Hotelzimmer die Szene durch. Das hätte ihn damals gerettet, beichtete er mir. Wir hatten uns also gegenseitig in die Steigbügel geholfen.

In der ersten Szene gleich am Morgen war die Kamera nur auf mich gerichtet. Ich erinnere mich, dass ich plötzlich ganz ruhig wurde und nicht glaubte, dass diese Szene genommen werden würde. Nur ich alleine und so groß im Bild, da könnte man ja denken, ich wäre der Hauptdarsteller. In der nächsten Einstellung war es dann eine Zweier-Einstellung mit Erik und mir. Ist schon komisch, was einem in solchen Augenblicken für Gedanken durch den Kopf gehen. Mein Gott, was wohl meine Schwester sagen würde, wenn sie mich in Hamburg im Kino sähe?

Während ich dies schreibe, habe ich Sayed gerade in Los Angeles angerufen, und wir sprachen noch einmal über unser gemeinsames Erlebnis. Der Titel dieses Films war sowohl für ihn als auch für mich symbolisch: Wir traten beide durch das Sternentor in die neue Welt. Es startete unsere Karrieren. Denn nicht nur für mich, sondern auch für Sayed, den jungen Mann aus Ägypten, wurde hier ein großer Traum wahr.

Er und ich hatten etwas gemeinsam: den Traum von Hollywood. Und auch er hatte ihn realisiert. Wer konnte also besser das Vorwort zu meinem Buch schreiben als er, bei dem der Prozess der Visualisierung von Träumen genau wie bei mir verlaufen war? Insgesamt verbrachte ich drei Tage am Set und fand mich danach auf dem Boden der Tatsachen in Los Angeles wieder. Zunächst zog ich bei Barry aus. Ich brauchte eine Veränderung und fand eine Bleibe bei einem Freund von Kismet. Einige Monate später, am 17. Januar 1994, morgens genau um 4:40 Uhr und 55 Sekunden, saß ich plötzlich senkrecht im Bett. Das Haus wackelte und vibrierte. Ein Erdbeben! Es war eines der stärksten, das jemals in Los Angeles gemessen wurde: 6,5 auf der Richterskala. Es dauerte gute zwanzig Sekunden. Da wir in den Hollywood Hills wohnten und festen Stein unter uns hatten, gingen nur drei IKEA-Gläser kaputt. Eine Meile weiter fielen ganze Apartmenthäuser zusammen, und Menschen starben.

Dennoch war Los Angeles für mich immer faszinierend. Man traf jeden Tag so viele neue Menschen. Es gäbe noch so viele Geschichten zu erzählen, aber dafür reicht die Zeit hier nicht. Letztlich veränderte auch keine dieser Geschichten mein Leben oder hatte wesentlichen Einfluss darauf. In diesem Buch möchte ich jedoch nur die Momente erwähnen, die große Bedeutung für mich hatten und die mich entweder bestärkten, veränderten oder mich etwas lehrten.

Wie zum Beispiel diesen: Mein Agent Joe war und ist immer noch mit Margit verheiratet. Sie leitete damals das Goethe-Institut in Los Angeles und war Deutsche. Durch sie sollte ich auf Billy Wilder treffen!

Wilder trifft Wilder

Es war der 6. Juni 1994. Ich hatte eine Einladung ins Institut, da man an diesem Tag offiziell die Goethe-Medaille an den weltberühmten Regisseur Billy Wilder verlieh. Es handelte sich dabei um eine Auszeichnung, die jährlich an fünf Personen überreicht wurde, die sich in der Wissenschaft, Literatur oder Kunst durch ihre Leistungen hervorgetan hatten. Billy Wilder und mein Vater sahen sich nicht nur ähnlich, sie hatten auch fast dieselbe Statur. Diese Version hier war vielleicht etwas kleiner und rundlicher. Insgesamt war er eine Gemütlichkeit ausstrahlende Figur. War ich am Ende vielleicht mit ihm verwandt? Das wäre doch ein Ding!

Hier stand ich nun also, vor *dem* Billy Wilder. Ich stellte mich ihm vor: »Hallo Mr. Wilder, schön, Sie kennenzulernen. Mein Name ist Nick Wilder.« Wir reichten uns die Hand, er lächelte mich an, und ich zeigte ihm gleich das Foto von meinem Vater. Dazu merkte ich an:

»Mr. Wilder. Ich habe mich immer gefragt, ob wir vielleicht verwandt sind.«

Hinter seiner übergroßen Brille musterte er lange das Foto meines Vaters, dann sah er mir direkt in die Augen. Mit starkem, unverkennbarem deutsch-österreichischem Akzent sagte er auf Englisch: »Ist das nicht der Kerl, der die Beleuchtung in meinem Film …« – doch den Titel wollte ihm einfach nicht einfallen.

Ich wunderte mich sehr über seinen Akzent. Nie vorher hatte ich ihn sprechen hören. Dann fiel es mir wie Schuppen von den Augen. Billy Wilder hieß eigentlich Samuel Wilder. Er war ein polnischer Jude, der seine Karriere in Wien begonnen, dann später in Berlin mit Erich

Kästner zusammen das Drehbuch für *Emil und die Detektive* geschrieben hatte, noch als »Billie Wilder«, und dann 1934 vor den Nazis geflohen und nach Amerika ausgewandert war. Daher der Akzent.

Hier Billy Wilder, ein Jude, dort mein Vater, der überzeugte Nazi und ehemals Mitglied der Waffen-SS. Ich wollte im Boden versinken. Dr. Feldman, Jon Grau, die Freunde von Mike Quickel, all das erschien direkt wieder vor meinen Augen.

Ich bat ihn schnell um ein Autogramm, sagte ihm, wie toll ich ihn finden würde, und versuchte, so elegant wie möglich aus dieser peinlichen Situation herauszukommen. Verwandt waren wir beide sicher nicht, doch schien es in den Sternen geschrieben zu sein, dass ich ihn treffen sollte und mir wieder einmal dieses peinlich beschämende Gefühl bereitet wurde.

Träumen können

Oft, wenn ich in L. A. auf die verschiedenen Castings ging, traf ich die gleichen Menschen. Das war jedoch auch logisch, es wurde ja immer ein bestimmter Typ gecastet, und somit waren auch all die anderen Herren vom Typ her genau in meiner Kategorie. Von den meisten erntete ich dann missgünstige Blicke, denn man war ja ein Konkurrent. Ich hatte das allerdings nie so gesehen. Entweder bekam ich den Job oder einer von denen. Es waren aber auch immer ein paar entspannte Kollegen dabei, mit denen man sich dann unterhielt oder anschließend noch ein Bier trinken ging. Kevin Sorbo war so einer.

Es war im Juli 1994, als ich aus einem Casting-Büro kam und einen Kollegen fragte, was er denn so am Wochenende machen würde. »Chicago!«, antwortete er. »Familie?«, fragte ich. Er verneinte. Er wäre wegen eines Jobs dort. Er sei eine *Spokes-Person* für eine große Firma. Das hatte ich ja noch nie gehört. Er klärte auf, dass er das Gesicht der Firma sei und schon seit Jahren Werbung im Fernsehen und in den Printmedien machen würde. Dazu musste er dann oft auf Tagungen ein paar Reden halten oder auf Firmenfesten durch den Abend führen. Das fand ich äußerst interessant.

Und ausnahmsweise ging es mir mal nur ums Geld. »Bezahlen die das gut?«, war meine nächste Frage an ihn. Er lächelte, und ich wusste die Antwort. Ja, sie bezahlten offenbar sehr, sehr gut.

Ich fuhr danach ins *California Pizza Kitchen,* mein Lieblingsrestaurant für den schnellen Hunger, und dachte während der ganzen Zeit über diesen Job nach. Werbegesicht! Ja, das wäre doch was für mich. Ich sah mich in dieser Rolle, stand in meiner blühenden Fantasie auf einer Bühne, schüttelte viele Hände, hielt eine Rede, drehte Werbefilme, eben all die Dinge, die der Kollege mir beschrieben hatte. Das fühlte sich richtig gut an. Und dann ließ ich den Gedanken einfach los und dachte nie wieder daran.

In dem Augenblick wusste ich nicht, dass ich, wie schon so oft vorher in meinem Leben, mit einer unbewussten, kindlichen Leichtigkeit gerade wieder das machte, an das mich Jay vor vielen Monaten erinnert hatte. Ich kreierte! »Es fängt alles im Kopf an. Wenn du es dir nicht vorstellen kannst, dann wird es auch nicht passieren«, hatte sie damals gesagt.

Dann kam im Oktober die Einladung zur Premiere von *Stargate* im *Grauman's Chinese Theatre,* dem berühmten Kino auf dem Hollywood Boulevard. Jetzt war ich schon etwas aufgeregt. Am Eingang traf man die Kollegen, wie die Make-up-Frau, die mich damals geschminkt hatte, Erik Holland oder Sayed. Ich fand meinen Platz im Kino und wollte mich gerade hinsetzen, da fiel es mir ein: *Augenblick mal,* dachte ich. Das gibt es doch nicht! Was hatte ich denn vor etwas über einem Jahr gemacht? Jay hatte mich doch gefragt, was ich spielen könne, und ich sollte diese sonderbare Übung machen. Ich hatte mir damals vorgestellt, ich sei ein schwedischer Archäologe in Ägypten in einer Ausgrabungsstätte, in einem Abenteuerfilm, und im Geiste hatte ich damals sogar die Pyramiden gesehen und Harrison Ford der vorbeiritt. Nun, in wenigen Augenblicken, würde genau so ein Film losgehen. Nur ohne Harrison Ford natürlich. Ich war sprachlos. Was passierte hier gerade? Konnte das wirklich sein?

Mir wurde in diesem Moment klar, dass Jay ein Engel war, der vor über einem Jahr in mein Leben getreten war und mir gezeigt hatte, was ich schon seit meiner Kindheit konnte, aber wozu mir damals der Mut verlorengegangen war: Träumen! Sich einfach etwas auszumalen und diesen Wunsch ins Universum zu schicken.

Als ich Jay damals getroffen hatte, war ich so deprimiert gewesen, dass diese Fähigkeit fast verloren schien. Doch sie hatte mir den Weg des Träumens neu gezeigt. Und hier erlebte ich jetzt das Resultat dieser eigentlich sehr einfachen Übung: Träumen, sich etwas ausmalen, wie ein Kind! Jay, ich danke dir an dieser Stelle von ganzem Herzen! Du warst wirklich mein rettender Engel.

Stargate hatte, wie schon *Die Große Freiheit* zwei Jahre zuvor, einen bedeutungsschwangeren Titel. Für mich war es das Tor zu meiner Karriere. Durch das Sternentor konnte ich in meine Zukunft treten. Ein unbeschreiblicher Moment!

Ähnlich musste es etwas später meiner Schwester Magret gegangen sein, als sie in Hamburg in der Grindelallee im Kino saß und den Film schaute. Als ich auf der Leinwand erschien, sprang sie auf und rief wie verrückt: »Das ist mein Bruder! Wow!« Sie war dermaßen aus dem Häuschen, dass alle um sie herum gedacht haben mussten, sie hätte sie nicht alle.

KAPITEL 14

Zeit, dass sich was dreht!

(1995-1997)

Mit *Stargate* hatte ich endlich den Fuß in die Tür bekommen. Nun sollte alles ganz schnell gehen. Plötzlich zierte ein Hollywood-Blockbuster mein Resümee, und ich erhielt Einladungen, um für wichtige Gastrollen in größeren Serien vorzusprechen. Und bald hatte ich auch einen neuen Manager: Gary Quinn, der uneheliche Sohn des Schauspielers Anthony Quinn.

Anfang 1995 fuhr ich nach Deutschland zurück und besuchte meine Eltern. Meiner Mutter ging es damals schon sehr schlecht. Mein Vater beschloss, sie in einem Heim in Heiligenhafen unterzubringen, damit man sie dort angemessen pflegen konnte. Er selbst war damit völlig überfordert. Sie konnte kaum noch sprechen, da die Parkinsonkrankheit ihr Sprachzentrum fast vollständig gelähmt hatte. Ich kann mich sehr gut daran erinnern, dass die größte Angst meiner Mutter immer darin bestanden hatte, einmal in so einem Pflegeheim zu landen. Angst essen Seele auf. Frei nach Fassbinder ist das leider ein wahrer Spruch. Und diese Angst hatte sie jetzt eingeholt.

Als ich sie dort besuchte, erinnerte ich mich an einen meiner ersten philosophischen Gedanken damals als Kind: Was wäre, wenn ich morgens aufstehen würde und hätte keine Angst mehr? Ich wäre wohl unbesiegbar. Und das stimmte.

Ansonsten besiegt dich nämlich die Angst.

So einfach ist das eben doch!

Meine Reise nach Deutschland nutzte ich auch noch beruflich und traf mich mit einer Agentin in Berlin. Sie wollte mich in ihre Agentur aufnehmen, da sie annahm, dass ich nach Deutschland zurückkommen wollte. Ich sagte ihr jedoch, dass ich in ein paar Tagen wieder zurück nach L. A. fliegen würde. Das verwirrte sie: Wie sollte sie mich vertreten, wenn ich nicht vor Ort wäre?

Also gab ich ihr meine Demo-Videobänder und ein paar Porträts und sagte ihr, wenn zufällig jemand für eine Rolle gesucht würde, solle sie doch einfach mein Material hinschicken.

»Das stellst du dir so einfach vor!«, sagte sie. Ja, das tat ich wohl. Und wie recht ich hatte! Denn der Rest ergab sich exakt auf diese Weise.

Gute Zeiten, schlechte Zeiten lief schon seit 1992 auf RTL. Nun wollte auch Sat.1 so etwas haben. Sie planten ihre erste Soap. Diese sollte noch besser werden als alles Bisherige auf dem Markt. Der Name des Formats lautete *So ist das Leben! Die Wagenfelds.* Meine neue Agentin schickte also mein Foto und mein Band an den Produzenten. Er sah mein Bild und meinte den Erzählungen nach direkt, dass er sich exakt so den Herrn Wagenfeld vorstellen würde.

»Der wohnt aber in Los Angeles und kann nicht mal eben schnell zum Casting nach Deutschland rüberkommen«, erklärte ihm meine Agentin. Doch das war egal. »Wir fliegen sowieso nächste Woche rüber nach L. A. und gucken uns mal an, wie die Kollegen das da drüben machen. Dann können wir Herrn Wilder auch gleich treffen.« So einfach hatte ich mir das wohl vorgestellt!

Dieses Treffen werde ich nie vergessen. Gernot, der Produzent, und sein Assistent saßen im Starbucks auf dem Santa Monica Boulevard in Hollywood und waren begeistert von der Stadt. Dort einmal hinzufahren und vielleicht in Amerika zu arbeiten, davon hatte er schon immer geträumt, beichtete er mir. Ich versuchte, nicht nervös zu wirken, und saß den beiden entspannt gegenüber. Ich vermutete, dass Gernot folgenden Eindruck von mir hatte: Hollywood-erfahrener Profi, total lässig und weiß, was er will. Von wegen! Ich war ja gerade mal seit gut vier Jahren als Quereinsteiger in dieser Branche unterwegs, und die Farbe hinter meinen Ohren schimmerte immer noch tiefgrün. Doch der erste Eindruck zählt, wie man so schön sagt, und wir verstanden uns auf Anhieb. Gernot bat mich, ein Videoband zu erstellen, in dem ich mich selbst aufnahm, um mich den Verantwortlichen im Sender vorzustellen. Das war schnell gemacht. Was ich genau auf dem Band gesagt habe, weiß ich heute nicht mehr. Aber es hatte irgendetwas mit meinem Vater zu tun, und da wurde es zwischendurch kurz emotional. Mir brach dabei ein paar Mal die Stimme weg. Mein Bauchgefühl sagte mir aber damals: »Lass es einfach so, wie es ist. Das passt schon.«

Dieses Band nahm Gernot mit in das Büro von Senderchef Peter Gerlach. Der weitere Ablauf wurde mir dann später folgendermaßen erzählt: Die Sekretärin von Herrn Gerlach nahm das Band entgegen, legte die Kassette ein, ging kurze Zeit später in das Büro ihres Chefs und sagte: »Herr Gerlach, den hier müssen Sie sich anschauen, ich glaub, das ist unser Herr Wagenfeld.« Ich erhielt kurz darauf einen Anruf in Los Angeles. Ich möchte bitte für Testaufnahmen rüberkommen.
Den Flug würde man mir sofort buchen.

Ein Produktions-Fahrer der Bavaria holte mich in München am Flughafen ab. Auf dem Weg zum Hotel saß ich vorne im Bus bei ihm, nicht hinten. Sich fahren zu lassen und hinten zu sitzen, hatte für mich immer so etwas Elitäres. Ich mochte das nicht, denn für mich sind in einem Film-Team alle gleich. Jeder ist wichtig. Man macht einen Film zusammen! Und dazu gehört auch der Fahrer. Vielleicht kam mir bei dieser Sichtweise zugute, dass ich über Jahre in so viele Aspekte von Produktionen hineingeschnuppert hatte und alles gleichermaßen zu schätzen wusste. Diese Leute wollten und mussten genauso arbeiten wie wir und leisteten einen wichtigen Beitrag. Viele vergessen das, sollte man aber nicht.

Außerdem verschaffte mir das gleich sehr viele Informationen über das Casting, das schon im Vorfeld gelaufen war. So zum Beispiel darüber, dass der bisherige männliche Favorit für die Rolle des Herrn Wagenfeld beim Casting sehr selbstverliebt aufgetreten sei und es die Produzenten genervt habe, wie er sich bei den Aufnahmen ständig im Monitor anschaute und seine Haare richtete.

Der Fahrer besorgte mir am Nachmittag die Telefonnummer von der Hauptdarstellerin Sabine Bach, die zu dem Zeitpunkt schon feststand. Mit ihr sollte ich am nächsten Nachmittag die Testaufnahmen machen. Ich rief sie direkt an und stellte mich kurz vor. Dann fragte ich sie, ob es ihr möglich sei, am nächsten Morgen ins Hotel zu kommen und mit mir zu frühstücken, damit wir uns besser kennenlernen konnten. Immerhin hatten wir ja in der Geschichte dieser Soap drei Kinder und waren schon seit 18 Jahren verheiratet.

Sie fand die Idee gut, und so saßen wir am nächsten Morgen im Hotel *Alter Wirt* in Grünwald und frühstückten gute zwei Stunden. Wir sprachen über mein Leben in Amerika und über ihre drei Jungs und gingen dann ein paar Mal den Text der Rolle durch. Am Nachmittag trafen wir uns dann im Studio und spielten die Szenen. Es fühlte sich für uns beide und alle Anwesenden im Raum an, als ob Sabine und ich uns schon ewig kannten. Zwischen uns herrschte eine Verbindung. Ich bekam sofort die Zusage und flog zurück nach Amerika, stellte in Los Angeles alle meine Sachen in ein Lager und jettete zurück nach München. Ein neuer Lebensabschnitt sollte beginnen.

Es war der 17. Juni 1995, als ich mich in Los Angeles in den Flieger setzte und auf dem Weg nach München war. Los Angeles stand derweil weltweit im Fokus der Presse. An diesem Morgen war auf allen Sendern die berühmte Verfolgungsjagd von O. J. Simpson zu sehen. Jede verfügbare News-Crew war mit ihren Kameras aus der Luft dabei und filmte die Verfolgungsjagd. Als ich in München ankam, war drüben alles bereits vorbei und O. J. Simpson im Gefängnis. Verrückt.

Hamburg, meine Perle

Die ersten Teile der Soap wurden im Mai 1995 in Hamburg gedreht. In der Geschichte spielte ich den Fotografen Stefan Wagenfeld, der in Hamburg wohnte und eine Geliebte hatte. Meine Ehefrau war bereits nach München umgezogen, um dort das Hotel ihrer Tante zu übernehmen.

Bei diesen Dreharbeiten gab es ein paar unvergessliche Momente. Natürlich wollte ich so cool wie möglich rüberkommen und mir nicht anmerken lassen, dass ich eigentlich noch sehr wenig Dreherfahrung hatte. Am zweiten Tag sollten fünf verschiedene Sequenzen gefilmt werden. Alle fanden in meinem Schlafzimmer statt und ähnelten sich stark. Meine Geliebte und ich wachten gemeinsam auf, und ein Dialog begann. Am Ende der zweiten Szene lagen wir beide auf dem Rücken im Bett, als der Dialog zu Ende war und wir das berühmte »Cut« der Regisseurin hörten, die im Nebenraum an ihrem Monitor saß. Nachdem die zweite Szene nun also im Kasten war, schlug ich meiner Kollegin, die meine Geliebte spielte, vor, dass wir vielleicht einmal am dritten Morgen etwas anders aufwachen sollten als in den letzten beiden Szenen. »Was schlägst du vor?«, fragte ich. »Löffelchen!«, sagte sie. Ich verstand sofort, was sie meinte. Ich trug Boxershorts, sie einen Slip, aber keinen BH, denn über uns lag ja die Bettdecke. Ihr Oberkörper lag immer noch auf meinem rechten Arm. Als sie sich dann plötzlich auf die Seite drehte, rollte sie ihren Oberkörper unabsichtlich so ab, das sich ihr rechter Busen nun genau in meiner Handfläche wiederfand. Oh mein Gott! Was nun?

Das gesamte Team lief geschäftig am Set hin und her, die Beleuchter machten einen größeren Lichtwechsel. Jeder hatte zu tun. Mein Gehirn befand sich nun plötzlich genau dort, wo meine rechte Hand mit den fünf Fingern lag. Diese bewegte ich nur minimal und spürte dann bei meiner Kollegin eine sofortige, starke körperliche Reaktion genau an der Stelle, die sich sonst nur bei Kälte oder durch einen Erregungszustand verändert. Meine Gedanken schweiften umher. In der Löffelchenposition, die sicherlich einige von euch kennen, wären unsere Unterkörper eng aneinandergepresst. Mein gesamter Körper war jetzt sensibilisiert. Selbst die Haut auf meinem rechten Oberschenkel registrierte eine gewisse hydrologische Veränderung, denn sie hatte engen Kontakt mit meinem Gegenüber. Detaillierter möchte ich die Situation hier nun aber wirklich nicht mehr beschreiben. Wir befanden uns schließlich an einem Set, und überall wuselten Menschen herum. Es war grotesk!

Plötzlich kam die Regisseurin in den Raum und meinte: »Diese Szene fangen wir diesmal ein bisschen anders an. Nick, du kommst einfach ins Schlafzimmer rein und legst dich dann zu ihr ins Bett. Das können wir jetzt mal kurz proben!« Um Gottes willen! *Nein*, dachte ich, *das können wir nicht!* Denn seit den letzten zwei Minuten war ich kein bisschen mehr Herr meiner Sinne, und auch bei mir hatte sich der physische Zustand stark verändert. Ich konnte jetzt unmöglich vor dem ganzen Team aus dem Bett steigen. Nein, nein, nein! Während ich also mit hochrotem Kopf krampfhaft nach einer Ausrede suchte, um nicht aufstehen zu müssen, meinte die Regisseurin: »Ach, bleibt beide einfach liegen, lass uns erstmal eine Textprobe machen!«

Ich dankte dem Himmel, Buddha, Jesus, Shiva und allen anderen, die damals da oben daran geschraubt haben, dass sich diese Situation in Luft auflöste. Mein Herz schlug mir bis zum Hals.

Ein Geräusch zu viel

Bald ging es weiter mit den Dreharbeiten; diesmal in München, das mir auf Anhieb gefallen hatte. Auf dem Bavaria-Gelände war für zwei Millionen DM extra der »Schwarze Hahn« gebaut worden, das Hotel, das meine Frau jetzt übernehmen sollte. Es war eine wirklich schöne Filmkulisse. Sie grenzte direkt an einen Wald, und alles sah wahnsinnig echt aus. Plötzlich war die Familie Wagenfeld in allen Zeitungen.

Mit den extrem langen Textpassagen, die man jeden Tag lernen musste, hatte ich keine Probleme. Es war ein super tolles Team, und die 185 Folgen, die wir damals drehten, haben uns allen sehr viel Spaß gemacht. Dieses Jahr bis Mai 1996 war eine herausragende Zeit in meinem Leben. Vanessa Jung, die damals meine kleine Tochter spielte, und ich wurden in *Die Harald-Schmidt-Show* eingeladen, um für unser Format Werbung zu machen.

Harald Schmidt war damals der David Letterman Deutschlands. Ich sah diese Late-Night-Talkshows ständig in Amerika und hatte mir abgeschaut, wie die Stars einen richtig coolen Auftritt hinlegten. Also schmiedete ich einen Plan: Wenn Vanessa und ich auf die Bühne traten, würde ich ganz bewusst ins Publikum schauen und so tun, als hätte ich dort zwei Freunde erkannt. Lässig würde ich sie mit einem Handzeichen grüßen. Dann käme der Blick zur Band, der signalisierte, dass ich die Jungs schon jahrelang kannte, weil ich mindestens schon zum zehnten Mal in dieser Sendung war. Doch grau ist alle Theorie. Ich war nervös und bekam es nicht ganz so lässig hin. Aber immerhin setzte ich mich danach entspannt in den Sessel, und Harald fing mit seinen Fragen an. Ich hatte ihn einige Wochen zuvor bereits in Berlin gesehen, als Sat.1 unser Format den Werbekunden in Deutschland vorstellte. In der Maske hatte Harald gehört, wie ich einem Bekannten einige meiner Soundtricks vorführte.

Ich bin einer der wenigen Menschen auf diesem Planeten, die es beim Einatmen schaffen, die Zunge so schnell gegen den Gaumen schlagen zu lassen, dass es sich entweder wie ein Maschinengewehr oder ein Helikoptergeräusch anhört. Michael Winslow in *Police Academy* konnte das auch. Eine weitere Spezialität von mir, seit ich ein kleiner Junge war, stellte das Pfeif-Geräusch von China-Böllern dar. Das Ganze reihte ich dann gerne aneinander, und es hörte sich an wie ein Kriegsszenario. Den Abschluss bildete oft, dass ich mit den Fingern auf das Mikrofon trommelte. Das hörte sich dann wiederum an, als würde jemand auf einem Pferd entkommen. Das sollte ich nun auch hier aus dem Stand live vormachen; in seiner Sendung!

Harald gab mir also ein Mikrofon, und ich fing an. Es ging alles gut, bis ich zu der Nummer mit dem Pferd kam und jetzt wie wild auf dem Mikrofon herumtrommelte. Im Studio konnte man aber davon nichts hören, zu Hause im Fernseher schon. Also sagte ich zu Harald: »Das Pferd ist aber leise«, worauf Harald schnell und todernst konterte: »Ja, es hat Filz-Hufe!«

Das brachte ihm natürlich einen Lacher im Publikum. Dann kamen wir auf *Stargate* zu sprechen, und Harald fragte mich, was ich in dem Film denn gespielt hätte. »Ich habe das Ding gefunden«, antwortete ich wahrheitsgemäß. Harald meinte erneut ganz trocken: »Ach so, du läufst da also in der Wüste rum und findest dann mal eben so zufällig ein Sternentor.« Die Leute lachten erneut.

Ich wollte das nun schnell richtigstellen, denn so war es natürlich nicht. Doch mein Kommentar ging im Gelächter des Publikums unter. Hatte Harald mich jetzt gerade vorgeführt, und lachten die jetzt alle über mich? Als Schauspieler ist man ja meist hyper-empfindlich, und alle möglichen Gedanken rasten mir in diesem Augenblick durch den Kopf. Natürlich lachte mich keiner aus, es war nur Haralds gutes Timing, das diesen Lacher erzeugt hatte. Dann fragte er mich, ob ich noch irgendein anderes Geräusch konnte. Darauf hätte ich mich jedoch niemals einlassen sollen. Ich hatte zwar noch eins, aber das war dann nicht so gut wie das erste, also keine Steigerung mehr. Der Schuss ging nach hinten los. Das beendete dann auch irgendwie unser Gespräch. Ich kam mir natürlich total bescheuert vor, aber so ist das eben live, und wenn man bei Harald Schmidt zu Gast ist, muss man sich auf einiges gefasst machen. Harald behält immer die Oberhand und sein Gehirn funktioniert unfassbar schnell. Es sollte nicht das letzte Mal gewesen sein, dass ich mit ihm Berührungspunkte hatte.

Neue Besen

Im Herbst war in München das alljährliche Oktoberfest, und zusammen mit dem damaligen Bürgermeister Christian Ude und der Schauspielkollegin Christine Neubauer hatte ich die Ehre, die Wiesn zu eröffnen und durfte das Fass anschlagen. Damals war ich mir gar nicht darüber im Klaren, was für eine große Ehre das für jemanden darstellte.

Doch dann kam im Frühjahr das Aus für die Wagenfelds und auch für viele andere Formate von Sat.1. Ein neuer Besen kehrt vielleicht gut, er kehrt aber nicht die Ecken. Ein alter und weiser Spruch.

Fred Kogel wurde der neue Macher und lieferte sich seit dem Anfang des Jahres einen Krieg mit dem ehemaligen langjährigen Berater und

Produzenten von Sat.1, Peter Gerlach. Unsere Einschaltquoten hatten sich verschlechtert. Ich erinnere mich noch, wie jemand entsetzt aus einer Sitzung auf dem Bavaria-Gelände stürmte und uns berichtete, dass Fred Kogel den Satz »Peter Gerlach hat das aber so angeordnet!« mit »Fuck Gerlach!« gekontert habe. Jeder meinte im Sender, es besser zu können, und Kogel behielt die Oberhand. Peter Gerlach kündigte zum Jahresende, und Kogel begrub damals mehr als zwanzig Formate, die kurzerhand ausgetauscht wurden. Dazu gehörten dann eben auch unsere Wagenfelds, obwohl die Einschaltquoten sich über die nächsten Monate täglich verbesserten.

Im Mai 1996 war es soweit. An einem Freitag kam der gelbe Brief an alle. Einige Kolleginnen aus der Maske und dem Kostümbereich lagen mir damals weinend auf dem Bavaria-Gelände in den Armen. Das sollte nicht das letzte Mal sein, dass ich Mitarbeiter in einem Unternehmen trösten musste.

Ungeschminkte Wahrheit

Während ich noch auf dem Bavaria-Gelände drehte, flatterte kurz vor Weihnachten eine Anfrage aus Hollywood ins Haus: Ob ich Lust hätte, in einem amerikanischen Kinofilm mitzuspielen – Titel: *Lethal Orbit*. Der deutsche Produzent Jochen Breitenstein war am Apparat, und ich sollte eine der drei Hauptrollen übernehmen. Die Story klang tatsächlich spannend: Drei Astronauten fliegen ins All, und durch eine Computersabotage sind sie dem unendlichen Universum hilflos ausgeliefert. Drama, Isolation, Science-Fiction – das konnte was werden.

Regie führen sollte Ulli Lommel, der mit Rainer Werner Fassbinder und sogar Andy Warhol gearbeitet hatte. Ich war beeindruckt. Dazu kam: Der Dreh sollte über Weihnachten und Neujahr stattfinden – und Feiertage bringen nach den Regeln der US-Schauspielergewerkschaft satte Zuschläge. Vierfache Tagesgage! Also sagte ich zu. Hollywood, ich komme!

Am ersten Drehtag stand ich allerdings nicht vor einem Studio – sondern vor einer kleinen Villa in Los Angeles. Kein einziges

Produktionsfahrzeug weit und breit. Ich dachte, ich sei falsch. Drinnen begrüßten mich Jochen und Ulli, die völlig entspannt waren. Garderobe? Fehlanzeige. Maske? Brauchten wir nicht. Der neue Hollywood-Trend sei *Natural Look*, hieß es. "Wir wollen authentisch sein", sagte Ulli. Ich trug also das, was ich morgens aus dem Koffer gezogen hatte.

Gedreht wurde im Wohnzimmer. Drei Astronauten, am Tag vor dem Start, in zivil, beim Smalltalk. Ein Take – und der Regisseur war happy. Ich wunderte mich ein wenig, aber meine Mitspieler waren keine Nobodys: Ben Mitchum, der Enkel von Robert Mitchum, und Casper van Dien, der später in *Starship Troopers* berühmt wurde. Wenn die das okay fanden – wer war ich, zu zweifeln?

Am Nachmittag hängte man schwarzen Molton an die Wohnzimmerwände. Jetzt wurde's galaktisch: Wir zogen Raumanzüge an, angeblich von Disney ausgeliehen, und posierten einzeln vor dem schwarzen Tuch – unser All. Mein Helm ging nicht richtig zu. Ich wies dezent darauf hin. "Das verspielt sich", meinte Ulli mit einem Lächeln. Aha.

Abends, draußen im Pool der Villa, schwammen Palmenblätter – und ein Haufen Hundescheiße. Das Wasser war grün. Mein Bauch grummelte. Irgendwas stimmte hier ganz und gar nicht.

Am nächsten Tag hieß es: "Wir drehen auf der Edwards Air Force Base." Ich war erleichtert – endlich ein echtes Set! Doch eine Meile vor dem Eingang bogen wir links ab… auf einen Flugzeug-Schrottplatz. Willkommen in unserer Raumstation. Das Cockpit einer ausrangierten DC8, Neonröhren als Hightech-Illusion, und mittendrin ich mit meinem nicht schließenden Helm. Als ich in die Kamera sagen sollte: „Mutter Erde ist ganz schön weit weg von uns", liefen draußen zwei fette Ratten durchs Bild. Ulli rief: "Den Satz musst du noch ein bisschen düsterer sagen, Nick!" Ich nickte. No Problem, Ulli! Die Ratten waren ja düster genug. Dann kam Jan-Michael Vincent ans Set – ja, der *Airwolf*-Star. Leider so betrunken, dass zwei Crewmitglieder ihn stützen mussten, damit er nicht umkippte. Seine Dialogzeilen lallte er ins Mikro – wenn überhaupt. Für die Marquise auf dem Plakat hat's gereicht. Bekannt genug war er ja.

Als ich schließlich fragte, wann wir denn bezahlt würden, lächelte Produzent Jochen ganz entspannt und sagte: „Das Geld kommt aus der Schweiz.“

In meinem Kopf gingen sofort alle Alarmglocken los. Schweiz? Das klang nach Briefkastenfirma mit Alpenpanorama. Zeit, selbst die Initiative zu ergreifen.

Also sagte ich ganz beiläufig: „Jochen, ich hab ’ne goldene American Express. Du als großer Produzent hast doch sicher eine schwarze, oder?“

Sein Brustkorb blähte sich sichtbar. „Na klar!“

Perfekt. Ich wusste nämlich, mit so einem schwarzen Zauberkärtchen kann man in jeder Bank der Stadt mal eben locker 30.000 Dollar abheben. Ich legte nach: „Dann gehen wir jetzt am besten direkt zur Bank an der Ecke – und du zahlst mich aus. Denn wenn nicht… bin ich morgen für meine letzte Szene leider unauffindbar.“

Er zahlte. Immerhin.

Für einen Moment fühlte ich mich wie Tom Cruise in *Mission: Auszahlung unmöglich* – nur mit weniger Stunts, aber ähnlich viel Nervenkitzel. Alle - ausser mir – gingen damals leer aus. Keiner wurde je bezahlt.

Ich flog zurück nach Deutschland – mit einer Erfahrung mehr und meinem Gehalt in der Tasche. Bauernjunge von Fehmarn hin oder her: So leicht lasse ich mich nicht übers Ohr hauen.

Später suchte ich den Film in der IMDb. Er war tatsächlich dort gelistet. Und die sechs Kommentare, die ich las, brachten mich fast zum Weinen – vor Lachen. *Lethal Orbit* war laut Internet einer der schlechtesten Filme, die je gedreht wurden. Aber hey – dabei gewesen zu sein ist auch eine Leistung. Und ja: Ich bekenne mich auch zu meinen schauspielerischen Tiefpunkten. Denn im Vergleich dazu war mein erstes B-Movie *Caged Hearts* fast schon Oscar-verdächtig.

Aufs Dach

Nach diesem Realitätscheck auf der anderen Seite der Welt musste ich mich nun wieder meiner Situation in Deutschland stellen. Meine erste große Serie hatte man mir abgesetzt. Alle Kollegen waren traurig, doch ich war einfach nur dankbar für diese zehn Monate. Es hatte unendlich viel Spaß gemacht, und ich konnte einen großen Schatz an Erfahrungen sammeln.

In dieser Zeit verdiente ich gutes Geld, lebte sparsam und war jetzt imstande, alle meine Kreditkarten abzubezahlen. Ein tolles Gefühl! Im Laufe der vergangenen fünf Jahre hatte ich viel Übung darin bekommen, das amerikanische Kreditkartensystem so zu nutzen, dass ich auf meiner dünnen finanziellen Eisscholle nicht einbrach. Dieses ständige Jonglieren war aber auch extrem stressig. Mein Vertrag bei den Wagenfelds war eigentlich auf zwölf Monate angelegt. Auch wenn nun schon nach zehn Monaten Schluss war – zahlen mussten sie trotzdem für das ganze Jahr. Vertrag ist schließlich Vertrag.

Mit einem zufriedenen Gefühl und dem ewigen Vertrauen, dass alles gut und richtig sei, machte ich mich auf den Weg nach Dänemark, um dort das Dach in meinem Haus neu zu decken.

Ich glaube, jeder kennt dieses lähmende Gefühl, wenn der finanzielle Druck einen förmlich erstarren lässt – dieses Gefühl, als käme man nie wieder aus dem Loch heraus. Schon in den Jahren zuvor, in Florida, als ich mit dem Modeln mein Geld verdiente, hatte ich eigentlich immer ein Mobiltelefon. Und das war auch gut so: In Florida, Los Angeles und auch in Deutschland kam es oft vor, dass ein Job in letzter Minute reinkam – und wer nicht sofort erreichbar war, hatte eben Pech. Ich dagegen konnte direkt zusagen. Die Einnahmen, die ich dadurch erzielte, machten die mitunter saftigen Telefonrechnungen mehr als wett.

Eines Morgens saß ich nun auf meinem Dachfirst und legte gerade die letzten Pfannen. Ich schaute auf die blaue, wunderschöne Ostsee an einem strahlenden, sonnigen Tag im Mai. Das Telefon klingelte. Eine Casterin aus Köln hatte mich ein Jahr lang in der Rolle des Herrn

Wagenfeld beobachtet. RTL plante nun eine neue Action-Serie, und sie würden mich eventuell in der Rolle des Kapitäns sehen, meinte sie am Telefon. Sie hätte das Casting aber direkt an die Produktionsfirma *Phoenix Film* in Berlin abgegeben und mein Demoband dorthin geschickt. »Fragen Sie doch mal nach, ob Ihr Band dort auch angekommen ist«, meinte sie, und ich möchte ihr für diesen Anruf noch heute ausdrücklich danken.

Da saß ich also auf dem Dach und sinnierte: Eine Action-Serie? Es war gerade mal drei Monate her, dass ich in München in einem Café gesessen und mir vorgestellt hatte, irgendwo im deutschen Fernsehen einmal so einen Kommissar zu spielen oder eine Action-Serie zu machen. Das wäre doch was. Das konnte ich mir gut vorstellen und ausmalen. Und genau das machte ich dann auch für eine ganze Zeit. Vielleicht nennt man das auch Tagträumen. Ich fantasierte vor mich hin und ließ meinen Gedanken freien Lauf. Genauso wie ich es 1994 getan hatte, als ich in Los Angeles in der *California Pizza Kitchen* gesessen und mir vorgestellt hatte, ich wäre das Werbegesicht für irgendeine große Firma. Zwei meiner Träume hingen also immer noch irgendwo da oben fest. Beide hatte ich aber schon längst vergessen. Doch sollte nun vielleicht einer von beiden wahr werden.

Ich wurde zu einem Casting nach Hamburg eingeladen. Als ich den Raum betrat, saßen dort acht Personen, die Produzenten von RTL und von der ausführenden Produktions-Firma *Phoenix Film* aus Berlin. Man bat mich, ein bisschen was von mir zu erzählen. Doch was erzählte ich denn jetzt bloß von mir, ohne arrogant zu wirken, aber dennoch so, dass sie einen guten Eindruck von mir bekamen? Ich begann mit dem Satz: »Also, ich wurde auf der Insel Fehmarn geboren.« Plötzlich schauten sich alle an und hatten diesen seltsamen Ausdruck im Gesicht.

War das ein Fehler, auf Fehmarn geboren zu sein? Man bat mich, fortzufahren. Jetzt wollte ich denen unbedingt klarmachen, dass ich ein Teamplayer war und diese Fähigkeit bestimmt wichtig sei, wenn man einen Kapitän und Chef einer Polizei-Einheit auf einem Schiff spielen würde.

Ich erzählte eine Geschichte, die mir gut fünfzehn Jahre zuvor in Dänemark passiert war. Ein deutsches Ehepaar hatte den etwa zehnjährigen Sohn in ein Schlauchboot gesetzt und war danach kurz in die Stadt zum Einkaufen gegangen. Dieser Bub paddelte da nun auf diesem kleinen Schlauchboot bei ablandigem Wind in ruhigen Gewässern im Windschutz des Deiches. Plötzlich trieb der Wind ihn jedoch hinaus, und ein Feriengast machte uns am Strand auf dieses kleine Schlauchboot am Horizont aufmerksam. Ungefähr 800 m weiter draußen auf der Ostsee tobte der Wind schon mit einer Windstärke von 6 oder 7 Beaufort, und die Wellen waren ziemlich hoch. Innerhalb von Minuten organisierte ich mit meinem Team unser Tandem, und mein Windsurf-Lehrer Hans Weber und ich fuhren aufs Meer hinaus. Es war in letzter Minute, dass wir den kleinen Jungen aus dem Boot hievten, bevor er in den großen Wellen kenterte. Wir brachten ihn sicher an den Strand.

Alle im Raum starrten mich jetzt mit leicht geöffneten Mündern an. Als ich fertig war, entstand eine kleine und äußerst seltsame Pause. Dann sagte jemand: »Danke, Herr Wilder!« Nun, dieses »danke« kannte ich nur zu gut aus Hollywood von den hunderten von Castings, auf denen ich schon gewesen war. Es handelte sich um die schlichte Aufforderung: Zeit zu gehen!

Ich stand also kurz darauf im *Studio Hamburg* am Fahrstuhl und dachte mir: Was hast du da bloß für einen Blödsinn geredet? Plötzlich kam einer der Produzenten hinter mir hergerannt und fragte mich, ob ich noch einmal zurück in den Raum kommen könnte.

Als ich eintrat, hatte jeder der Anwesenden erneut diesen besonderen Gesichtsausdruck. Alle schauten mich an, bis einer der Produzenten endlich sagte: »Das war jetzt ganz merkwürdig, Herr Wilder. Sie gingen zur Tür hinaus, und alle guckten wir uns gleichzeitig an und nahmen zur selben Zeit den Daumen nach oben.«

Ja und?, dachte ich jetzt. »Wir möchten Ihnen hiermit den Job anbieten!« Hatte ich wirklich richtig gehört? Meine Gedanken rasten in meinem Kopf und gingen kreuz und quer. Eben dachte ich noch, ich hätte alles falsch gemacht, und jetzt wurde ich Kapitän in einer RTL-Serie? Genau so war es.

Man hakte allerdings noch kurz nach. »Eine Bedingung hätten wir allerdings, Herr Wilder. Sie sind ja dann Polizist. Würden Sie Ihre Haare kürzer schneiden?« Ich dachte an das Schlüsselerlebnis aus dem Jahr 1982 in Florida. Diesmal hatte ich eine volle Sekunde, um Luft zu holen und ganz entspannt zu antworten: »Ich gehe morgen früh gleich zum Friseur!«

Dann drückte man mir das Drehbuch in die Hand: »Sie können das ja schon mal auf der Rückreise nach Dänemark auf der Fähre lesen. Aber bitte mit niemandem teilen, denn das Drehbuch ist noch geheim, und so soll es auch so bleiben.«

Wie benommen verließ ich diesen Raum und machte draußen erst mal ein paar Luftsprünge, um meiner Freude Herr zu werden. Auf der Fähre gönnte ich mir ein schönes kaltes Bier und begann das Drehbuch zu lesen. Die ersten Worte lauteten: »Kapitän Jan Fehrmann betritt das Schiff *Fehmarn.*« Wie bitte? Fehmarn? Jetzt wusste ich, warum die mich alle so seltsam angeschaut hatten. Dann las ich das ganze Drehbuch. Es ging um einen kleinen russischen Jungen, den man entführt hatte und dem man in einem Behelfsoperationssaal auf einem rostigen Küstenmotorschiff mitten auf der Ostsee eine Niere rausoperieren wollte, die dann gleichzeitig einem deutschen Jungen eingesetzt werden sollte. Also ging es um Organschmuggel. Jan Fehrmann und seine Crew verhinderten die Operation und retteten das russische Kind.

Hallo? Kein Wunder, dass die alle total verdattert waren. Die müssen doch gedacht haben, dass ich das Drehbuch schon kannte, denn nur so war ihr merkwürdiger Blick zu erklären. Wie schnell das Leben sich doch ändert. Ein Wunsch, den ich vor drei Monaten ins Universum geschickt hatte, war innerhalb von kürzester Zeit in Erfüllung gegangen.

Im Sommer 1996 wurde die erste Folge von *S.O.S. Barracuda* gedreht. Es brachte einen riesigen Spaß, und ich kam mir so ein bisschen vor wie James Bond, auch wenn das jetzt vielleicht lächerlich klingt. Aber es wurde geschossen, gekämpft, und wir rasten über die Ostsee. Es war traumhaft!

Der besondere Ort

Doch trotz dieses Erfolges hielt ich die Augen offen und geriet an eine Agentur in München, die seit einer Weile von einer gewissen Katrin betrieben wurde. Sie wollte mich gerne vertreten, und ich gab ihr meine mündliche Zusage. Wer mich kennt, weiß auch, ich stehe zu meinem Wort. 1996 war für mich allerdings ein Jahr der guten wie auch der schlechten Entscheidungen. Aber dazu gleich mehr.

In Los Angeles suchte ich mir eine neue Wohnung. Oberhalb des berühmten japanischen Restaurants *Yamashiro* in der North Sycamore Avenue fand ich genau das, wonach ich suchte. Von dem Apartment aus sah man die ganze Stadt. In der ersten Nacht war ich allerdings so aufgeregt, dass ich gar nicht schlafen konnte. Es war auch einfach zu hell. Die Energie der Stadt sprang wortwörtlich in meine Wohnung über.

Das war gut und schön, doch nach ein paar Tagen fuhr ich zu IKEA und besorgte mir ein Rouleau, denn Schlaf war auch wichtig bei all der Energie.

Dann kam ein überraschender Anruf. Dee, die Frau von Alex, die mir damals mit der Green Card geholfen hatte, war mittlerweile geschieden, aber schon wieder frisch verheiratet. »Rate mal, wo ich bin!«, sagte sie. »Na, sicher in Florida!«, erwiderte ich. »Nein, in Montana! Wann kommst du uns besuchen? Du bist schließlich der Grund, weswegen wir nach Montana gezogen sind!« Ich war etwas verwundert. Wieso ich? Ihre Erklärung kam direkt hinterher: »In den sieben Jahren, die wir dich in Fort Lauderdale kannten, hast du ständig von Montana geschwärmt und gesagt, wie toll es dort ist.« Ach du je. Jetzt wurde es Zeit für eine Erklärung. Ich stammelte: »Ich war ehrlich gesagt noch nie in Montana. Ich dachte immer, *Bonanza* wäre in Montana gedreht worden. Das stimmte aber nicht. Nur in meinem Kopf war seit meiner Kindheit Montana immer das Land, in dem ich leben wollte.« Sie erwiderte aufgeregt: »Wie, du warst noch nie hier? Es ist genauso, wie du es immer beschrieben hast. Versprich mir, dass du uns bald besuchen kommst!«

Ein paar Monate später flog also nach Montana, denn ich wollte mein Versprechen so schnell wie möglich einlösen. Dee hatte in meinem Leben wichtige Weichen gestellt und mich mit der Wahrsagerin Gloria bekannt gemacht. Sie hatte mir geholfen, meine Green Card zu bekommen, und ohne es zu ahnen, sollte sie jetzt noch einmal der Katalysator für einen großen Schritt in meinem Leben werden.

Das Haus von Dee und ihrem neuen Ehemann Steve in Bozeman hatte einen wunderschönen Blick auf die Rocky Mountains. Dee sagte zu mir, ich solle doch das 8 ha große Grundstück nebenan kaufen. Eine wunderbare Aussicht hatte es, aber da stand ja noch nicht mal ein Baum. Ich lehnte ab. Das war einfach nicht das, was ich mir als Kind vorgestellt hatte, als ich *Bonanza* auf dem nachbarlichen Bauernhof im Fernsehen sah. Außerdem war ich nicht hierher geflogen, um ein Stück Land zu kaufen.

In einer Maklerzeitung, die sie vertrieb, sah ich jedoch ein Bild, das genau meinen jahrelangen Träumen entsprach. Man blickte auf einen See, das Grundstück war bewaldet, und rundherum lagen die Rocky Mountains. »Das wäre es!«, sagte ich zu Dee. »So habe ich mir Montana immer vorgestellt!« Und wieder kam das Thema Zufall ins Spiel. »Die Maklerin für diese Ranch ist Patricia, meine Nachbarin.«

Am nächsten Morgen stellte Dee mich vor vollendete Tatsachen. Sie hatte einen Termin gemacht, denn sie musste sowieso ihre Magazine in Helena verteilen. Termin? Für was?

Wir fuhren die anderthalb Stunden hoch bis nach Helena, in die Hauptstadt Montanas, die man auch liebevoll die Königin der Rocky Mountains nennt. Auf der *Lakeview Ranch* trafen wir den Vorarbeiter, Bill. Eas war eine alte Pferderanch, die man in 68 Grundstücke aufgeteilt hatte. Jedes etwa 8 ha. Und wie heißt es so schön? »Gucken kostet nichts!« Von den insgesamt 68 Grundstücken zeigte Bill mir eines, das voll mit Nadelbäumen wie Kiefern und Fichten war. Ich musste es nicht abschreiten, denn als Bauernsohn wusste ich ja, wie viel 8 ha waren. Ich fragte ihn: »Ihr habt hier doch auch ein Stück Land mit Seeblick. Und überhaupt, welches ist das schönste Grundstück von allen?« – »Das ist auf der anderen Seite vom Berg«, meinte er. »Grundstück Nummer 31.«

Das wollte ich unbedingt noch sehen. Als wir den Hügel überquerten und ich den Hauser Lake und den Missouri sah, blieb mir fast das Herz stehen. Es war wie ein Déjà-vu. Als wäre ich schon einmal hier gewesen. Im Westen über der Stadt Helena ging die Sonne wie ein roter Feuerball unter. Die Stadt knipste sich gerade an wie ein Weihnachtsbaum. Es war aber noch ein bisschen hell draußen. Und über dem Hauser Lake stieg ein riesengroßer Vollmond auf und machte diesen See zu einem Silbersee.

Ich war wie benommen und bat alle, mich kurz auf dem Hügel allein zu lassen. Ich wollte nachdenken. Noch heute weiß ich, wie mir eine innere Stimme sagte: »Das musst du kaufen!« Aber hatte ich überhaupt das nötige Geld dazu? 8 ha? Bedingung für den Kauf war eine Anzahlung von 20 Prozent.

Okay. Genau diesen Betrag, auf Heller und Pfennig, hatte ich zu der Zeit auf meinem Bankkonto. Das war für mich wie ein Zeichen von oben.

Patricia hatte wohl die Begeisterung in meinen Augen gesehen. Ich konnte sie nicht mal einen einzigen Dollar herunterhandeln. Dies sei das schönste Grundstück, das sie hätten, und der volle Preis müsse bezahlt werden.

Am nächsten Tag um 17:00 Uhr war die Unterschrift auf dem Kaufvertrag schon getrocknet. In dem Augenblick wusste ich es noch nicht, aber ich hatte die beste Entscheidung meines Lebens getroffen.

Viele Personen spielen im Leben eines Menschen Schicksalsfee, ohne es zu wissen. Das ist bei uns allen so. Manchmal merkt man es, manchmal nicht. Aber wenn man anfängt, etwas bewusster zu leben und sich Dinge zu dem Zeitpunkt, da sie geschehen, zu merken und dann das Leben wieder rückwärts aufrollt, kann man sich schnell daran erinnern, wer es war, der da ein paar Weichen gestellt hat. Und damit meine ich nicht nur die positiven Aspekte, sondern auch Dinge, die negativ waren, aber letztendlich doch später einen positiven Effekt hatten. Wenn man anfängt, das Negative zu analysieren und daraus Schlüsse zu ziehen, um dann zukünftig Dinge anders zu machen, dann hat ja selbst das Negative einen Sinn.

Ganz oben auf meiner Liste stehen Menschen wie mein Mentor Kjeld aus Dänemark oder die Familie Madsen, mein Biologielehrer Herr Ochsen oder der Chef der Geyerwerke damals in Hamburg. Dazu Dee, der Produzent Gernot; es waren so viele. Manche treten nur einmal im Theater des Lebens auf, manche immer wieder. Es ist wie die berühmte Geschichte der Fahrt mit einer Eisenbahn, dem »Zug des Lebens«. Der Zug fährt von A nach Z. Leute steigen ein, und einige bleiben ewig im Zug, begleiten einen das ganze Leben.
Und einige steigen immer wieder mal zu.

Sophie und der richtige Riecher

Eine davon war auch Sophie Molitoris, eine Casterin aus Hamburg, die damals eigentlich noch Ingeborg hieß. Als ich sie Anfang der neunziger Jahre kennen lernte, führte sie ein Büro für Werbung. Ich war damals enorm beeindruckt von ihrer Professionalität. Die Mühe, die sie sich beim Casting mit Licht und Hintergrund machte, war außergewöhnlich. Das hatte ich in L. A. noch nie gesehen, dort ging es immer wie am Fließband zu. Hintergründe oder vorteilhaftes Licht für den Schauspieler waren oft egal. Man haute einfach pralles Licht drauf, Hauptsache, der Schauspieler war zu sehen und zu hören. Gleich mit dem ersten Casting verschaffte sie mir einen sehr lukrativen Werbefilm. Im Laufe der Jahre bis Ende 1997 holte sie mich insgesamt zwölfmal vor die Kamera. Immer, wenn ich in Hamburg war, spielte der Zufall mit, und sie hatte etwas, auf das ich als Schauspieler passte. Von den zwölf Auftritten wurden neun zu einem Job, zweimal war ich die zweite Wahl, und einmal klappte es nicht. Sie hatte immer ein sehr feines Gespür und ist heute noch eine der besten Casterinnen, die ich kenne. Ich machte durch sie Auto- und Bierwerbung, und einmal flog ich sogar direkt von Hamburg aus in das Studio von George Lucas in San Francisco. Dort drehten wir einen Spot für die Computerfirma *Intel.*

Im Spätherbst 1996 rief Sophie mich an und erzählte mir von einem Casting für einen »Herrn Kaiser von der Hamburg-Mannheimer«. Ja, ich hatte davon etwas am Rande mitbekommen und wusste, dass es

diese Figur gab. Da ich aber lange Zeit im Ausland verbracht hatte, war mir der Bekanntheitsgrad dieser Werbefigur in keiner Weise klar. Sie sagte, man suche in einem bundesweiten Casting den neuen Herrn Kaiser. Die Vorgabe war, er solle so etwas wie der James Bond der Versicherungsbranche sein. Das war schon ein sehr lustiger Casting-Aufruf, doch Sophie meinte, ich würde da genau drauf liegen.
Ich vergaß das Telefongespräch, und nach drei Wochen, als ich in Florida gerade Thurston besuchte, rief Sophie mich erneut an: »Kommst du jetzt oder nicht?«, fragte sie. Ich hatte noch genau drei Tage, um mich zu entscheiden, und flog von Miami zurück nach Los Angeles.

Es war schon etwas riskant, auf blauen Dunst nach Deutschland zu fliegen, ohne zu wissen, ob da etwas für mich herausspringen würde. Denn die Anreise für dieses Casting musste ich selbst bezahlen. Aber ich hatte wieder diese merkwürdige Bauchgefühl und vertraute Sophie.

Am Samstagmorgen belastete ich, leicht zähneknirschend, also meine Kreditkarte mit 1.500 Dollar und kaufte mir ein Flugticket nach München. Es gibt einen schönen Spruch: Wenn du nie im Leben ein Risiko eingehst, dann weißt du nicht, wie guter Champagner schmeckt. Da ist was dran. Auf Sophies Initiative legte die Agentur in München am Montagmorgen einen zusätzlichen Dreh ein – nur für mich, um mich in die Auswahl zu nehmen.

Sonntagabend ging es los. Im Flugzeug hatte ich nicht schlafen können und kam völlig übermüdet im Casting-Büro an. Man hatte auch vergessen, mir den Text zu schicken. Glücklicherweise hatte der Caster Uwe diesen jedoch in großen Buchstaben ausgedruckt direkt neben die Kamera gehängt. Und wie so oft in Stresssituationen bei mir, ob damals in der Schule oder später im Studium, unter großem Druck entwickelte ich ein fast fotografisches Gedächtnis.

Wir machten einen Durchlauf, und er sagte zu mir – und ich höre ihn heute noch – »Du wirst der nächste Herr Kaiser!«, worauf ich antwortete: »Nur weil ich der letzte Kandidat bin und den längsten Anfahrtsweg hatte, musst du mir jetzt nicht solche Nettigkeiten sagen.« Doch er wiegelte ab. Er habe sich gerade alle sechzehn finalen Kandidaten angesehen. Ich sei es, aber dennoch müssten wir es noch einmal aufnehmen.

Nun verstand ich die Welt nicht mehr. Gerade eben lobte er mich noch in den Himmel, und jetzt war es anscheinend so schlecht, dass wir es noch einmal machen mussten? Er zeigte mir den ersten Durchlauf auf dem Schirm, und ich verstand: Der Spot handelte davon, dass ich als Herr Kaiser einen jungen Anhalter mitnahm, der in einem

Altersheim sein soziales Jahr absolvierte und dem ich dabei etwas über Lebensversicherungen erklärte. Als der Junge (alles imaginär natürlich) einstieg, wanderte mein Blick jedoch auf eine merkwürdige Weise von oben nach unten. Ich schaute mir diesen jungen Tramper genau an und blickte dann zurück zur Kamera. Man hatte dadurch aber leider das Gefühl, ich hätte gerade einen jungen Stricher aufgegabelt, der mir äußerst sympathisch erschien.

Nein, nein, nein, das ging gar nicht. Logisch! Das mussten wir nochmal machen. Meine Augen blieben diesmal oben, und Uwe war immer noch überzeugt: »Du bist der nächste Herr Kaiser!«

Ich flog nach Hamburg, um erst meine Schwestern und danach auf Fehmarn meinen Vater zu besuchen. Oben angekommen, erhielt ich den Anruf: »Sie wollen dich, Nick!«

Und wieder passierte etwas sehr Seltsames. Man wollte mich trotzdem noch einmal in München sehen, für ein weiteres Interview. Das war für mich damals alles sehr merkwürdig. Die Führungsspitze der Hamburg-Mannheimer hatte sich für mich entschieden, und auch der Regisseur, der Engländer Ian Sharp, der diesen Spot drehen sollte, hatte eindeutig mit den Worten: »He is your guy!« für mich gestimmt. Ich kam in München an und musste die seltsamsten Fragen beantworten: Ob ich schon mal im Gefängnis war oder ob ich Drogen nehme.

Ich verheimlichte nichts. Knast in Kopenhagen. Drogen? Früher ja, aber keine harten, heute gar nicht mehr. Die letzte Frage kam dann ziemlich gequetscht bei mir an. Als würde sich ein Problem anbahnen. Sie fragten, wie mein Verhältnis zum weiblichen Geschlecht sei.

So langsam ging mir ein Licht auf. Man wollte nach der damals geltenden Sichtweise einen absoluten Saubermann als nächsten Herrn Kaiser, keine Skandale, nichts Negatives, einen Sympathieträger.

Viele Gedanken jagten mir durch den Kopf: Bei all diesem Aufwand schien die Sache doch ziemlich wichtig zu sein. Und ich wusste bereits, dass es um einen Langzeit-Vertrag ging. Was tat ich bloß, wenn die mich jetzt wirklich nahmen? Ich wollte doch eigentlich in Los Angeles arbeiten und nicht in Deutschland! Das war mein Plan. Dann passierte etwas ganz Wichtiges, was ich an diesem Punkt auch endlich kapierte: Man darf sich im Leben nicht an seine Wünsche oder Träume klammern. Man muss sie loslassen können.

Als mir Jay 1993 sagte, ich solle mir vorstellen, wie ich in der Wüste Ausgrabungen machen würde, habe ich es visualisiert und dann wieder losgelassen und nie mehr daran gedacht. Oder auch damals, als ich mir

1994 in Los Angeles einen Job als Werbegesicht gewünscht hatte, konnte ich es richtig vor mir sehen, habe den Gedanken aber auch wieder freigelassen.

Und jetzt, drei Jahre später, trat mein Wunsch plötzlich ein. Nur war ich mir nicht mehr sicher, ob ich diesen Job auch haben wollte, und ich schickte den Gedanken schnell wieder ins Universum zurück. Ich klammerte nicht!

Kaiser, der Dritte

Kürzen wir die Geschichte ab: Ich wurde Herr Kaiser, der Dritte! Denn: Ich hatte zwei Vorgänger.

Den ersten Spot drehten wir in Barcelona, und zwar genau den mit dem Anhalter. Herr Fiebig, der bis zu seiner Pensionierung in der Werbeabteilung der HM arbeitete und damals auf die geniale Idee kam, die Figur des Herrn Kaiser zu erfinden, war ebenfalls mit am Set. Er hatte immer gesagt: Der Kunde ist König. Wer also könnte dem Kunden die Versicherungspolice reichen? Nur jemand, der über dem König steht. Und das war nun einmal der Kaiser. Zudem war Kaiser ja auch ein sehr häufiger deutscher Nachname.

So wurde die Figur geboren und avancierte zur bekanntesten Werbefigur der Nation. Eine Hamburger Radiostation stellte irgendwann einmal fest, dass Herr Kaiser keinen Vornamen hatte. Also wählte man den Namen »Günter«. (Übrigens ohne »h«. Vielleicht konnte oder wollte sich die HM damals den extra Buchstaben nicht leisten?)

In Deutschland ist Günter ein ganz normaler Vorname, aber nicht in Dänemark. Dorthin hatte die HM damals ihre Geschäfte jedoch schon ausgeweitet. Und da ich auch perfekt Dänisch sprach, erhielt ich ziemlich schnell einen Zusatzvertrag für Dänemark. Jetzt gab es nur ein kleines Problem: Man sagt in Dänemark: »Der hat aber einen großen Günter!« Damit meint man dann nicht nur seine Nase!

Der reibungslose Übergang vom zweiten zum dritten Herrn Kaiser lief nicht über die Nase – sondern über die Augen.

Denn Vertrauen entsteht im Blick. Und meine Augen sollten richtig hervorstechen. Also verpasste man mir knallblaue Kontaktlinsen, damit der Zuschauer gar nicht anders konnte, als hinzuschauen.

Ein kleiner Kniff – aber psychologisch äußerst geschickt vom damaligen Werbechef. Ein cleverer Mann!

Zehn Jahre später drehten wir einen Block aus zehn verschiedenen Spots. Einer davon schnitt besonders gut ab: Es war der Spot mit der Treppe. Das war mir aber schon von vornherein klar, denn bei diesem sprang die Kamera ganz eng an meine Augen heran, was den Kontakt zum Zuschauer wesentlich intensivierte. Es handelt sich hier um eine wohlbekannte Tatsache in der Psychologie. Dem inzwischen neuen Chef der Werbeabteilung war das aber nicht bewusst. Sollte ich ihm jetzt auch noch seinen Job erklären? Sein Vorgänger hatte da deutlich mehr von seinem Fach verstanden. Doch fragt man sich ehrlicherweise oftmals, wie es Leute schaffen, in wichtige Entscheider-Positionen zu gelangen. Aber auf diese Dinge komme ich noch genauer zu sprechen, wenn es um das Innenleben des Herrn Kaiser geht.

Es gibt auch in der Film- und Werbebranche eine gewisse Ethik und ein ungeschriebenes Gesetz zum Thema Interessenkonflikt. Dieses Thema beschäftigte mich sogar noch bis zu einem viel späteren Job bei der Serie *Rote Rosen.* So darf man beispielsweise nicht gleichzeitig für konkurrierende Firmen Werbung machen. Ich wusste, dass RTL damals Pläne hatte, *S.O.S. Barracuda* eventuell zur Filmreihe auszubauen. Deshalb rief ich vorsichtshalber den damaligen Produzenten an und fragte ihn um Rat, bevor ich bei der Hamburg-Mannheimer unterschrieb. Würde es RTL eventuell stören, wenn ich der Kapitän bei ihnen bliebe und gleichzeitig in die Rolle des Herrn Kaiser schlüpfte? Die Antwort beruhigte mich: »Fernsehen ist so schnelllebig, mach es einfach. Wir haben da kein Problem mit.« Damit hatte ich mich jetzt auch RTL gegenüber moralisch abgesichert.

Es gab jedoch noch so einige Schauspielkollegen, die mir unbedingt einen guten Rat geben wollten. Einer davon lautete: »Mach niemals Werbung in Deutschland. Dann wirst du nie wieder für das öffentlich-rechtliche Fernsehen drehen!« Falsch! Man sollte nicht immer auf den guten Rat seiner Kollegen hören. Mein Bauch sagte mir zum Glück damals, es wäre genau die richtige Entscheidung.

Für mich ging es erst einmal darum, mich finanziell abzusichern und Geld zu verdienen. Sechs lange Jahre hatte ich mich in L. A. durchgehangelt und dabei die amerikanischen Kreditkarten wie

Eisschollen benutzt, um nicht unterzugehen. Ich sprang von einer zur anderen. Und die Menschen da draußen finanziell vernünftig abzusichern, war schließlich die Hauptaufgabe von Herrn Kaiser. Jetzt war es an der Zeit, bei mir selbst anzufangen. Ich konnte den Kollegen in ihrer Argumentation damals auch nicht folgen. Sie behaupteten, dass Regisseure und Redakteure in Deutschland nicht mit Schauspielern arbeiten würden, die Werbung machten. Sie blickten angeblich auf solche Schauspieler hinab. In Amerika war es jedoch genau umgekehrt. Dort ist es eine Kunstform, in wenigen Sekunden durch Mimik und Betonung glaubwürdig ein Produkt anzupreisen, um damit den Umsatz zu steigern. Man verdiente damit drüben viel Geld. Doch war es in ihren Augen eben gar keine Kunst. Tja, so ist das mit den Ansprüchen an die Kunst!

In meinen Augen handelte es sich dabei ohnehin um eine Art Doppelmoral, denn dieses Argument der Kunst galt plötzlich nicht mehr, wenn die gleichen deutschen Regisseure auf den Straßen von Los Angeles für viel Geld einen Werbespot für das deutsche Fernsehen drehten. Dann *war* es auf einmal Kunst! In den USA spielten Werbestars oft in Serien mit, gerade weil man sie aus der Fernsehwerbung kannte. Nur in Deutschland war es offensichtlich (noch) verpönt.

Doch störte ich mich nicht daran und lag damit goldrichtig. Jeder Schauspieler muss irgendwann auch mal seine Miete bezahlen, und man sollte sich für einen Job als Schauspieler in der Werbung niemals schämen oder zu schade sein. Ebenso wenig, wenn man in einer Soap mitspielt. Die Erfahrung hatte ich ja gerade bei den Wagenfelds gemacht. Und das Pensum, was einem dort als Hauptdarsteller zugemutet wird, ist enorm. Nur weil diese Formate den Ruf von billig produzierten Inhalten besitzen, ist die schauspielerische Leistung, in so einer kurzen Zeit der Vorbereitung die oft langen Dialoge zu meistern, sie glaubwürdig rüberzubringen, nicht minderwertiger als die eines Schauspielers in einem *Tatort*. In den nächsten zwanzig Jahren sollte sich diese veraltete Sichtweise aber auch in Deutschland langsam ändern.

Und siehe da: Nach der letzten Folge *S.O.S. Barracuda* habe ich nie wieder für RTL gedreht und auch nur zweimal kurzzeitig für Sat.1. Dafür landete ich ausschließlich bei den Öffentlich-Rechtlichen, also bei ARD und ZDF. Ich konnte die Kollegen erfolgreich widerlegen.

Den Vertrag mit der Hamburg-Mannheimer machte meine neue Agentin. Denn ich erinnerte mich an meine Worte, und auf mein Wort konnte man sich verlassen. Doch sollte meine Wahl sich schon sehr bald als eine meiner größten Fehlentscheidungen herausstellen.

Eines der größten deutschen Unternehmen mit einer fast 125-jährigen Erfolgsgeschichte schloss mit mir einen Vertrag auf fünf Jahre ab, mit einer zusätzlichen Verlängerungsoption um weitere drei Jahre. Man setzte offenbar starkes Vertrauen in mich, und ja, Vertrauen ist alles im Leben. Man wusste anscheinend, dass man sich auf mich verlassen konnte. Klare Sache: Auf Herrn Kaiser war eben Verlass. Zurückblickend fiel ich in den vierzehn Jahren niemals wegen Krankheit aus und schaffte es sogar immer, pünktlich zur Stelle zu sein, auch wenn ich meist aus dem fernen Montana anreisen musste.

Mein Leben hatte sich plötzlich verändert. Erneut. Zweimal im Jahr sollte ich nun regelmäßig für meine Arbeit belohnt werden. Das Wort »regelmäßig«, besonders wenn es um regelmäßiges Einkommen ging, war mir in den letzten Jahren abhandengekommen. Das Wort »sporadisch« passte da schon eher in meinen Wortschatz. Nun sollte ich mich jedoch darauf verlassen können, dass wie bei einem normalen Arbeitnehmer das Geld pünktlich auf dem Konto war. Würde das wirklich so sein? Warten wir ab. Doch handelte es sich immerhin um ein schönes und beruhigendes Gefühl.

Vom Casten und gecastet werden

Los Angeles hatte mich schnell wieder eingeholt. Kaum angekommen, fuhr ich wieder kreuz und quer durch diese verrückte Stadt, von einem Casting zum nächsten. Das Filmgeschäft in Amerika unterscheidet sich in vielen Dingen von dem in Deutschland. Selbst sogenannte Schauspieler der A-Liste müssen manchmal zu einem Casting antreten, damit Produzent und Regisseur sicher sind, dass er oder sie genau auf die Rolle passt. Relevante Rollen werden in Los Angeles fast immer durch Castings entschieden. Somit hat man als Schauspieler auch die Gelegenheit, zu zeigen, was man wirklich draufhat, und kann um eine Rolle kämpfen.

Bei der Vorbereitung hat jeder Schauspieler so seine eigenen Methoden. Ich erstelle mir beispielsweise immer eine Audiodatei, für die ich den Gegenpart einspreche und genug Platz lasse, um meinen eigenen Part zu ergänzen. Während ich von einem Ende der Stadt ans andere Ende zum nächsten Casting fuhr, konnte ich mich im Auto vorbereiten und das Band abspielen. Das mache ich heute noch so. Oft gehe ich auch spazieren und übe. Es geht allerdings gar nicht darum, dass man den Text auswendig kann. Man darf die Seiten auch ruhig zur Hilfe nehmen. Entscheidend ist am Ende immer, dass man glaubwürdig als der Charakter ist, den man später spielen soll.

In Deutschland wird viel aus der Schublade besetzt. Die Verantwortlichen haben sich irgendwann ein Bild von deinen Fähigkeiten gemacht und dich in eine Schublade gelegt. Dann holen sie dich wieder heraus, wenn es gerade mal passt. Das nennt sich im Fachjargon auch »Typecasting«. Das muss gar nicht immer schlecht sein. Hat man sich erst einmal etabliert, wird man auf diese Weise auch mal direkt gebucht. Wolfgang Rademann hat zum Beispiel einmal zu mir gesagt: »Junge, sei froh, dass du in einer Schublade bist. Das wünscht sich so manche Schauspieler.« Die Schublade bei mir ist der Arzt, der nette Schwiegersohn, Anwalt, Polizist, aber niemals der so richtig Böse. Ich kann damit zwar gut leben, doch besteht der Reiz als Schauspieler natürlich auch darin, alle Register ziehen zu können und jede Facette glaubwürdig zu bedienen.

Studien haben gezeigt, dass der Mensch innerhalb von wenigen Sekunden von seinem Gegenüber einen Eindruck bekommt und ihn dann sofort taxiert. In einem Workshop hatten wir es 1997 einmal durchexerziert. Jeder der Studenten kam in den Raum und stellte sich eine Minute lang den Mitschülern vor. Dann schrieben die Kollegen auf, was für einen Eindruck sie von der Person hatten. An dem alten Spruch, der erste Eindruck entscheidet, ist schon sehr viel dran.

In Deutschland herrscht eine andere Kultur, beziehungsweise wird das Geld für Castings entweder nicht zur Verfügung gestellt, oder das Budget ist zu klein, und man kann sich diesen Luxus nicht leisten. In Deutschland müssen die Schauspieler ja auch noch anreisen, und diese Anreise muss bezahlt werden; in L. A. ist die Branche total zentralisiert.

Fast alle Schauspieler leben in der Höhle des Löwen, und ein Casting ist einfacher und schneller zu organisieren. Regisseur und Produzent schauen sich dann die Auswahl an. Manchmal finden sie direkt den idealen Kandidaten oder die ideale Kandidatin, manchmal reduziert sich die Auswahl auf eine kleine Gruppe, die dann zum berühmten »callback« antreten muss.

Erste Schritte

Im Laufe des Jahres 1997 bin ich auch ein paarmal von Los Angeles nach Montana geflogen; eigentlich mindestens einmal zu jeder Jahreszeit. Dieser Ort da oben war wirklich genau der, den ich immer gesucht hatte. Jetzt wollte ich erst einmal die Gegend erkunden. Mit meinem Vertrag bei einer der größten Lebensversicherungsgesellschaften Deutschlands konnte ich in den nächsten fünf Jahren das erste Mal in meinem Leben auf ein regelmäßiges Einkommen vertrauen. Stundenlang saß ich auf meinen 8 ha Land und schaute auf diese wunderschöne und unendlich weite Landschaft. Ich fing an, von einem Haus zu träumen, und erstellte erste Zeichnungen, beobachtete Sonnenauf- und Untergänge und schätzte ein, wie der Lichteinfall sich in einem Haus abzeichnen würde. Wo genau würde ich es eigentlich bauen?

Doch so ein Haus kostet natürlich auch Geld, und das wollte erst einmal verdient werden. Wie konnte ich also mein Haus bauen, wenn ich erst in Zukunft hoffentlich genug Geld verdienen würde, um es dann wieder abzubezahlen? Vermutlich nur mit einem Kredit. Doch würde die lokale Bank mir einen Hausbau finanzieren?

Ich ging die Sache an und machte einen Termin. Logischerweise, wie überall auf der Welt, braucht eine Bank Sicherheiten, wie einen Arbeitsvertrag, der ein regelmäßiges Einkommen bescheinigt. Und den konnte Herr Kaiser vorweisen. Doch wollte die Bank sich diesen natürlich auch genauer anschauen. Da er auf Deutsch war, brauchte ich eine Übersetzung. Das Schicksal ging mit mir wieder seine eigenen Wege.

Eine Woche, nachdem ich meine Unterlagen abgegeben hatte, stand ich oben in Helena im Hauptpostamt in der Schlange, und plötzlich sagte jemand hinter mir: »Hallo, Herr Kaiser! Gut, dass ich Sie treffe.« Nein, das glaubte ich jetzt nicht. Ich war ja erst ganz frisch die Werbefigur Herr Kaiser. Der Spot lief seit ein paar Monaten im TV. Und hier in Amerika erkannte mich schon jemand? Ich drehte mich um und fragte den Mann: »Du sprichst Deutsch? Kennen wir uns?« – »Nein«, meinte er, »noch kennen wir uns nicht. Aber meine Frau arbeitet bei der lokalen Bank, und die haben mich gerade gebeten, deinen Vertrag mit der Hamburg-Mannheimer zu übersetzen. Ich wusste gleich, wer du bist. Vor ein paar Jahren war ich in Deutschland selber mal ein Herr Kaiser, also als Agent der Hamburg-Mannheimer unterwegs!« Ist das Leben nicht schräg? Was für seltsame Zufälle! In Windeseile hatte ich meinen dreißigjährigen Kredit und konnte beginnen, mein Traumhaus im Detail zu planen.

Zurück in Los Angeles baute ich mir in diesem Sommer ein Modell meines endgültigen Entwurfs. Ich mochte immer große und hohe Räume. Und vor allem hell mussten sie sein! Hunderte Male ging ich mit geschlossenen Augen durch mein Haus. Das ist etwas, was ich nur jedem raten kann, der einen Hausbau plant. Ich nenne es mal virtuelles Wohnen. Denn dabei verfestigen sich langsam die Details im Haus, und der Traum wird zu einem realen Bild dessen, was später sein wird. In Los Angeles habe ich sogar eine Taschenlampe genommen, um den Lichteinfall der Sonne durch die großen Fenster zu simulieren.

BOOM!

Eines Tages erreichte mich ein Anruf von Joel, meinem Agenten in den USA. Er fragte nach meinem russischen Akzent, da er mich für die Rolle eines russischen Agenten vorgeschlagen hatte, der zusammen mit Ayatollah Khomeini im Iran amerikanisches Falschgeld druckt. Die Rolle eines Bösen! Endlich!

Das ist wirklich etwas, das sich viele Schauspieler wünschen.

Als Joels Anruf kam, war ich schon seit einigen Tagen unrasiert, und bereits seit meinem 35. Lebensjahr wuchs der untere Teil meines Bartes in silbergrau. Das sollte mir noch gelegen kommen! Joel schickte mir die ersten Dialogseiten zu. In einigen der Szenen war ein Vermerk, dass mein Charakter Anordnungen an das iranische Personal in Farsi gab. Farsi? Das war die Sprache der Iraner. Der Stadtteil Westwood besaß eine große persische Gemeinschaft. Also machte ich mich auf und ging ins *Starbucks Café* in Westwood. Dort saßen zwei Perserinnen. Ich sprach sie an und bat sie um Hilfe, ob sie mir verschiedene Kommandos übersetzen und dann auf mein Tonband sprechen konnten. Farsi war für mich eine seltsame Sprache, doch hatte ich ja zwei Tage Zeit, es in mein Gehirn zu brennen. Am Tag des

Castings war mein Bart auch schon etwas länger geworden. Jetzt stellte ich mir noch meine Haare mit Wachs hoch und malte etwas graue Farbe hinein. Das machte mich deutlich älter. Die Castingdirektorin für diese Serie war Mary Jo Slater, die Mutter des Schauspielers Christian Slater. Am Ende der Szene meinte Mary: »Du hast einen fantastischen russischen Akzent im Englischen. Aber du sprichst auch Farsi? Wie kommt das? Wo hast du das gelernt?«

Ich behalf mir mit einer Notlüge: »Ich hatte mal eine persische Freundin, durch sie habe ich etwas Farsi gelernt.« Das war natürlich gelogen, aber Mary glaubte mir. »Faszinierend!«, meinte sie. »Bitte komm in fünf Tagen zum Callback.«

Wie bei *Stargate* war ich jetzt nah dran. Diese Chance wollte ich mir nicht entgehen lassen und tat jetzt alles dafür, mich bis zum Callback noch einmal zu steigern. Ich erinnerte mich an Herrn Kaisers blaue Kontaktlinsen und kaufte mir nun graue. Als ich sie einsetzte und mich im Spiegel ansah, bekam ich Angst vor mir selbst. Ich hatte jetzt wirklich eiskalte Augen! Mein Bart war mittlerweile schon wieder länger geworden. Ich ging zum Friseur und ließ mir einen militärischen Haarschnitt verpassen. Als ich im Castingbüro ankam, traf ich auf meine fünf Mitstreiter. Jeden einzelnen von ihnen kannte ich aus vielen Serien. Es waren alles Topleute, doch ich bekam die Rolle, denn ich konnte Farsi. »Going the extra mile«, sagt man auf Englisch. Man könnte sagen: sich besonders viel Mühe geben oder eine Sonderschicht einlegen. Aber wie man es auch immer übersetzt: Es hatte sich gelohnt.

Acht Tage später würde gedreht werden, doch zuvor bekam ich noch einen Anruf von meiner Agentin aus München. Ich sollte meinen ersten Rosamunde-Pilcher-Film fürs ZDF in Cornwall drehen. Allerdings sollte das erst in vier Wochen stattfinden. Der Regisseur dieser Episode war sich aber nicht sicher, ob mein Gegenspieler, der deutsche Schauspieler Christian Oliver, der zu dem Zeitpunkt auch in Los Angeles lebte und in dieser Episode mit mir um die gleiche Frau buhlte (typisch Pilcher), zu mir passte. Also ließ man uns beide nach England einfliegen, damit er sich ein Bild machen konnte. Wie verrückt war das bitte? Aber ich reise ja gerne, also flog ich hin. Christian war gerade beim Friseur gewesen und sah mit diesem neuen Kurzhaarschnitt sehr jung aus. Ich konnte meinen gräulichen Bart nicht abschneiden, weil ich in wenigen Tagen drehen sollte. So sah ich gute zehn Jahre älter aus.

In England entfaltete sich dann auch ein echtes Pilcher-Drama. »Nein, so kann ich das nicht drehen. Der Altersunterschied zwischen den beiden ist viel zu groß«, meinte der Regisseur. Er konnte es sich einfach nicht vorstellen, wie ich ohne Bart aussehen würde, obwohl ich aktuelle Fotos dabeihatte. Das Gespräch war äußerst kurz. Wir flogen beide zurück nach Los Angeles. Christian bekam den Job, ich war tausende von Kilometern umsonst geflogen. Allerdings war ich nicht enttäuscht, fand es nur verrückt, wie man plötzlich die Kohle so raushaute, um diesem Regisseur seinen Wunsch zu erfüllen. Und dann hatte der Typ keinerlei Fantasie!

Zurück in L. A. ging es dann aber los für mich und meinen Bart. *Soldier of Fortune* hieß die Produktion, und mein Dreh würde fünf Tage dauern.

Wir filmten in der Nähe von Bakersfield in Kalifornien. Diese Gegend ist der gewünschten im Iran tatsächlich sehr ähnlich, karg und fast wüstenartig. Das dramatische Ende des Films drehten wir dann in einem Wasseraufbereitungswerk im Stadtteil Compton in Los Angeles. Diese Anlage war für viel Geld vor ein paar Jahren errichtet, wegen technischen Fehlplanungen aber nie in Betrieb genommen worden. Mit den großen Tanks sah es dort wirklich aus wie in einer iranischen Ölraffinerie. Man hatte der lokalen Feuerwehr und der Polizeibehörde bereits mitgeteilt, dass man morgens um 3:00 Uhr eine Explosion sehen und hören würde. Die Jungs von den Spezialeffekten waren extrem cool. In Shorts und Flipflops fummelten sie an ihren Kabeln und Zündern herum, und kurz vor 3 Uhr morgens war es dann endlich soweit.

Die Stuntleute, die für die vier Hauptdarsteller von den explodierenden Wassertürmen weglaufen sollten, hatten spezielle Schutzanzüge an und wurden noch einmal zusätzlich im Nackenbereich mit einem Schutz-Gel eingeschmiert. Als das Kommando »Action!« kam, wurde allen Anwesenden sehr schnell klar, dass sich das Team der Spezialeffekte wohl etwas verkalkuliert hatte. Die Stuntleute liefen jetzt wirklich um ihr Leben, denn der Feuerball wurde immer größer. Keine der sechs Kameras, und einige waren schon mit extremen Weitwinkelobjektiven bestückt, war in der Lage, diese monströse Explosion optisch einzufangen. Alle vier Stuntleute verbrannten sich ihre Nackenhaare. Es war eine Szene, wie Produzent Jerry Bruckheimer sie liebte: viel Action und eine Menge Boom, Boom, Boom! Für mich war das ein Erlebnis der ganz besonderen Art.

Fünf Minuten später umzingelte uns eine Armada von Lösch- und Polizeifahrzeugen. Überall war Blaulicht zu sehen. Der Krach der Sirenen und all der Auto-Alarmanlagen, die wegen der starken Druckwelle sofort angeschlagen hatten, war ohrenbetäubend. Dann gab es nach zehn weiteren Minuten endlich Entwarnung. Die gesamte

Anlage sah aus wie nach einem Flugzeugangriff. Es war zwar nichts zerstört, doch alle Wassertürme hatten nun eine dicke Rußschicht.

Tiefschlagalarm

Nach diesem Drama flog ich erst einmal wieder in meine zukünftige Heimat. Mit einem Leihwagen erkundete ich die Umgebung. Ich hielt an einem Haus, das neu gebaut war, und schaute es mir durch ein Fernglas näher an. Plötzlich sah ich einen jungen Mann auf der Veranda stehen. Er hielt ein Bier in der Hand, grinste mich an und grüßte lässig mit einer Handbewegung. Das war mir jetzt peinlich. Ich stieg aus, entschuldigte mich und erklärte, dass ich nicht spionieren wolle, sondern mir nur die verschiedenen Häusertypen in der Gegend anschauen würde. Sein Name war Tim. Er bat mich, ins Haus zu kommen, drückte mir ein Bier in die Hand und zeigte mir stolz das neugebaute Haus. Ich erzählte ihm, dass ich in der Nähe ein Stück Land gekauft hatte und auch plante, mir ein Haus zu bauen. »Da bist du hier genau richtig bei mir. Denn mein Freund und ich haben gerade eine Baufirma aufgemacht: *D&D Development*. Und das hier ist unser erstes Haus.« War das etwa wieder ein Wink des Schicksals? Ja, das war es. Doch in einer ganz anderen Form, als ich damals dachte.

Sehr naiv nahm ich damals an, dass, wie bei uns auf der Insel Fehmarn, es sich in so einer kleinen Gemeinde wie Helena kein Mensch leisten konnte, unehrlich zu sein. Ich sollte diese beiden Typen treffen, denn das Universum hielt eine weitere Lehrstunde für mich bereit.

Zwei dicke Tiefschläge in Sachen Ehrlichkeit standen mir nun bevor. Ich übergab den beiden meine Pläne, und wir einigten uns darauf, dass mein Haus, das wesentlich größer war als jenes, das die beiden gerade gebaut hatten, in der Zukunft ihr Musterhaus werden sollte. Dafür würden sie es mir günstiger bauen.

Tim lud mich ein, aus dem Hotel auszuziehen und bei ihm zu wohnen. Am gleichen Abend lief dort noch eine große Party, und ich lernte viele Leute aus der Stadt kennen. Alles war zu schön, um wahr zu sein. Wie wahr, wie wahr!

Ich vertraute den beiden eine größere Summe an, damit sie beginnen konnten. Wie blauäugig ich doch war.

Auf dem Stück Land gab es nichts außer einem Stromkasten mit einer Telefonleitung. Ein 150 Meter tiefer Brunnen wurde gebohrt, und wir fanden gutes Wasser und hatten auch direkt guten Druck. Strom und Telefon mussten unterirdisch bis zur Baustelle verlegt werden. Tim und sein Partner hatten sich von meinem Geld gleich einen großen Bagger gekauft. Alles schien okay zu sein und gut zu laufen.

Zurück in L. A. landete ich wieder eine Hauptrolle. Ich drehte mit Jim Brolin, dem Ehemann von Barbra Streisand, eine Episode der Serie *Pensacola: Wings of Gold,* die im April 1998 ausgestrahlt wurde. Diesmal spielte ich einen deutschen Kampfpiloten, der am Ende starb.

Ich war ja bereits seit 1984 in der Gewerkschaft, und jeder Job steuerte etwas zu meiner späteren Pension bei. Auch gab es jedes Mal Tantiemen, wenn die Filme irgendwo im Ausland im Fernsehen liefen, und ein Scheck flatterte ins Haus. Das Privileg einer lebenslangen Pension von der Gewerkschaft gab es aber nur für die Schauspieler, die durchgehend ein jährliches Minimum an Einkommen durch die Schauspielerei verdienten. Und dieses Minimum wurde kontinuierlich hochgeschraubt. Von den über 100.000 organisierten Schauspielern in den USA waren es beispielsweise im Jahr 2002 nur 16,5 % aller Mitglieder, die diese Hürde schafften.

1998 hatte ich dieses Ziel durch all meine Werbe- und Kinofilme, sogenannte B-Movies und Serien-Episoden sowie Tantiemen-Einnahmen geschafft. Und darauf bin ich heute sehr stolz und freue mich immer wie Bolle, wenn bei mir jeden Monat hier in Montana der Rentenscheck eintrifft. Es lebe die Gewerkschaft!

Nick Holmes

Doch jetzt nahte erst einmal Tiefschlag Nummer eins. Die Hamburg-Mannheimer hatte meine erste Gehaltszahlung im Frühling 1997 nicht pünktlich überwiesen. Da ich aber sichergehen wollte, dass ich mich während meiner Bauphase in Montana auf die pünktlichen Zahlungen verlassen konnte, bat ich meine Agentin, sie solle sich doch bitte darum kümmern. Sie schlug vor, dass die HM ihr das Geld überweisen könne und sie es mir dann sofort weiterschicken würde, abzüglich ihrer Provision. Ich sollte ihr einfach eine Vollmacht schicken, und sie würde dann den Rest regeln. Das vergaß ich jedoch und tat es erst zehn Tage später.

Frau R., eine nette Dame aus der Buchhaltung der HM, war eine ganz akkurate Person. Sie kannte meine Originalunterschrift noch aus dem Vertrag, und ihr fiel auf, dass die von meiner Agentin eingereichte Vollmacht nicht genau meiner Unterschrift entsprach. Sie wurde stutzig. Ja, meine Agentin hatte sie wirklich gefälscht! Ihre Entschuldigung mir gegenüber war, ich wollte ihr ja sowieso eine Vollmacht schicken, und dann wäre es doch eigentlich egal. Da hätte ich schon hellhörig werden müssen. Es ist und bleibt Urkundenfälschung!

Am 1. Oktober wartete ich auf die zweite Zahlung. Doch mein Bankkonto blieb leer, und jetzt wurde es eng, denn ich musste am 15. Oktober in Montana Rechnungen bezahlen. Ich rief meine Agentin in Deutschland an. Ja, das Geld hätte die HM überwiesen, aber sie sei selbst gerade im Urlaub, und als sie mir das Geld weiterschickte, hätte die Bank wohl einen Fehler gemacht und einen Zahlendreher drin gehabt. Jetzt würde das Geld irgendwo zwischen den USA und Deutschland festhängen, und es müsse erst einmal wieder zurück auf ihr Konto kommen, damit sie es dann nochmals überweisen konnte. Ich wurde nun wirklich stutzig, und meine Bauch meldete sich. Als sie aus dem Urlaub wieder zurück in München war, hakte ich sofort nach. Sie versprach mir hoch und heilig, das Geld sofort rüberzuschicken. Das sei ja schließlich alles kein Thema, denn wir hatten ja beide ein Konto bei der gleichen Bank. Ich müsse aber warten, bis das Geld wieder auf ihrem Konto war.

Mein Bauch meldete sich jetzt noch deutlicher. Ich erhöhte den Druck und rief jeden Tag an. Wochen vergingen, und ich vertröstete die Firmen in Montana. Das Geld würde bald kommen. Dann schrieb ich meiner Agentin ein Fax, dass ich Nachforschungen anstellen würde. Am Mittag des gleichen Tages rief ich sie noch einmal an. Sie befand sich immer noch in ihrem Büro in München. Bei ihr war schon Abend. Und siehe da: Ja, das Geld sei endlich auf ihrem Konto eingetroffen, und sie hätte es am Nachmittag auch gleich überwiesen.

Ich verlangte eine Kopie der Überweisung, und zwar auf der Stelle! Das würde jetzt einen Augenblick dauern, teilte sie mir mit, denn sie müsse die fünf Formulare alle kopieren. »Warum fünf?«, fragte ich. Sie hätte den Betrag in fünf Überweisungen aufgeteilt, da eine Überweisung in die USA einen bestimmten Betrag nicht überschreiten dürfe. So hätte es ihr die Bank gesagt. Nach so vielen Jahren in Amerika wusste ich jedoch, dass das nicht stimmte.

Ich wartete also an meinem Schreibtisch in Los Angeles, bis sich mein Faxgerät eine gute halbe Stunde später in Bewegung setzte, um die Kopien der fünf Überweisungen auszuspucken. Jetzt hatte ich mittlerweile schon einen Krampf im Bauch. Ich nahm das lange Stück Fax-Papier und schnitt es in fünf Teile, um alle Dokumente zu separieren. Mit ein paar Nadeln heftete ich sie an die Wand vor mir. Total fixiert starrte ich die Papiere an. Auf einmal fiel es mir auf. Drei der Unterschriften hatten den gleichen Anstellwinkel bei einem Buchstaben, und sie erschienen auch sonst völlig identisch.

Faxpapier war damals sehr dünn. Ich legte alle drei Dokumente, auf denen die Unterschrift gleich erschien, übereinander und hielt sie gegen das Sonnenlicht. Durch die Transparenz der Papiere konnte ich jetzt deutlich erkennen, dass alle drei Unterschriften exakt gleich waren. Das war unmöglich. Kein Mensch schafft es, seine Unterschrift dreimal absolut identisch auf Papier zu bringen. Also forschte ich weiter.

An dieser Stelle kann mir wahrscheinlich eher die ältere Generation unter euch folgen. Wenn man früher, zum Beispiel bei Schul- oder Examensarbeiten, auf einem Dokument etwas reparieren wollte, legte man den bearbeiteten Textteil auf die vorherige Version und machte davon eine Kopie. Historisches *copy & paste* sozusagen.

Es zeigte sich bei den Kopien dann aber immer ein kleiner Rand, dort, wo man das neue Stückchen Papier aufgeklebt hatte. Dieser Rand war deutlich auf zweien der Dokumente zu sehen. Und zwar genau dort, wo sich die fortlaufenden Nummern der Überweisungsformulare befanden. Anscheinend hatte sie mit der Schere irgendwo sechs Nummern herausgeschnitten. Nur wo? Ich fand diese Nummern schließlich, sie waren Teil ihrer Kontonummer. Aha!

So war sie also imstande gewesen, zwei neue Dokumente mit verschiedenen Nummern zu generieren. Drei der Dokumente hatten fortlaufende Nummern, zwei jedoch nicht. Schon sehr merkwürdig, wenn man Überweisungen bei der Bank in kurzer Abfolge macht. Alle Nummern müssten dann eigentlich fortlaufend sein. Langsam lief ich zur Höchstform auf!

Nur drei Beträge der Überweisungen kamen an. Die anderen beiden fehlten. Ich hatte es auch nicht anders erwartet. Auf meine Nachfrage am folgenden Tag meinte meine Agentin, das müsse wohl an der Bank liegen, dass die beiden anderen Beträge noch nicht eingetroffen wären.

Kackfrech sagte sie: »Die haben bestimmt einen Fehler gemacht.« Ob sie dabei wenigstens rot wurde, kann ich allerdings nicht sagen.

Ich nahm alle fünf Dokumente mit zu meiner Bankfiliale in Hollywood und traf mich mit dem Direktor. Ihm fiel zunächst nichts auf, als er die Faxe sah. Dann bestätigte er mir aber: Es handelte sich um einwandfreie Dokumentenfälschung.

Ich schwieg erst einmal, denn am folgenden Tag flog ich nach Deutschland, um von dort aus ein paar Tage später nach Kapstadt weiterzureisen. Dort sollte der zweite Werbespot für die Hamburg-Mannheimer gedreht werden.

Von Hamburg aus drohte ich meiner Agentin nun in einem erneuten Anruf, dass ich am nächsten Morgen in die Bankfiliale nach Düsseldorf gehen würde, um der Sache auf den Grund zu gehen. Es sei denn, das so mysteriös verschwundene Geld wäre bis 17:00 Uhr am gleichen Tag noch auf meinem Konto. War es dann auch! Siehe da! Bar eingezahlt von meiner Agentin.

Mein Rechtsanwalt riet mir damals davon ab, gutes Geld schlechtem hinterher zu schmeißen, sie also nicht zu verklagen. Zwar war das, was sie gemacht hatte, höchst kriminell, doch ich hätte ja letzten Endes mein Geld bekommen. Also: einmal tief durchatmen! Und weiter gings! Für meine erste Rolle als Detektiv war ich nun in jedem Fall bestens gerüstet.

Übrigens: Meine Agentin hatte mit meinem Geld offenbar finanzielle Engpässe gestopft. Nur warum musste das auf diese Weise sein? Ich hätte ihr vielleicht sogar geholfen, wenn sie mich damals gefragt hätte. Wie dumm von ihr: 14 Jahre lang wären 10 Prozent meines Gehaltes an sie gegangen. Doch durfte ich diesen Anteil nun glücklicherweise jedes Jahr ebenfalls auf meinem eigenen Konto verbuchen.

Der große Wechsel vom zweiten auf den dritten Herrn Kaiser war der HM nämlich im vollen Umfang gelungen. Mein Spot lief schon seit einem Jahr auf allen Sendern rauf und runter, und die Firmenleitung und die weit über 20.000 Versicherungsvertreter und Mitarbeiter waren mit ihrem neuen Herrn Kaiser äußerst zufrieden.

Ein paar Tage später flog ich dann wie geplant Richtung Südafrika. Vorher erhielt ich aber noch eine sehr traurige Nachricht: Mein Freund Thurston, Besitzer des berüchtigten »Moaning Castle« in Florida, hatte eine Herzklappenoperation nicht überstanden und war gestorben. Mir bleiben aber wunderbare und urkomische Erinnerungen an ihn.

Und wo wir gerade bei Erinnerungen sind. Gegen Ende der neunziger Jahre war der Abschied von Thurston nicht der einzige, mit dem ich mich befassen musste …

Nick´s Fotoalbum

Die Familie Wilder: Mutter Irma, Sohn Klaus, Tochter Helga,
Sohn Hans, Tochter Magret & Vater Klaus-Herbert

Der elterliche Hof in Altjellingsdorf

Der kleine Klaus,
Unschuld vom Lande

Nicht mehr ganz so
zahm: Ich und mein
Protest-Kostüm!

Flangia Kaiphos

EINTRITTSKARTE

Dance Session

with Christian,
the FLANGIA KAIPOS
and Jaques (Frankreich)

Veranstaltung des
„magazin für schleswig-holstein"

Mittwoch, 18. März 1970

18.15 Uhr Auktionshalle
Lohmühle, Eing. Schwarzbunte

№ 00898

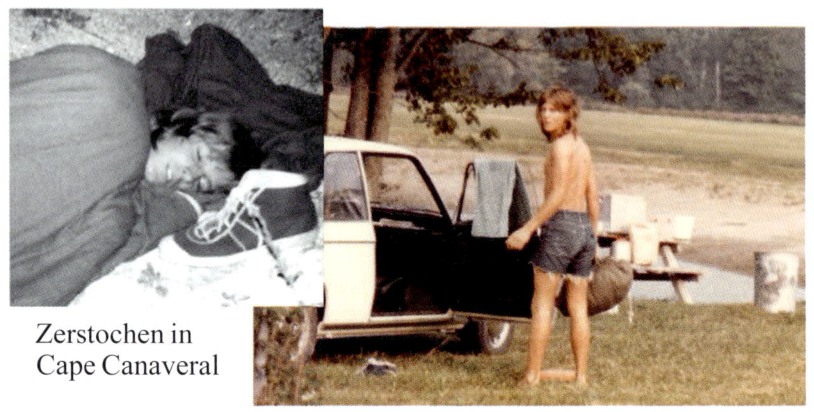

Zerstochen in Cape Canaveral

Immer auf Achse, oft ohne Shirt

Mike Quickel

Hanne!

Trip zu den Niagara-Fällen

Meine erste eigene Schule in Dänemark

Public Viewing zur WM

Klaus erklärt die Welt, äh das Surfen

Neues Glück in Florida mit *Windsurfing Madness*

Werbeprofis der schrillen Achtziger

Nach vielen Erweiterungen: Der Laden bevor ich ihn verkaufte

Mentor:
Mein Freund
Kjeld Ib Lise

Mein Manager
Joel Grau

Der Herr des
Moaning Castle
Thurston

Dennis
Weaver &
meine
Tramp-
Partnerin
von Tampa
nach York

Mama & ich

Mein letztes Weihnachten auf dem Hof

Blicke sagen mehr als Worte: Papa & ich

Gesichter des Modelns: Sanft, verwegen & bestens gelaunt für die Werbung!

GUARDIA NATIONAL SECURITA
POLIZEI
JAN FEHRMANN
Hauptkommissar
Spezial - Einsatzkommando
Deutschland
Vice Commissioner
Special Forces Germany

Überraschungsparty zu meinem 50. Geburtstag mit Reunion von *Flangia Kaiphos!*

Auf alten Pfaden

Theater!
Mit Christine in dem Stück *Nächstes Jahr, gleiche Zeit* unter der Regie von Horst Naumann

Blick in die Vergangenheit

Meine Zeit beim Film *Hvidsen Gruppen*

Geschichtsträchtig: Genau hier saß auch Heydrich

Immer wieder Otto!

Eines unserer vielen Treffen

Urgesteine: Manuela & Konny Reimann

Die beste Entscheidung meines Lebens: Hochzeit mit meiner Christine

Trauzeuge Kirt Snyder

Mit den
Schwiegereltern

Unser zweites Konzert im TING: *A Night in Italy*

Zuflucht, zuhause, Lebensmittelpunkt: Unser TING!

KAPITEL 13

Von Freiheit und Sternentoren

(1990-1995)

KAPITEL 15

Ihre letzten Momente

(1997-1998)

Zwischen September 1997 und Mai 1998, also in einem Zeitraum von nur einem Dreivierteljahr, starben meine Eltern.

Als bei meiner Mutter die letzten Stunden anbrachen, war ich in Deutschland. Sie hatte zu diesem Zeitpunkt schon viele Jahre in Heiligenhafen im Heim gelegen, wo sie gepflegt wurde. Ich erinnere mich noch sehr gut an den letzten Besuch bei ihr, gemeinsam mit meinem Vater. Es war furchtbar. Ihr Zustand hatte sich weiter verschlechtert, und sie war nicht mehr imstande zu kommunizieren. Man konnte nichts verstehen. Meine Mutter war nur noch ein Häufchen Elend. Ich stellte mir an diesem Tag viele Fragen: War dieser Zustand noch lebenswert?

Mein Vater saß an diesem Tag an ihrem Bett. Ich stand direkt hinter ihm und schaute über seine Schulter. Er konnte nur schlecht mit Krankheiten umgehen, tätschelte aber die Hand meiner Mutter und meinte auf Plattdeutsch: »Mutter, das läuft sich schon alles zurecht.« Das war sein Standardsatz, der so viel heißen sollte wie: »Alles wird gut.«

Die Hand meiner Mutter griff nach der seinen und versuchte sie festzuhalten. Doch mein Vater zog seine Hand schnell wieder weg. Ich konnte in dem Moment so deutlich spüren, dass sie einfach nur berührt werden wollte. Ich spürte ihre Angst und ihre Traurigkeit. Es zerriss mir das Herz. Auf diese Weise Nähe zu zeigen oder zuzulassen, entsprach meinem Vater einfach nicht. Das hatte er schon sein ganzes Leben lang kaum gekonnt. Doch nicht einmal jetzt? In diesem Moment, der vielleicht ein Abschied für immer war? In einem Moment, wo sie nur seine Nähe wollte?

Es war unerklärlich für mich. Nicht einmal die Hand seiner eigenen Frau konnte er halten. Versteh mich bitte richtig: Das soll jetzt nicht wie ein Urteil klingen, das werde ich mir nicht anmaßen. Ich stelle nur fest: Er konnte es einfach nicht. Und ich frage mich noch heute oft: Was hatte ihn so hart gemacht? War es seine Erziehung, seine Eltern? Was den Vater meines Vaters anging, so erinnere ich mich nur daran, dass er kein Mann vieler Worte war. Ansonsten habe ich in dieser Hinsicht nie etwas mitbekommen. Oder war es der Krieg? War es dieser verdammte Nationalsozialismus, der Männer aus Stahl haben wollte und der seine Seele verseucht hatte?

Irma Wilder, geborene Flohr, starb am 23. September 1997. Sie wurde 78 Jahre alt.

Die Beerdigung ging mir sehr nahe. Während der Trauerfeier dachte ich über so vieles nach. Wieso war ich in diese Familie hineingeboren worden? Hatte man überhaupt eine Wahl? Manche sagen, man kann sich seine Eltern nicht aussuchen. Fragen über Fragen, die mich immer wieder einholen sollten.

In dem Augenblick, als der Sarg in die Grube gelassen wurde, starb auch etwas in mir. Ich fühlte mich plötzlich, wie man so schön sagt, »mutterseelenallein« und dachte: *Okay, jetzt bist du erwachsen.* Wenn die Verbindung zwischen Mutter und Kind zerbricht, dann passiert etwas Merkwürdiges in dir. Vielleicht können das einige von euch nachempfinden.

Einige Wochen später besuchte ich meinen Vater dann noch einmal auf Fehmarn, und wir sahen gemeinsam fern. Es lief irgendein Film, ich erinnere mich nicht mehr. Aber ich weiß noch genau, als der Abspann lief, hatte der Regisseur einen jüdischen Namen. Vater meinte: »Da sind sie wieder, die Juden, die wollen Deutschland von der Erde wegradieren.«

Da unser Verhältnis besser geworden war und ich nicht mehr diese Angst verspürte, wollte ich zu seinem Kommentar Stellung nehmen. Ich hatte in Los Angeles sehr viele jüdische Freunde gefunden und konnte das nicht so stehen lassen. Aber einfach zu sagen, dass es den Holocaust gegeben hatte und es falsch sei, wenn er das Gegenteil behauptete, hätte nichts bewirkt. Ich fing die Diskussion also anders an. Ich fragte ihn, ob ihm klar sei, wie viele Indianer die Amerikaner getötet hätten. Ja, meinte er, und keiner würde ehrlich darüber sprechen. Das war ein Anfang. Ich fragte nach Stalin und seinen zwölf Millionen Landsleuten, die getötet worden waren. Er nickte zustimmend. »Zwölf Millionen«, setzte ich noch einmal nach. »Bei den Juden, da waren es nur 6 Millionen.« – »Na, so viele waren es nicht«, antwortete er darauf ganz trocken. »Okay«, erwiderte ich, »dann lass es drei Millionen gewesen sein. Sind die alle verhungert? Oder wie sind sie in den Lagern eigentlich umgekommen?« Er schaute mich einen Moment lang an und nickte dann. Ich sah in seinen Augen Zustimmung. Ich spürte ihn. Er wusste, dass es die Lager gab; Auschwitz, Dachau. Und es war ihm vollkommen bewusst, was dort geschehen war. Er war schließlich bei der Waffen-SS. Da sprach man untereinander. Alle wussten es.

Er hatte mir sogar einmal erzählt, dass er auf dem Rückzug von Finnland für 14 Tage im Konzentrationslager Neuengamme in der Nähe Hamburgs Wachmann gewesen war. Er habe aber alles nur von außen gesehen, und da wäre nichts gewesen. Er hätte nichts gesehen.

Ich habe ihm damals nicht geglaubt. Also stieg ich im Februar 2020, als ich bei Lüneburg *Rote Rosen* drehte, an einem regnerischen Nachmittag ins Auto und fuhr hin. Ich wollte es selbst sehen und schaute mir die Anlage an. Eines war sofort klar: Diese Anlage brauchte keine Bewachung von außen. Der hohe Zaun, die Wachtürme, da war kein Entkommen. Ich habe mir durchgelesen, was in dem Lager passiert ist, wie zum Beispiel jüdische Kinder für medizinische Experimente herhalten mussten und danach mit einer Giftspritze ermordet wurden. 400 russische Soldaten hatte man dort vergast. Man vergab schwerste Arbeiten an Oppositionelle, Kommunisten, Schwule, einfach an jeden, der dem System im Weg stand. Ich schaute mir die Zeichnungen an, die Bilder, die Briefe der Insassen.

Nach unserer Aussprache, der großen Konfrontation von 1991 auf Fehmarn, war eigentlich zwischen meinem Vater und mir alles im Lot gewesen. Seine Geste, mir liebevoll und mit Bedacht das Brot zu schmieren, hatte mir genügt. Und sein »Ich war richtig stolz auf dich«, dieser eine Satz, hatte meine Welt ohnehin wieder in Ordnung gebracht.

Doch die Sache mit den Juden stand immer noch im Raum. An dem Abend sah ich es in seinem Blick, dem ich standhielt. Als er mir dann aber plötzlich auswich, realisierte ich, dass er genau wusste, mir konnte er nichts mehr vormachen. Ich hatte ihn durchschaut. Auf alle meine Fragen damals mit 16 Jahren, als ich aus der Schule kam, wo Herr Benzin uns im Geschichtsunterricht bis ins kleinste Detail vom Zweiten Weltkrieg erzählt und ich meinen Vater gefragt hatte, warum er bei der Waffen-SS gewesen war und ob er mit diesen Gräueltaten irgendetwas zu tun gehabt hätte, waren immer nur ausweichende Antworten gekommen. Er sei ja nur ein kleines Licht gewesen, ein einfacher Bauer, der gut mit Pferden umgehen konnte. Nicht mehr. Man hätte sogar vergessen, ihm die Blutgruppe unter seinen Arm zu tätowieren, weil die Zeit fehlte und der Krieg ausbrach. Doch stimmte das?

Mein Bauchgefühl sollte mir viel, viel später noch recht geben. Da war noch mehr. Aber in diesem Augenblick zwischen uns hatte sich das Thema für mich vorerst erledigt. Ich wollte nicht genau wissen, was wirklich gewesen war. Ich wollte kein Richter sein. Ich war nur froh, dass er an dem Abend den ersten Schritt gemacht hatte, die Dinge nicht mehr abzustreiten und der Wahrheit ins Antlitz zu blicken.

Ich flog wieder nach Los Angeles. Mein Vater musste sich kurz danach einer Operation unterziehen, die ihn ziemlich aus der Bahn warf. Das war im Januar oder Februar 1998. Ich wollte ihn aufmuntern, setzte mich an den Schreibtisch und schrieb ihm einen Brief. In diesem sagte ich ihm, wie stolz ich auf ihn sei, dass er an dem besagten Abend mir gegenüber den Holocaust nicht mehr länger verleugnet hatte. Ich schrieb: »Ich habe nur einen Vater, und man kann ihn sich nicht aussuchen. Wir sehen Dinge oft nicht im gleichen Licht, und wir hatten im Leben große Meinungsverschiedenheiten.«

Ich wusste, dass seine Eltern Worte wie »Ich hab‘ dich lieb« niemals zu ihm gesagt hatten. Also wollte ich ihm auch keinen Vorwurf daraus machen, dass ich es nie von ihm gehört hatte, denn er kannte diese Worte ja nicht. Ich schrieb ihm, dass ich es aber in den 20 Jahren in der großen weiten Welt gelernt hatte, so etwas zuzulassen und deshalb nun zu ihm sagen konnte: »Ich hab dich lieb. Dein Sohn Klaus.« Ich hatte ihm auch noch gute Besserung gewünscht und den Brief mit seinem berühmten Satz beendet: »Dat löpt sick allns torecht.«

Beim Schreiben dieses Briefes habe ich viel geweint, doch ich brachte ihn zu Ende und schickte ihn ab. Er bekam ihn noch im Krankenhaus.

Meine Schwägerin berichtete mir später, dass mein Bruder wahnsinnig wütend auf mich gewesen wäre und behauptet hätte, ich wolle meinen Vater wohl ins Grab bringen. Vater habe damals im Krankenhaus zu ihm gesagt, dass er das niemals zugegeben hätte. Und Hans meinte dann wohl auch noch: »Dieses Gelaber mit »Ich hab‘ dich lieb« und so, was soll dieser Quatsch denn überhaupt?«

Fünf Monate später flog ich nach Deutschland, um dort für *S.O.S. Barracuda* einen weiteren Film zu drehen. Der Drehort war Travemünde. Bevor die Warm-up-Party losging, fuhr ich am Nachmittag noch schnell nach Fehmarn, um meinen Vater zu besuchen. Er saß vor dem Fernseher und schlief. Ich klopfte noch einmal laut an die Tür. Er wachte auf und war zunächst etwas verwirrt, fragte mich, ob ich aus Alaska käme. Ich antwortete: »Nein, aus Los Angeles. Ich hatte dir doch erzählt, dass wir eine weitere Folge drehen. Hier in Travemünde.«

»Stimmt!«, erwiderte er. Jetzt fiel es ihm wieder ein. »Das war toll, das muss unbedingt eine Serie werden!«, meinte er und klopfte mit seiner Faust noch mal auf den Tisch, als würde er es dem Sender verkaufen wollen.

Natürlich wusste ich, warum er die Sendung gut fand. Sein Sohn hatte endlich kurze Haare, er befand sich auf der richtigen Seite des Gesetzes und spielte einen Polizisten.

Dann schlief er wieder ein. Ich war etwas unsicher, was ich jetzt machen sollte, drehte mich um und wollte gerade gehen, da hörte ich seine Stimme, wie er auf Platt sagte: »Das ist ja man doch gut, dass du Schauspieler geworden bist.« Und schon schlief er laut schnarchend wieder.

Ich schaute ihn noch einmal an, wie er da so mit gesenktem Kopf saß, und dachte: *Schön, dass du damit jetzt im Reinen bist. Obwohl, das hätte ich gerne vor sieben Jahren von dir gehört.* Dann setzte ich mich ins Auto und fuhr nach Lübeck zurück. Am nächsten Morgen lebte mein Vater nicht mehr.

Klaus-Herbert Wilder starb am 18. Mai 1998. Er wurde 86 Jahre alt.

Der Tag seiner Beerdigung fiel genau auf meinen ersten Drehtag. Dafür hatte der Sender zusätzlich verschiedene Schiffe der Marine angeheuert sowie Hubschrauber. Es sollte ein voller Drehtag mit viel Action und unzähligen Menschen werden. Den konnte ich unmöglich absagen. Ich entschloss mich, gleich am nächsten Tag ins Leichenschauhaus zu fahren, um von ihm Abschied zu nehmen.

Er war aufgebahrt und hatte, wie jeder Verstorbene, diese Wachshaut. Ich nahm einen Stuhl und setzte mich neben ihn. Lange Zeit passierte gar nichts, denn ich saß nur dort und spürte, hörte in mich hinein, ließ mich von meinen Gedanken treiben. Was für ein Leben hat er gehabt? Was hat ihn dazu gebracht, so zu sein, wie er war? Er war, wie die meisten seiner Generation, auf Lügen und falsche Versprechungen hereingefallen und hatte sich mitreißen lassen. Eine Umkehr des Prozesses war damals kaum möglich, selbst wenn man gewollt hätte. Hitler war zu einer Übermacht geworden. Doch wollte er überhaupt umkehren? Bis zu seinem Tod war er ein überzeugter Nazi. Am Ende seines Lebens habe ich aber oft gespürt, dass er ganz tief in sich doch ein Gewissen besaß und unterscheiden konnte, was richtig und was falsch war.

Einen Fehler einzugestehen, ist für keinen von uns leicht. Ich hatte das Gefühl, könnte er noch einmal zurückgehen, wären manche seiner Entscheidungen anders ausgefallen. Ich will und kann nicht Richter sein, denn in diesen Phasen seines jungen Lebens war ich ja noch nicht einmal geboren. Die nationalsozialistische Zeit und den Krieg habe ich nicht miterlebt. Richter kann ich nur über mich selbst sein, über meine Entscheidungen in meinem eigenen Leben, und sie im Nachhinein überdenken und daraus meine Erfahrungen ziehen. Als ich neben ihm saß, dachte ich für einen Moment an die Fehmaraner und an das, was meiner Mutter und meinem Vater immer das Wichtigste gewesen war: Was würden bloß die Nachbarn sagen?

Der Tod und die Beziehung zwischen einem Toten und einem Lebenden sind eine sehr persönliche Sache. Ich war endlich frei und musste mich nicht den Leuten zeigen. Ich musste nicht auf seiner Beerdigung präsent sein. Ich hatte meinen Frieden mit meinem Vater in diesem Augenblick geschlossen und ihm die letzte Ehre erwiesen.

Wie lange ich genau da war und neben ihm saß, weiß ich nicht mehr. Aber es war ein sehr friedlicher Moment. Ich sagte ihm dann noch all die Dinge, die ich ihm eigentlich schon immer als Kind, als Jugendlicher und als Erwachsener hatte sagen wollen. Und ich spürte, dass er mich hörte. Ja, ich war nun wirklich erwachsen. Doch ich hoffte, dass der kleine Klaus, der immer viel geträumt hatte, dass dieses Kind in mir niemals sterben würde.

Es ist schön, wenn Dinge im Leben ihren Abschluss finden. Und mit meinem Vater hatte ich ihn endlich gefunden. Und er auch mit mir. Noch heute danke ich Gloria, der Wahrsagerin, dass sie mir damals eindringlich geraten hatte, mich mit ihm auszusprechen, bevor er diese Erde verließ. Ich war nicht traurig. Ich war erleichtert, und ich wusste, er war es auch.

Ein wahrhaftiger innerer Frieden machte sich in mir breit. Sehr oft habe ich darüber nachgedacht, was gewesen wäre, wenn er mich als Kind in den Arm genommen oder gar ständig gelobt hätte. Was, wenn er mir gesagt hätte: »Ich hab‘ dich lieb«, »Ich hab dich gern« oder »Du bist mir wertvoll«. Hätte ich die Kraft und die Energie gehabt, meine Ziele zu erreichen und meine Träume zu verwirklichen, oder wären meine Ziele und Träume dann ganz andere gewesen?

Letztlich war mein Vater der Antrieb für alles, was ich in meinem Leben gemacht und erreicht habe. So verrückt es jetzt vielleicht auch klingen mag: Ich danke dem Universum, dass alles genau so verlaufen ist.

KAPITEL16

Wenn dir Flügel wachsen

(1998-2000)

Drüben in Montana waren Anfang 1998 alle Baggerarbeiten abgeschlossen. Strom und Telefon hatte man bis zur Baustelle unterirdisch verlegt. Im Februar wurde das Fundament gegossen. Ich flog nach Helena, da ich bei der Grundsteinlegung unbedingt dabei sein wollte. Bevor der Zementlastwagen kam, schaute ich noch einmal die Schalung für das Fundament an. Irgendwie sah es ein bisschen schief aus. Doch die Jungs meinten, sie hätten es dreimal nachgemessen. Es wäre eine optische Täuschung. Von wegen! Als am nächsten Tag der Zement trocken war, überprüfte ich es persönlich. Was für eine Überraschung: Ein Schenkel ging um etwa 5 Zentimeter zu weit nach innen. Wussten die beiden, was sie da taten? Und da meldete er sich schon wieder: mein Bauch.

Im Sommer ging es zurück nach Deutschland. Wie ich bereits erzählt habe, sah ich meinen Vater vor den Dreharbeiten zum letzten Mal und verpasste auch wegen ihnen seine Beerdigung. Dennoch freute ich mich, endlich einmal mit Heinz Hönig drehen zu können. Heinz spielte den Bösen in dieser Folge. Beim Dreh war richtig was los, und es lenkte mich von den Ereignissen der letzten Tage ab. Wir hatten ein wirklich sehr buntes Ensemble zusammen, zu dem sogar Verona Pooth gehörte, die damals noch Feldbusch hieß. Es machte immensen Spaß.

Bob, der Baumeister

Danach flog ich wieder zurück nach Montana. Die Jungs hatten angefangen, mein Haus zu bauen. Alle Pläne waren von mir persönlich erstellt worden. Da hätten die beiden doch wissen müssen, dass ich ein bisschen Ahnung habe, oder?

Nun kamen verschiedene Faktoren zusammen: Meine handwerklichen Erfahrungen in Dänemark und mein Studium der Holzwirtschaft. Die

Jungs dachten wohl wirklich, ich sei ein blöder Schauspieler, der keine Ahnung hatte. Ihr erster Fehler.

Ich entdeckte im Laufe der nächsten drei Monate immer mehr Pfusch am Bau. Dann bat ich sie um alle Belege und die Aufstellung ihrer Stundenzahl. Es stimmte hinten und vorne nicht. Sie hatten gemogelt, geschummelt und betrogen. Ihr zweiter Fehler – und ihr letzter. Ich zog die Reißleine und schmiss sie auf der Stelle raus. Jetzt schien es auf einen Gerichtstermin hinauszulaufen. Doch wer baute nun mein Haus zu Ende? Wohl oder übel wurde ich also zum Bauleiter. In ein paar Monaten würde der der erste Schnee kommen. Ich musste mich beeilen, um die verschiedenen Gewerke zu organisieren, damit das Haus vor dem Winter zumindest dicht und trocken war.

Ein Anruf von *Phoenix Film* aus Berlin grätschte mir dazwischen. Sie wollten mich für ein Special von *Unser Charly*, die Serie mit dem Affen im ZDF. Ich sollte zehn Tage lang vor Ort sein und einen Hotelbesitzer geben. Zeitlich war das zwar ungünstig, aber das Geld konnte ich gut gebrauchen. Also flog ich wieder rüber nach Berlin.

Der Anfang

Am Set sprach mich direkt am ersten Drehtag eine mir unbekannte Schauspielerin an. Ihre ersten Worte höre ich noch heute: »Ich sehe auf der Dispo, dass du in Montana wohnst? In den USA? Wie ist es denn da?« Die Kollegin hieß Christine Mayn und kam aus Südtirol. »Wunderschön!«, antwortete ich. »Ich baue da gerade ein Haus. Und diese zwei Typen haben mich total verarscht!« Die arme Frau. Denn dies war erst der Anfang meiner epischen Schilderung aller Dinge, die mir zuletzt dort widerfahren waren. Ich habe ihr von diesem Moment an etwa drei Tage lang in jeder Drehpause meinc gesamte Bau-Geschichte erzählt. Ich wetterte und redete mich in Rage. Sie hörte mir jedoch interessiert zu. Als ich mit allem fertig war, dachte ich: *Mann, ist die nett.* Und sie hörte mir die ganze Zeit zu. Dazu sah sie auch noch verdammt gut aus!

Drei Tage später zog das Filmteam nach Berlin um. Mein nächster Drehtag war erst zehn Tage später, der von Christine auch. Ich reiste aus Hamburg an, sie aus Südtirol, da sie für einige Tage nach Hause geflogen war. Als ich abends in mein Hotelzimmer kam, lag dort ein kleiner Teddybär mit einer Lederhose. Darauf stand der Name »Klaus«. Den Namen hatte ich jetzt schon einige Jahre nicht mehr gehört. Daneben lag eine Grußkarte von Christine: »Ich hoffe, Du hattest eine gute Anreise.« Wie hatte sie bloß herausgefunden, dass ich mit richtigem Namen Klaus hieß? Ich rief die Rezeption an und fragte Christine, ob sie noch etwas mit mir trinken würde. Es war zwar inzwischen schon nach 23:00 Uhr, doch sie hatte Lust. Mein Interesse an dieser Frau mit den grünen Augen wuchs und wuchs.

Die beste Freundin der Agenturbesitzerin aus Pöseldorf, Kati Immenhof, die mir 1990 den Tipp mit *Die große Freiheit* gegeben hatte, hieß Lisa Michaelson. Lisa war Amerikanerin, Jazz-Sängerin und Wahrsagerin. Sie hatte mich im Sommer, also nur ein Vierteljahr vorher, in Hamburg bei einem gemeinsamen Essen mit Kati mal beiläufig gefragt: »Nick, hast du schon die Liebe deines Lebens getroffen?« Ich verneinte. »Dann wird sie dir bald begegnen. Du wirst sie aber nicht gleich erkennen.« Ich horchte auf, vergaß es aber wieder.

Szenenwechsel: wieder eine Woche später in Berlin. Christine und ich waren erneut im gleichen Hotel, denn am nächsten Tag hatten wir beide einen Synchron-Termin für den Film. Abends gingen wir essen. Es wurde ein sehr langer Abend. Am nächsten Morgen flog ich nach Amerika und Christine nach Südtirol.

Eigentlich sollte man als Mann ja spätestens am dritten Tag bei der Frau anrufen, mit der man eine ganze Nacht verbracht hat. Aber dieser Bauleiterjob in Montana stresste mich so dermaßen, dass ich die ersten fünf Tage irre viel um die Ohren hatte. Daher bekam ich ein ziemlich schlechtes Gewissen. Am sechsten Tag wollte ich anrufen, hatte aber den Zeitunterschied zu Italien vergessen. Mein Gott, jetzt war es da ja mitten in der Nacht! Am achten Tag schaffte ich es endlich und wählte vorsichtig die Nummer. Doch ich wurde positiv überrascht: Ich spürte keine Vorhaltungen in der Stimme, sondern pure Freude darüber, dass ich anrief. Ich musste kein schlechtes Gewissen haben. Von da an waren die monatlichen Telefonrechnungen astronomisch hoch.

Masterplan

Der Herbst 1998 ging zu Ende, und ich hatte es geschafft. Das Haus war abgedichtet. Die Fußbodenheizung funktionierte, ebenso der Herd, die Toiletten und die Badewanne. Es gab zwar keine Möbel, die Duschkabinen waren noch nicht fertig, und Teppichböden sowie Fliesen fehlten ebenfalls. Aber für einen Junggesellen reichte es. Ich hatte mein erstes Haus gebaut und konnte darin wohnen.

Mittlerweile hatte ich auch ein paar meiner Nachbarn kennengelernt. Alle fragten mich immerzu, wo denn meine Familie sei. Ich würde doch wohl nicht alleine in diesem großen Haus wohnen wollen. Es waren immerhin 450 Quadratmeter! »Ich habe noch nicht einmal eine Freundin!«, erwiderte ich immer und fügte hinzu: »Bei vielen meiner Freunde gab es oft Krach, weil sie sich über die Kücheneinrichtung, die Fliesen, Teppichfarbe und andere Dinge in die Haare bekamen. Das wird mir nicht passieren. Eine Freundin schaffe ich mir erst an, wenn ich mit dem Haus fertig bin.« So sprach der kleine Klaus, und so sollte es dann auch in ein paar Monaten sein.

Anfang Dezember kam mein Freund Morten aus Dänemark und half mir, eine wunderschöne Holzdecke in der Küche einzubauen. Hierbei handelte es sich übrigens nicht um den Morten, der damals in Florida lieber junge Frauen abgeschleppt als Surfbretter für mich vermietet hat. Nach fünf Tagen harter Arbeit wollte ich ihm die schönsten Seiten von Montana zeigen. Wir fuhren mit meinem alten Silverado-Truck zum Yellowstone Park. Eine Wetterwarnung am Tag zuvor hatte -35 Grad Celsius angekündigt. Doch wollten wir uns davon nicht abhalten lassen. Wir verließen uns auf unsere warmen Jacken, Schals und die dicken Handschuhe. Wir waren ja zwei abgehärtete Abenteurer. Doch würden wir auch diesem Wetter trotzen?

Am Parkeingang stellten wir den Truck ab und mieteten uns zwei Snowmobile mit Sitz- und Lenkradheizung. Der *Yellowstone National Park* ist einer der größten und meistbesuchten Parks Amerikas, auch im Winter. Aber an diesem Tag war kein anderer Mensch unterwegs.

Komisch. Da waren wirklich nur Morten und ich. Das hätte uns zu denken geben sollen, tat es jedoch nicht. Die Sonne schien zwar, doch es war saukalt. Die Fahrt einmal durch den ganzen Park dauert normalerweise mehr als sechs Stunden. Nach fünf Stunden brach plötzlich die Kurbelwelle von Mortens Snowmobil. Wir hatten hier kein Netz, es war weit und breit kein Mensch zu sehen, nur Bisonherden um uns herum und noch gute anderthalb Stunden bis zu unserem Truck am Parkeingang.

Wir ließen Mortens Maschine einfach stehen. Jedes der zwei Snowmobile war allerdings nur für eine Person ausgelegt. Doch war immerhin genug Platz für einen Sozius. Von der Sitz- und Lenkradheizung hatte dieser jedoch nichts. Spätestens von diesem Moment an wusste ich, was das englische Wort »wind chill factor« bedeutet. Wir mussten uns alle zehn Minuten abwechseln. Die ganze Zeit dachte ich immerzu an den alten Film mit Heinz Weiss, den ich als Kind gesehen hatte: *So weit die Füße tragen.* In meinem ganzen Leben habe ich noch nie so gefroren wie dort im Park. Zurück am Eingang war es schon längst dunkel, und wegen der eisigen Kälte sprang der Truck nicht mehr an. Es war das einzige Auto auf diesem abgelegenen Parkplatz. Zum Glück fuhr irgendwann jemand zufällig vorbei – und er hatte ein Starthilfekabel an Bord.

Wir waren gerade etwas aufgetaut und hatten noch 35 Meilen Wegstrecke bis nach Hause, da hörten wir plötzlich einen lauten Knall, und im nächsten Augenblick war die Frontscheibe schwarz und mit Motoröl bedeckt. Der Motor war geplatzt.

Mitten auf der Landstraße irgendwo in Montana wurde uns ganz schnell wieder richtig kalt. Montana ist vor der Fläche her etwas größer als Deutschland, hatte damals aber nur etwa 950.000 Einwohner. Da kommt nachts nicht so oft ein Auto vorbei. Durchgefroren bis auf die Knochen waren wir, als uns schließlich ein Lastwagenfahrer bis Helena mitnahm. Morten und ich hatten das Abenteuer gesucht, aber auf so eins hätten wir beide gerne verzichtet. Doch taugte es als wilde Heldengeschichte und wurde natürlich auch dieser wunderschönen Frau mit den grünen Augen aus Südtirol in langen Telefongesprächen berichtet.

Morten flog zurück nach Dänemark, und ich musste am nächsten Tag – nun leider per Leihwagen – in das neunzig Minuten entfernte Missoula, um mir ein paar Fliesenproben für meine noch nicht fertigen Bäder zu besorgen. Auf dem Rückweg, so gegen 17 Uhr, war es schon dunkel, und ich überquerte den McDonalds Pass. Es herrschten 40 Stundenkilometer Wind, Schneetreiben und mittlerweile schon -40 Grad Celsius. Am Parkplatz oben auf dem Pass war plötzlich alles weiß. Ich konnte nichts mehr sehen, trat auf die Bremse und betete nur, dass ich nicht irgendeinen Abhang hinunterstürzen würde. Schneeräumfahrzeuge hatten am Parkplatz schon riesige Massen an Schnee zusammengeschoben. Der Mietwagen hob ab, und ich landete mit der Kühlerhaube hinter einem dieser großen aufgeschobenen Schneewälle. Der Airbag flog mir um die Ohren, und dennoch war es Glück im Unglück.

Erstens hatte der Fahrer hinter mir zufällig alles gesehen und hielt sofort an. Ich war unverletzt. Als ich ausstieg, sah ich die Lichter seines Autos und krabbelte die Böschung hoch. 60 Sekunden im Freien bei -40 Grad und Sturm, da merkst du sehr schnell, dass das nicht lange gutgehen würde. Zweitens besaß ich über American Express eine zusätzliche Leihwagenversicherung. Das hatte wohl mehr der Herr Kaiser in mir aus dem Bauch entschieden als ich. Das Auto war ein Totalschaden, aber es kostete mich keinen Pfennig!

Das neue Leben

Weihnachten 1998 saß ich dann in meinem leeren Haus in Montana, im Kamin brannte ein Feuer, das Haus war mollig warm, draußen lag Schnee. Ich hatte mir einen kleinen Weihnachtsbaum besorgt, der im Wohnzimmer mit einer Deckenhöhe von achteinhalb Metern etwas verloren aussah. Aber ich war der glücklichste Mensch auf diesem blauen Planeten. Nur etwas Besonderes fehlte noch, in meinem Herzen.

Zurück in Europa entführte ich Christine im Februar 1999 in mein Haus am Strand in Dänemark. Es folgten lange Spaziergänge am menschenleeren Strand und nächtelange Unterhaltungen vor dem Kaminfeuer. Es war plötzlich eine Frau in mein Leben getreten, die nichts verändern wollte oder würde, sondern nur bereichern.

Christine erzählte mir, dass man sie für eine Rolle auf dem *Traumschiff* gebucht hatte. Die Folge spielte auf Bali. »Ich darf jemanden mitnehmen, meine Mutter hat aber keine Zeit. Hättest du Lust?«, fragte sie. Und ob ich Lust hatte! Ich wollte sie allerdings überraschen und erzählte ihr, dass ich keinen Flug mehr nach Bali bekommen hätte. Sie klang enttäuscht, denn sie hatte demnächst auch noch Geburtstag. Ich machte den Herstellungsleiter Frank ausfindig und arrangierte mit ihm, dass er mich auf Bali heimlich aufs Schiff bringen sollte.

Christine war gerade im Fitnessraum. An der Rezeption traf ich einen älteren Herrn, der genau auf die Beschreibung passte, die mir Christine von Wolfgang Rademann, dem Produzenten, gegeben hatte. Ich stellte mich vor, und Wolfgang meinte: »Det is ja'n Knaller. Du bist extra aus Hamburg injeflogen für die Kleene? Na, det muss ja wohl wat Ernstes sein.«

Für so etwas konnte Wolfgang Rademann sich immer total begeistern. Er ging ins Fitnesszentrum und sagte Christine, es sei ein Paket für sie angekommen. Sie müsse es aber selbst unterschreiben. Es stehe oben in der Bar. Etwas ungläubig folgte sie ihm auf Deck 9 der MS Deutschland, und sie betraten die Bar. »Ach«, meinte Wolfgang, »da steht det ja!« Christine drehte sich um, ich stand in der Ecke, und völlig durchgeschwitzt sprang sie mir in den Arm. Wir brachten meinen Koffer in ihre Kabine. Auf dem Gang dorthin gab es dann ein etwas schicksalhaftes Treffen. Doktor Gerber war der Hausarzt meiner Eltern auf Fehmarn. Aber nicht nur das. Er war auch der Schiffsarzt der MS Deutschland. Sah ich da vielleicht meiner Zukunft entgegen?

Das *NusaDua Beach Hotel* auf Bali ist ein 5-Sterne Hotel. Unser Zimmer war kein Zimmer, es war eine traumhafte, riesengroße Suite. Als wir zufällig die Unterbringungen der Kollegen sahen, wurde uns schnell klar: Hier hatte jemand seine Finger im Spiel. Christine und ich bewohnten die Hochzeitssuite! Wolfgang Rademann, der ewige Romantiker!

Ich zeigte Christine zum ersten Mal Bilder von meinem Haus in Montana und auch die Pläne. An den freien Tagen fuhren wir mit einem Jeep über die Insel. Hier fanden wir große Lagerhäuser mit wunderschönen handgefertigten Möbeln aus Teakholz oder Mahagoni. Schon im ersten Geschäft stellten wir fest, dass wir absolut den gleichen Geschmack hatten und immer die gleichen Dinge schön fanden. Ich entschloss mich jetzt, das Haus in Montana komplett mit Möbeln aus Bali einzurichten. Und jedes einzelne Stück hatte Christine mit ausgesucht.

Am 2. April kam sie mich erstmals in Montana besuchen. Der Container war aber noch nicht angekommen. *Timing* ist keine Stadt in China, also war jetzt noch Zeit, über Wandfarben, Küchenfliesen und viele andere kleine Einrichtungs-Details zu entscheiden. Alles ging rasant schnell, denn wir hatten durchweg den gleichen Geschmack. Die Frau mit den grünen Augen fühlte sich an, als hätte ich sie schon ein Leben lang gekannt. Dass es im Haus noch so leer war, machte ihr nichts aus. Wir saßen auf dem Fußboden und tranken Wein vor dem offenen Kamin. Uns fehlte nichts. Ja, wir waren ineinander verliebt. Der Abschied nach zwei Wochen fiel schon etwas schwer.

Einen Monat später war ich wieder drüben in Europa. Einige Tage nach meiner Ankunft stellte sie mir ihre Eltern vor. Sie führten ein wunderschönes Hotel auf dem Ritten, dem Hausberg von Bozen. Ich verliebte mich nicht nur in Christine, sondern auch schlagartig in Südtirol, einen der schönsten Flecken auf dieser Erde – neben Montana und Fehmarn natürlich. Wir suchten gemeinsam die Vorhänge und ein paar andere Accessoires für das Haus in Bozener Geschäften aus, und es fühlte sich schon damals immer so an, als sei es nicht mein Haus, sondern unser Haus.

Das Naddel-Intermezzo

Im Frühjahr 1999 hatte sich RTL entschlossen, die Aktivitäten der Sondereinheit *S.O.S. Barracuda* nach Mallorca zu verlegen. Kapitän Fehrmann bekam diesmal ein neues Team: Sandra Keller, zu dem Zeitpunkt bekannt als Serienstar aus *Marienhof* und *GZSZ,* sowie Oliver Bootz sollten die neuen Ermittler auf der Barracuda sein. Und noch jemand kam an Bord: Nadja Abd el Farrag. Ich wohnte ja schon seit Dekaden im Ausland und hatte den ganzen medialen Trubel um »Naddel«, wie sie überall genannt wurde, nicht mitbekommen.

Sie sollte eine marokkanische Polizistin spielen, die aus einer spanischen Spezialtauchereinheit zum Barracuda-Team stößt. Man schickte mir ein Foto von ihr in Uniform. *Etwas dünn,* dachte ich. Aber, na ja, warum nicht? Als ich ihre langen Fingernägel sah, fragte ich die Verantwortlichen von RTL jedoch, wie Nadja denn mit diesen Nägeln jemals den Reißverschluss eines Taucheranzugs auf- und zubekommen würde. Die Antwort klingt mir heute noch in den Ohren: »Sie ist die Lara Croft Deutschlands, Nick!« Also eine Super-Frau, die alles kann. Alle Achtung!

Es kam der erste Drehtag auf Mallorca: Showdown! Der Böse im Film, damals Peter Bongarts, wurde verhaftet. Nadjas Hände sahen mit ihren knallroten, superlangen Fingernägeln an der Dienstwaffe, einer Glock, schon etwas seltsam aus. Sie hielt die Waffe wie einen Kochlöffel. Mit Waffen und deren Handhabung kannte ich mich gut aus. Mein direkter Nachbar in Montana, Mike Anderson, war Chef-

Ausbilder der Polizei in Helena für Schusswaffen, und mit ihm habe ich oft trainiert. Auf meine Frage, ob ich ihr zeigen dürfe, wie man sie richtig hält, meinte Nadja damals zu mir: »Ich war extra in Berlin und habe mit den Jungs von der GSG-9 einen Tag lang trainiert.« Ehrlich? Jungs, wo habt ihr denn da den ganzen Tag bloß hingeschaut? Jedenfalls nicht auf ihre Hände.

Der große Skandal in ihrer Peep-Moderation mit der Gummipuppe und Kanzler Schröder hatte gerade die Schlagzeilen dominiert. Mir war jedoch egal, was man in der Presse über sie schrieb. Ich half Nadja beim Textlernen und gab ihr Hilfestellung, wo ich nur konnte. Schauspielerei ist eben kein Hobby, sondern ein richtiger Beruf, den man nicht über Nacht lernt. Es ging mir um das Produkt. Ich wollte einfach dazu beitragen, dass sie das Niveau unseres Films nicht ins Lächerliche zog und einigermaßen glaubwürdig rüberkam.

Während der Dreharbeiten wurde ich in Palma auf ein internationales Tennisturnier eingeladen. Nadja fragte, ob ich sie mitnehmen würde. Als wir ankamen, trafen wir auf eine Schwadron Fotografen, die alle ein Bild von den Schauspielern des Barracuda-Teams machen wollten. Als sie ein Bild von mir und Nadja wollten, sagte diese laut: »Mit Nick Wilder mache ich keine Fotos!« Dann drehte sie sich um und ging. Das war schon eine etwas blamable Situation für mich. Die Erklärung folgte später: Angeblich habe ihr Freund Dieter Bohlen in einer Zeitschrift ein Foto gesehen, das uns beide zusammen in einem Café auf Mallorca zeigte, und er habe sie gefragt, ob wir ein Verhältnis miteinander hätten. Und deswegen blamierte sie mich vor allen Fotografen? Seit dem Tag sprach auch ich Nadja nur noch mit »Naddel« an. Sie hatte, wie heißt es doch so schön auf Deutsch, bei mir verschissen.

Doch der Dreh war noch lang. Und eine Woche später filmten wir eine Action-Szene, in der Oliver Bootz, Naddel und ich aus einem kleinen Polizeiboot springen sollten, kurz bevor die Bombe an Bord explodierte. Ich hatte Oliver schon eingeweiht, und als vom Strand aus das Kommando *Action* kam, deuteten wir unseren Sprung nur an und ließen Naddel alleine springen. Wie ein nasses Handtuch zog man sie dann aus dem Wasser. Zweieinhalb Stunden dauerte es, bis ihre Klamotten und ihre aufwändig gestylten Haare wieder hergerichtet waren. Ja, Rache kann manchmal süß sein.

Christine drehte zeitgleich in Österreich und in Deutschland. In ihren Drehpausen kam sie mich dann auf Mallorca besuchen. Zu meinem 45. Geburtstag organisierte sie auf der Insel ein großes Fest. Heimlich hatte sie meine beiden Schwestern und meinen Schwager aus Hamburg einfliegen lassen. Denn nun wollte sie endlich mal meine Familie kennen lernen und auch mich mit ihnen überraschen. Als dann etwas später unsere letzte Klappe fiel, fiel auf Mallorca auch der erste Schnee. Vier neue Folgen waren im Kasten.

Im Transit

Christine und ich flogen weiter nach Südtirol. Bis jetzt war mein Leben immer wild und aufregend verlaufen, und ich hatte penibel darauf geachtet, dass meine Beziehungen zur Frauenwelt emotional nie zu tiefe Wurzeln schlugen. Ich wollte schlicht niemanden in meine Abenteuer mit hineinziehen, sollten diese einmal nicht so gut ausgehen. Immer dachte ich: Wenn ich draufgehe, ist das okay, aber bitte niemand sonst.

In den meisten Beziehungen hatte ich mich immer sehr eingeengt gefühlt. Doch hier war ich zum ersten Mal frei, unabhängig und trotzdem tief in einer Beziehung. Christine ließ mich so sein, wie ich war. Und ich sie auch.

Weihnachten, Silvester und das Millennium verbrachten wir in Montana, zusammen mit unseren Nachbarn. Unser Haus war fast fertig, obwohl das ja nie so richtig stimmt. Wir kamen ein paar Tage vor Weihnachten an und mussten uns mit dem Weihnachtsbaum begnügen, den man zwei Tage vor dem Fest noch kriegen konnte. Und erneut galt: 1,50 Meter war in diesem Wohnzimmer nicht besonders hoch. Das nächste Mal würden wir ganz sicher vorbestellen.

Diese Zeit verlief so schnelllebig, dass ich mich heute kaum mehr an Einzelheiten abseits meiner Jobs erinnere. Es gab einen neuen Spot für die Hamburg-Mannheimer, viele Foto-Shootings und Betriebsveranstaltungen, und für RTL drehte ich weitere Folgen auf Mallorca, jedoch erneut mit einem anderen Team. Ich reiste ständig zwischen Montana, Los Angeles, Dänemark, Deutschland und Südtirol hin und her.

Aber ich muss zugeben, es stresste mich nicht. Im Gegenteil. Der ständige Tapetenwechsel, die ständig neuen Herausforderungen waren genau das, was meiner Seele guttat. Nur Christine fehlte mir, wenn ich alleine war.

Der Ring

Kurz vor Weihnachten stand mein Entschluss daher fest. Ich wusste, dass Christine die Frau war, die mir die Wahrsagerin Lisa in Hamburg vorausgesagt hatte: die Liebe meines Lebens. Es hatte nur einige Zeit gedauert, bis es mir klar geworden war. Einer von uns fing einen Satz an, der andere sprach ihn zu Ende. Seelenverwandtschaft!

Nach alter Tradition bat ich Christines Eltern um die Hand ihrer Tochter und um ihren Segen. Ich war schon etwas nervös, das muss ich ehrlich zugeben. »Kein Problem!«, meinten Max und Luise lächelnd. »Willkommen in der Familie Mayr von Sulz zu Stein am Ritten.« Das war schon mal gut. Doch was war das gerade? Dreimal adelig? Vom österreichischen Kaiser geadelt? Dann wäre sie ja eine Contessa! Doch da gaben die Mayrs nicht sehr viel drauf. Sie nannten sich immer nur schlicht und einfach »Familie Mayr«. Adeligen Hochmut kannten sie nicht. Wer sich nun wundert: Während ich selbst irgendwann den »Klaus« durch »Nick« ersetzte, tauschte Christine das »Mayr« zu »Mayn« aus. Auf meine Nachfrage, warum sie diese Veränderung vorgenommen hatte, antwortete sie damals entwaffnend ehrlich: »Weil es eine Pornoschauspielerin gibt, die Christine Mayr heißt.« Gut, das konnte ich nachvollziehen.

In einem Juweliergeschäft in Bozen hatte ich einen wunderschönen Ring gefunden. Christine hatte keine Ahnung, was Weihnachten passieren würde. Es war ein schönes Gefühl, unser zweites gemeinsames Fest in unserem Haus.

Ich hatte ihr einen flauschigen Bademantel geschenkt und ein paar warme, gefütterte Winterstiefel. Dann sagte ich: »Ach, ich habe ja ein Geschenk vergessen. Das ist noch im Auto. Bin gleich wieder da.« Ich verließ schnell das Haus durch die Vordertür und holte die Schatulle mit dem Ring aus dem Auto. Dann schnappte ich mir eine Taschenlampe und eine Spraydose mit schwarzer Farbe. Der Mond schien hell in dieser Nacht. Vor dem Haus schrieb ich mit zwei Meter großen Buchstaben über den gesamten Hügel in den Schnee folgende Worte: »Willst du meine Frau werden?« Am Ende, hinter dem großen Fragezeichen, setzte ich den Ring in eine Glasglocke und stellte noch eine brennende Kerze mit hinein. Dann raste ich wieder zurück ins

Haus und drückte ihr die Taschenlampe in die Hand. Sie solle bitte kurz ihren neuen Bademantel überziehen, die Winterstiefel anlegen und durch die Terrassentür nach draußen gehen. Dort wäre dann vor dem Haus ein kleines Licht, auf das sie einfach zugehen solle. Da wäre dann das letzte Geschenk. Sie sah die kleine Kerze, und auf dem Weg dorthin konnte sie mit der Taschenlampe die schwarzen Striche im Schnee erkennen. Der Schrei eines deutschen »Ja« hallte durch das Tal von Helena. Es war ein wirklich bewegender Moment für uns beide.
Der Plan stand:
Im nächsten Sommer, am 30. Juni 2001, würden wir heiraten.

KAPITEL 17

Zuhause
(2001)

Eine Hochzeit vorzubereiten ist gar nicht so einfach. Im Gegenteil: Es ist viel Arbeit. Christine und ich hatten uns entschlossen, in Oberbozen, Südtirol, zu heiraten. Und zwar in der kleinen Kirche Maria Himmelfahrt am Ritten. Sie ist winzig Es passen maximal 120 Personen hinein. Unsere Gästeliste kam jedoch auf 143 Personen. Also würde es ein bisschen eng werden. Doch bevor es mit der Heirat losgehen konnte, passierte noch einiges in meinem Leben; und nicht alles war ein Vergnügen.

Mehrsprachig

Eine junge Auszubildende holte mich im Juni 2001 vom Flughafen ab. Es stand wieder einmal eine Fotoproduktion für die Hamburg-Mannheimer an. Schmunzelnd meinte sie: »Herr Kaiser ist ja jetzt mehrsprachig.« Ja, ich spreche Deutsch, Englisch und Dänisch, als wären alle meine Muttersprachen. Dazu auch noch Schwedisch und Norwegisch und etwas Spanisch. Nur, warum sagte sie das jetzt zu mir?

Sie zeigte mir das monatliche HM-Journal, ein Magazin für die Mitarbeiter der Firma, in der man über eine große neue Kampagne berichtete. Man hatte auf Veranlassung des Marketingchefs den letzten Werbespot in mehrere Sprachen synchronisiert und ihn dann in verschiedenen Ländern Europas als neuen TV-Spot laufen lassen. Das war ziemlich erfolgreich, so hieß es. Und nun plane man im Herbst sogar noch eine Wiederholung.

Wie bitte? Die Hamburg-Mannheimer hatte mit mir nur einen Vertrag für Deutschland und Dänemark. Was machten die da jetzt hinter meinem Rücken? Und wie verhielt man sich in so einer Situation?

Ich bat um ein Gespräch unter vier Augen mit dem Marketingchef. Als ich in Hamburg in der Zentrale am Überseering ankam, begrüßte mich aber zunächst der Chef der Werbeabteilung. »Wir sehen uns ja gleich alle oben«, ließ er verlauten. Kam ich nicht eigentlich für ein Vier-Augen-Gespräch? Mit ihm wären es ja bereits sechs Augen. Er bemerkte mein Zögern und ergänzte schnell: »Ach Nick, wir wollen doch nur ein bisschen reden!«

Ich verließ mich jetzt wieder total auf mein Bauchgefühl und ließ die Dinge einfach auf mich zukommen. Aufstehen und gehen konnte ich ja immer noch. Doch waren all meine Sensoren auf Alarm gestellt. Ich war enttäuscht und wütend, dass man mich so hintergangen hatte.

Wir fuhren mit dem Fahrstuhl in die oberste Etage. Ich blieb cool. Der nette, artige Nick eben. Von dort aus musste man noch einmal umsteigen in einen weiteren Fahrstuhl, der dann in die heiligen Gemächer der Vorstände führte.

Als die Tür zum großen Konferenzraum aufging, schritt ich eiligst bis ans Ende des Tisches am Fenster und besetzte somit den Sitz des »Capo del tavolo«, von wo aus man alles überschauen konnte. Innerhalb der nächsten fünf Minuten versammelten sich immer mehr Personen an meiner Seite. Dabei waren auch die Rechtsanwälte der Hamburg-Mannheimer.

Das war also ein Vier-Augen-Gespräch? Man schien etwas zu ahnen und hatte sich anscheinend vorbereitet. Dann kam der Marketingchef hereingestürzt.

Er wirkte fahrig und erklärte direkt, dass er nicht viel Zeit habe, denn gleich ginge sein Flug nach Polen zu einer Vorstandssitzung. »Lassen Sie uns kurz über die Zukunft reden, Herr Wilder.« – »Nein«, unterbrach ich ihn. »Eine Zukunft gibt es momentan nicht, denn wir haben keinen Vertrag mehr. Die HM ist vertragsbrüchig geworden. Wir müssen erst einmal über die Vergangenheit reden.«

Ich fragte ihn ganz unverblümt, welcher Idiot es veranlasst hätte, den Werbefilm in andere Sprachen zu synchronisieren und eine Kampagne in anderen Ländern damit zu starten. Er schaute mich direkt an und sagte: »Ich.« – »Und die Werbeabteilung hat Ihnen dafür grünes Licht gegeben?«, wollte ich wissen. Er bestätigte es mit einem kurzen Nicken. Ich schaute die Personen zu meiner Rechten an, mit denen ich schon seit drei Jahren eng und vertrauensvoll zusammenarbeitete. Eng und vertrauensvoll? Jetzt wurde ich richtig sauer.

Ein längeres Schweigen hing im Raum. Ich erinnerte mich plötzlich an meine Konfrontation mit dem Geschäftsführer der Geyer Werke im Jahr 1971 im *Studio Hamburg*.

Mir war jetzt alles egal. Es gibt Momente im Leben, wo artig sein einfach nicht angesagt ist. Also warf ich sarkastisch eine Frage in den Raum: »Haben wir vor drei Jahren unseren Vertrag auf Plattdeutsch oder vielleicht auf Chinesisch gemacht? Kann sich zufällig hier im Raum noch jemand an die Worte
Deutschland und Dänemark erinnern?«

Der Marketingchef entzog sich galant dieser peinlichen Situation und meinte, er müsse jetzt dringend zum Flughafen. Und die Herren sollten doch bitte Frau Mayn im *Élysée-Hotel* abholen und heute Abend mit mir und ihr essen gehen. In der nächsten Woche könnten sich ja dann die Rechtsanwälte treffen und einen neuen Vertrag besprechen.

Das Fass war für mich jetzt voll. Ich fühlte mich hintergangen, ließ mir aber nichts anmerken. Wer kuschte hier vor wem in der Hierarchie dieses Großkonzerns? Herr Kaiser sollte das Vertrauen von 90 Millionen Menschen gewinnen, wurde aber von seinem Arbeitgeber hintergangen. Man bedenke: Gewisse Boulevardblätter hätten sich damals für so eine Schlagzeile sicherlich die Hände gerieben. Die HM-Anwälte am Tisch sagten keinen Mucks mehr, denn sie wussten, ich war im Recht. Aber es ging mir in diesem Moment nicht darum, recht zu haben. Denn es war ja nicht die Hamburg-Mannheimer, die mich hintergangen hatte. Es war nur eine einzelne Person, die hier etwas verbockt hatte, weil sie sich allmächtig fühlte, und gewisse andere Individuen hätten das stoppen müssen. Taten sie aber nicht. Aus Angst vor dem Vorgesetzten? Oder mit dem Hintergedanken: Ach, der nette Nick wird schon nichts sagen, wenn man mit ihm im Ausland unerlaubterweise Werbung macht?

Seit Jahren richte ich mein Leben nach goldenen Regeln aus. Erstens: »Leave your ego at the door!«, also: »Gib dein Ego an der Tür ab.« Denn es geht immer um die Sache oder das Produkt. Und zweitens: Das gute alte Lied von Aretha Franklin: »R.E.S.P.E.C.T.« –

Respekt! Ich zeige jedem Mitmenschen immer den gebührenden Respekt. Und Respekt schienen einige der Herren hier am Tisch mir gegenüber nicht zu besitzen.

Hätte ich an diesem Tag einen Schlussstrich gezogen, dann wäre das gute Image von Deutschlands bekanntester Werbefigur im Fegefeuer gelandet und hätte für die HM damals sicher einen großen Imageschaden verursacht. Keiner wollte das. Und noch einen vierten Herrn Kaiser zu installieren, hätte unter diesem Aspekt niemals funktioniert. Ich liebte meinen Job. Herr Kaiser stand für sehr viele Menschen im Land jahrelang für Werte, die mir persönlich immer sehr nahe waren: Kompetenz, Hilfsbereitschaft, Ehrlichkeit, Geradlinigkeit, Empathie. Herr Kaiser war jemand, auf den man sich verlassen konnte. So sahen es auch alle Wirtschaftsblätter. Selbst der Budapest-Skandal konnte 2012 dem positiven Image von Herrn Kaiser nichts anhaben. Wie hieß es doch damals so schön in den Schlagzeilen? »So etwas hätte Herr
Kaiser niemals gemacht!«

Irgendwann löste sich die Versammlung auf, und wir gingen wir mit diesen Herren essen. Es wurde ein denkwürdiger Abend in Christines und meiner Erinnerung. Doch das Leben musste weitergehen! Und wenn ich eines nicht bin, dann nachtragend. Das bedeutet nicht, dass man so etwas vergisst. Ich verbuchte es also mal wieder unter »Schule des Lebens«.

Ein paar Wochen später wurde zwischen unseren Rechtsanwälten Frieden geschlossen und ein neuer Vertrag aufgesetzt. Und glaubt mir, dieser war nicht zu meinem Nachteil. Für die Versicherung waren es nur ein paar Sandkörner in der Haushaltskasse. Für mich brachen goldene Zeiten an.

Im Werbebereich war Herr Kaiser ein Rockstar, doch war mir das gar nicht so klar. Drei Jahre verkörperte ich jetzt schon diese Figur. Und in diesen drei Jahren hatte ich mich nicht sehr häufig in Deutschland aufgehalten, außer für meinen Job als Herr Kaiser und einige deutsche Produktionen. Mir war gar nicht bewusst, dass er in der Republik wirklich allgegenwärtig war. Denn schon durch meine Vorgänger hatte man die Bevölkerung 24 Jahre lang mit Herrn Kaiser berieselt. Den Spruch: *Hallo, Herr Kaiser!* kannte jeder. Man konnte ihm nicht entkommen. Er wurde sogar ständig in der Satire benutzt und von Komikern durch den Kakao gezogen. Bei Otto Waalkes wurde er zum Dauerbrenner. Verulkungen wie »Humbug-

Müllheimer« erzielten immer gute Lacher in seiner Show. Es gibt sehr viele Videos im Netz, die über Herrn Kaiser Witze machten. Doch steigerte alles nur seinen Bekanntheitsgrad. Immer frei nach Wolfgang Rademann:
»Schlechte Kritik ist auch Werbung!«

Große Bühne und Skandale

Auf einer Veranstaltung in Leipzig füllten einmal 20.000 Menschen eine große Halle. Herr Kaiser sollte für den Abend der Überraschungsgast sein. Maren Gilzer, bekannt aus dem *Glücksrad,* führte durch den Abend. Ich kam mit einem Fahrrad auf die Bühne und machte eine Vollbremsung. Maren Gilzer sagte: »Wer sind Sie denn? Sie dürfen hier gar nicht auf der Bühne sein.« Meine Antwort: »Klar darf ich das. Ich bin doch Herr Kaiser!«

Die Erinnerungen an unsere Konzerte mit *Flangia Kaiphos* vor 30 Jahren verblassten gegen das, was da unten jetzt im Saal abging. 20.000 Menschen flippten total aus, klatschten, trommelten, und riefen »Kaiser, Kaiser, Kaiser!« Jetzt wurde auch mir endlich bewusst: Ja, Herr Kaiser war ein Rockstar!
Im Juni 2001 hatte die Hamburg-Mannheimer ein großes Fotoshooting geplant. Viele neue Broschüren sollten danach überarbeitet werden. Die blonden Strähnen, die ich in der Rolle als Jan Fehrmann hatte, sollten dafür möglichst raus aus den Haaren. So hatte es die Werbeabteilung beschlossen. »Besorgt mir einen guten Friseur in Hamburg«, meinte ich.

Damals gab es einen sehr angesagten Friseurladen in der Hamburger Innenstadt. Dieser war die Wahl der Werbeabteilung. Ich hatte zum Termin extra eine alte Broschüre mitgebracht, um dem Friseur zu zeigen, wie Herr Kaiser bitte aussehen sollte. Er ging nach hinten und mischte irgendeine Farbe an, während ich eine Illustrierte las. Als er mit meinen Haaren fertig war und ich hochschaute, traute ich meinen Augen nicht: Mir leuchteten Haare in dem Farbton kastaniendunkelrot bis schwarz entgegen. Magret holte mich vom Friseur ab und bekam erstmal einen Lachanfall. Bei der Produktions-Vorbesprechung am nächsten Morgen herrschte dann großes Entsetzen. Sie riefen den Friseur an, der versprach, dass er das Dilemma richten könnte. Nach einer guten Dreiviertelstunde waren meine Haare dann aber plötzlich rostfarben. Das war ohne jeden Zweifel sogar noch schlimmer. Na, dann müsse er wohl noch mal ran, das könne er wieder reparieren. Nein, danke. Das Ende vom Lied war dann eine dreifache Chemiekeule. Meine Haare fühlten sich an wie eine tote Maus. Die gesamte Fotoproduktion wurde abgesagt und der Friseur von der HM verklagt.

Unser Tag

Doch damit nicht genug. Unsere Hochzeit in Südtirol war schließlich zwei Wochen später, und Christine und ich hatten noch eine gemeinsame Rolle in einer Episode von *Unser Charly* zu absolvieren! Diesmal hatten wir natürlich keine getrennten Zimmer mehr. Am nächsten Morgen, bevor wir zum Drehort fuhren, bemerkte Christine ein paar Haarbüschel auf meinem Kopfkissen. Sie fielen mir reihenweise aus.

Was sollte nur aus der Hochzeit werden? Zurück in Südtirol rettete mich mein Freund Armin. Er schnitt mir meine Haare superkurz, und mit etwas Wachs konnte ich dann die Löcher besser kaschieren. Die beste Nachricht war aber ohnehin:

Christine wollte mich trotzdem heiraten.

Wir waren zufrieden, glücklich und wollten auch keine Geschenke. Unsere Hochzeit stellten wir dementsprechend auch unter das Motto von Albert Schweitzer: »Glück ist das einzige, was sich verdoppelt, wenn man es teilt.«

Unsere Freunde hatten eine Hochzeitszeitung erstellt, die für 5 DM verkauft wurde. Die Popularität von Herrn Kaiser und besonders die von Christine in Südtirol nutzten wir und baten darum, anstelle von Geschenken eine Spende für die Hilfsorganisation *Helping Hand* zu geben. Es wurden 180.000 DM eingesammelt, um Familien in Not zu helfen.

Der Tag unserer Hochzeit war wahnsinnig aufregend, so wie es wohl bei jedem ist, der diesen großen Schritt wagt. Alle wollten zu diesem besonderen Tag etwas beisteuern; selbst die Hamburg-Mannheimer fragte mich, was ich mir denn wünschen würde.

Da hatte ich eine tolle Idee: Immer, wenn ich in den Achtzigern auf die Windsurfmesse nach San Francisco gefahren war, hatte ich mir die Zeit genommen und einige Tage in Napa Valley verbracht, dem dortigen Weinanbaugebiet. Dort hatte ich immer sehr viele Heißluftballons im Tal aufsteigen gesehen. Wenn die HM mir so einen organisieren könnte, der uns nach der Trauung in die Lüfte schweben ließe, dann wäre das ganz wunderbar. Natürlich sollte das Ganze vollkommen kontrolliert mit einem Stahlseil ablaufen, sodass wir nach zehn Minuten wieder auf festen Boden kämen. Technisch war dieser kurze Ausflug aber nur möglich, wenn an dem Tag absolute Windstille herrschte. Die HM sagte zu, hielt Wort, und das Wetter spielte mit. Ein Traum!

Christines Eltern hatten ihre Südtiroler Tracht angelegt. Am Abend vor der Hochzeit suhlte ich mich noch einmal lange in einer heißen Badewanne und dachte über mein bisheriges Leben nach. Meine Eltern würden leider nicht mehr dabei sein können. Sie hatten nicht einmal mehr die Chance, Christine kennenzulernen. Dafür waren aber meine Schwestern da. Mein Bruder Hans nicht; mit ihm hatte ich inzwischen längst gebrochen.

Ich fing an zu weinen. Das waren aber mehr Tränen des Glücks als der Trauer. Für mich sollte morgen ein anderes Leben beginnen. Ich würde die Liebe meines Lebens heiraten.

Es war Samstag, der 30. Juni 2001. Ich stand früh um 7:00 Uhr auf und wollte noch eine Runde joggen. Autsch! Da war er wieder, der Hexenschuss, der dritte in meinem Leben. Ich konnte mich kaum mehr bewegen. Was nun? In fünf Stunden sollte ich vor dem Altar stehen. Panik kam in mir auf, was wirklich nicht oft der Fall ist. Es gelang mir gerade noch, meinen Smoking alleine anzuziehen. So fuhr ich hinüber in das Hotel der Schwiegereltern, den *Südtiroler Hof*. Mein Schwiegervater Max schenkte mir gleich drei Gläser Schnaps ein, die den ersten Schmerz betäubten. Dann folgten drei Schmerztabletten. Langsam war es auszuhalten.

Christine wurde im Hotel ihrer Eltern zusammen mit ihrem Vater in einem silbergrauen, mit Blumen geschmückten Rolls-Royce abgeholt, den mein guter Freund Heinz Ritter zur Verfügung gestellt und den ganzen Weg von Kassel aus hatte hierherbringen lassen. Es war ein perfekter und sonniger Tag. Die beiden fuhren hinüber nach Himmelfahrt. Auf halber Strecke musste sie in eine Pferdekutsche umsteigen. Vor der Kutsche liefen mehrere Reiter, die Flaggen von Südtirol, Deutschland, den USA, Italien und Montana schwenkten. Was für ein Aufmarsch!

So ging es durch das kleine Dorf Oberbozen. Am Wegesrand standen all die Menschen, die Christine hatten aufwachsen sehen, und winkten ihrem Vater und ihr zu. Die Straße hoch zur Kirche war liebevoll von ihren Schwestern mit Sonnenblumen geschmückt worden, und über der Kirche hatten sich zufälligerweise (oder war das auch geplant?) zwei Fighter-Jets der italienischen Luftwaffe am blauen Himmel gekreuzt und ein großes X direkt über der Kirche hinterlassen. Nun war klar: Hier wird heute geheiratet!

Als die Kutsche vor der Kirche hielt, hatten sich dort schon hunderte Schaulustige versammelt. Einige Tage zuvor war die Hochzeit bereits in den Medien angekündigt worden. Die Schlagzeile lautete: »Kaiser heiratet Landadel.« Meine Freunde aus Dänemark waren gekommen, ebenso unsere Nachbarn und Freunde aus Montana, und sogar mein guter Kumpel Kirtland Snyder aus Connecticut hatte den weiten Weg nicht gescheut. Er, als langjähriger Wegbegleiter und Kosmopolit, war meine Wahl als Trauzeuge.

Als wir die Kirche verließen, dauerte es fast eine Stunde, bis jeder uns umarmt und gratuliert hatte. Baccio, Baccio, Umarmungen, Kuss links, Kuss rechts; ganz italienisch eben, mit guten Wünschen und Gedichten. Im Hintergrund spielte die Oberbozener Blaskapelle, gekleidet in der Rittner-Tracht. Und dann ging es in den Korb des Heißluftballons. War es zuvor noch etwas windig gewesen, so wurde es plötzlich absolut windstill. Wir waren schon zwei Glückskinder!

Von oben schauten wir uns glücklich die Hochzeitsgesellschaft dort unten an und fühlten uns wie im siebten Himmel. Etwa zehn Minuten lang genossen wir es, dann nahm ich ein Taschentuch und ließ es aus dem Korb nach unten fallen. Das war das Zeichen für Conny, Christines Schwester. Sie hatte organisiert, dass alle Gäste unten einen roten oder weißen Ballon in die Hand bekamen. Rot und weiß sind die

Farben der Fahne Südtirols. Und dann kamen uns von unten unzählige rote und weiße Ballons entgegen und entschwanden irgendwo am Horizont.

Direkt neben der Kirche befand sich das Gasthaus *Zum Schluff,* in dem Christines Mutter aufgewachsen war. Hier wurden jetzt Bier und Wein ausgeschenkt, Südtiroler Speck, Weißwurst und Pizza für all die neugierigen Zuschauer und natürlich auch unsere geladenen Gäste. Wir hatten auch Wolfgang Rademann eingeladen, der uns damals auf Bali mit der Hochzeits-Suite überrascht hatte. Leider konnte er jedoch nicht kommen, da Peter Alexander, einer seiner besten Freunde, am gleichen Tag in Wien seinen 75. Geburtstag feierte. Im Gasthaus lag allerdings schon ein Fax von ihm bereit. Darauf stand: »Liebe Christine, lieber Nick! Ich gehe mal davon aus, dass Ihr beide jetzt verheiratet seid. Leider konnte ich nicht dabei sein. Aber ich werde immer auf Euch aufpassen. Viel Glück und alles Liebe, Euer Wolfgang.« Wie ich Jahre später erfahren sollte, hielt er sein Wort.

Sogar Otto Waalkes hatte übrigens einen kleinen Gruß mit einem seiner Ottifanten geschickt.

Nach den Hochzeitsfotos ging es nach Meran. Im *Pavillon de Fleur* feierten wir mit unseren Gästen bis in den frühen Morgen. Die *Santilli-Band* spielte mit einer 9-Mann-Besetzung die längste Version des Kaiserwalzers, die ich je gehört habe. Den tanzte ich mit meiner Schwiegermutter Luise.

Es war wirklich ein rauschendes Fest, wie es schöner nicht hätte sein können. Morgens um fünf Uhr gingen wir zu Fuß hinüber in das Hotel *Meraner Hof.* Wir waren barfuß, hatten unsere Schuhe in den Händen und fühlten uns erschöpft, glücklich und beseelt von den Ereignissen des Tages.

Über eine Hochzeitsreise hatten wir uns nie richtig Gedanken gemacht. Wir reisten ja ohnehin beide viel. Drei Tage in Abano, Italien, reichten uns, um uns vom Hochzeitsstress zu erholen. Dann standen schon wieder Termine an. Es war auch gut, dass wir keine große Hochzeitsreise geplant hatten, denn das Schicksal hatte längst entschieden, was passieren sollte.

Unverhofft kommt oft

Wolfgang Rademann rief ein halbes Jahr später Christine an, ob sie in der nächsten Folge *Sambia* mitspielen wolle. Ich dürfe sie natürlich wieder begleiten. Wir wohnten in einem Hotel direkt am Sambesi, nur einige Meter entfernt von den mächtigen Victoria-Wasserfällen. Wolfgang war immer für Überraschungen gut.

Im Sambesi gab es direkt am Wasserfall eine kleine Insel, auf die er das gesamte Team einlud. Wir fuhren mit kleinen Motorbooten hinüber. Es waren nur etwa 400 m vom Hotel bis zur Insel. Alle Bootsfahrer waren mit einem Walkie-Talkie ausgerüstet, und mehrere Guides beobachteten die Hippos, die Flusspferde. Sie gehören zu den zehn gefährlichsten Tieren der Welt. In Afrika sterben jährlich mehr Menschen durch Flusspferde als durch Krokodile. Unsere Gruppe war bereits wieder im Hotel, und ich filmte das Boot von Wolfgang und einigen anderen. Plötzlich bäumte sich ein Flusspferd gut einen Meter hinter dem Boot auf und verfehlte es nur knapp. Ein dramatischer Augenblick, bei dem sie sicher gekentert und vermutlich nicht lebend aus dem Wasser gekommen wären, wenn das Flusspferd es darauf angelegt hätte.

Von Sambia ging es dann hinunter nach Kapstadt. Dort bestiegen wir die MS Deutschland, um den Schiffsteil für die Episode zu drehen. An Bord hatte Wolfgang sein sogenanntes »Büro«, einen Liegestuhl gleich neben dem Schornstein. Das war sein Lieblingsplatz. Er bereitete sich dort vor, las Drehbücher und entwickelte neue Ideen. Wolfgang suchte noch einen Matrosen für die nächste Folge in Thailand. Ich passte auf die Rolle. Also ab ins »Büro Rademann!« Als er mir die Rolle anbot, hatte ich gerade einen Tag vorher für eine Folge *SOKO Leipzig* zugesagt. Jetzt wurde der Terminkalender eng. Ich konnte Christine nicht länger begleiten. Die Schiffsreise ging an der Westküste Afrikas hoch bis Casablanca. Ich stieg also in Namibia aus und flog über die Schweiz nach Leipzig, immer in der Hoffnung, dass die Verbindungen klappten. Denn spätestens um 14:30 Uhr sollte ich an dem Tag in der Maske sein. Der

Taxifahrer vom Flughafen musste gewaltig auf die Tube drücken. Ich verspätete mich nur um fünf Minuten. Nach den Dreharbeiten ging es dann direkt zurück an Bord. Es folgten wunderschöne Tage sowie noch drei Wochen Dreharbeiten in Thailand.

Das war vollkommen ungeplant die schönste und längste Hochzeitsreise, die wir uns hätten vorstellen können.

KAPITEL 18

Livin‘ La Vida Loca

(2001-2009)

Vor unserer Hochzeit waren Christine und ich oft durch unsere unterschiedlichen Projekte und Drehorte getrennt. Trotzdem rückten wir immer näher zusammen und standen auch häufiger gemeinsam vor der Kamera. Ein Dreh in Österreich war jedoch etwas ganz Besonderes. Der Titel der Filmreihe hätte nicht treffender sein können, denn hier kamen mein Nachname und die Werbefigur in einem Titel zusammen, und auch die Geschichte entsprach unserem wahren Leben: *Wilder Kaiser!* Ich spielte dabei sogar einen Amerikaner, der mit Frau und Tochter nach Europa reist. In diesem Fall waren wir wirklich gesegnet, und es brachte einfach immer Spaß, gemeinsam vor der Kamera zu stehen.

Witzig war wirklich: Verheiratet zu sein, fühlte sich für mich freier an als das vorherige Singledasein. Ab dem Zeitpunkt unserer Trauung waren wir bis heute fast immer zusammen und nur selten über einen längeren Zeitraum getrennt.

Vorher hatten wir uns viele Gedanken gemacht, was es heißen würde, den Rest des Lebens miteinander zu verbringen. Unsere Eheringe sollten unsere Gedanken symbolisieren. Einer ist aus Weißgold, der andere aus Gold. Das symbolisiert zwei verschiedene Menschen. Acht Diamanten, die die Höhepunkte des Lebens repräsentieren, verbinden diese Ringe miteinander, halten aber auch gleichzeitig symbolisch den respektvollen Abstand zueinander. Und da ein Ring sich dreht, steht er auch noch symbolisch dafür, dass das Leben immer weitergeht. Rilke sagte: »In einer guten Ehe ernennt einer den anderen zum Beschützer seines Alleinseins.«

Lisa hatte damals in Hamburg gesagt: »Du wirst sie nicht gleich erkennen.« Das stimmte. Aber jetzt erkannte ich sie immer mehr. Christine war genau die Frau, die ich hatte treffen sollen.

Einer meiner engen Freunde ist der Architekt Reinhold Resch aus Südtirol. Er hat ein Kartensystem entwickelt, das ihm die Wünsche und Neigungen seiner Klienten verrät, wenn es um den Hausbau und um Einrichtung geht. Auf jeder der Karten ist eine Kombination von vier Farben. Ich sollte mir die Karte heraussuchen, die mir am besten gefiel.

Zunächst reduzierte ich die Auswahl schnell bis auf zwei. Zwischen den beiden Karten konnte ich mich einfach nicht entscheiden. Reinhold las mich jetzt wie ein Buch. »Du bevorzugst es, auf einem Hügel zu wohnen, von dem du hinunterschauen kannst auf das Leben. Du brauchst Übersicht, Klarheit, helle Räume, große Fenster, erdfarbene Töne und vieles mehr.« Er traf genau ins Schwarze. Das war ich.

Sechs Wochen später bat ich ihn, das gleiche noch einmal bei Christine zu machen. Sie endete mit genau denselben Karten. Reinhold staunte nicht schlecht. Mich wunderte allerdings nun gar nichts mehr. Es gibt viele Beschreibungen, aber Seelenverwandtschaft trifft es einfach am besten.

Der verhinderte Durchbruch

Als wir 2003 wieder in Montana waren, besuchten wir ein Film-Festival. In einer Podiumsdiskussion stellten sich einige wichtige Leute aus Hollywood dem Publikum. Einer von ihnen war Patrick Crowley. Er hatte einige Jahre zuvor in Montana den Film *Der Pferdeflüsterer* mit Robert Redford gedreht. Es wurde sehr spät, und in kleiner Runde saßen wir morgens um zwei Uhr immer noch in einem Restaurant.

Die Geschichte, die ich jetzt erzähle, ist sicher vielen meiner Schauspielkollegen schon einmal ähnlich passiert. Jeder von uns wartet immer auf den großen Durchbruch, auf die nächste große Herausforderung, die dich dann weiterbringt.

Pat sagte plötzlich zu seiner Frau: »Kathleen, sieht Nick nicht fast genauso aus wie Pierce?« »Stimmt!«, antwortete sie. »Ich dachte auch schon die ganze Zeit: An wen erinnert mich Nick?« – »Wer ist Pierce?«, fragte ich. »Ein guter Freund von uns«, meinte Pat, »Pierce Brosnan.« Diese Ähnlichkeit hatten tatsächlich schon andere vor ihnen festgestellt. Pat fragte mich geradeheraus: »Was machst du nächsten Sommer?« – »Keine Ahnung!«, sagte ich. »Warum?« Die Antwort schlug ein wie eine Bombe: »Ich hätte dich gerne als Bösen im nächsten Jason-Bourne-Film: *Die Bourne Verschwörung.«*

War ich verrückt geworden? Dieser Mann, der mir da gerade eine Rolle anbot, hatte *Die Bourne Identität*, einen meiner Lieblingsfilme, gemacht. Ich versuchte, ganz cool zu bleiben, und antwortete: »Danke, klar, würde ich gerne spielen.« Ich dachte wirklich, das war es jetzt. Das war das große Ding, auf das man wartete; der internationale Durchbruch. Wir tauschten die Telefonnummern aus und hielten über mehrere Monate Kontakt. Dann rief Pat mich an. Er wäre sehr traurig, und es täte ihm furchtbar leid, aber der Autor der Bourne-Geschichten, Robert Ludlum, sei ja am 12. März 2001 gestorben. Die Erben seines Vermächtnisses hätten sich nun in den Kopf gesetzt, selbst Produzent zu spielen. Alle Karten mussten neu gemischt werden. Er würde sich mit meiner Besetzung nicht durchsetzen können. Der Böse sollte jetzt vom englischen Regisseur Paul Greengrass direkt in England gecastet werden. Pat seien die Hände gebunden. Er würde aber trotzdem nach einer geeigneten Rolle für mich Ausschau halten. Diese war dann der »Delta CO« im CIA-Hauptquartier in Berlin. Ich nahm die Rolle an und dachte: *Besser als gar nichts.*

In Berlin am Set traf ich auf den Regisseur und spürte sofort, dass er mich nicht mochte. Pat hatte mich wohl gegen seinen Widerstand in den Film gebracht. Ich sollte mir einen CIA-Haarschnitt verpassen lassen. Meine Haare wären viel zu lang. Dort traf ich auf Petra Schaumann, mit der ich 2001 in Cornwall meinen ersten Pilcher-Film gedreht hatte und die in den letzten zehn Jahren auf dem Traumschiff

meine persönliche Maskenbildnerin wurde. Die Haare kamen ab und wurden ziemlich kurz.
Ich kam zurück, und er schaute mich an. »Nein, das ist Militär-Stil!« Wie jetzt? Noch kürzer? Er bestand darauf. Wollte der Mann mich verarschen? Jetzt wurden die Haare superkurz. Ich sah mich im Spiegel an, fand, dass ich jetzt richtig beschissen aussah, und fühlte mich total unwohl. Die nächsten drei Tage ließ der Regisseur mich noch häufiger spüren, dass da zwischen uns nichts ging. Und wenn die Chemie nicht stimmt, ist man als Schauspieler schnell verunsichert und nicht gut im Spiel. Vielleicht bildete ich mir das ja auch alles nur ein, doch Schauspieler sind eben sensibel und manchmal sehr leicht aus der Bahn zu werfen. Schon beim Lesen des Drehbuches dachte ich mir, dass meine Rolle diese Geschichte nicht besonders vorantrieb und eigentlich kein Gewicht hatte. Es gab auch keine Szene zusammen mit Matt Damon. Irgendwie fühlte ich mich fehl am Platz. Immerhin konnte ich Matt aber persönlich kennenlernen; ein sehr netter und relaxter Typ.

Ein Jahr später saß ich mit Christine im Kino, um den Film zu sehen. Was hatte ich schon erwartet? Man hatte mich rausgeschnitten. Nun ja, es wäre ohnehin keine Glanzleistung gewesen, und eigentlich war ich froh darüber. Im Abspann wurde ich zwar noch aufgeführt, aber im Film sah man nur Ohr und Nasenspitze. So etwas passiert allerdings immer wieder. Damit muss man einfach leben.

Roadshow mit Kaiser

Also war jetzt Herr Kaiser wieder dran. Im Herbst 2004 flogen wir nach Lissabon, um den neuen Werbefilm für das Jahr 2005 zu drehen. Das größte Sportereignis der Welt sollte bald in Deutschland stattfinden: die Fußballweltmeisterschaft 2006! Die Hamburg-Mannheimer war nicht nur einer der großen nationalen Sponsoren der WM, sie versicherten auch dieses riesige Sportereignis.

Es ging in dem Spot um Sicherheit und Fußball. In Lissabon gibt es in einer Bank unten im Keller die dickste Safe-Tür der Welt. Begleitet von zwei Sicherheitsbeamten ging ich in dem Spot durch diese dicke Tür und holte aus dem Safe den offiziellen WM-Ball. Das alles wurde der Auftakt zu zwei aufregenden Jahren.

Bis zum Juli 2006 sollte eine sogenannte »Kaiser-Tour« stattfinden. In Zusammenarbeit mit mehreren Sponsoren und der Firma Adidas war geplant, in allen elf Austragungsstädten der Republik eine Art Mini-Fußball-WM durchzuführen. Lokale Firmen konnten sich mit ihren Mannschaften in einem zweimal fünf Minuten dauernden Spiel miteinander messen. Sie spielten von Freitagnachmittag bis Sonntagnachmittag auf einem Mini-Fußball-Kunstrasen mit jeweils fünf Mann pro Team, und am Ende stand in jeder Stadt ein Sieger fest. Jedes Mal war Sebastian Conrad der Moderator.

Auf dem zentralsten Platz jeder Stadt, wie zum Beispiel in Hamburg auf dem Rathausmarkt, hatte man dafür dann eine große Bühne aufgebaut. Lokale Prominente wurden interviewt. Das Fußballteam aus dem Kinofilm *Das Wunder von Bern* von Sönke Wortmann war jedes Mal zur Stelle. Ich selbst hatte das Vergnügen, mit Leuten wie zum Beispiel dem Ex-Nationalspieler Bernd Hölzenbein und anderen Lokalgrößen aus der Fußball-Welt gegen Wortmanns Team zu kicken. Als Herr Kaiser wurde ich auf der Bühne ständig interviewt, manchmal war ich im Gespräch mit Uwe Seeler oder zusammen mit Politikern zu erleben. Alle Versicherungsmakler der jeweiligen Umgebung und auch Kunden, die bei der HM versichert waren, wollten ein paar Worte mit mir wechseln, ein Bild mit dem Kaiser oder ein Autogramm. Ich befand mich unter Dauerbeschlag und musste natürlich immer lächeln und nett sein. Das fiel mir zwar nicht schwer, führte aber verlässlich dazu, dass ich am Sonntagabend immer völlig platt war. Am Samstag gab es meist noch im Rathaus oder einem anderen offiziellen Gebäude eine große Feier mit den Honoratioren der Stadt. Die Akustik in diesen Sälen war meist furchtbar, weil es so stark hallte, dass man den Redner nicht mehr verstand. Die Gäste waren dann schnell gelangweilt, fingen an, sich zu unterhalten, und der Redner versuchte, sich mit noch lauterer Stimme die Aufmerksamkeit zurückzuholen. Ein irrer Krach! Uwe Seeler war immer tapfer mit dabei und auch Hermann Rieger, der Kultmasseur des HSV.

Wenn das offizielle Programm dann zu Ende war und alle sich auf das reichhaltige Buffet stürzten, fingen die Jungs von der Gruppe *In 2*

Deep an zu spielen. Auch ich sprang dann meist auf die Bühne und spielte mit. Meine Mundharmonikas habe ich schließlich immer dabei. Das war jedes Mal cool und das Publikum zudem begeistert, dass Herr Kaiser auch Musik machte.

Doch das Allerbeste war, dass bei der Veranstaltung jedes Mal das Wetter, selbst im Winter, traumhaft schön war. Die Sonne schien, und zum Schluss gab man gerne mir die »Schuld«. Denn wenn ich da war, herrschte schließlich Kaiser-Wetter.

Manchmal holte mich auch die Vergangenheit wieder ein, und jemand im Publikum rief: »Hallo, Klaus!« Das waren dann meist ehemalige Schüler meiner Windsurfschule in Dänemark, die in der Lokalzeitung gelesen hatten, dass ich in ihrem Ort auftrat, oder Leute von der Insel Fehmarn.

Mit der Kaiser-Tour hatten wir schon halb Deutschland abgeklappert. Die HM wollte sich noch mehr profilieren und ihr Engagement im Fußball zelebrieren. Also brauchten wir ab Mitte 2005 einen richtig guten TV-Spot, der die Leute bis zur WM bei Laune hielt. Dieser sollte jetzt in Buenos Aires gedreht werden. Es kamen natürlich gleich wieder Gerüchte auf, dass die Werbeagentur nur ein bisschen Urlaub in warmen Gefilden auf Kosten der Hamburg-Mannheimer machen wollte. So einen Spot könne man doch schließlich auch irgendwo billiger in Europa drehen!

In Buenos Aires hatte man im April 2005 aber nicht nur eine sehr hohe Schönwettergarantie, hier fand man auch eine solche Vielfalt vor, dass man das Bild eines internationalen WM-Publikums problemlos nachstellen konnte. Am Tag nach unserer Ankunft filmten wir aus einem Helikopter heraus das Spiel zwischen den größten Rivalen Argentiniens, Boca Juniors und Riverplate. Das Fußballstadion war gerammelt voll. Am dem Abend gingen wir mit dem Team in der Altstadt essen. Es gab Luomo, das gute argentinische Steak, auf das wir uns schon alle so gefreut hatten. Wir wurden pappsatt, doch Herr Kaiser musste ja unbedingt noch ein Dessert bestellen: Papaya-Eis! Um drei Uhr morgens wachte ich auf und bekam die Quittung. Der Nachtisch war nicht mehr gut gewesen. Wenn aus jeder Öffnung deines Körpers etwas rauskommt, und das für ein paar Stunden, dann schwächt es gewaltig. Ich schlief also direkt neben der Porzellanschüssel.

Um 6:30 Uhr holte mich, oder was von mir übrig war, das Taxi ab und fuhr mich ins Stadion. Dort waren bereits 1000 Komparsen angetreten. Diese sahen alle so unterschiedlich aus, als wäre die ganze Welt zu diesem Dreh eingeflogen. Die Agentur hatte recht behalten. Der Regisseur setzte sie alle eng zusammen in eine Kurve des Stadions. Es sah aus wie ein Stückchen Torte. Jetzt war nur noch diese Kurve im Bild, und man hatte optisch das Gefühl, als wäre das Stadion voll besetzt.

Der Regisseur brauchte nun jedoch noch eine Einstellung von mir an einem Tresen. Stopp! Ich musste erst einmal wieder aufs Klo. Man lernt ja im Leben durch Erfahrungen dazu. Diesmal war ich gerüstet und hatte meine eigene Rolle Klopapier am Start. So tief wie in Mazatlán wollte und sollte ich nie wieder sinken, das hatte ich mir ja auch geschworen.

Was ich jedoch nicht einkalkuliert hatte: Wenn am Tag vorher 70.000 Menschen während eines Fußballspiels auf eine Stadion-Toilette gehen und dann am nächsten Morgen die Putztruppe noch nicht da war, dann sollte man mit so einem feinen Riecher, wie ich ihn habe, nicht an so einen Ort gehen.

Ich dachte, ich kippe um.

Oben hatte man einen Tresen aufgebaut und wollte »deutsche Gemütlichkeit« erzeugen. Das musste unbedingt noch mit in den Spot. Denn jetzt ging es um die Wurst; buchstäblich. Die Regieanweisung lautete: Herr Kaiser geht an den Tresen und haut sich, wie jeder deutsche Fußball-Fan, erst einmal gepflegt eine Currywurst rein. Allein der Geruch nach Fleisch … mir kam alles wieder hoch. Ob ich es wenigstens einmal schaffen würde? Ich bat um einen kleinen Brech-Eimer, falls mir doch übel werden sollte. Man muss ja gewappnet sein.

»Du musst sie auch nicht wirklich runterschlucken. Dann spuck sie einfach wieder aus!« Die Worte des Regisseurs machten es mir nicht leichter. Jetzt begann man zu diskutieren, ob Herr Kaiser in diesem Spot zur Currywurst ein Bier trinken sollte. »Das ist Alkohol. Geht gar nicht«, bemerkte einer. »Herr Kaiser ist doch im Dienst.« – »Aber es könnte ja auch ein alkoholfreies Bier sein, oder?«, sagte ein zweiter. »Im Film kann doch sowieso keiner den Unterschied erkennen«, gab ich ungeduldig meinen Senf dazu. »Könnt ihr euch bitte mal einigen? Ich muss mich gleich wieder übergeben!«

Doch ich war tapfer und schaffte es einmal. In meinen Magen gelangte die Wurst nicht, sondern in den Eimer. Der Regisseur hatte alles im Kasten, mein Part war abgedreht, und ich durfte endlich wieder ins Hotel zurück. Zwei Tage lang lag ich flach! Papaya mag ich bis heute nicht mehr.

Tapetenwechsel

Im Herbst waren wir wieder in Montana. Christine hatte für viel Geld Rosenstöcke gekauft und wollte sie am nächsten Morgen einpflanzen. Sie stellte sie draußen unters Küchenfenster. Hatte sie schon vergessen, was zwei Tage nach unserer Ankunft bei uns im Haus passiert war? Ein junges Reh war frühmorgens durch unsere offene Terrassentür ins Haus spaziert, einmal um die Kücheninsel herumgelaufen und dann seelenruhig wieder hinausstolziert, als Christine gerade die Treppe herunterkam – ohne einmal zu grüßen! Am nächsten Morgen kam sie mit ihrem Spaten in der Hand weinend ins Haus. Die Rehe hatten nachts alle Rosen bis auf die Stängel heruntergefressen.

»Wie soll ich hier jemals einen Garten anpflanzen?«, fragte sie. »Die fressen mir ja alles weg. Wir brauchen einen hohen Zaun.« – »Einen Zaun?«, erwiderte ich, »bei dieser traumhaften Aussicht? Das sieht dann ja aus wie in Guantanamo Bay.« – »Nein, natürlich nicht so. Sondern so einen schmiedeeisernen Zaun. Der würde schön aussehen.« – »Wo hättest du ihn denn gerne, mein Schatz?« So lief das bei uns. Wir schritten die Wegstrecke um das Haus ab, und der imaginäre Zaun war jetzt 500 m lang. Mein Kopfrechner ratterte, und ich sagte ihr: »Mit einem großen Tor sind das dann ungefähr 100.000 Dollar.« – »So teuer? Wirklich?« – »Ja, mein Schatz, so teuer. Und dann muss man den Zaun auch noch aufstellen.« Sie war sehr traurig, denn sie hatte sich immer einen Garten gewünscht. Doch das sprengte den Rahmen.

Ich ging an meinen Rechner und wollte schauen, ob ich mit meiner Kalkulation richtig lag. Lag ich aber leider. Ziemlich genau sogar.

Dann stieß ich auf eine chinesische Seite, die fast die gleichen Produkte hatte, deren Preise aber wesentlich günstiger zu sein schienen. Die Firma hatte ihren Sitz in Qingdao in der Shandong-Region. Ich schrieb sie an. Es würde nur 14.500 Dollar kosten, inklusive Verschiffung im Container nach Seattle. Und wir könnten unser eigenes Design bekommen. Wow! Ich würde so lange sparen, bis ich das Geld zusammen hatte, um Christine eine Freude zu machen. Aber was war, wenn die nicht liefern würden und das Geld dann weg wäre? Wusste ich denn überhaupt, ob das nachher wirklich bei uns ankäme? Und wie wäre die Qualität?

Das Universum hatte meine Gedanken wohl mal wieder gelesen, denn acht Wochen später kam ein Anruf von Wolfgang. »Junge, ich brauche einen feschen Koch. Aber keinen dicken. Wir drehen in Shanghai. Hast du Lust?« Und ob ich hatte. Mein nächster Gedanke war sofort: Wie weit war Qingdao wohl von Shanghai entfernt?

Zwei Wochen später flog ich auf die Seychellen, um dort den Schiffsteil zu drehen. Es herrschte mittlerweile tiefer Winter, auch in Deutschland. Seychellen war jetzt wirklich genau das Richtige, oder? Wir konnten auch schon etwas früher runterfliegen und auf das Schiff warten. Gesagt, getan. Zur kurzen Erläuterung: Beim *Traumschiff* wird der Schiffsteil immer dort gedreht, wo sich das Schiff gerade befindet, nicht zwingend in dem Land oder der Region, in der die jeweilige Episode spielt.

Die Seychellen sind das schönste Urlaubsziel, an dem wir jemals waren. Wir würden diese Insel allen anderen Zielen immer wieder vorziehen. Dann kam das Schiff, und es war einfach unglaublich, was wir alles zu sehen bekamen. Für Wolfgang stellten alle Reisen natürlich alte Kamellen dar, denn der war an den meisten Orten schon mehrfach gewesen.

Irgendwann landeten wir in Shanghai. Das war jetzt eine Kultur, die ich noch gar nicht kannte. Wir wohnten im *Shangri-La Hotel.* Wenn man als Ausländer mit dem Taxi irgendwo hinwollte, musste man sich ein Schild um den Hals hängen – mit der Hoteladresse auf Chinesisch. Denn kein Mensch sprach dort Englisch, und wir selbst konnten die Straßenschilder nicht lesen.

Sobald ich meine Szenen abgedreht hatte, setzte ich mich in den Flieger und flog für drei Tage nach München: Kaiser-Tour. Dann ging es wieder zurück nach Shanghai. Das Team war schon weitergezogen, und ich flog hinterher in das 1.500 km entfernte Guilin. Bei der zweiten Einreise fühlte sich China nicht mehr ganz so fremd an.

In der Nähe unseres Hotels gab es eine sehr schöne Galerie. Christine wollte sie mir unbedingt zeigen und hatte sich in zwei Bilder verliebt. Die Galeristin verwaltete die Bilder ihres Vaters, des Künstlers. Sie durfte mir nicht sagen, welche zwei Bilder Christine toll fand. Ich ging also durch die drei Etagen und fand zwei Bilder wunderschön. Die Galeristin konnte es nicht glauben, dass mich genau die gleichen Bilder faszinierten, die Christine schon ausgesucht hatte. Da war sie wieder, die Seelenverwandtschaft. Beide Bilder haben bei uns im Haus in Montana einen ganz besonderen Platz gefunden.

Nach Abschluss der Dreharbeiten setzte ich dann meinen Plan in die Tat um und besichtigte ganz alleine das Werk in Qingdao. Die Qualität der Zäune war absolut überzeugend. Staunend lief ich danach durch die Stadt und dachte, ich würde mich in Altona befinden. 1903 hatte die Brauerei Germania in der dortigen deutschen Kolonie ihren Betrieb aufgenommen. Noch heute kann man die Einflüsse überall dort sehen, und das Bier findet man unter dem Namen *Qingdao* in chinesischen Restaurants weltweit.

Ein Mann, ein Ball

Die Fußball-Weltmeisterschaft rückte immer näher, und Berlin sollte die letzte Station unserer Tour sein. Die Gewinner-Mannschaften aus den anderen Städten Deutschlands würden in der Hauptstadt ihren Mini-Weltmeister ermitteln. Doch auf Herrn Kaiser wartete in Berlin noch eine andere große Aufgabe: Beim Spiel von Hertha BSC gegen den VfL Wolfsburg im Olympiastadion sollte ich vom ovalen Glasdach aus den Fußball aufs Spielfeld schießen. Hier kam es auf jede Sekunde an.

Am Nachmittag vor dem Spiel war die Probe angesetzt. Das Glasdach über dem Stadion ist oval und steigt leicht in die Höhe.

Stellt euch vor, ihr sollt einen Berg hochlaufen, dann den Ball in die Luft schmeißen, ihn auch noch treffen und gezielt irgendwo hinschießen. Bedenkt: Unter euch habt ihr ein Glasdach, das auch irgendwann mal aufhört. Läuft man zu weit, fällt man ins Stadion und kommt unten vielleicht schneller an als der Ball.

»Das ist Glas! Hält das denn überhaupt?«, war meine erste Frage. »Absolut, das Glas ist sehr dick. Keine Bange!« Das klang nicht sehr beruhigend, das musste ich zugeben. Ich machte ein paar Anläufe. Der Kameramann probte derweil verschiedene Positionen. Dann schoss ich den Ball das erste Mal ins Stadion. Weit kam er nicht. Er landete in der Zuschauertribüne. Da musste ich heute Abend aber ein bisschen mehr Gas geben. Welche Blamage wäre das, wenn der Ball nicht auf dem Spielfeld landen würde?
Kurz vor Anpfiff befanden sich schon über 60.000 Zuschauer im Stadion. Der Kameramann saß neben mir, und der Moderator befand sich mitten in der Zuschauermenge. Der Lärm war so ohrenbetäubend, dass ich die Fragen des Moderators überhaupt nicht verstand. Ich sah mich plötzlich auf allen vier großen Displayschirmen, die im Stadion hingen. Sich selbst im Film oder im Fernsehen zu sehen, ist immer so eine Sache. Das hier war aber schon ein recht seltsames Gefühl. Über die Lautsprecheranlage konnte ich mich selbst nicht verstehen, so laut war es und so stark war der Hall. Dann schaltete man auf den großen Schirmen auf irgendeine Werbung um. Jetzt musste es schnell gehen. Raus aus dem Stadion und hoch aufs Dach!

Draußen an der Wendeltreppe fanden wir die Tür verschlossen vor. Walkie-Talkie: »Wo ist der Hausmeister?« Drei Minuten später war die Tür offen. Wir rannten die Wendeltreppe hoch. Oben stellte ich die allumfassende Frage: »Wo habt ihr den Ball?« Scheiße, daran hatte keiner gedacht. Sebastian Conrad zeigte nun, was er auch sportlich draufhatte. In Windeseile sauste er hinunter, um den Ball zu besorgen. Ich höre noch heute die Stimme des Aufnahmeleiters, der zu mir sagte: »Wir haben noch zehn Sekunden. Wenn er dann nicht da ist, können wir die Aktion vergessen.«

Da tauchte Sebastian, wie Kai aus der Kiste, aus der Dachluke auf. Er schmiss mir den Ball zu und schrie: »Fang!« Ich hatte jetzt den Ball, drehte mich um und rannte das Glasdach hoch, immer mit dem Gedanken, zwei Meter vor der Kante stehenzubleiben. Nick, hast du das verstanden? Die andere Gehirnhälfte sagte mir: *Du musst so auf den Ball dreschen, dass er es bis aufs Spielfeld schafft.* Meine »Angst-Abteilung« im Gehirn rief mir derweil noch zu: *Wenn du den Ball nicht triffst, landest du auf deinem Allerwertesten, und die ganze Nation wird es sehen.* Es waren die längsten drei Sekunden meines Lebens. Ich legte mir den Ball etwa einen Meter in der Luft vor. Jetzt waren meine Augen nur noch auf ihn fixiert. Wie weit war es noch bis zur Kante? Dann haute ich das Ding raus. Der Ball flog und flog und landete, ich konnte es kaum glauben, beim Elfmeterpunkt. Im gleichen Augenblick sah ich, wie vier Paraglider ins Stadion segelten. 65.000 Menschen unten flippten völlig aus. Anpfiff, das Spiel ging los.

In der VIP-Lounge der Hamburg-Mannheimer im Stadion bestellte ich mir erst mal einen doppelten Whisky. Ich war fix und fertig! Aber ich hatte mich nicht blamiert. Herr Ober, noch einen Doppelten bitte!

Die letzte Station unserer Tour in Berlin war etwas sentimental. Wir saßen noch lange an der Bar und erzählten uns all die lustigen Geschichten, die wir in den letzten zwei Jahren zusammen erlebt hatten. Mit dabei war auch wieder Hermann Rieger, über den ich nur sagen möchte, was für ein unglaublich toller und lieber Mensch er war.

Nun brauchte ich aber erst einmal ein bisschen Urlaub und musste von der ganzen Aufregung runterkommen. Christine und ich fuhren daher nach Dänemark in mein Haus. Danach sollte ich direkt zu einem Casting nach Hamburg kommen. Es ging um eine neue Serie: *Rote Rosen.* Alles lief glatt, und man bot mir die Rolle an.

Den Begriff Interessenkonflikt hatte ich ja schon einmal erwähnt. Und hier gab es jetzt wirklich einen. Denn bei genauerem Hinschauen entdeckte ich in der Rollenbeschreibung, dass dieser Rechtsanwalt gleich im Pilotfilm eine Affäre mit der noch 17-jährigen Schulfreundin seiner Tochter hatte und seinem Klienten obendrein fragwürdige Wertpapiere und Geschäfte empfahl.

Das war sicher ein für einen Schauspieler interessanter Charakter, aber ich war eben auch seit neun Jahren der Herr Kaiser! Und der würde so etwas nie machen. Auch wenn es finanziell noch so lukrativ war, diesen Job konnte ich unmöglich annehmen. Es hätte den Ruf der Werbefigur geschädigt. Rückblickend war das für mich die richtige Entscheidung. Allerdings läuft *Rote Rosen* seit 2006 in der ARD und ist ein erfolgreicher Dauerbrenner. Die Rolle gibt es heute immer noch, und sie wird seit vierzehn Jahren von meinem lieben Kollegen Gerry Hungbauer gespielt. Vielleicht wäre ich damals in Lüneburg hängengeblieben und hätte dann einiges gar nicht erlebt, was mir noch bevorstehen sollte. Doch was im ersten Anlauf nicht klappte, sollte sich dann im zweiten unzählige Male wiederholen. Denn das Schicksal war schon längst dabei, eine andere Rolle für mich zu schreiben.

Auf der Kippe

An einem schönen Spätherbsttag saßen wir wieder bei uns auf der Terrasse in Montana und blickten, mit einem Gin-Tonic in der Hand, auf den Missouri. Ein Nachbar war zu Besuch, und er hatte einen Freund aus Minnesota mitgebracht, der seit vielen Jahren ein Haus in Costa Rica besaß.

Gerade hatte mir ein dänischer Schauspielkollege erzählt, dass er nun bereits zum dritten Mal gewinnbringend eine Wohnung in Panama verkauft hätte. Ich fragte den Freund unseres Nachbarn also, ob das denn stimmen würde mit Panama. »Wäre ich so alt wie ihr beide, dann würde ich da unten investieren. Panama ist das Land der Zukunft.« Diesen Gedanken behielt ich im Hinterkopf.

Es gibt im Leben immer wieder Menschen, die entweder eifersüchtig sind, dir neidbesessen deinen Erfolg nicht gönnen oder eigene Pläne haben, die deinen entgegenstehen. Der wahre Grund ist dann meist das leidige Ego, das oft größer ist, als es der Sache dient. Herr Kaiser war bereits seit zehn Jahren im Amt. Kurz vor Weihnachten bekam ich plötzlich eine Aufforderung der Werbeabteilung, dass ich mich in Hamburg einem Screentest unterziehen sollte. Immer war ich bisher in allen Spots synchronisiert worden und hatte mich schon oft gefragt, warum man nicht meine eigene Stimme nahm. Nun denn, das war ja deren Entscheidung. Jetzt sollte Herr Kaiser aber plötzlich mit seiner eigenen Stimme sprechen.

Anscheinend traute man mir dies nicht zu, obwohl ich ja bekanntlich schon lange Schauspieler war. Irgendetwas sagte mir: Hier war etwas faul. Jemand sägte an meinem Stuhl.
Die Chefs einer Werbeabteilung machen sich oft den Druck, dass sie sich beweisen und kreative Spuren hinterlassen müssen, bevor sie zur nächsten Firma wechseln. Wollte hier etwa jemand den vierten Herrn Kaiser installieren und sich ein Denkmal setzen? War es jemand in der Werbeabteilung oder jemand aus der oberen Etage? Auf Englisch sagt man: *Watch your bac*k! Pass auf, wer dir in den Rücken fällt.

Höchst sensibilisiert flog ich nach Hamburg und stellte mich der Aufgabe. Während der gesamten Dreharbeiten beschlich mich ein äußerst merkwürdiges Gefühl. Es gab auch noch einige Mitbewerber, die vor oder nach mir dran waren. Ich bestand darauf, keinen dieser Herren zu treffen. Schon bei der Anprobe der Klamotten lief es merkwürdig ab. Ein grauer Rollkragenpullover sollte unbedingt unter dem Anzug getragen werden. Man würde bis morgen früh zum Dreh noch einen besorgen. Also zog ich ihn mir über. Er war viel zu klein. Sie hatten zwar einen in L gekauft, aber aus der Damenabteilung.

So schnitt man im Pullover den Rücken auf, damit er einigermaßen passte. Ich spürte beim Dreh ständig das kalte Innenfutter des Sakkos. Sehr irritierend; ich fühlte mich unwohl. War das gewollt? Wollte mich hier jemand absichtlich sabotieren? Meine Laune verschlechterte sich von Minute zu Minute. Aber ich lächelte und ließ mir nichts anmerken. Mit dem Gedanken, dass mir eigentlich alles egal war, flog ich wieder Richtung Montana.

Doch wie schnell sich doch manchmal der Ton ändert! Denn das war alles gar nicht so gemeint. Man wollte ja nur mal was ausprobieren und freute sich schon riesig auf den neuen Dreh. Die Mitbewerber waren dann wohl kläglich gescheitert. Jetzt sollten die neuen TV-Spots Anfang 2007 gedreht werden. Diesmal sogar gleich zehn an der Zahl statt einer pro Jahr, wie sonst immer.

Ich bestand darauf, dass man mir die Texte vorab zuschickte. Denn Vorbereitung ist alles und ein Schauspieler keine Maschine. Die Texte waren sich alle extrem ähnlich, und ich wusste, was da auf mich zukam. Christine saß mit einer Stoppuhr in der Küche, während ich versuchte, jeden in ein 30-Sekunden Zeitfenster zu stopfen. Bei sieben dieser zehn geschriebenen Spots war es absolut unmöglich. Ich hätte so schnell sprechen müssen, dass mich kein Mensch mehr verstanden hätte. Absolut unprofessionell. Jetzt ließ ich die Agentur auflaufen. Ich kam in Hamburg an. Anprobe. Der Rollkragenpullover passte plötzlich perfekt.

Einen Tag vor dem Dreh sprach ich den Regisseur auf die Texte an. Er solle mir doch mal vormachen, wie das gehen könne. Es folgte eine große Blamage. Hektisch wurde nun an den Texten gefeilt. Am nächsten Morgen waren sieben Stück neu für mich, aber immerhin ähnlich zu denen, die ich mir ins Gehirn zu brennen versucht hatte. Vorbereitungszeit gab es keine mehr. Ich musste mich wirklich zusammenreißen. In der Mittagspause ließ ich Dampf ab und schnappte mir den Texter, um ihn auf dem Parkplatz zur Sau zu machen. Mein Kopf war voller Zahlen, Begriffe, Versicherungsfachausdrücke und Statistiken. Es klang irgendwie alles gleich. Dennoch: Wir schafften alle Spots in einer Woche, unserem vorgegebenen Zeitlimit. Danach war ich im Kopf jedoch absolut leer. Die Agentur fertigte einen Zusammenschnitt aller falsch gesprochenen Texte, Versprecher und Kunstpausen an, unterlegt mit sanfter Klaviermusik, der mich für all meine Mühen und Irritationen während des Drehs entschädigte. Ich kann mich heute noch köstlich über dieses Video amüsieren. Der Zusammenschnitt wird ganz bestimmt in unserer Hörbuchversion dieses Buches eingebaut. Das Wichtigste war allerdings: Herrn Kaisers Position konnte wieder als gesichert bezeichnet werden.

Oh, wie schön ist Panama!

Im Frühjahr 2007 kam das Thema Panama wieder auf. Wir erfuhren, dass Wolfgang Rademann mit dem Traumschiff gerade irgendwo in der Karibik herumschipperte und die Route der MS Deutschland danach an der südamerikanischen Küste entlang gehen sollte. Dann müssten die doch eigentlich durch den Panamakanal fahren, oder? Christine ist genauso spontan wie ich, und als ich diese Frage in den Raum stellte und sie dabei anschaute, hatten wir beide sofort dieselbe

Idee: Wir würden Wolfgang und das Team überraschen! Ich buchte also die Tickets, rief die Reederei der MS Deutschland in Schleswig-Holstein an und fragte, wie wir unbemerkt an Bord kommen könnten.

»Sie sind vielleicht ein Spaßvogel, Herr Wilder. Es ist hier 16:50 Uhr am Freitag, und wir haben gleich Feierabend. Aber für Herrn Rademann machen wir alles möglich. Ich schau mal, was geht.« Zwanzig Minuten später bekamen wir ein Fax. Wir sollten uns am Montag in Cologne, dem Hafen vor dem Eingang des Panamakanals, bei einem gewissen Frederico melden. Er würde uns an Bord bringen. Am Dienstagmorgen um 3:00 Uhr früh fuhren wir mit einem Taxi in einen der gefährlichsten Häfen der Welt. Die Crew eines Schleppers empfing uns. Die Matrosen sahen alle nicht gerade vertrauenerweckend aus. Aber eine halbe Stunde später gingen wir längsseits der MS Deutschland. Eine Strickleiter fiel herunter. Wir krabbelten hoch, und oben empfing uns der Nacht-Offizier Morten. (Nein, weder der aus Florida noch der aus Dänemark. Dieser hier hieß einfach nur so!) Er war eingeweiht und übergab uns den Schlüssel für eine Reservekabine auf dem Schiff. Hier konnten wir uns noch schnell ausschlafen. Am nächsten Morgen um 9:00 Uhr, die typische Frühstückszeit von Wolfgang, ging Christine dann auf ihn zu.

Seit ihrem letzten Film hatte sie dunkle Haare, so kannte Wolfgang sie noch nicht. Sie setzte eine Sonnenbrille auf und knöpfte die Bluse oben noch ein bisschen weiter auf. Mit polnischem Akzent sprach sie ihn an: »Herr Rademann, bin ich großer Fan von Sendung. Finde ich wunderschone Filme.« Weiter kam sie nicht, denn Wolfgang verließ sich auf sein Gehör und nicht auf seine Augen. Er meinte sofort: »Dit is doch die Mayn!«
Die Überraschung war uns gelungen. Wolfgang war begeistert, und wir fuhren jetzt, nachdem wir den Rest des Teams begrüßt hatten, durch den Panamakanal, bei schönstem Wetter. Es sollte nicht das letzte Mal bleiben.

Wolfgang suchte noch einen Schauspieler für die Rolle eines amerikanischen Polizisten in seiner San-Francisco-Folge. Der Landteil würde in gut sechs Wochen gedreht werden. Nun, der ideale Kandidat stand zufällig vor ihm. Er wusste seit meinen Auftritten als Kapitän auf dem Donau-Dampfer in *Der Ferienarzt* (wofür er mich persönlich gebucht hatte) sowie in *S.O.S. Barracuda,* dass mir eine Uniform recht gut zu Gesicht steht. Warum nicht die eines Highway-

Patrolman? »Wenn wir da oben ankommen, seid ihr ja auch schon wieder in Montana. Das ist ja nur zwei Stunden mit dem Flieger bis San Francisco.« Sein Handschlag galt. Ich hatte die Rolle.

In Panama City bestellte Wolfgang am Abend einen Tisch im Restaurant *Suisse Chalet* in der Altstadt Casco Viejo. Dort feierten wir bis spät in die Nacht. Schon als wir durch diese Altstadt fuhren, hatten wir uns in sie schockverliebt. Es war ein Gemisch aus Kuba und New Orleans. Am nächsten Morgen, das Traumschiff war schon längst wieder auf hoher See, erkundeten wir die Altstadt genauer.

Ich verkürze diese Geschichte etwas. Das Land Panama hatte sich das Ziel gesetzt, die Altstadt zu renovieren, denn diese gehörte seit einiger Zeit zum UNESCO-Weltkulturerbe. Die Banken machten es einem daher sehr leicht, einen Kredit zu bekommen; dies zudem mit sehr geringen Zinsen. Es gab noch viele andere Vorteile. Oben auf dem historischen Gebäude der Benedetti-Brüder war eine Dachterrassen-Wohnung zu verkaufen. Das gesamte Gebäude befand sich in einem desolaten Zustand. Gebaut worden war es 1928, und damals war es ein Warenhaus gewesen, das erste Gebäude in der Stadt mit einem Fahrstuhl.

Das Angebot war sehr verlockend. Nach drei Tagen lagen wir nachts im Bett und lachten laut, denn wir hatten gerade einen Vertrag unterschrieben und eine Wohnung in Panama gekauft. Waren wir denn total bekloppt? Wir gaben einfach Wolfgang Rademann die Schuld.

Aber ich liebe es eben, zu bauen und zusammen mit Christine magische Plätze zu schaffen. Das war uns schon in Dänemark gelungen, beim Umbau meines kleinen Wohnhauses am Elkenøre Strand. Und auch in Montana hatten wir mit viel Eigenleistung und Fleiß schon so einiges auf die Beine gestellt. Wenn ich etwas im Leben hasse, dann ist es Leerlauf. Ich muss immer ein Projekt haben, an dem ich mir die Zähne ausbeißen kann. Dieses Projekt sollte uns aber wirklich an unsere Grenzen bringen. Denn Panama hatte schon damals seine ganz eigenen Regeln.

Über die nächsten drei Jahre mieteten wir uns immer für zwei bis vier Monate ein Apartment. Mein guter Freund Tomek, der mir schon in Dänemark häufig beim Umbau unseres Strandhauses geholfen hatte, flog extra aus Polen ein. Christine kochte und versorgte uns, und wir zwei waren wie Bob und Bob, die Baumeister, immer zwölf Stunden am Tag am Basteln.

Über unsere Abenteuer in Panama könnte man vermutlich ein eigenes Buch schreiben. *La vida loca.* Eine verrückte Zeit!

KAPITEL 19

Plötzlich Arzt!

(2009-2010)

Neuer Wunsch

Im Herbst 2009 saß ich mit Christine (zur Abwechslung mal) in unserem Haus in Dänemark. Wir waren gerade aus Panama zurückgekehrt und die letzten acht Jahre in unserer Ehe viel hin und her geflogen zwischen Südtirol, Dänemark Amerika und Panama. Auch durften wir ein paar Traumschiffreisen unternehmen, aber ansonsten haben wir die ganze Zeit immer nur gebaut und gearbeitet. Ich wollte nun wieder ein bisschen mehr von der Welt sehen, so wie früher, als ich durch Amerika und Mexiko getrampt bin. Wir sollten mal etwas mehr reisen, das wäre schön. So schickte ich unbewusst diesen Wunsch ins Universum, und die Antwort sollte ziemlich schnell kommen. Die Sekretärin von Wolfgang rief ein paar Tage später an und fragte, ob wir ihn die Tage mal in Hamburg oder Berlin treffen könnten.

Berlin passte wunderbar, nur: Was wollte er von uns? Wir rätselten. Vielleicht drehte er jetzt ja doch in Panama, und einer von uns bekam in dem Film eine Rolle? Immerhin hatten wir ja von Panama geschwärmt und es ihm vorgeschlagen.

Wir trafen ihn in seinem Lieblingslokal in Berlin, gleich bei ihm um die Ecke. Mittlerweile waren wir uns sicher: Sie würden in Panama drehen, und einer von uns wäre dabei. Bei der ersten Vermutung lagen wir richtig, bei der zweiten jedoch ganz falsch.

Wolfgang holte weit aus. Im breitesten Berliner Dialekt erklärte er sein Problem. Es sei jetzt die Zeit gekommen, den Schiffsarzt Horst

Naumann auszutauschen. Der hatte es nun inzwischen 28 Jahre gemacht und sei einfach zu alt. »Also hab ick da mal 70 Namen ufjeschriebn, wer da in Frage käme.
Nick, alle hatten se wat, nur du nich!«

»Na, schön«, antwortete ich ihm leicht irritiert, »gut für die anderen!«, und wusste jetzt gar nicht so richtig, was ich darauf sonst noch erwidern sollte. Er schaute mich fragend an. »Nee, Junge!«, platzte es aus ihm heraus. »Entweder haben die alle ne Wampe, haben keene Haare mehr uf'm Kopp, haben kleene Kinder oder sind in irgend'ner Serie drin, wo ick die nich rauskriege. Weil, wir sind ja immer det halbe Jahr unterwegs, wa.« Er machte eine Pause, während mein Gehirn ratterte. »Nick, wie lange machste denn schon diesen Herrn Kaiser?« Was sollte denn die Frage jetzt? »14 Jahre, Wolfgang! Wieso?« – »Naja, det Tafelsilber haste ja nich jeklaut, wa? Und du bis ne Sympathiefigur, die Leute mögen dich.« Worauf wollte er hinaus?

Wolfgang wartete einen Moment, schaute mich mit seinem typischen, jungenhaften Grinsen an und ließ sich den folgenden Satz genüsslich auf der Zunge zergehen. »Deswegen biste ja ab jetzt auch mein neuer Schiffsarzt!« Sein neuer Schiffsarzt? Hatte er das jetzt wirklich gerade gesagt? Augenblick mal, das würde ja bedeuten …? Oh mein Gott, wir hatten doch gerade beschlossen, dass wir mehr reisen wollten. Ich sah das Funkeln in Wolfgangs Augen. Und ganz beiläufig meinte er noch: »Na und du, Christinchen, dann kannste immer mitfahren und dabei sein.« Ich war sprachlos. Das musste ich erstmal sacken lassen. Wolfgang, wie er nun mal so war, freute sich einen Ast darüber, dass wir so baff waren und es kaum glauben konnten. Mit ernstem Gesicht setzte er dann noch einmal neu an und meinte: »Ick hab aber ooch noch ne schlechte Nachricht für dich. Deine erste Reise jeht nach Bora Bora, und von da an, da jeht det dann nur noch bergab!« Er grinste breit. Mit dieser schlechten Nachricht konnte ich gut umgehen. Bora Bora! Ich war sprachlos. »Aber det musste mir versprechen, Junge: Det darfste noch keenem erzählen, wa? Der Presse und so.« Als wir Berlin wieder verließen, bog ich an der Avus kurz ab und fuhr auf einen Parkplatz, stieg aus und schrie, so laut ich konnte. Boom! Das Leben änderte sich wieder mal schlagartig. Und es war auch wieder mal wilder, als man denkt. Natürlich hielt ich dicht und sagte es keinem.

Der Big Bang

Für uns ging es von Montana aus erst mal wieder Richtung Panama in unsere Wohnung. In unserem Penthouse-Projekt gab es noch viel zu tun. Wir mieteten uns in der Altstadt also wieder eine Wohnung. Mein Freund Tomek flog erneut aus Warschau ein, und wir arbeiteten fast rund um die Uhr. Nur zum Mittagessen ging es zurück in die Mietwohnung. Nachmittags brachte Christine dann noch Kaffee und Kuchen. Auch kümmerte sie sich jedes Mal um die Kinder in der Altstadt. Sie waren arm, hatten Hunger und hingen ihr am Rockzipfel, sobald sie auf der Straße herumlief. Meist saß sie dann irgendwo auf einem Platz, umringt von Kindern, lernte mit ihnen Englisch oder erzählte Geschichten. Sonntags kaufte sie dann immer allen für zwei Dollar Essen beim Chinesen.

In Panama ist es heiß, manchmal sogar unerträglich heiß, und dazu noch schwül. Hinzu kam, dass der Fahrstuhl immer noch nicht funktionierte und wir die Treppen bis in die siebte Etage unserer Wohnung laufen mussten, und das für jede Kleinigkeit. Aber wir kamen gut voran. Während die panamaischen Arbeiter oft erst gegen 9 Uhr anfingen und dann um 15 Uhr fertig waren, malochten wir immer unsere zwölf Stunden. Es gab einen alten Maurer, der wirklich gut war. Er hatte hellblaue Augen und einen grauen, fetten Schnäuzer. Jeden Morgen grüßte er mit einem Augenzwinkern und kam hoch, um nachzuschauen, was wir am Tag zuvor alles geschafft hatten. Man spürte, dass er Hochachtung vor unserer Arbeitswut besaß. Nebenbei war er auch der einzige von allen Bautrupps, der wirklich Ahnung hatte. Wir waren schon zwei Wochen in Panama, als ich eine Mail von der Hamburg-Mannheimer bekam. Alle Marken, die bis jetzt unter der Dachmarke ERGO vereint waren, sollten abgeschafft werden, und es würde zukünftig nur noch eine Marke geben: die Dachmarke ERGO. Über 23.000 Angestellte und Agenten der Hamburg-Mannheimer befanden sich nun in Schockstarre.

Es war noch gar nicht so lange her, als ich auf der Feier für die 100 besten Brands Deutschlands in der Sparte »Langlebigkeit einer Marke« eine Rede hatte halten müssen, in der ich über die verschiedenen Brands der Marke ERGO gesprochen und die Langlebigkeit der Hamburg-Mannheimer mit salbungsvollen Worten angepriesen hatte. Doch wurde von der Führungscrew der Münchener Rück, der Mutterfirma der ERGO, dieser Entschluss gefasst. Niemand hatte das so richtig kommen sehen. Es erreichten mich unzählige Anrufe, ob ich von der Entscheidung gewusst hätte oder jetzt als Herr Kaiser weitermachen würde. Aber ich war genauso überrascht wie alle anderen und hatte keine gute Antwort parat.

Wolfgang hatte noch Anfang Oktober in Berlin zu mir gesagt: »Junge, dann können die von der Versicherung jetzt aber deinen Namen vergolden, wo du der Schiffsarzt wirst.« Ihm fiel es nicht schwer, sofort den Mehrwert der Werbefigur des Herrn Kaiser zu sehen. Zwei der wichtigsten Vertrauenspersonen in den deutschen Medien in einer Figur: Herr Kaiser, dem die Deutschen schon seit über zwanzig Jahren ihr Geld anvertrauten, und der Schiffsarzt des Traumschiffs, der auf den Weltmeeren und in fremden Ländern allen Passagieren zuhörte und ihre Probleme löste. Was für ein Paket! Die Frage war nun, ob die Entscheider der ERGO das auch so sehen würden.

Doch hatte ich dafür jetzt keinen Blick, denn ich musste mich auf Panama konzentrieren. Alles andere war Zukunftsmusik.

Wir verbrachten Weihnachten auf der Insel Taboga bei unserer Freundin Diane Burns, einer amerikanischen Innendesignerin. Sie besaß ein schnuckeliges Haus auf der Insel, und wir hatten sie gleich am Anfang unserer Zeit in Panama kennengelernt. Weihnachten feierten Christine und ich zum ersten Mal in unserem Leben in einem tropischen Gebiet. Ich kannte es ja schon aus meiner Zeit in Florida, doch gab es dort wenigstens einen Nadelbaum. Jetzt hatten wir nur mit Lametta dekorierte Palmenblätter. Nein, das war nicht unser Ding.

Meine erste Reise mit dem Traumschiff sollte Anfang Januar von Panama aus losgehen. Das passte ja wie Faust aufs Auge. Viele vom Filmteam waren schon vor dem 31. Dezember eingeflogen, auch Wolfgangs ständiger Begleiter, der liebe Gerd Bauer, ehemaliger Chef der ZDF-Unterhaltungsabteilung. Doch bevor es Anfang Januar in Balboa, dem Hafen von Panama, aufs Schiff ging, hatten wir für Wolfgang noch eine kleine Überraschung parat. In einem ganz tollen Restaurant in Casco Viejo, der Altstadt von Panama, hatten wir für den Silvesterabend einen Tisch gebucht. Mit ihm zu feiern, war immer der Knaller. Genauso drückte er auch immer seine Freude aus: »Det is ja n Knaller, wa?«

Am Abend stieg eine Riesenparty. Kurz vor Mitternacht gingen wir zu uns in die Wohnung, liefen die letzten Stufen hoch und begaben uns auf die Terrasse des Fahrstuhlturms. Das war der höchste Punkt in der Altstadt, und von hier aus konnte man wunderbar die gesamten Feuerwerke Panamas sehen. Der Abend war lang und feucht. Das Jahr 2010 hatten wir also schon einmal gebührend eingeläutet.

Mittlerweile war auch der Rest des Traumschiff-Teams eingetroffen, inklusive der Haupt- und Gastschauspieler. Dazu gehörten Gerit und Anja Kling mit ihren Eltern, Philippe Brenninkmeyer mit Familie, Friedrich von Thun, Theresa Scholz, Paula Hartmann, Christoph Maria Herbst, Julia Stinshoff, Siggi und Karen Rauch, Heide Keller und Maria Sebaldt. Auch die Make-up-Stylistin Petra, die ich schon lange Jahre vorher beim meinem ersten Pilcher-Dreh in Cornwall kennengelernt hatte, gehörte dazu. Nun war sie für die nächsten zehn Jahre für meine Haare und meine Schminke verantwortlich. Mich machte das froh, denn es ist (insbesondere am frühen Morgen) wichtig, einen Menschen um sich zu haben, den man mag, der einen nicht vollquasselt und der alles, was man ihm anvertraut, bei sich behält. An dieser Stelle: Danke Petra!

Dann ging es gemeinsam aufs Schiff. Unsere panamaischen Freunde standen an der Kaimauer und verabschiedeten uns. Mein Gott, war das alles aufregend. Bei jedem Auslaufen aus einem Hafen stand man mit einem Glas Champagner in der Hand an Deck, und die Traumschiff-Melodie wurde gespielt. Manche Leute weinten vor Freude, dass sie das erste Mal dabei waren, manche, weil sie spürten, dass es vielleicht ihre letzte Reise wurde. Denn auf der MS Deutschland war das Durchschnittsalter der Passagiere recht hoch.

Am ersten Abend an Bord arrangierte Wolfgang im Restaurant *Vier Jahreszeiten* den typischen Kennenlern-Abend. Hierzu machte er immer akribisch eine Sitzordnung, von der er meinte, dass die richtigen Leute zusammen an einem Tisch saßen, die dann gut miteinander konnten und sich amüsieren würden. Es sollte immer eine gute Stimmung herrschen. Das erinnerte mich an meine Kindheit auf Fehmarn, wo sich meine Mutter vor jedem großen Familienfest 1000 Gedanken gemacht hatte, wer wen an den Tisch bekam.

Ich sollte mich zunächst im berühmten Kanzler-Zimmer gleich neben dem Restaurant verstecken. Wolfgang hielt eine Rede. Irgendwann kam er dann auf den neuen Schiffsarzt Doc Sander zu sprechen. An dieser Stelle war ich nun Kai aus der Kiste, musste unter großem Applaus hereinkommen und mich an meinen Tisch setzen. Wolfgang hatte mich ganz bewusst mit dem Drehbuchschreiber dieser Folge zusammengesetzt, der schon viele Drehbücher für das Traumschiff geschrieben hatte und in den nächsten Jahren auch noch einige schreiben sollte. Rademanns Wunsch war, dass wir uns näherkommen würden. Was er allerdings nicht wusste, war, dass ich Jürgen bereits 1995, also schon 15 Jahre zuvor, kennen und schätzen gelernt hatte, als er damals gerade bei der *Bavaria* als junger Schreiber angefangen und die Stories für *Die Wagenfelds* geschrieben hatte. Auch eine Folge von *S.O.S. Barracuda* ging auf sein Konto. Sowas rutschte Wolfgang nur selten durch, aber in diesem Fall war er einmal schlecht informiert.

Die Route ging über Ecuador und dann weiter über Mira Flores, den Hafen von Lima in Peru. Wir besuchten dort die Innenstadt und tranken überall Wolfgang Rademanns Lieblingsgetränk *Pisco Sour.* Einige Jahre später ging das dann mal richtig zu weit, als wir Pisco besuchten, die Stadt, die dem Getränk den Namen gegeben hatte. Es wurde damals so heftig, dass ich bis heute nicht weiß, wie wir es auf das Schiff zurückgeschafft haben.

Wolfgang war ein durch und durch positiver Mensch. Er konnte sich freuen, wenn andere sich freuten. Stundenlang schaute ich ihm dabei zu, wenn er immer voller Stolz den neuen Schauspielern irgendwelche besonderen Orte oder Sehenswürdigkeiten zeigte, die er selbst bestimmt schon zehnmal gesehen hatte. Und es war ihm immer eine Freude, einen Bus zu organisieren, um dem kompletten Team oder zumindest denen, die an dem Tag nicht arbeiten mussten, einen Ausflug mit Führung zu bieten. Man kehrte dann in Restaurants ein, die man sonst sicher nicht gefunden hätte.

Wolfgang kannte sie alle. Er wusste auch, was dort auf der Speisekarte gut war.

Wir fuhren weiter nach Arica in Chile und dann nach Iquique. Überall in den Häfen, wo immer die MS Deutschland auch anlegte, gab es folkloristische Darbietungen mit festlich gekleideten Tänzerinnen und Tänzern sowie kleinen Kindern, die ihre Volkstänze vorführten. Der letzte Hafen war Viña del Mar in Santiago de Chile. Hier bot uns Wolfgang noch einmal eine Stadtrundfahrt durch die wunderschöne Hauptstadt. Und dann ging es endlich in den Flieger zu einem der schönsten Orte der Welt: Bora Bora. Nach einem kleinen Zwischenstopp auf der Osterinsel landeten wir wahrlich im Paradies. Es war ein Anblick, den man nie vergisst. Unter uns die grüne Insel, umgeben von den schönsten Färbungen des Meeres: smaragdfarben, blau und grün. Dazu weiße Strände und riesige Lagunen, in denen man schon die Hotels mit ihren auf Pfählen gebauten Luxus-Bungalows erkennen konnte.

Jeder von uns bekam nach der Landung den typischen Blumenkranz umgehängt. Dann wurden wir von einer Barkasse des *Four-Seasons-Hotels* abgeholt, mit schneeweißen Sitzen, makellos lackierten Mahagonileisten, glänzendem Chrom und Messing überall. Und Wolfgang saß immer nur da und strahlte wie ein Honigkuchenpferd, denn er freute sich, dass uns dieser Luxus einfach umhaute. Frauen in der weltbekannten Südseebekleidung, mit Bastrock und Kokosnuss-Bikini-Oberteil, schwangen ihre Hüften im Rhythmus der Südseeklänge, erzeugt durch einen einheimischen Ukulele-Spieler. Es war wirklich das Paradies.

Stiller Wechsel

Am zweiten Tag auf Bora Bora stand dann plötzlich mein Vorgänger, Horst Naumann, zusammen mit seiner Frau an der Rezeption. Wolfgang hatte die beiden eingeladen, wahrscheinlich als eine Art Abschiedsgeschenk nach 28 Jahren Dienst auf dem Traumschiff, und weil er ihm die Neuigkeit persönlich mitteilen wollte. Vielleicht dachte er, die Information könne er im Paradies besser verkraften als in Deutschland? Denn als die beiden ankamen, erzählte man mir direkt, dass Wolfgang noch nicht einmal mit ihm geredet hatte. Obwohl er einer der ganz großen deutschen Produzenten war und auch oft knallhart sein konnte, lag eines ihm gar nicht: Er brachte es einfach nicht übers Herz, jemandem zu sagen, dass die Zeit gekommen war, Abschied zu nehmen.

Also drückte er sich bis zum Schluss. Er hatte es jetzt schon viel zu lange hinausgezögert, und Horst sollte es auf Bora Bora endlich erfahren, dass er nur noch eine Folge zu drehen hatte.

Panama würde seine Abschiedsfolge werden. Es entstand eine angespannte Situation. Mir war klar, dass Horst keinen blassen Schimmer hatte. Wie sollte ich ihm jetzt gegenübertreten? Auf der Dispo stand zwar mein Name, aber daran konnte er nicht erkennen, dass ich sein Nachfolger war.

Für jeden Menschen kommt irgendwann die Zeit, dass ein Job endet. Man hat dann einfach (aus welchem Grund auch immer) ausgedient. Ich selbst befand mich gerade in diesem Prozess, da ich nur zwei Monate zuvor erfahren hatte, dass es nach 38 Jahren die bekannteste Werbe-Ikone der Nachkriegszeit, Herrn Kaiser, dem eine Nation ihr Geld anvertraut hatte, nicht mehr geben sollte. Vierzehn lange und erfolgreiche Jahre hatte ich diese Kultfigur in den Medien verkörpert. Und jetzt war es vorbei, ganz plötzlich. Auch ich hatte es damals eher hintenherum erfahren. So ähnlich erging es nun auch meinem Vorgänger auf der Krankenstation der MS Deutschland.

Ich hatte ihn 2002 bei meinem ersten Dreh auf dem Traumschiff so richtig kennengelernt. Er ist in jeder Situation ein absoluter Gentleman, sehr kultiviert, ein Schauspieler der alten Schule. Er war im Film wie auch auf der Bühne immer gleich gut. Ich hatte in den vergangenen Jahren oft mit Horst gefrühstückt und genoss jedes Mal unsere Gespräche. Er holte mich und Christine 2008 in die *Säule* nach Duisburg, das Theater seiner Frau, um zusammen unter seiner Regie das bekannte Broadwaystück *Nächstes Jahr, gleiche Zeit* zu inszenieren. Der Lohn: ausverkaufte Vorstellungen und super Kritiken. Horst war eben auch ein sehr guter und feinfühliger Theater-Regisseur.

Ich versuchte ihm diesmal jedoch aus dem Weg zu gehen, um möglichst kein Gespräch anzufangen, denn *ich* wollte es ihm bestimmt nicht sagen. Das war ganz klar Wolfgangs Job.

Horst Naumann tat mir leid. Er war 81 Jahre, als die Entscheidung fiel. Doch konnte ich auch Wolfgang verstehen, und es zeigte mir viel von seinem Charakter, wie er mit sich gekämpft hatte und es auch jetzt noch tat. Er war mit Horst 28 Jahre um die Welt gereist, und ihm nun diese Nachricht überbringen zu müssen, fiel ihm schwer. Und für Horst war es sicher ebenfalls nicht einfach, so eine Botschaft zu verdauen.

Doch dann erfuhr er es. Und er verdaute und nahm es wie ein Profi, wie der Gentleman, der er nun mal war und auch heute noch ist. Was blieb ihm auch anderes übrig? Die nächste Folge wurde sein Abschied. In seiner letzten Geschichte als Doc Schröder heiratete er Karin Dor, mit der ich 1992 erstmals in Deutschland gedreht hatte. Es ist eine kleine Welt.

Es gab sie damals wirklich, die oft zitierte Rademann-Familie. Schon auf den vorherigen Reisen, bei denen Christine oder ich noch Gastrollen gespielt hatten, war dieser Zusammenhalt des Teams, das sich um Wolfgang Rademann scharte, jeden Tag zu spüren. Er war unser Leithammel, Beichtvater, Oberguru und vieles mehr. Jedem im Team gab er das Gefühl, ein wichtiges Glied dieser Produktionskette zu sein. Er ging mit den verschiedenen Abteilungen an Bord essen oder führte sie irgendwo an Land in ein wunderschönes Lokal aus. In seiner Jackentasche hatte er immer die kleinen Spickzettel, für die er bekannt war, führte genau Buch, mit wem er schon essen gewesen war und mit wem nicht.

Wieder einmal ein ausgewählter Kreis, von Wolfgang handverlesen, wurden wir in das weltberühmte Restaurant *Bloody Mary* eingeladen. Davor befanden sich links und rechts zwei riesige Holztafeln. Hier hatten sich mit weißer Schrift die großen Namen dieser Welt verewigt. Cameron Diaz, Sean Penn, George Michael; all jene, die im Show-Business weltberühmt und schon einmal hier eingekehrt waren. Dort stand auch sein Name: Wolfgang Rademann. Eingereiht zwischen den Größten dieser Welt. Wir konnten ihm anmerken, wie stolz er war.

Vor kurzem habe ich mir die Mühe gemacht, dem Restaurant auf Bora Bora zu schreiben und mich zu erkundigen, ob Wolfgangs Name noch immer dort auf der Tafel stehen würde. Die Antwort freute mich sehr: Ja! Also, lieber Wolfgang, du bist und bleibst dort zu Recht als einer der ganz Großen verewigt.

Im Nachhinein glaube ich, dass er den Übergang zum neuen Schiffsarzt am liebsten klammheimlich gemacht hätte und bis Weihnachten 2011 mit der Bekanntgabe warten wollte, bis sich alles wieder beruhigen konnte. Mein roter Teppich blieb also aus. Denn die Fotos, die der Borfotograf auf dem Schiff von mir gemacht hatte, sollten erst einmal zurückgehalten werden. Nur langsam tröpfelte es dann doch in die Presse, und hier und da wurde es mal erwähnt. Mir machte es aber nichts aus. Denn treu nach meiner Maxime, mein Ego bei solchen Dingen herauszuhalten, freute ich mich einfach weiterhin, dass Christine und ich die nächsten Jahre die Welt bereisen konnten.

Doch wenn mir schon kein roter Teppich in den Medien für meinen Auftritt als neuer Schiffsarzt geboten wurde, dann sorgte das Universum wenigstens für einen handfesten Zyklon zum Auftakt. Am 2. Februar kam er mit aller Macht über uns: Zyklon Oli!

Naturgewalt

Er hatte sich schon einige Tage vorher angekündigt. Wir schafften es aber, die meisten Szenen, die auf der Dispo standen, noch vorher in den Kasten zu bekommen. Vorbei waren plötzlich die schönen Tage, an denen wir abends mit einem Gin-Tonic in der Sunset-Lounge gesessen und das frischeste Sashimi und Sushi verspeist hatten, die man sich vorstellen konnte, und alle gemeinsam schweigend die schönsten Sonnenuntergänge der Südsee genossen.

Plötzlich fanden wir uns alle in der Hotelhalle wieder und schauten auf unseren Computern die Wetterberichte an. Es sah nicht gut aus. Viele unserer Teammitglieder versuchten, via Internet noch einmal mit ihren Lieben zu Hause zu sprechen. Der Raum war erfüllt von Angst, da wir alle nicht wussten, was uns erwarten würde, wenn ein Zyklon mit voller Wucht auf diese kleine Insel prallte. Natürlich mussten wir auch unsere auf Pfählen gebauten Bungalows verlassen. Das Hotelmanagement ordnete an, schnell alles zu packen und die Koffer ins Hauptgebäude zu bringen, denn außer den Bungalows über dem smaragdblauen Wasser der Lagune gab es auch noch einige größere Steinhäuser, in denen wir jetzt alle untergebracht werden sollten. Die Schauspieler der jüngeren Generation wurden in einem Haus untergebracht, das Produktionsteam in zwei weiteren. Wolfgang Rademann, Heide Keller, Siggi Rauch mit Frau, Maria Sebaldt und

Friedrich von Thun hatten ebenfalls ein eigenes Steinhaus. Das Team witzelte damals und nannte dieses Haus aufgrund ihrer älteren Bewohner »Betreutes Wohnen«.

Einigen von uns kam die glorreiche Idee, die gesamten Vorräte aus den Bars der Bungalows zu plündern, um sicherzustellen, dass genug Alkohol vorhanden war, um uns über die bevorstehende, gefährliche Nacht zu helfen.

Bevor es dunkel wurde, konnte man sehen, wie die Palmen sich zum Bersten bogen und die Kokosnüsse buchstäblich waagerecht durch die Luft flogen. Es war mega gefährlich, sich draußen aufzuhalten, und das Hotelpersonal ordnete an, die Häuser nicht zu verlassen. In unserem Steinhaus entstand jetzt ein Notlager mit vielen Matratzen auf dem Fußboden, und es fühlte sich plötzlich an wie in einer Jugendherberge.

Philippe Brenninkmeyer mit seiner kleinen Familie bekam ein eigenes Zimmer. Der Rest verteilte sich im Wohnraum, so gut es ging. Damals lauschten wir den Tagebuch-Aufzeichnungen von Christoph Maria Herbst und amüsierten uns darüber. Aber keiner ahnte zu dem Zeitpunkt, dass er wahrscheinlich bereits an seinem Buch arbeitete, das pünktlich und kurz vor der Ausstrahlung dieser Traumschiff-Folge veröffentlicht werden sollte. Ich glaube, die meisten Schauspielkollegen hätten ihm an dem Abend geraten, es nicht in der Form zu verfassen, wie er es später tat. Vor allem für Wolfgang war es ein Schlag ins Gesicht, denn er wusste auch nichts von Christophs Plänen. Für pikante Vorkommnisse auf dem Schiff hatte sich jeder jahrzehntelang an die bekannte Regel gehalten: *What happens in Vegas, stays in Vegas.* Christoph hatte das leider nicht verstanden.

Als alles vorbei war, blieb nur festzuhalten: Wir hatten Glück gehabt. Die Nacht war zwar heftig, doch über Bora Bora war der Zyklon nur mit Stärke 3 hinweggegangen. Tahiti, die Nachbarinsel, hatte es mit Kategorie 5 schlimmer erwischt.

Am nächsten Morgen sahen wir das Bild der Verwüstung. Viele der Reetdächer auf den Wasser-Bungalows hatten Löcher und waren teilweise komplett abgedeckt oder völlig zerstört. Es war am nächsten Morgen total still, richtig unheimlich. Wir gingen auf Erkundungstour. Der Himmel drückte düster auf uns herab, und die Luft stand. Die Strände waren übersät mit Palmwedeln, Kokosnüssen und anderen Dingen. Hotelbedienstete wuselten geschäftig umher, um alles wieder aufzuräumen.

Nach dem Sturm

Am nächsten Tag schien die Sonne. Der Strand und die gesamte Anlage im Resort waren bereits wiederhergestellt. Man war sogar schon damit beschäftigt, die Reetdächer zu flicken.
Nun mussten wir nur noch schnell die finale Szene drehen.
Ich sollte, wie einst James Bond, aus dem Wasser kommen, zu Friedrich von Thun hinüberlaufen, der gerade von der Palme gefallen war, und seinen Arm untersuchen.

Dazu muss ich gestehen: Schon am ersten Abend auf Bora Bora bestellte ich mir von der Speisekarte einen Schokoladenauflauf. In meinem ganzen Leben habe ich noch nie so ein leckeres Dessert gegessen. Das toppte wirklich alles. Doch ich wusste auch: Wenn ich jetzt jeden Abend dieses Dessert essen würde, hätte ich am Ende des Drehs eine riesige Wampe. Also riss ich mich zehn Tage lang zusammen, verzichtete auf diesen sündhaften Nachtisch, ging jeden Tag in den Fitnessraum und pumpte die Eisen wie ein Bekloppter, damit ich in der Szene eine gute Figur machte. Immerhin war es ja mein Einstieg als Doc Sander!

Ein paar Jahre später befand ich mich in Deutschland einmal zusammen mit Wolfgang auf einem Medien-Event, und er stellte mir ein paar Damen und Herren vor und erzählte genau von dieser Szene. Wolfgang konnte manchmal ziemlich derbe sein, und er haute unverfroren diesen Satz raus: »Junge, als du da auf Bora Bora aus dem Wasser kamst, da waren so einige Frauen zu Hause vorm Fernseher feucht im Schritt!« Betretenes Schweigen. Aber so war Wolfgang eben, und dafür liebte ich ihn. Ihm war es egal.

Nachdem die letzte Klappe für die Szene gefallen war und der Regisseur »Cut« sagte, packte das Team hektisch zusammen, damit wir noch den letzten Flieger von Bora Bora nach Tahiti bekamen, von wo es dann weiterging nach Panama.

Dort wechselte ich vom Schauspieler direkt wieder zum Handwerker. Gemeinsam mit Tomek legte ich nun zum letzten Mal Hand an, um dieses Penthouse zur schönsten Wohn-Oase der Altstadt zu machen. Über 800 m² aus Italien importierten *Stucco Veneziano* hatten wir verspachtelt. Wir verlegten 200 m² Fliesen, bauten Säulen, Halbbögen und installierten Stuckleisten. Im Lager wartete ein ganzer Container voll mit maßgeschneiderten Möbeln aus Bali, die wir im Jahr zuvor in einem Container importiert hatten.
In den Mittagspausen trafen wir oft auf das Traumschiff-Team, das jetzt Szenen für den Landteil von Horst Naumanns Panama-Folge in der Altstadt drehte.

Als Schauspieler ist es Brauch, ab und zu mal eine sogenannte »Klappe« zu geben. Das ist so eine Art Einstieg oder Danksagung, vor allem an das Team hinter der Kamera. Man kündigt es dem Aufnahmeleiter an, die Klappe wird auf einen geschlagen, und man bedankt sich, indem man eine Runde ausgibt. Ich wollte aber etwas ganz Besonderes für meinen Einstieg als Doc Sander. Christine und ich luden also alle in unsere fast fertige, aber noch nicht möblierte Wohnung zu einer »Roof-top Party« ein.

Am letzten Abend, bevor das Team Panama verließ, um noch den Schiffsteil für die Folge zu drehen, stieg die Party. Wir hatten drei Jazzmusiker von einem Konservatorium organisiert, die auf der 115 m² großen Dach-Terrasse den Anfang des Abends musikalisch untermalten. Später legte dann noch Panamas bester DJ auf. Es war eine der coolsten Partys, die Christine und ich jemals geschmissen haben. Unvergesslich, für alle! Und sicherlich eine der besten »Klappen« der Traumschiffgeschichte.

Ende mit Schrecken

Das Team reiste dann am nächsten Tag ab. Wir blieben allerdings noch in Panama und arbeiteten Tag und Nacht an den letzten Details. Dann meldete sich das Lifestyle-Magazin *Agenda.* Sie hatten von unserem Penthouse-Projekt gehört und wollten in der nächsten Ausgabe darüber berichten. Der damals angesagteste Fotograf

Panamas, Frederico Galbreith, knipste den ganzen Tag, zusammen mit zwei Stylistinnen, die Wohnung und die Terrasse einmal komplett durch. Im Oktober 2010 erschien dann über acht Seiten ein toller Bericht über unser vollendetes Werk. In effektiv neun Monaten über einen Zeitraum von insgesamt drei Jahren hatten wir das Projekt gestemmt, gegen alle Widerstände und trotz all der Hürden, die man in Panama umschiffen muss.

Die Wohnung war nun zwar fertig, wir aber leider auch mit Panama. Dieses heiße und korrupte Land war einfach nicht der Ort geworden, an dem wir länger bleiben wollten. Von außen betrachtet, hatte sich es 2007 alles so toll angehört. Wir verliebten uns in die Altstadt. Nachdem wir das Land aber richtig kennen gelernt hatten, fragten wir uns immer wieder: Was hatte uns bloß geritten, dieses Projekt zu beginnen? Wir wissen es bis heute nicht.

Panama ist das Land, wo du als erstes das spanische Wort »Promiso« lernst: Versprechen. Nur dieses Versprechen löst in Panama keiner ein. Wir sind x-mal bestohlen worden auf der Baustelle. Panama ist durch und durch korrupt, man konnte sich auf keinen Einheimischen wirklich verlassen. Und es gab immer nur arm und reich. Und die Reichen wollten, das es in Panama auch genau so blieb.

Leider kam diese Erkenntnis bei uns genau zur falschen Zeit. Denn die Weltwirtschaftskrise hatte voll zugeschlagen. Selbst dieser wunderbare Artikel im *Agenda* half nicht, das Interesse potenzieller Käufer zu wecken. Der Markt war tot. Unser Timing war äußerst ungünstig. Doch Ende 2010 konnten wir die Wohnung dann endlich verkaufen.

Nach drei Jahren waren wir definitiv reicher, aber auch nur an Erfahrungen. Würden wir es noch einmal machen? Um Gottes willen! Nein! Es hatte viel Kraft gekostet und war am Ende die Mühe leider nicht wert.

Doch so hart es war, die Zeit in Panama war abenteuerlich, und all die Geschichten, die wir erlebt haben, möchten wir nicht missen. Immerhin hatten wir eine traumhafte Wohn-Oase geschaffen und unser Werk vollendet.

Weiter, immer weiter

Einige Monate später drehte ich zum ersten Mal *Kreuzfahrt ins Glück*. Dieser Ableger des Hauptformats war 2006 von Rademann erfunden worden und lief seitdem immer traditionell nach den Traumschiff-Folgen am 26. Dezember und am 1. Januar.

Die gesamten Dreharbeiten meiner Einstiegsfolge hatte ich mit meiner Videokamera gefilmt. Wochenlang schnitt ich daran herum und unterlegte den Film mit Musik. Auf der Reise für *Kreuzfahrt ins Glück* lud ich dann alle Team-Mitglieder ins Bordkino ein und präsentierte ihnen den TraumschiffTeam-Film. Jeder bekam eine DVD als Kopie. Dieses Video ist immer noch eine meiner schönsten Erinnerungen an die Zeit als Doc Sander.

Zehn Jahre lang war ich insgesamt der Doc auf dem Traumschiff. In dieser Zeit haben Christine und ich so viel erlebt, dass es mehrere Bücher füllen würde; zumindest, wenn ich jede Reise im Detail beschriebe. Daher werde ich nur über die absoluten Highlights berichten. Über Dinge, die man einfach nicht vergisst, die aufregend waren, die mich als Menschen Nick Wilder prägen sollten, Dinge, über die ich lange nachdenken musste und Dinge, die einfach nur traumhaft schön waren.

Auch wenn der rote Teppich zu meinem Einstieg als Doc Sander 2010 ausblieb, so erhielt ich doch eine große Genugtuung. Olli Dittrich machte damals schon im NDR seine inzwischen zum Kult avancierte Sendung *Dittsche.* Ich bin von Beginn an ein absoluter Fan dieser Sendung. Dittsche kam 2011 in einer seiner Sendungen in den Kiosk und berichtete Ingo, dass der Traumschiffarzt aufgehört hätte, weil er zu alt war. Und der neue Schiffsarzt sei jetzt der Herr Kaiser. Wenn man nicht die richtige Versicherung hätte, dann würde der einen aber auch nicht behandeln! Das war für mich der größte Ritterschlag! Dittsche hatte die Nachricht vom neuen Traumschiff-Doc standesgemäß rausgehauen. Und das reichte mir!

KAPITEL 20

Alles im Flow

(2010-2015)

Zurück aus Panama und zurück von meiner ersten Traumschiff-Reise war ich direkt wieder in Hamburg und schlüpfte ein weiteres Mal in die Person des Günter Kaiser. Die Hiobsbotschaft, dass die ERGO alle ihre Versicherungen, inklusive der Hamburg-Mannheimer, zukünftig unter einer Dachmarke vereinen wollte, hatte viele kalt getroffen. Bei meinem Besuch im Hauptgebäude in Hamburg musste ich so manche weinende Sekretärin in den Arm nehmen, die den Schock noch nicht ganz verarbeitet hatte. Alle rätselten, ob die Werbefigur Herr Kaiser jetzt in Rente gehen oder aufgrund ihres starken Wiedererkennungswertes das Testimonial der ERGO würde.

A Walk in the Park

Ich begleitete in jedem Fall zunächst noch bis Mitte des Jahres den Übergang von der Hamburg-Mannheimer zur ERGO. Denn ich war ja unter Vertrag und nahm es daher locker. Die Sache war einfach: Entweder würde ich mich jetzt ein halbes Jahr lang persönlich zur Grabstätte führen oder wie der Phoenix aus der Asche aufsteigen. Man suchte eine neue Werbeagentur für diese Aufgabe. Es blieb spannend. Am Tag nach dem großen »Pitch« aller Agenturen, die sich in Hamburg bei der HM beworben hatten, ging ich mit Christine und einem befreundeten Ehepaar in Köln an einem See spazieren. Wir sprachen gerade darüber, ob ich jetzt weiter Herr Kaiser bleiben würde oder nicht. Die wichtigen Dinge in einer Firma entscheidet ja eigentlich immer der Chef, oder?

Zwei Jogger kamen auf uns zu. Der eine blieb abrupt genau vor mir stehen. Konnte es im Leben solche Zufälle geben? Nicht im Leben von Nick Wilder. Denn vor mir stand er nun, hechelnd und etwas außer Atem: Torsten Orletzki, der Mann, der als ehemaliger McKinsey-Berater kurz nach mir in die Welt der Hamburg-Mannheimer eingestiegen war und es schnell vom Berater bis hoch in die oberste Führungsetage der ERGO geschafft hatte. Da war er, mein Boss! Ich fackelte nicht lange, sah ihn an und fragte ihn direkt. »Was ist denn gestern beim Pitch rausgekommen?« Nun wirkte er etwas nervös. Doch fing er sich und antwortete: »Der Zuschlag ist an eine kleine Agentur in Berlin gegangen, und diese hat sich den Slogan »Kill all your heros« auf die Fahne geschrieben.« Das musste ich jetzt erst einmal sacken lassen. Was wollte er mir damit sagen? »Es wird in der nächsten Woche noch jemand auf Sie zukommen, Herr Wilder«, meinte er.

Er zögerte noch einen kurzen Augenblick, und dann sagte er diesen Satz, wobei er sich nicht traute, mir in die Augen zu schauen: »Es tut mir leid, was man Ihnen angetan hat.« Dann drehte er sich um und joggte weiter. Was man mir angetan hat? Oder was er mir angetan hat? Oder antun würde? Es war egal. Ich wusste, vierzehn Jahre Kaiser waren vorbei. Und jetzt, da ich im Bilde war, stellte sich Erleichterung ein. Ich fand nur, dass es eine der merkwürdigsten Begegnungen meines Lebens gewesen war. Solche Zufälle kann es doch eigentlich gar nicht geben. Viele von euch stimmen mir sicherlich zu.

Und es waren wilde vierzehn Jahre! Ich bin auf dem Dach des Olympiastadions herumgerannt und habe von dort Fußbälle aufs Spielfeld hinuntergeschossen, bin mit einem Quad durch eine Horde johlender Hooligans ins Chemnitzer Stadion gefahren und habe den Ball für das Spiel hereingebracht, bin auf einer fetten Harley-Davidson von Napa Valley über die Golden Gate Bridge bis runter nach San Diego gerollt, um die Gruppe der 100 besten Versicherungsvertreter zu begleiten, bin mit einem Motorrad in einen Veranstaltungssaal gefahren, habe auf Oktoberfesten mit Kunden und Vertretern gefeiert, bin mit einem Kreuzfahrtschiff durch das Mit telmeer gefahren (wieder ein Vorbote für Doc Sander), habe mit Deutschlands besten Fußballern auf Kunstrasen gebolzt, mit

Beckenbauer und Uwe Seeler auf den Bühnen gestanden, Reden aus dem Stand gehalten, Uhren und Urkunden übergeben, war auf Formel-1-Rennen, Agentureröffnungen, habe Werbefilme in Kapstadt, Barcelona, Lissabon und Buenos Aires gedreht. Jetzt war auch gut!

Die Zeit war anstrengend, aber auch schön. Ich habe es mit Freude gemacht, und für mich war das schönste Kompliment meiner über 25.000 Kollegen da draußen in der Versicherungswelt, das mir viele machten: Du bist der beste Kaiser, den es gab. Vor allem bist du es selbst, denn du bist authentisch.

Fallstricke

Doch natürlich war auch nicht alles Gold. »Wenn deine Widersacher von innen kommen, sind sie gefährlicher als von außen.« So sagt eine alte Weisheit, die ich am eigenen Leib erleben musste. Ja, in meiner Kaiserzeit gab es auch immer wieder einige Stolpersteine.

Springen wir zum Beispiel in das Jahr 2008. Christine und ich waren auf dem Weg nach Panama, und eine zweijährige Vertragsverlängerung mit der HM stand an. Und wie immer im Leben wollten sich manche Menschen gerne profilieren. So unternahm man den Versuch, das Gehalt in dem vor Jahren neu verhandelten Vertrag mit mir zu drücken, denn ich hatte sie ja 2002 kalt erwischt, und man war vielleicht auf eine Revanche aus. Genaues wusste ich nicht. Doch mein Bauch hörte mit.

Boris Becker machte parallel für die Rechtsschutzversicherung D.A.S., die auch im ERGO-Verbund war, TV-Werbung. Mit dem Argument, dass er bekannter sei als ich, müsste Herr Kaiser jetzt entsprechend dem Gehalt von Becker »billiger« werden. Zufall sei Dank hörte ein guter Freund von mir auf dem Flur des Hauptgebäudes der HM ein Gespräch mit, in dem man Pläne, Herrn Kaiser entweder im Gehalt zu drücken oder ihn auszutauschen, den hohen Entscheidern vortrug.

»Herr Kaiser bleibt!«, lautete die kurze und strikte Antwort von ganz oben. Entspannt konnte ich mich jetzt mit dieser Information im

Verhandlungsgespräch via Telefon in Panama im Sessel zurücklehnen. »Boris Becker ist nicht Herr Kaiser«, sagte ich. »Und der ist mir auch egal. Entweder tauschen wir das Datum oben im Vertrag aus und verlängern den somit noch einmal um zwei Jahre, oder ich bin weg.« Eine kurze Schweigeminute am anderen Ende in Hamburg folgte. »Gut, machen wir so!« Das ging aber schnell, oder?

Ich habe noch nie schmunzelnder ein Telefonat beendet. Wie heißt es doch so schön: Wissen ist Macht! Vor allem, wenn man dieses Wissen drei Stunden vor der Verhandlung zugespielt bekommt. Ja, auch Herr Kaiser hatte seine kleinen Spitzel überall. An dieser Stelle danke noch einmal meinem Informanten!

Das letzte Mal, dass Herr Kaiser mich dann nochmals einholte, war Ende 2017 auf dem *Movie meets Media Event* in Hamburg. An diesem Abend kamen zwei Schauspielkollegen im Abstand von einer Stunde auf mich zu. Jeder behauptete steif und fest: »Ich wäre nach dir der nächste Herr Kaiser geworden!« Ist doch seltsam, oder? Wie das denn? Sie waren beide im November 2009 auf einem Casting in Berlin gewesen, wo man den neuen Herrn Kaiser gesucht hatte. Topsecret natürlich! Ich hatte zu dem Zeitpunkt ja schon zwei Werbechefs überlebt. Also hatte wohl auch die neue Leitung der Werbeabteilung versucht, mich auszuwechseln. Doch ihr Plan ging nicht auf.

Merke dir also lieber eines: Die Menschen, mit denen du glaubst, eng und vertrauensvoll zusammenzuarbeiten, lächeln dich an, während sie schon das Messer wetzen. Nicht alle, aber wahrlich einige.

Bis zu meinem Abgang im Sommer 2010 sagte mir keiner dieser freundlichen Kollegen der Werbeabteilung, ob Männlein oder Weiblein, was für Pläne sie da hinter meinem Rücken eigentlich ausheckten. Man ging einfach wortlos auseinander. Nach vierzehn Jahren. Einfach so. Aber so war die neue Welt. Schneller, kälter, respektloser. Nicht mein Stil!

Also schlug ich vor, uns wenigstens mit der Werbeabteilung in Hamburg noch einmal zu einem gemeinsamen Essen zu treffen. Ich brachte sogar noch Geschenke mit: Wein und Speck aus Südtirol. Und da saß man sich wieder gegenüber und schmiss mir lächelnd Freundlichkeiten zu. Aber ich konnte nur darüber lächeln. Denn drei Werbechefs, drei Vorsitzende, über dreißig Werbespots und vier Vertragsverhandlungen lagen hinter mir – ich hatte sie alle überlebt.

Vierzehn Jahre lang. Nun bekam ich das zurück, was ich in meinem Leben am meisten liebe: meine Freiheit.

Die Presse schrieb meinen Nachruf:

»Ab dem 1. Juli wird die Hamburg-Mannheimer Lebens- und Sachversicherungen vollständig in die ERGO Lebens- und Sachversicherungen integriert. Derzeit ist nicht geplant, dass das Werbegesicht in der künftigen Kommunikation von ERGO noch eine Rolle spielen wird. Herr Kaiser kann in Rente gehen. Der Schauspieler Nick Wilder, der Herrn Kaiser in den vergangenen Jahren verkörperte, wird indes aber nicht arbeitslos: Er heuert als Doc beim ZDF-Traumschiff an.« Was wollte man mehr?

Der Versuch der ERGO, sich als neue Marke zu etablieren, ging am Anfang etwas nach hinten los. Mein Kollege Sebastian Ströbel war im ersten ERGO-Spot zu sehen, den man dann aber schnell wieder vom Markt nahm. Man hatte viel Geld investiert, doch Plagiatsvorwürfe im Zusammenhang mit dem Hollywood-Film *High Fidelity* mit John Cusack wurden laut. Der Tenor des Spots, lediglich die ERGO sei eine Versicherung, die ihre Kunden nicht verunsichere, wurde bei der Konkurrenz naserümpfend aufgenommen. Bei Youtube wurden dem Spot in den Kommentaren viele Ähnlichkeiten zum erwähnten Film angehängt, da er in Machart, Stilmitteln und Szenerie fast identisch mit diesem war.

Abschließend kann ich sagen, dass ich sehr gerne für die Hamburg-Mannheimer, eine ehrwürdige, alteingesessene Firma mit einer über 125 Jahre langen Unternehmensgeschichte, gearbeitet habe, wie sicher viele der anderen Mitarbeiter auch. Die unangenehmen Dinge sind dann immer die zwischenmenschlichen Beziehungen, die manchmal den Job erschweren. Meinen Frieden hatte ich dennoch sehr schnell gemacht.

Dem Tod sehr nahe

Rückblickend bin ich sehr dankbar dafür, dass ich in meinem Leben an den Katastrophen dieser Welt immer knapp vorbeigesegelt bin.

Manchmal muss man im Leben aber auch einfach Glück haben. Einige Beispiele dafür finden sich ja in diesem Buch.

Nehmen wir zum Beispiel einmal mein zweites Jahr im Dienst auf dem Traumschiff. Wir drehten die Episoden in Kambodscha und Bali. Geplant war eigentlich Japan statt Bali; jedoch kam alles anders. Die Reise startete auf Tahiti. Wenn man einen Ort zum zweiten Mal besucht, denkt man automatisch, man ist ein alter Hase. Dort kaufte ich gleich meine erste achtsaitige Ukulele und trieb Christine drei Wochen lang in den Wahnsinn, weil ich ständig darauf übte und unbedingt den Song *Somewhere over the rainbow* lernen wollte. Weiter ging es nach Samoa. Dort erlebte ich eine riesige Überraschung. Wolfgang Rademann hatte mir erzählt, dass es auf Samoa ein *Hotel Fehmarn* gäbe. Ich war mir sicher, dass er mich auf den Arm nehmen wollte. Doch es war wirklich so. Bei der großen Sturmflut von 1872 hatte ein zwölfjähriger Junge von Fehmarn es geschafft, sich über 28 Stunden auf einem schwimmenden Reetdach, das auf der Ostsee trieb, festzuklammern. Er wurde damals von einem französischen Boot gerettet, machte als Erwachsener sein Kapitänspatent und ließ sich später auf Samoa nieder. Er war der Großvater des Hotelbesitzers. Ich nahm mir ein Taxi und fuhr hin. Tat sächlich fand ich hier ein bisschen Fehmarn in der Südsee. Die Flagge, eine Krone im blauen Meer unter grünen Palmenblättern, wehte im Wind. Völlig abgefahren!

Dann plötzlich der Schock: Der 22. Februar 2011 brachte das Erdbeben von Christchurch. Wir waren gerade wieder auf hoher See und hatten Neuseeland verlassen. Die Hölle brach dort mittags um 12.51 Uhr los. Das Beben zerstörte große Teile der neuseeländischen Stadt Christchurch, die wir just verlassen hatten. Sie wurde Opfer des gigantischen Erdbebens. Die Kirche im Stadtzentrum war dadurch völlig zerstört worden. Von dieser Kathedrale standen jetzt nur noch die Außenmauern! Wie fast alle Passagiere der Kreuzfahrt hatten auch Christine und ich uns die Blumenausstellung in der Kirche angeschaut. Gerade noch rechtzeitig hatten wir mit dem Traumschiff die Todeszone verlassen. Doch nahte schon das nächste Unglück.

Ein paar Tage vor dem Atom-Unfall in Japan befanden wir uns mit dem Traumschiff auf dem pazifischen Ozean und hätten kurze Zeit später in Japan die nächste Folge drehen sollen. Wolfgang Rademann tat nach den schrecklichen Neuigkeiten das einzig Richtige: Er disponierte um, und es ging nach Bali. Japan musste noch warten.

Solch ein Erlebnis, bei dem ich nur knapp an etwas vorbeigeschlittert bin, hatte ich schon einmal im Jahr 2001. Am 11. September 2001 ging es auch nur um 24 Stunden. Ich war gerade am Tag zuvor von Kopenhagen aus über New York nach Montana geflogen. Um ein Haar hätte vielleicht auch ich in einem dieser Terroristenflieger gesessen. Damals musste ich an meinen Freund Rainer denken. Wäre Rainer einen Tag früher oder einen Tag später geflogen, wer weiß, wie lange er noch hätte leben dürfen?

Oder springen wir zum 26. Dezember 2004, als die große Flutwelle über Sri Lanka hereinbrach. Ein paar Wochen vorher hatten Christine und ich dort noch Urlaub gemacht. Die Aufnahmen vom Dach des U-förmigen Luxushotels gingen via CNN um die Welt. Wir hatten damals genau in diesem Hotel gewohnt. Im Frühstücksraum wurden morgens um 7:00 Uhr viele Gäste von der Welle überrascht und ertranken.

All diese Katastrophen zeigen uns, wie nah unsere schöne, heile Welt und ein Albtraum von unvorstellbaren Ausmaßen beieinanderliegen. Wir haben sie glücklicherweise alle umschifft. Dafür gebührt irgendwem da oben sicher ein dickes Dankeschön.

Nicht alle 151, oder?

Von Neuseeland reisten wir damals nach Tasmanien weiter. Es sind dann auch wieder Zufälle, die einem wunderbare Dinge bescheren. Ich hatte meinen Pass an Bord vergessen und musste nun noch einmal schnell zurück. Der letzte TourBus war danach aber leider schon weg. Christine unterhielt sich draußen am Kai mit einem älteren Herrn namens Harry, der vom Tourismusbüro am Hafen für die Gäste der MS Deutschland abgestellt war. Ich fragte ihn, was es denn sonst noch so in der Nähe an schönen Dingen gäbe, die man sich in diesem verträumten Städtchen anschauen könne. »Mona!«, sagte er stolz. Ein brandneues Modern Art Museum, etwa dreizehn Kilometer außerhalb der Stadt.

Wir mieteten uns einen Scooter und fuhren hin. Was für eine Überraschung! Uns erwartete eine der schönsten und verrücktesten Ausstellungen, die ich je gesehen hatte. Wir genossen dort die abgefahrensten Exponate. Cool war, dass man am Eingang gleich ein iPhone in die Hand gedrückt bekam, auf dem man alle Informationen über ein Ausstellungsstück erfuhr, sobald man vor ihm stand. Der gesamte Gang durch die Ausstellung wurde aufgezeichnet, und wir bekamen gleich anschließend eine Mail zugeschickt, die unseren Rundgang noch einmal mit allen Ausstellungsstücken beschrieb. Zu dieser Zeit war man dort den meisten Museen auf der Welt weit voraus.

Zwei Exponate werde ich nie in meinem Leben vergessen. In einem Glaskasten befand sich ein Grizzlybär-Fell, das man innen mit dem Kopf von Osama bin Laden tätowiert hatte. Bizarr! Das andere war eine schwarze Wand in einem sehr dunklen Raum, auf der man 151 kleine weiße Rahmen, jeweils etwa zwanzig Zentimeter groß, aufgehängt hatte. In jedem Rahmen befand sich ein weißer Gipsabdruck einer Vagina; behaarte und unbehaarte. Alle Formen, die man sich vorstellen kann – oder auch nicht. Sagte ich 151 Stück? Ja, so viele waren es. Ich fing an, sie zu fotografieren, denn die Jungs auf dem Schiff würden es mir niemals glauben. Nach dem zehnten Foto schaute mich Christine schräg von der Seite an:

»Aber nicht alle 151, oder?«

Der britische Künstler Jamie McCartney hatte für sein Projekt *The Great Wall of Vagina* die privatesten Stücke von über 400 Frauen in Gips gegossen. Davon blieben dann 151 übrig.

Als wir wieder an Bord waren, stellte sich heraus, dass keiner der Kreuzfahrtgäste oder der Teamkollegen diese Ausstellung gesehen hatte, geschweige denn davon überhaupt etwas wusste. Danke, Harry!

Der Skandal

Immer wenn man denkt, ein Job ist vorbei, holt er einen doch wieder ein. Beispiel gefällig?

Fast genau ein Jahr nach meiner zweiten Doc-Sander-Fahrt, am vorletzten Wochenende im Mai 2011, saß ich in Dänemark in unserem

Haus. Christine war in Deutschland auf einem Dreh. Von meiner Bekannten Ulla aus Hawaii erreichte mich per Mail eine seltsame Nachricht: »Warst du auch in Budapest?« Wie bitte? Wo soll ich gewesen sein?

Sie las mir dann am Telefon die Schlagzeile eines großen Online-Nachrichtenportals vor. Die Horror-Meldung des Tages schlechthin. Der Titel? »Der Budapest-Sexskandal der Hamburg-Mannheimer.« Alle Medien stürzten sich auf diese Story. »Ach, herrje. Aber was habe ich denn damit zu tun?« Ihre Antwort war eindeutig: »Es war schon 2007! Also warst du dabei?« Das wusste ich genau: »Nein, war ich nicht!«

An diesem Wochenende wurde abends im Fernsehen in einer renommierten Talkshow darüber berichtet. Man zeigte mein Bild im Zusammenhang mit dieser Affäre. Gar nicht fein! So etwas nenne ich schlechte Recherche und sensationslüsternen Journalismus. Und das im öffentlich-rechtlichen Fernsehen! Nun musste ich handeln. Ich war schließlich erstens nicht dabei gewesen und zweitens nur ein Schauspieler, der eine Werbefigur gespielt hatte.

Am nächsten Morgen flog ich von Kopenhagen nach Montana. Vom Flughafen aus rief ich in der ERGO-Hauptzentrale an, und man verband mich mit dem Konzernsprecher.

Ich sagte ihm, er solle doch dringend etwas unternehmen, um Schaden von der Figur des Herrn Kaiser und vor allem Schaden von mir abzuwenden. Er wirkte zögerlich und zu dem Zeitpunkt leicht überfordert. Kein Wunder angesichts dessen, was da über ihn hereingebrochen war. Auf dem Flug über den großen Teich machte ich mir ernsthafte Gedanken, ob mein Gesicht im Zusammenhang mit dieser Affäre in den nächsten Wochen auf allen Titelblättern prangen würde oder nicht. Zu Hause in Montana bekam ich am Nachmittag einen Anruf von meiner Schwester Magret aus Hamburg. Aufgeregt erzählte sie mir, ich sei gerade live in der Harald-SchmidtShow (zwischen Deutschland und Montana sind es acht Stunden Zeitunterschied).

Harald Schmidt war zu dieser Zeit ja schon mein Kollege auf dem Traumschiff, Oskar Schifferle, der Kreuzfahrtdirektor. Ich bremste meine Schwester und sagte: »Halt! Du telefonierst mit mir in Montana, also kann ich nicht live in der Sendung von Harald Schmidt sein.« – »Nein!«, antwortete sie aufgeregt: »Du sitzt auf einem Stuhl.«

Jetzt war ich völlig durcheinander. »Kann ich doch nicht, ich bin in Montana!« – »Ja, aber ein Bild von dir sitzt auf einem Stuhl!« Jetzt bat ich sie, einmal ruhig durchzuatmen und zu beschreiben, was sie da im Fernsehen genau sehen würde. Es waren acht bis zehn Stühle aufgereiht. Auf jedem Stuhl stand ein Bild von einer prominenten Persönlichkeit.

Alle waren wohl in irgendeiner Form mit einem Sex-Skandal behaftet. Nummer sieben oder acht war ich. Harald zeigte auf mein Bild – ein kurzer Trommelwirbel – und dann sagte er zu den Zuschauern im Raum: »Das hier, meine Damen und Herren, ist Nick Wilder.« Wobei er das »Wilder« so richtig fett amerikanisch aussprach – und mit rollendem »r«.

»Er ist ein richtig netter Kollege von mir, Doc Sander auf dem Traumschiff. Und Nick war auf keinen Fall in Budapest, aber er ist sicherlich froh, wenn ich hier ein bisschen Werbung für ihn mache.« Auf der nächsten Traumschiff-Reise habe ich Harald dann erstmal ein Getränk an der Bar spendiert. Denn ab jetzt war Ruhe im Karton, und mein Bild tauchte im Zusammenhang mit Budapest nie wieder auf. Danke, Harald!

An Bord fragte er mich einmal, warum ich nicht ein Buch schreiben würde über meine vierzehn Jahre als Herr Kaiser. Meine Antwort damals: »Weil ich nicht der Mensch bin, der gerne schmutzige Wäsche wäscht, wenn es sie denn zu waschen gäbe.« Ich glaube, das tue ich auch heute nicht.

Wie ich schon erwähnte, danke ich an dieser Stelle noch einmal all denen, die mir im Laufe meines Lebens gut oder böse mitgespielt haben. Denn alle haben mein Leben in irgendeiner Form doch letztendlich nur positiv bereichert. Das Gute habe ich genossen, und das Böse war für mich immer sehr wertvolles Lehrmaterial.

Bis zum heutigen Tage stehe ich im Kontakt mit sehr vielen ehemaligen »Kaisers« da draußen. Das ehrt mich zutiefst und zeigt mir, dass die, die heute den Beruf des Versicherungsmaklers tagtäglich immer noch ausüben, an den Werten, die man mit dieser Werbefigur verknüpfte, festhalten und ihre Kunde nach bestem Wissen gut beraten.

Vergangenheitsbewältigung

Zum Anfang des Sommers drehten wir den Schiffssteil für das Special »30 Jahre Traumschiff – New York, Savannah und Salvador de Bahia«, welches dann im November ausgestrahlt wurde. Wolfgang Rademann hatte dafür wahrlich alles aufgefahren, was an Staraufgebot in Deutschland möglich war. Eine Riege der bekanntesten deutschen Schauspieler, die in vorherigen Sendungen schon einmal bei ihm mitgespielt hatten, befand sich nun an Bord.

Auch Hape Kerkeling war dabei, mit dem ich ein paar wunderbare Szenen auf dem Schiff und in Bahia teilte. Die Reise startete in Hamburg. Dort trafen wir uns alle im Atlantik Hotel, bevor es aufs Schiff ging. Eine ältere, sehr nette Dame kam auf mich zu und sagte zu mir: »Herr Wilder, Sie haben mir mal vor Jahren einen Liebesbrief geschrieben und mir Blumen geschickt. Dafür wollte ich mich noch mal bedanken.« Ich stand völlig auf dem Schlauch. Wer war diese Frau? Es war Frau Jänisch, die Sekretärin von Peter Gerlach, die 1995 zu ihm gemeint hatte: »Herr Gerlach, den hier müssen Sie sich anschauen, ich glaub, das ist unser Herr Wagenfeld.« Toll! Nun konnte ich mich endlich persönlich bedanken.

Nach einem weiteren Dreh für *Kreuzfahrt ins Glück* flog ich weiter nach Kopenhagen, denn hier wartete ein ganz besonderer Film auf mich. Seit einigen Jahren wurde ich auch in Dänemark bereits durch eine Schauspielagentur vertreten. Es wollte jedoch nie so richtig etwas klappen. Als älterer Schauspieler in einem fremden Land einzusteigen, ist nicht so einfach. Aber es hatte am Ende dann doch seinen Grund, warum ich so lange durchhalten musste. Denn durch diese Agentur bekam ich im September 2011 genau jenen Film, der für mich persönlich eine sehr wichtige Rolle spielen sollte.

Hvidsten Gruppen war ein Film, der die Geschichte Dänemarks während des Zweiten Weltkrieges aufarbeitete. Es ging um die Widerstandsgruppe aus dem Ort Hvidsten. Der Film erzählt in einer sehr dramatischen Weise die historischen Gegebenheiten von damals und die Schicksale dieser Widerstandskämpfer.

Ich spielte dabei die Rolle des deutschen SS-Obersturmbannführers Eugen Schwitzgebel. Dieser war ein böser und grausamer Mann gewesen, der von Hitler ganz gezielt eingesetzt worden war, um die dänische Bevölkerung einzuschüchtern. Er regierte in Dänemark mit eiserner Faust. Bei einem Bombenangriff der Briten wurde er später in der Stadt Aarhus getötet.

Ich hatte keine Ahnung, wie viele Emotionen dieser Film bei mir auslösen würde. Mein Vater war ja auch in der Waffen-SS gewesen, und plötzlich schlüpfte ich in seine Haut. Aber nicht nur gedanklich, sondern diesmal auch in eine richtige Uniform. In eine »richtige« Haut. Es handelte sich um Original-Wehrmachtsklamotten. Der kalte, graugrüne Ledermantel, die Orden, die Schaftstiefel, die Handschuhe, alles war mir schon zuwider, als ich die Sachen nur anzog. Die Uniform fühlte sich an meinem Körper an wie kaltes Blech.

An dem Drehtag, als ich im Film den Anführer der dänischen Widerstandsgruppe verhaftete, lief es mir alle paar Sekunden kalt über den Rücken.

Ich erlebte jetzt mehrere Zufälle, die keine mehr sein konnten. Die meisten der Kämpfer waren damals in Kopenhagen in einem Schnellverfahren zum Tode verurteilt und hingerichtet worden. Einer endete im Konzentrationslager Neuengamme bei Hamburg. Genau dort, wo mein Vater damals Wache gestanden und angeblich nichts Auffälliges bemerkt hatte. Es war natürlich auch das gleiche Lager, das ich im Februar 2020 besucht hatte, um Klarheit zu gewinnen. Waren mein Vater und dieser Widerstandskämpfer sich dort vielleicht sogar begegnet? Hatten sie einander in die Augen geschaut?

Mein Vater hatte die Tatsache, dass er Mitglied der Waffen-SS gewesen war, manchmal stolz erwähnt, aber fast immer verharmlost. Es war nichts Großes. Nicht der Rede wert. Er war ein kleines Licht gewesen und sei sogar aus der Partei geflogen. Dann kam der Krieg, und er ging direkt an die Front nach Finnland, wie die meisten, um fürs Vaterland zu kämpfen. Alles harmlos. Nun ja; lange galt: Er ist dein Vater, also glaubst du ihm.

Oft habe ich darüber nachgedacht, wie es wohl für ihn im Krieg war. Wie mag er sich in seiner Uniform gefühlt haben? Übermächtig? Obwohl ich perfekt Dänisch spreche und schreibe, fühlte ich mich an diesem Tag zu 100 Prozent wie der böse »Deutsche«, den ich spielen sollte. Ich war erfüllt von Scham und fühlte mich alles andere als übermächtig.

Was konnte mir also nun den nötigen Impetus geben, den ich brauchte, um die Rolle des SS-Obersturmbannführers überzeugend zu spielen? Ich dachte an alle meine langjährigen dänischen Freunde, an die Familie Madsen, die Töchter Trine und Lise und ihre Großeltern, die ich noch hatte kennenlernen dürfen. Auch Trines Opa war damals in der Widerstandsbewegung gewesen. Seine Generation hatten unter den Deutschen gelitten. Ich erinnere mich noch an die Abneigung, die er mich bei unserer ersten Begegnung hatte spüren lassen. Später akzeptierte er mich, aber auch nicht viel mehr. Wer konnte es ihm verdenken? Ich dachte an all diese lieben Menschen.

Als ich dann auf die dänischen Widerständler und ihre Familienangehörigen schaute, die dort im Gasthaus vor mir saßen und die ich gleich als SS-Scherge verhaften sollte, fiel mir wieder der weise Rat meines Schauspiellehrers Mervin Nelson aus New York ein. »Drehe es einfach um!«, hatte er damals gesagt. Das machte ich. Ich stellte mir jetzt vor, dass all die Dänen, die da vor mir saßen, die Deutschen seien, die den Dänen im Krieg als Besatzungsmacht all das Leid angetan hatten. Jetzt spürte ich plötzlich die Verachtung, die Wut und den Hass. Aus dem Blickwinkel eines Dänen konnte ich plötzlich Schwitzgebel sein und ihn jetzt auch emotional richtig spielen. Ich verspürte Abscheu. Ich war innerlich kalt, herrisch, allmächtig, herzlos. Ich hatte ihr Schicksal in der Hand.

Und während wir diese sehr intensiven Szenen drehten, ging mir ein Gedanke nicht aus dem Kopf. Es war der andere »Zufall« an diesem Tag. Das Auto, in dem ich an jenem Morgen in der Verhaftungsszene vorgefahren wurde, war nicht irgendein Auto. Nein, es war das restaurierte Original von Reinhard Heydrich, seine damalige Staatskarosse. Er war damals der Chef der Reichssicherheitspolizei gewesen. Ein dänischer Autoliebhaber hatte das Gefährt nach dem Krieg erworben. Als mein Charakter, Eugen Schwitzgebel, teilte ich sogar einen Vornamen mit ihm, denn er hieß mit vollem Namen Reinhard Tristan Eugen Heydrich. Heydrich, der Mann für die Endlösung der Judenfrage, der damals die Fehmaranerin Lina von Osten geheiratet hatte. Seine Enkelin war eine Zeitlang in meiner Schulklasse gewesen. Alles Zufall?

Oder denken wir an Trines Opa, der, wie ich schon erwähnte, damals im Krieg auch in der Widerstandsbewegung war. Erst viel später, nachdem ich den Film abgedreht hatte, machten mich Trine und Lise darauf aufmerksam, dass ihr Opa sogar all die Widerstandskämpfer in Hvidsten persönlich gekannt hatte. Also gab es hier wieder so eine schräge und zufällige Verbindung.

Als wir im Film dann vorfuhren, saß ich in der Szene auf genau demselben Platz hinten auf dem Rücksitz wie damals Heydrich, als man ein Bombenattentat auf ihn verübt hatte. Bei dem damaligen Mordanschlag war es nicht die Bombe, die ihn getötet hatte, sondern die Bakterien aus dem Rosshaar der Sitzpolsterung. Er war an einer Blutvergiftung gestorben.

Aber warum zog mich dieses Auto und die Tatsache, dass ich auf dem Platz von Heydrich saß, bloß so in den Bann? Da war noch mehr. Ich spürte es. Ich konnte nur an diesem Tag meinen Finger noch nicht darauflegen, wo genau hier der Zusammenhang bestand.

Ich fragte mich: Warum bin ich hier, in diesem Auto, in dieser Szene, in dieser Uniform? Warum spiele ich diese Rolle? Warum sitze ich genau auf seinem Platz? Die Antwort steht ganz am Ende dieses Buches, denn es gab durchaus einen Zusammenhang. Und dieser wurde mir erst im Februar 2020 auf seltsamste Weise zugespielt. Wir kommen noch dazu, versprochen.

Da dies hier zweite Auflage meiner Autobiografie ist und wir das Jahr 2025 schreiben, muss ich unbedingt noch eine Geschichte erzählen. Denn im Sommer 2024 erfüllte sich ein weiterer Kindheitstraum:

Ich durfte bei den Karl-May-Spielen in Bad Segeberg mitspielen. Und nicht irgendeine Rolle –ich war der Bösewicht: Emery Forster, der skrupellose Gangster, der die Westernstadt New Venango in Angst und Schrecken versetzte. 72 Mal ritt ich mit meinem Schimmel Meloso über die staubige Bühne – vor 8.000 Zuschauern pro Vorstellung. Ein unvergessliches Erlebnis.

Doch dann passierte etwas, das mich völlig aus der Bahn warf. Und es begann – wie so oft – mit einer scheinbar harmlosen Frage.

Ein Mann namens Uwe, engagiert im örtlichen Heimatmuseum, fragte mich: „Weißt du eigentlich, wer diese Arena damals gebaut hat?“ Ich zuckte mit den Schultern. „Keine Ahnung.“ „Joseph Goebbels“, sagte er. “Errichtet zwischen 1934 und 1937 vom Reichsarbeitsdienst – und 1937 feierlich von Goebbels eingeweiht.“

Ich schluckte. Ich hatte von diesen NS-Freilufttheatern gehört – als Orte der Propaganda, der Massensuggestion, der Inszenierung. Und plötzlich war da dieser Gedanke: Mein Vater.

Er, der auf Fehmarn die SA und SS mit aufgebaut hatte. Er, der zur Elite der damaligen Zeit gehörte. Damals saß er mit hoher Wahrscheinlichkeit genau hier – auf diesen Bänken –als Josef Goebbels im Regen seine Rede hielt.

Und ich…ich stand in diesem Sommer 2024 auf derselben Bühne. Als Schauspieler. Als freier Mensch.

Ich dachte, das war der Höhepunkt dieser Begegnung mit seiner Geschichte. Aber dann kam das, was ich nur als mystisch bezeichnen kann. Wir standen inmmitten der Kalkbergarena. Er sah mich an und fragte:

„Weißt du, wie Goebbels diesen Ort damals genannt hat?“

Ich schüttelte den Kopf. Er sagte nur ein Wort: „TING.“

Mir riss es den Boden unter den Füßen weg.

TING? Genau so hatten Christine und ich – ganz intuitiv, völlig unabhängig von allem – unser Haus in Montana genannt. Ein Wort, das für uns Freiheit bedeutete. Eine heilige Stätte der Kelten. Natur. Klang. Tiefe. Verbindung. Und nun stand ich hier – auf einem Platz, der denselben Namen trug. Aber einst für etwas ganz anderes stand.

Uwe erzählte mir, dass Goebbels damals begeistert gewesen sei von der archaischen Kraft des Wortes. Doch dann hatte man ihn aufgeklärt: Ein Ting-Platz war bei den Kelten ein Ort für eine demokratische Volksversammlung. Ein Ort des Austauschs. Des Zuhörens. Des freien Wortes. Kein Ort für Führerkult. Kein Ort für Diktatur.

Goebbels' Begeisterung kühlte schlagartig ab.

Und ich? Ich stand sprachlos da.

Für mich fühlte sich dieser Moment an wie ein kosmischer Schlag in die Magengrube. Was sollte mir das sagen? Zufall? Ein Zeichen? Oder doch nur das alte, unausweichliche Thema meines Lebens: Dass ich – ob ich will oder nicht – immer wieder in die Geschichte meines Vaters hineingezogen werde?

Die böse Hüfte

Ich ging nun bereits ins dritte Jahr als Doc Sander, und es wurde langsam zur Routine. Allerdings war es eine sehr schöne Routine. Traditionell hatte Wolfgang zu Weihnachten bei uns angerufen, seine Weihnachtsgrüße abgeliefert und verkündet, wo es diesmal hingehen würde. Wir googelten dann immer gleich die Länder, Hotels und Resorts und waren voller Vorfreude. Gleich nach Weihnachten wurden die Koffer gepackt.

Kofferpacken fürs Traumschiff war jedoch nie einfach, denn wir waren ja nicht als Gäste auf dem Schiff, sondern fuhren zum Arbeiten hin. Alle Wetterzonen mussten in den Koffer passen, besonders, wenn man aus dem kalten Montana anreiste. Der Smoking musste mit für die Gala-Abende, ein Anzug, viele Schlipse, Badeshorts, Flipflops und vieles mehr. Und dann schleppte ich auch immer noch meine Gitarre, meine Ukulele und meine Mundharmonikas mit. Manchmal hatten Christine und ich aus Amerika die längere Anreise zum Schiff oder zum Land, in dem wir drehten, und manchmal die Kollegen aus Deutschland. Aber um zwei Traumschiff-Ausgaben mit Land- und Schiffsteil und anschließend zweimal *Kreuzfahrt ins Glück*-Schiffsteile zu drehen, reisten wir jedes Jahr zigtausende von Kilometern per Schiff, Flugzeug und Bus. Es war schön, aber glaubt mir, es war auch sehr, sehr anstrengend.

Diesmal ging es nach Puerto Rico, und die charmante Reiseleiterin wurde von Helene Fischer gespielt. Wolfgang hatte immer schon ein gutes Händchen dafür gehabt, das Traumschiff mit großen Stars zu besetzen. Er bekam sie aber meist nur für eine Folge. Florian Silbereisen, damals mit Helene liiert, begleitete sie und hatte dann den ersten Kontakt mit dem Format. Wie das ausging, weiß jeder Leser.

Auf dieser Fahrt im Jahr 2012 bemerkte ich, dass ich etwas schief lief. Meine Hüfte machte mir seit längerer Zeit Probleme. Als Michelle mich 1992 in Los Angeles gebeten hatte, die SS-Uniform anzuziehen, war ich, wie ich glaube, so geschockt, dass ich darüber vergaß, meine frisch operierte Achillessehne richtig auszutherapieren. Mit der wesentlich dickeren geflickten Sehne bin ich dann wohl nie so richtig symmetrisch und rund gelaufen, sodass sich die rechte Hüfte mit der Zeit völlig abgenutzt hatte. Auf dem Traumschiff waren aufgrund des hohen Alters ja genug Menschen, die so eine Hüft-OP schon durchgemacht hatten. Sie bemerkten meinen leicht humpelnden Gang, und jeder an Bord wollte mir jetzt unbedingt entweder einen guten Rat geben oder eine Klinik oder den jeweiligen behandelnden Operateur anpreisen. Ich vertraute aber lieber auf meinen guten Freund und »Kollegen« Dr. Garoscio aus Südtirol. Zusammen suchten wir den besten Arzt in Südtirol aus, der mir mein neues Gelenk einsetzen sollte.

Die Wahl fiel auf Dr. Markus Mayr.

Dass der Traumschiffarzt plötzlich der neue Patient im Marienkrankenhaus in Bozen war, sorgte für etwas Aufregung. Da alle Fans vom Traumschiff waren, wurde ich nach meiner geglückten OP natürlich auch bestens versorgt und von den allerliebsten Krankenschwestern gepflegt. Ich war in kürzester Zeit wieder fit!

Meine Genesung verlief sogar dermaßen rasant, dass Dr. Mayr mich bremsen musste. Nach zwei Tagen war ich bereits mit Nordic-Walking-Sticks unterwegs und nicht mehr mit Krücken. Nach meiner Reha am Morgen wanderte ich dann tagsüber durch Bozen von einem Café zum nächsten und kehrte abends »heim« in die Marienklinik. Jedem Leser, der sich momentan mit Hüftschmerzen plagt, kann ich nur empfehlen: Wartet nicht zu lange mit der OP. Ibuprofen muss nicht dein bester Freund werden.

Sechs Wochen später fühlte ich mich wieder richtig fit, und wir drehten auf der Kanalinsel eine weitere Folge von *Kreuzfahrt ins*

Glück. Es gab im Drehbuch eine Szene, in der Doc Sander locker vom Windsurfbrett steigen und aus dem Wasser kommen sollte. Das traute ich mir zu. Die anderen Szenen, in denen der Doc dann segelnd auf dem Wasser zu sehen war, sollten jedoch lieber von einem Stuntman übernommen werden.

Das Team baute also alles auf. Der Wind nahm derweil immer mehr zu, und die Wellen wurden sichtbar höher. Als alle dann endlich soweit waren, wehte es am Strand schon mit guten fünf Windstärken. Schaumkronenalarm auf dem Wasser! Aber um ans Ufer zu segeln, musste ich ja erst einmal raus aufs Wasser. Meine Hüfte fühlte sich so gut an, dass ich gar nicht mehr daran dachte. Ich sprang einfach aufs Brett, segelte raus, machte eine Powerhalse (eine schnelle Wendung) und kam zum Strand zurück. Fünfzehn Jahre lang hatte ich schließlich nichts anderes gemacht. Die Szene war im Kasten, und alles sah gut aus. Aber ich hatte gerade das Dümmste getan, was man hätte tun können. Eine falsche Drehung, und die OP wäre umsonst gewesen, denn diese war gerade mal sechs Wochen her und alles noch viel zu frisch. Wie kann man nur so bescheuert sein!

Baufieber, die Nächste

Den Sommer verbrachten wir dann wieder in Montana. Die Wohnung in Panama war verkauft, das Geld auf dem Konto, aber Bob der Baumeister ließ mir erneut keine Ruhe. Ich brauchte ein neues Projekt, an dem ich mich festbeißen konnte. Ein guter alter Freund und Investmentstratege, Phil Bird, hatte uns einmal geraten: »Kinder, ihr müsst in euch selbst investieren. Das ist etwas, was ihr gut kontrollieren könnt.«

Christine und ich dachten darüber nach. Wie wäre es, ein Gästehaus zu bauen? Gleich neben unserem Haupthaus wäre doch Platz. Warum eigentlich nicht, wir wohnten doch am schönsten Platz der Welt! Wir können mit Recht behaupten, dass man von uns aus den schönsten Blick in das Tal von Helena und auf den Missouri hat, weit und breit.

Das sollten wir nutzen – und teilen. Denn Glück verdoppelt sich nur, wenn man es teilt.

In unser sechzehn Hektar großes Grundstück konnte kein Mensch hineinschauen. Die vielen Hügel um uns herum verdeckten die Häuser unserer Nachbarn. Selbst heute, da alle Grundstücke bebaut sind, sehen wir nur zwei Häuser in gut 800 Metern Entfernung, wenn wir ins Tal hinunterschauen.

Man hat das Gefühl, man wohnt auf tausend Hektar, mutterseelenallein. Doch ist die Stadt Helena trotzdem nur eine Viertelstunde von uns entfernt. Es herrscht eine himmlische Ruhe bei uns.

Wir wollten diesen magischen Platz also zu etwas ganz Besonderem machen und ließen uns Zeit bei unseren Plänen. Das Gästehaus sollte nicht nur für unsere Freunde und Familie da sein, sondern auch einen weiteren praktischen Zweck erfüllen: unsere Rente aufzubessern. Wir hatten Phils Rat schon richtig verstanden. Denn von irgendetwas musste man ja auch im Alter leben. Wenn wir also ein Gästehaus so konzipierten, dass es dem Gast sein gutes Geld wert war, bei uns seinen Traumurlaub zu machen, dann wäre das eine zusätzliche Einnahmequelle.

Bei so einem Grundstück wie unserem sollten sich Design und Gestaltung des Gästehauses mit seinen Innenräumen und auch allen Annehmlichkeiten für den Gast auf einem 5-Sterne Level bewegen, und wir wollten zudem etwas Einzigartiges erschaffen, einen Traum verwirklichen. Und mit niemandem kann ich besser träumen als mit meiner Frau Christine.

Immer wenn wir in Montana waren, spürten wir diese mystische und positive Energie auf unserem Grundstück. Und ich erinnerte mich an meinen guten, alten Freund Kjeld, meinen Mentor aus Dänemark, und an all die TING-Plätze, zu denen er mich immer mitgenommen hatte und die ich auch schon aus meiner Kindheit von Fehmarn her kannte.

So ein Ort ist auch unser Grundstück. Das hatte ich bereits an dem Tag gespürt, als ich es 1996 zum ersten Mal betreten hatte. Also nannten Christine und ich unsere Kreation schlicht TING. Später stellten wir fest, dass das Wort im chinesischen ähnliche Bedeutungen besitzt: anhalten, parken und etwas spüren, mit mehr als nur den fünf Sinnen.

Von Anfang Juni bis spät in den Oktober und November hinein arbeiteten wir nun jedes Jahr für diesen Traum. Alle Freunde in Montana sagten damals jedoch: »Warum TING?
Das kann sich doch keiner merken!« Wir sagen: Menschen, die die Geschichte und die Bedeutung dieses Wortes kennenlernen und verstehen, wenn sie einmal bei uns am TING waren, können diesen Namen nie wieder vergessen.

Etwas selbst zu machen, spart viel Geld. Allerdings nur, wenn man das handwerkliche Geschick besitzt. Es dauert aber natürlich auch wesentlich länger. Das Projekt TING startete im Sommer 2012 und wurde im Frühjahr 2020 abgeschlossen. Auch wenn wir vieles selbst machten, uns hier und da Hilfe dazu holten und Gewerke wie Elektrik und Hydraulik den Fachleuten überließen, so brauchten manche Dinge doch extrem viel Zeit. Alleine alle 286 Beton-Kegel für unsere Außen-Balustrade zu gießen, dauerte fast einen ganzen Sommer.

Morgens wurde der Betonmischer angestellt, dann achtzehn Plastikformen mit Form-Öl eingeschmiert, diese dann mit Beton gefüllt, und nun musste zwei bis drei Tage gewartet werden, bis der Beton durchgetrocknet war. Dann mussten nur noch achtzehnmal 36 Schrauben an den Formen gelöst werden. Alles noch auseinandernehmen und reinigen. Fertig! Es wollte einfach kein Ende nehmen. Zum Glück waren meine Freunde Mads und Tom zu Besuch und halfen mir. Aber wie heißt es doch so schön: Mühsam ernährt sich das Eichhörnchen.

2012 war auch das Jahr, in dem wir endlich genug Geld zusammengespart hatten, um Christines Zaun in China zu bestellen. Auch jetzt, sechs Jahre später, lag der Preis für einen 500 Meter langen schwarzen Metallzaun, der etwas mehr als zwei Meter hoch und mit gold-bemalten Pfeilspitzen versehen war, plus das große doppelflügelige Eingangstor immer noch bei 14.500 US-Dollar; immerhin jedoch inklusive Lieferung bis Seattle. Wir bestellten ihn im August.

Drei Tage, bevor der Container den Hafen erreichte, stellte ich mit großem Schrecken fest, dass ich mir nie Gedanken darüber gemacht hatte, wie der Container anschließend zu uns nach Helena kommen sollte. Lagergebühren in einem Zollhafen konnten verdammt teuer werden. Ich bekam Panik und sagte zu Christine: »Ich muss morgen früh sofort ein Lastwagenunternehmen organisieren, das den Container zu uns nach Hause bringt!«

Wieder geschah etwas, das man kaum für möglich hält. Am gleichen Abend gingen wir essen, und zwar im *Norwegian Wood,* einem schnuckeligen Restaurant, etwa eine halbe Stunde von uns entfernt am Nachbarsee Canyon Ferry Lake.

Als wir ankamen, trafen wir auf unsere Nachbarn Dick und Donna Whitaker, die uns voller Stolz einen ihrer Bekannten vorstellen wollten: Ray Kuntz.

»Ray, das hier sind Nick und Christine Wilder. Sie sind unsere Nachbarn und berühmte Schauspieler aus …« Weiter kam Dick nicht. Ich bremste ihn aus, denn wir wollen in Montana nur Nick und Christine sein. Und schon gar nicht berühmt. Ich sagte: »Hi Ray, schön dich kennenzulernen. Jetzt, wo du weißt, was wir beruflich machen, darf ich dich fragen, in welcher Branche du unterwegs bist?« – »Lastwagen«, meinte Ray recht trocken. »Oh!«, erwiderte ich. »Was für einen fährst du denn?« Genauso trocken kam seine Antwort: »Ich fahre sie nicht, ich besitze sie.« – »Wie viele denn?«, fragte ich. »800!«, war seine Antwort.

Ihm gehörte nämlich die Firma *WatkinSheppard* in Helena. Das war wirklich ein riesiges Transportunternehmen, das sich über ganz Amerika erstreckte und das er in fünfundzwanzig Jahren mit viel Fleiß von Grund auf aufgebaut hatte.

»Fahrt ihr auch von Helena nach Seattle?«, war meine nächste Frage. »Drei Mal die Woche!«, kam als Antwort. Ich konnte es kaum glauben. Hörte da jemand mit, wenn ich laut dachte?

Ich fragte ihn nach einem Spezialpreis. Fünf Tage später war der Zaun dann bereits bei uns am TING. Der Sonderpreis wurde schnell ein Freundschaftspreis, denn Ray, Christine und ich hatten von der ersten Sekunde an dieses seltsame Gefühl, wir würden einander schon ein Leben lang kennen.

Schicksal!

Wenn uns heute Gäste oder Besucher auf unseren »kaiserlichen« Zaun ansprechen, dann können wir immer diese Geschichte einer wundersamen Schicksalsfügung erzählen.

Den Zaun nennen wir zu Ehren von Wolfgang übrigens unseren »Rademann-Zaun«, denn ohne ihn hätte ich die Firma im Jahr 2006 nie besucht. Auch wenn der Preis für den Zaun in China sehr günstig war, wollten wir im neuen Gästehaus auf eines nicht verzichten: Kippfenster, und zwar mit deutscher Qualität! Diese sind auch das, was den Amerikanern immer am meisten imponiert: unsere Fenster. So etwas gibt es in den USA nämlich kaum.

Meine Wahl fiel damals auf die Firma Kneer in Westerheim. Und rein »zufällig« kannte mein Musikerfreund Roland Bless die Familie Kneer. Wenn schon etwas extra aus Deutschland kam, dann wollte ich auch sicher sein, dass es das Beste auf dem Markt war. Also besuchten Christine und ich die Fabrik in Westerheim. Die freundliche Sekretärin war ein absoluter Traumschiff-Fan. Der Empfang war dementsprechend.

Und nach deutschem Muster lief dann auch alles nach Fahrplan, von der Bestellung bis zur Lieferung. Man schickte sogar einen Fachmann zu uns, um sich den Rohbau vorher anzuschauen und die Öffnungsmaße noch einmal genau zu kontrollieren. So sind sie, die Deutschen! Ein zweiter Container, diesmal mit Fenstern, kam im Spätherbst bei uns im TING an. 2013 würden wir also erneut genug zu tun haben, da waren wir uns ganz sicher.

Tu Gutes und sprich darüber

Doch verweilen wir noch kurz im Dezember 2012, denn da ereignete sich für Christine und mich noch ein sehr schöner Moment. Einige Monate zuvor hatten wir eine tolle Idee gehabt. Christine stand seit ihrem vierzehnten Lebensjahr auf den Bühnen Südtirols und war als Schauspielerin in ihrem Geburtsland durch all ihre Filme und Serien aus dem Fernsehen sehr bekannt. Vor allem durch den Vierteiler *Die Verkaufte Heimat,* eine Produktion unter der Regie von Karin Brandauer über das Schicksal vieler Südtiroler während und nach dem Zweiten Weltkrieg, war sie bei allen in der Region bekannt. Denn fast jeder hatte diese Filmreihe gesehen. Aber Südtirol ist mit Sicherheit auch eine Hochburg der Traumschiff- und Rosamunde-Pilcher-Fans. Und durch die Hochzeit mit Christine, die Filme, in denen wir zusammen vor der Kamera standen, und meine Rolle als Schiffsarzt Doc Sander hatten wir jetzt beide in Südtirol einen sehr hohen Bekanntheitsgrad erlangt. Alle diese Faktoren wollten wir nun für einen guten Zweck einsetzen. Denn wir hatten ja unsere Hochzeit in Oberbozen unter dem Motto »Glück ist das Einzige, was sich verdoppelt, wenn man es teilt« gefeiert.

2006 war in Südtirol die Hilfsorganisation *Südtirol hilft* gegründet worden, und nun wollten wir gerne etwas dazu beitragen. Wir trafen uns also mit Heiner Feuer, dem Programmchef der Sender *Radio Tirol* und *Südtirol 1* und dem Initiator der Hilfsorganisation. Dann unterbreiteten wir der Reederei Deilmann, der die MS Deutschland gehörte, einen Vorschlag: Wenn sie eine Traumschiffreise für zwei Personen für die Aktion spendierten, würden wir dafür sorgen, dass die Reederei in den Südtiroler Medien richtig viel Werbung bekam. Die Idee lohnte sich für alle. Deilmann und das ZDF hatten einen Monat lang in den Südtiroler Medien eine riesige Präsenz, die Hilfsorganisation diesmal einen ganz besonderen Hauptpreis, und die Reise im Wert von 11.000 € wurde damals für über 18.000 € an den Höchstbietenden versteigert. Wir hatten uns bereit erklärt, die beiden Gewinner während der ganzen Zeit auf ihren Landausflügen und auch an Bord, so gut es zeitlich ging, zu begleiten. Mit zwei urigen Südtirolern konnte man an Bord schon viel Spaß haben!

Auf den letzten Metern

Der Januar des Jahres 2013 begann für uns mit dem Landteil in Perth. Es folgte eine lange Reise von Malaysia über Oman durch den Suezkanal. Diese Reise sollte auch für jemanden die letzte sein: Siegfried Rauch. Er steuerte seit 1999 als Kapitän das Traumschiff und beging nun seinen Abschied.

Deshalb bat mich Wolfgang in seine Kabine. Ich sollte eine Abschiedsnummer für ihn schreiben. Leider fragte er mich erst einen Tag vor der Veranstaltung, und die Zeit war super knapp. Ich kann aber ganz gut aus dem Stand dichten und Liedertexte umschreiben und hatte nach einigen Stunden etwas Witziges vorbereitet. Also machte ich mich auf in Wolfgangs Kabine und spielte es ihm vor. Er sah mich kritisch an und sagte dann in seiner manchmal sehr schroffen Art: »Dit is doch blöde!« Jetzt war ich total verunsichert. Allerdings ergänzte er: »Wenn du die eene Strophe an den Anfang stellst, dann stimmt dit inhaltlich. Die Dramaturgie ist falsch.«

Damit hatte er recht. Jetzt war es rund. Wolfgang war eben ein alter Hase und ein verdammt guter Dramaturg. Das Stück für Siggi kam super an und führte für mich zu einer unerwarteten »Zweitkarriere«. Doch dazu gleich mehr.

Es brach Wolfgang immer das Herz, wenn jemand ging. Siegfried wurde jedoch mit großem Trara verabschiedet und fuhr auf seinem alten Motorrad, das ich ihm als Doc Sander in der Geschichte in Malaysia zusammengesucht hatte, romantisch dem Sonnenuntergang entgegen. Nur, wer sollte jetzt der nächste Kapitän werden? Wolfgang gelang wieder mal ein echter Coup!

Frischer Wind

Er holte Sascha Hehn nach vielen Jahren zurück aufs Schiff, nachdem dieser bereits früher in einer Doppelrolle dabeigewesen war. Doch auch darüber hinaus war er dem deutschen Publikum bestens bekannt. Die Geschichte war glaubhaft. Victor hatte in der Zwischenzeit sein Kapitänspatent gemacht und stand nun in Person von Sascha Hehn mit mir und Heide Keller beim Auslaufen auf der Brücke.
Wolfgang hielt immer gerne am Alten fest. Doch auch er sah ein, dass Schauspieler ab einem bestimmten Alter die Rolle einfach nicht mehr glaubwürdig verkörpern konnten. Durch Sascha und mich hatte sich die Crew verjüngt. Nur die liebe Heide Keller war von der alten Stammbesetzung noch dabei.

Die erste Reise mit dem neuen Kapitän ging also nach Australien. Als ich bei einem Rundgang in der Stadt ein großes Rechtsanwaltsgebäude sah, las ich am Eingang des Hauses eines meiner zwei Lebensmottos: »Please leave your ego at the door.« Ich konnte es kaum glauben, freute mich aber umso mehr und fotografierte das Schild.

Dem Neuen eilten viele Vorurteile voraus. Er sei schwierig, eigen und vieles mehr. Wir beschnupperten uns eine Zeitlang. Doch dauerte es nicht lange, bis aus dieser gemeinsamen Drehzeit an Bord über die nächsten Jahre eine bis heute andauernde tiefe Freundschaft entstand. Viele Landgänge, gemeinsame Ausflüge und Mahlzeiten boten mir und Christine immer wieder die Gelegenheit, einen ganz besonderen Menschen kennen und schätzen zu lernen. Noch heute hegen wir regen Kontakt. Nach dem Schiffsteil ging es dann für Siegfried Rauchs Abschiedsvorstellung nach Malaysia.

Und von dort aus wieder direkt in die beiden Schiffsteile für *Kreuzfahrt ins Glück*. Dieser Rhythmus wurde langsam zur Routine für uns.

Der ewige Musiker

Und weil wir gerade von Rhythmus sprechen: Von diesem Moment an, als ich für Siggi den Abschiedssong präsentierte, war ich der Haus- und Hofkomponist von Wolfgang Rademann. Zu jedem Geburtstag, zu jedem Jubiläum irgendwelcher Teammitglieder, Wolfgang ließ sie alle hochleben und schmiss eine Party nach der anderen. Es gab immer etwas zu feiern, und für mich hieß es dann jedes Mal: »Junge, dichte mal wat!« Seit ich mir damals auf Tahiti die Ukulele gekauft hatte, brachte ich sie nun immer mit an Bord. Meine Mundharmonikas und meine Gitarre waren auch stets mit dabei. Immer wenn ein Schauspieler-Wechsel für die nächste Folge stattfand und die Kollegen von Bord gingen, stand ich unten an der Gangway in guter Bob-Dylan-Manier mit meiner Mundharmonika und meiner kleinen Ukulele und spielte für die Kollegen das Lied »Auf Wiedersehen, auf Wiedersehen, bleib nicht so lange fort« oder »Muss ich denn, muss ich denn, zum Städele hinaus«.

So geschah es auch im nächsten Jahr. Viele der Kollegen feierten 2014 ihren runden Geburtstag. Für Wolfgang war das freilich ein Grund, eine »Massen-Geburtstagfeier« auf dem Schiff zu veranstalten. Der ehemalige ZDF-Unterhaltungschef Gerd Bauer war einer von Wolfgang Rademanns besten Freunden und oft mit auf dem Schiff dabei. Er spielte sehr gut Klavier und war zudem ein guter Dichter. Diesmal mussten wir alle ran. Hauptsache, die Geburtstagskinder wurden alle kräftig durch den Kakao gezogen. Wolfgang hatte seinen Spaß daran und genoss es, denn es war seine »Rademann-Familie«, die sich um ihn, »Radi«, über Jahre gefunden hatte.

Mein musikalisches Engagement war damit aber noch nicht erschöpft. Es fanden sich immer wieder wunderbare Pianisten an Bord ein, mit denen ich Mini-Konzerte machen und ein paar fetzige Blues-Nummern spielen konnte. Wolfgang liebte das. Selbst hartgesottene Kollegen hatten oft eine Träne im Auge. Und wenn unser Chef dann von Bord ging, um seine nächsten Reiseziele zu erkunden, gab es immer einen großen Abschieds-Bahnhof. Dieses Verabschieden hatte vorher eigentlich immer Siggi Rauch gemacht. Denn er spielte ebenfalls Gitarre und machte viel Musik an Bord. So verändern sich die Gesichter, aber nicht die Bräuche.

TING und Theater

Im Sommer 2013 hieß es für uns in Montana wieder: an die Arbeit! Unter einer Muttererde-Schicht von etwa fünf Zentimetern befand sich meist nur Fels. 285 Löcher, mit einem Durchmesser von fünfzehn Zentimetern und in einem Abstand von zwei Metern, mussten gebohrt werden. Jedes Loch wurde mit Beton gefüllt und ein kleines Beton-Viereck auf dem Boden um den Pfosten herum in einen quadratischen Holzrahmen gegossen, um den Pfosten zu stabilisieren. Wie war das noch mal mit dem Eichhörnchen? Ja genau, das braucht Zeit und ist mühsam, doch die Pfeiler sollten möglichst alle perfekt gerade stehen. Dann bauten wir die Fenster aus Deutschland ein. Es waren lange

Tage. Aber durch Christines meisterhafte Kochkunst aßen wir jeden Mittag und Abend wie die kleinen Fürsten und gingen gestärkt in den neuen Tag.

Christine und ich hatten ja bereits einmal unter der Leitung von Horst Naumann das Stück *Nächstes Jahr, gleiche Zeit* gespielt. Klaus Gasperi, der Leiter des Theaters in Bruneck, rief uns nun an und fragte, ob wir das Stück noch einmal aufführen könnten. Wir waren seiner Meinung nach die ideale Besetzung dafür. Das hatte damals übrigens auch Horst Naumann gesagt. Christine und ich hatten uns wirklich sehr spät im Leben getroffen, genau wie die Protagonisten in diesem Theaterstück. Der Schweizer Theater-Regisseur Hanspeter Horner inszenierte eine wunderbare und moderne Aufführung. Es war nun das zweite Mal, dass ich auf der Bühne stand. Dieses Mal war ich nicht mehr ganz so nervös und konnte mich mehr entfalten. Christine brachte ohnehin wesentlich mehr Erfahrung auf der Bühne mit. Wir spielten in Südtirol achtzehnmal vor ausverkauften Häusern. Lutz Hillmann holte uns für eine Vorstellung nach Bautzen in sein deutsch-sorbisches Volkstheater. All das machte sehr viel Spaß.

Und da wir schon beim Theater sind, verrate ich dir einen meiner Träume, der sich bisher noch nicht erfüllt hat. Doch wenn die Zeit reif ist, werde ich selbst den Telefonhörer nehmen und dort anrufen. Meine erste Sprache war ja Plattdeutsch. Deshalb war ich schon seit meiner Jugend ein Fan vom Ohnsorg-Theater in Hamburg. Heidi Kabel, die damals auch in *Die große Freiheit* mitspielte, und natürlich auch Henry Vahl, waren in meiner Kinderzeit meine großen Helden. Wenn jemand es schaffte, fünfzehn Minuten lang im besoffenen Zustand einen Hut aufzuhängen und die Leute sich die Bäuche hielten vor Lachen, dann war Comedy-Theater richtig gut. Vielleicht stehe ich ja eines Tages in Hamburg mal auf der Bühne und spreche wieder Plattdeutsch. Ich schicke es mal ins Universum. Zur Not greife ich dann eben doch noch zum Telefonhörer und nehme mein Glück selbst in die Hand.

Durch das Theaterstück waren wir nun ja sowieso in Südtirol, also wollten wir natürlich auch unsere Aktion mit dem Hilfsprojekt *Südtirol hilft* wiederholen. Wir überarbeiteten das Konzept und konnten das Ganze dann noch einmal wesentlich steigern. Die Reederei Deilmann war ebenfalls wieder dabei. Wir sprachen mit Heiner Feuer und den anderen Verantwortlichen und setzten den Los-

Preis auf 50 € fest. Im Radio wurde es von Christine und mir intensiv beworben, und bereits nach zwei Tagen waren alle Lose verkauft. Es brachte 50.000 € für *Südtirol hilft* ein.

Am Tag der Ziehung des Hauptpreises waren wir bereits wieder zu Hause in Montana und wurden live dazugeschaltet. Ich erinnere mich noch sehr gut an den Moment, als Heiner Feuer mich anrief. Ich stand oben auf dem Turm des Gästehauses mit einer Nagelmaschine und baute die Turmspitze zusammen. Schnell holte ich Christine dazu, und wir konnten den beiden glücklichen Gewinnern Franz und Helene Schwarz gratulieren.

Diese trafen wir dann im März 2014 auf der Reise von Yangon nach Dubai. Hier kam auch mein Freund Roland Bless, Musiker und Gründer von *PUR,* mit an Bord. Mit ihm hatte ich bereits in einer Ludwigsburger Kirche zusammen auf einem Weihnachtskonzert gespielt. Nun konnten wir an Bord des Traumschiffes gemeinsam musizieren und ein kleines Konzert geben. Es war eine der schönsten Reisen mit der MS Deutschland. Wir haben magische Orte gesehen. Alleine über unsere Traumschiffreisen und die Abenteuer, die wir dort erleben durften, könnte ich ein paar Bücher schreiben.

Dieser Job war das perfekte Win-Win für alle Beteiligten. Die größten Gewinner durch die Aktion waren aber Christine und ich, denn beide Gewinnerfamilien wurden durch diese Reisen ganz liebe Freunde von uns. Leider ließ sich die Aktion danach nicht mehr wiederholen. Doch sind in jedem Fall die Erinnerungen geblieben.

Fünf lange Jahre hatte ich zu diesem Zeitpunkt schon auf das Skifahren verzichtet, um mich kurz vor den Drehs nicht zu verletzen und die Arbeit zu gefährden. Jetzt konnten wir allerdings endlich einmal wieder an einem perfekt-sonnigen Wochenende für zwei Tage zum Skifahren. Zur Zeit unseres Kurzbesuchs in Südtirol war dort gerade das Ende der Ski-Saison, und auf den Pisten befanden sich keine Gäste mehr. Es war wie leergefegt. Christines Schwester kannte die drei besten Helikopter-Piloten der Bergrettung. Es wurde ein unvergesslicher Tag, denn nach einem gigantischen Flug durch die Südtiroler Bergwelt bei perfektem Wetter im Heli wurden wir auf einer leeren Piste abgesetzt und hatten fast alles für uns allein. Exklusivität lässt sich kaum besser formulieren. Dieser Tag hatte für uns die Wertigkeit von drei Wochen Ski-Urlaub. Vielen Dank nochmals an Marco Kostner!

Das ist übrigens auch der einzige Nachteil, wenn man in Montana wohnt: Es ist nicht mal eben um die Ecke. Und dann ist es schon ein ziemlich langer Ritt, die ganze Strecke von den USA nach Europa zu fliegen, um an einer Hochzeits- oder Geburtstagsfeier teilzunehmen. Auf einer dieser Geburtstagsfeiern trafen wir auch Wolfgang Rademann. Uns fiel auf, dass seine Jacke ihm ein wenig zu groß wurde. Hatte er etwa abgenommen?

Niedergang und Neubeginn

Das Jahr 2014 brachte aber auch noch einen Schock: Die Reederei Deilmann ging endgültig bankrott. Auch die Übernahme durch die Firma *Aurelius* konnte den Niedergang nicht stoppen. Unsere Idee mit *Südtirol hilft* lebte aber zum Glück weiter. Heiner Feuer brachte jemand Neuen ins Spiel, und nun verschenkte *TUI* jedes Jahr eine Reise an die Hilfsaktion und brachte so weiterhin Geld für einen guten Zweck in die Kasse.

Als die Deilmann-Reederei das Ende endgültig einläutete und sich kein neuer Eigner fand, bekam Wolfgang Rademann ein großes Problem. Er hatte plötzlich kein Schiff mehr für sein Baby. Doch trotz seines hohen Alters flog er kreuz und quer durch Europa und schaute sich viele kleinere Kreuzfahrtschiffe an. Dann traf er eine gute Wahl. Die MS Amadea wurde für rund sieben Monate im Jahr die neue Heimat der Traumschiff-Crew.

2015 bestiegen wir das erste Mal unser neues Schiff. Christine und ich freundeten uns sehr schnell damit an, obwohl es in keiner Weise mit dem Ambiente der guten, alten MS Deutschland vergleichbar war. Dennoch: Wolfgang Rademann hatte es wieder einmal geschafft.

Auch in diesem Jahr ging es mit den Landteil los. Via Los Angeles reisten wir auf die Cook-Inseln. Dort drehten wir auf der Insel Aitutaki. Ich freute mich sehr, wieder mit tollen Kollegen wie Oliver Strietzel, Janina Hartwig, Florian Fitz, Rufus Beck, Volkert Kraeft oder Michael Roll zusammenzuarbeiten. Auf diesem Dreh traf ich auch wieder auf eine alte Bekannte, die österreichische Kollegin

Fanny Stavjanik. Nach einem kurzen Hallo und einer herzlichen Umarmung hatte sie direkt Redebedarf. Bei unserem letzten gemeinsamen Dreh war ich so schnell wieder abgereist, dass sie damals nicht die Gelegenheit gefunden hatte, mir etwas Wichtiges zu sagen. Ich war gespannt. Sie hatte damals bemerkt, dass der Regisseur sich immer, wenn ich meine nahen Einstellungen hatte, mit entsprechenden Grimassen über mich lustig machte. Ich konnte das damals natürlich aus meinem Blickwinkel nicht sehen. Doch hatte ich gespürt, dass eine seltsame Atmosphäre um mich herum geherrscht hatte; und zwar die ganze Zeit.

Respekt!

Der Beruf des Schauspielers erfordert eine hohe Sensibilität. Und ein Schauspieler hegt auch oft große Selbstzweifel. Also war ich froh, dieses Gefühl von damals jetzt nach all diesen Jahren bestätigt zu bekommen. Ich hatte es mir nicht eingebildet. Mit diesem Regisseur, vom Menschentyp ein »Platzhirsch«, hatte ich in einigen Projekten zu tun. Offenbar war ich ihm ein Dorn im Auge. Er war gute zehn Zentimeter kleiner als ich und somit wohl auch vom berühmten »Napoleon-Syndrom« gestraft.

Innerhalb des Teams vermochte ich meine Geschichten und Witze besser und humorvoller zu erzählen als er, ich war außerdem zehn Jahre jünger und hatte keinen Mundgeruch. All das passte ihm wohl nicht. Er ließ seine Abneigung ganz bewusst an mir aus und verunsicherte mich, wo er nur konnte. Und er schaffte es auch. Ich hatte Texthänger ohne Ende. Der Mann machte mich wahnsinnig. Dann baggerte er auch noch meine Frau an, die mich bei dem Dreh immer begleitete. Als ich irgendwann mitbekam, dass er überall im Team und auch bei den Gästen herumerzählte, ich würde mich nicht vorbereiten und könne meine Texte nicht, da platzte mir endgültig der Kragen. Denn es wurde mir natürlich von allen Seiten zugetragen. Jetzt war es pures Mobbing. Höchste Zeit, mich zu wehren.

Mein Plan war, ihn bei unserer nächsten Begegnung in den Pool zu schmeißen. Vor dem gesamten Team, mit den Klamotten. Um mich abzusichern und auch aus Respekt Wolfgang Rademann gegenüber, weihte ich vorher das ZDF ein. Hier bat man mich, davon abzusehen. Man würde mit ihm reden und dafür sorgen, dass er mich in Ruhe ließe.

Und siehe da, beim nächsten Projekt kroch er mir sowas von in den Arsch, dass ich es kaum glauben konnte. Er behauptete, all diese Geschichten über mich hätte nicht er verbreitet, sondern ein anderer Regisseur. Während ich das hier zu Papier bringe, muss ich gerade etwas schmunzeln, denn ich denke an Donald Trump. Narzissmus, Selbstüberschätzung, Lügen; das alles geht oft bei Menschen mit einem aufgeblasenen Ego Hand in Hand. Aber er bangte wohl um seine Anstellung beim Sender und wurde handzahm wie ein Lamm. Dieses Beispiel zeigt wieder einmal, dass man bei jeglicher Zusammenarbeit in einem Projekt sein Ego zu Hause lassen sollte. Denn es geht immer nur um das Projekt und nicht um die einzelne Person.

Die Wurzel allen Übels ist das Ego. Verunsichert man den Schauspieler, kann er sich nicht frei entfalten, und das Projekt leidet darunter. Der Regisseur liefert also einen qualitativ schlechteren Film ab. Ja, Dummheit und Ego sind enge Verwandte.

Und da sind wir auch wieder bei meinem zweiten Lebensmotto: Aretha Franklins berühmter Song. Es geht um Respekt! Dieser Mann war oft sehr respektlos und egoistisch Kollegen und auch Teammitgliedern gegenüber. So mancher Schauspieler hat seine eigene Geschichte mit ihm. Respekt ist eine Frage des Charakters, und ein Charakter verändert sich meist nicht.

Aber auch dieser Person bin ich am Ende dankbar, denn obwohl er mich damals zum Wahnsinn trieb und extrem verunsicherte, am Ende hat auch er dazu beigetragen, dass ich heute ein wesentlich stärkeres Selbstbewusstsein habe.

Hollywood hingegen hatte es verstanden. Man behandelte die Menschen vor der Kamera wie Stars, huldigte ihnen und machte ihnen übertriebene Komplimente. Warum? Damit sie sich wohl und sicher fühlten in ihrem Umfeld. Du fragst nach der Kehrseite der Medaille? Sobald man vom Filmset weg ist, ist man denen auch egal. Aber das ist eben der große Unterschied. In Amerika erlebe ich es immer wieder, das der Regieassistent mit mir herumgeht und mir alle Kollegen hinter der Kamera vorstellt. Man gibt sich einmal kurz die

Hand, sagt seinen Namen und schaut sich in die Augen. Und dann liegt es an einem selbst, ob man sich den Namen des anderen merkt oder nicht. Ich bin zwar kein großer Fan von Tom Cruise, aber er ist dafür bekannt, wie respektvoll er alle Kollegen am Set behandelt, und: Er merkt sich immer alle Namen.

Wenn ich überhaupt irgendetwas im Leben bereue, dann genau das hier: Ich hätte diesen Regisseur damals einfach, ohne jemanden vorher zu fragen, vor den Augen des gesamten Teams in den Pool schmeißen sollen. Vor allen Leuten. Wolfgang Rademann hätte viel Spaß daran gehabt. Denn aus vielen Gesprächen mit Wolfgang weiß ich, dass er nicht sein größter Fan war. Doch warum erwähne ich das jetzt hier?

Weil im Laufe der letzten 25 Jahre die Wertschätzung in unserer Gesellschaft gewaltig verloren gegangen ist. Es ist mir ein großes Bedürfnis, darüber kurz ein paar Zeilen zu verlieren.

In meinen ersten drei Jahren als Herr Kaiser hat mir die Werbeabteilung der Hamburg-Mannheimer im Namen der Geschäftsleitung zu Weihnachten immer einen sehr netten Brief zusammen mit einem kleinen Kunstdruck geschickt, um sich bei mir für die erfolgreiche Zusammenarbeit zu bedanken. Auch ich hatte mich mit einem Weihnachtsgruß bedankt.

Diese gegenseitigen Weihnachts- und Geburtstagsgrüße der HM und die Anrufe von Wolfgang Rademann waren ein Zeichen der Wertschätzung. Nach dem dritten Jahr wurden einige Führungskräfte ausgetauscht, und es gab plötzlich keine Weihnachtspost mehr. Ich schrieb aber trotzdem weiterhin noch meine Weihnachtsgrüße und bedankte mich für die Zusammenarbeit. Beim Traumschiff war es ähnlich. Wolfgang Rademann war ein Meister der charmanten Aufmerksamkeiten und versprühte Wertschätzung, wo immer er konnte. Und so wie man in den Wald hineinruft, schallt es dann auch wieder hinaus. Sein Wunsch war uns Befehl. Nach seinem Tod blieben diese Zeichen der Wertschätzung aus. Von da an war es nur noch *Business as usual!* Und diese kleinen und stetigen Veränderungen habe ich über die Jahre immer sehr bewusst wahrgenommen. Meine ersten Vorgesetzten bei der HM oder jemand wie Wolfgang Rademann, die hatten Stil. Wenn er anrief und sich bedankte, wurde man gelobt und freute sich über diesen Anruf. Es war eine Wertschätzung, und man fühlte sich gut aufgehoben. Man war froh, in diesem Team dabei zu sein. Solange man an einem Strang zog, brauchten sich die Teammitglieder keine Sorgen zu machen, ob sie beim nächsten Dreh dabei waren. Wenn er sich auf sie verlassen konnte, dann war auch auf Wolfgang Verlass. In Hamburg heißt es ja so schön: Der Fisch stinkt immer vom Kopf! So ist es auch. Dieser Spruch spiegelt sich auch in einem Unternehmen wieder.

Diskurs Die Sache mit der Moral

Ich kann ohne diese Wertschätzung gut leben, finde es aber trotzdem sehr schade, wenn sie ausbleibt. Es macht das Miteinander kälter und unsere Gesellschaft ärmer. Niemand möchte mehr Verantwortung übernehmen. Man schickt einfach jede Entscheidung als CC in einer E-Mail an alle Beteiligten unter dem Credo: »Ihr habt es ja alle gewusst.« Wenn es in einem großen Konzern heute schon eine Werbeabteilung im Haus gibt, dann sollte der Chef dieser Abteilung auch die Erfahrung und das Wissen besitzen, die Entscheidung zu treffen, welche Werbeagentur beim Pitch den Zuschlag bekommt.

Nein, jetzt gibt es dafür sogenannte »Pitch«-Firmen, die für viel Geld dem Chef die Entscheidung abnehmen. Geht es daneben, ist es dann ja einfach, zu sagen: »Naja, die haben uns ja dazu geraten.« Und schon ist man aus dem Schneider. Nach dem Krieg haben einzelne Personen riesige Konzerne in Deutschland aufgebaut und Arbeitsplätze geschaffen. Diese Chefs haben damals auf ihren Bauch gehört, wussten, wie man Verantwortung übernimmt, selbst wenn ihnen der Betrieb vielleicht gar nicht gehörte. Heute versuchen alle, die Erfolgsleiter in einem 4-Jahresrhythmus nach oben zu klettern und springen von Baum zu Baum. Bloß kein Risiko eingehen und alles so machen wie mein Vorgänger. Ihr hört sicherlich zwischen meinen Zeilen deutlich heraus, dass ich eine sehr eigene Auffassung habe in Punkto Führungskräfte und Consulting-Firmen.

Ich lasse mich in Punkto Wertschätzung aber nicht davon abhalten, auch heute noch in meinem Umfeld weiterhin Nachbarn, Freunden oder Kollegen Komplimente zu machen, sie kurz mal anzurufen oder ihnen eine freundliche Mail oder WhatsApp zu schicken (und nicht erst dann, wenn man jemanden braucht) oder sie mit kleinen Aufmerksamkeiten zu erfreuen.

Die Nadel des moralischen Kompasses vieler Menschen zeigt heute zunehmend in die falsche Richtung. Leider. Meine ist es nicht. Und wird es auch nie sein.

Die Neue

Doch nach dieser kurzen Ausschweifung wieder zurück auf die Cook-Inseln. Der Land-Dreh auf Aitutaki war wunderschön. In unserer Freizeit lernte Christine das Scooter- oder auch Rollerfahren. Schon nach zweimal hin- und herfahren auf dieser kleinen Insel fühlte sie sich ziemlich sicher und fing an zu träumen. Ich traute meinen Ohren nicht, als sie vom Roller stieg und mir strahlend sagte: »Aber wenn ich erst mal meine Harley habe …«

Die Schiffsreise startete diesmal in Manila. Voller Erwartung gingen wir auf unser neues Schiff. Christine und ich waren sofort begeistert. Die gesamte Mannschaft auf der MS Amadea wirkte herzlich und kompetent, das Schiff in der Ausstattung wesentlich moderner.

Am ersten Abend war immer ein sogenanntes »warm-up«, da nicht jeder Schauspieler beim Land-Dreh dabei war. Das ganze Team kam bei einem Drink zusammen, und die Neuen wurden den anderen vorgestellt. Herzlich und höflich eben.

Das sorgte auch für den nötigen Zusammenhalt, und man fand sich direkt voll im Groove wieder.

Aber irgendetwas war diesmal anders. Wolfgang war anders. Wir wunderten uns ein wenig. Hatte ihn der Stress, ein neues Schiff zu besorgen, so mitgenommen? Man tuschelte. In Manila hatte man seinen Koffer verloren. In dem waren wichtige Medikamente drin. Man ließ sogar jemanden um die halbe Welt fliegen, um neue

Medikamente zu besorgen. Was war los? Wir machten uns die ersten Gedanken. Doch Wolfgang war zäh. Er ließ sich nichts anmerken.

Die Reise mit dem neuen Schiff ging zum Land der Menschenfresser, Papua-Neuguinea. Das war schon sehr exotisch, weil wir es mit einem für unsere Begriffe seltsamen und völlig anderen Menschenschlag zu tun bekamen. Wenn man die Leute dort in den Dörfern und auf den Märkten direkt ansieht, erntet man meist einen etwas grimmigen Gesichtsausdruck, aber sobald man lächelt, werden auch sie freundlich und öffnen sich.

Auf unserer Route kamen wir erneut an den Cook-Inseln vorbei. Wir drehten dort den Schiffsteil für Macau, eine Folge, in der Christine mitspielte. Sie hatte 2012 in der Folge Singapur/Bintan schon in der Rolle meiner Schwester mitgespielt, diesmal war sie eine Mode-Designerin, deren Ehemann (gespielt von Michael Roll) sie auf dem Ozean von einer Privatyacht aus ins Meer werfen und beseitigen will.

Auf dem Schiff wurden mehr und mehr Passagiere krank. Christine fühlte sich auch nicht gut und hätte sich eigentlich weigern sollen, die Szenen im seichten Wasser in der Lagune vor Aitutaki zu drehen. Aber sie wollte den Dreh nicht unnötig verzögern. Also biss sie sich am Nachmittag durch und war eine gute Dreiviertelstunde mit Fieber im Wasser. Gedankt wird einem so etwas nie.

Am nächsten Ziel waren wir wieder auf Bora Bora. Noch einmal gingen wir mit Wolfgang in das Restaurant *Bloody Mary,* und jetzt konnten auch die Neuen seinen Namen auf der Tafel vor dem Restaurant bewundern. Es war wie immer bei Wolfgang sehr lustig, und er hatte wieder eine sehr illustre Runde von Personen zusammengestellt. Unser Chef war offenbar wieder ganz der Alte und fühlte sich gut an dem Abend.

Als wir wieder auf dem Schiff waren, bekam Christine, die lieber an Bord geblieben war, sehr starken Husten. Ich brauchte meinen Schlaf, denn ich musste am nächsten Morgen sehr früh raus und drehen. Also gab man mir eine separate Kabine, um ruhig schlafen zu können.

Am nächsten Morgen ging ich zum Frühstück und schaute kurz bei Christine rein. Ein kurzer Blick genügte. Ich rannte, so schnell ich konnte, zum Frühstücksraum, um den richtigen Schiffsarzt, Doktor Schimmel, zu finden. Wir brachten Christine direkt ins Bordhospital. Sie wurde sofort an einen Tropf gelegt. Eine ernste Lage. Ich machte mir große Sorgen um sie. Langsam wurde sie wieder stabilisiert; es brauchte aber noch eine zweite Infusion, bis sie wieder einigermaßen beieinander war.

Auf der nächsten Insel Moorea hatten sowohl ich als auch Sascha Hehn drehfrei. Christine ging es langsam besser. Also mieteten Sascha und ich uns jeder einen Scooter und fuhren einmal um die Insel, stoppten an verschiedenen Restaurants und hatten mal wieder Zeit, ohne die Gäste an Bord und ohne das Team um uns herum, in Ruhe tolle Gespräche zu führen.

Jetzt ging es zur Osterinsel, wo wir 2010 damals auf dem Weg nach Bora Bora zwischengelandet waren. Wenn ihr jemals die Chance habt, dorthin zu fahren, macht es bitte. Denn die Osterinsel ist ein mystischer Platz. Die berühmten großen Steinköpfe, wie kamen sie dorthin? Wie hat man sie bewegt? Und jetzt, da man herausgefunden hat, dass diese Monolithen auch noch einen Rumpf haben, wird es besonders spannend.

Pitcairn Island war dann auf dem Weg nach Südamerika eine der letzten Stationen. Mit gerade fünfzig Einwohnern handelt es sich dabei um eine sehr kleine Insel. Dort kann man je nach Seegang, selbst mit unseren Tender-Booten, sehr schwer anlanden. An dem Tag ging es aber. Ein raues Leben haben die dort, das kann ich euch sagen! Einsamkeit wird an diesem Ort - insbesondere für uns - neu definiert. Man kommt sich ziemlich verloren vor, wenn man sich die Landkarte anschaut und weiß, wo man sich da befindet.

Wolfgang Rademann war für viele im Team so ein bisschen wie eine Vaterfigur. Für mich aber war es noch etwas anders. Wolfgang erinnerte mich wirklich an *meinen* Vater. Was genau es war, habe ich nie herausgefunden. Auch in seiner Gegenwart war ich oft sehr unsicher, sobald wir alleine waren. Wolfgang liebte es, wenn man ihm auch mal über den Mund fuhr. Aber ich hatte viel zu viel Respekt vor ihm und tat mich damit sehr schwer. Es dauerte lange, bis ich mit ihm auf Augenhöhe war. Erst nachdem er mich 2013 zu seinem Hof-Barden gemacht hatte, wurde es vertrauter zwischen uns.

Wenn ein Abschied beginnt

Den Sommer über krempelten wir die Ärmel auf und bauten an unserem TING, im Herbst folgte die nächste Runde für *Kreuzfahrt ins Glück*. Es ging von Nizza über Italien und durch den Bosporus ins Schwarze Meer. Man hatte mich schon gewarnt, dass ich nicht erschrecken sollte, wenn wir Wolfgang sehen würden. Sein Zustand hatte sich drastisch verschlechtert. Er hatte sehr abgenommen und wirkte gebrechlich. Das gesamte Team versuchte, es zu überspielen, und wir alberten weiter mit ihm herum. Doch keinem entging: Wolfgang ging es wirklich schlecht.

Wir waren gerade auf dem Weg nach Odessa. Man weihte mich ein. »Wir müssen Wolfgang am nächsten Hafen sofort nach Berlin ins Krankenhaus bringen.« Wenn ich ihn noch einmal sehen wolle, dann in dieser Nacht. Jemand müsse bei ihm bleiben, und zwar die *ganze* Nacht hindurch bis Odessa. Diese Nachtwache teilten wir zwischen mehreren ihm vertrauten Personen auf. Irgendwann spät in der Nacht war ich dran. Wolfgang schlief. Er wachte nach gut einer Viertelstunde jedoch auf, schaute mich verwundert an und sagte: »Na Junge, allet klar?« Er lächelte. Wir unterhielten uns lange. Es war ein wunderschöner Moment. Wie schon all die anderen zuvor in dieser Nacht, so versuchte auch ich, ihn zum Lachen zu bringen, und wir erzählten uns all die schrägen und verrückten Geschichten, die wir die letzten Jahre über gemeinsam erlebt hatten. Als er wieder einschlief, schaute ich ihn noch einmal lange an. Es war das letzte Mal.
Ich war dankbar für diese letzte Stunde mit ihm.

Wolfgang wollte nicht, dass das Team ihn in diesem Zustand sah. Sein Wunsch war es, dass man ihn heimlich morgens von Bord bringen sollte. Als das Schiff für den Landgang in Odessa freigegeben wurde, war er schon längst am Flughafen.

Während wir Christines Familie in Südtirol besuchten, schauten wir in Österreich bei einer Pool-Firma vorbei. Ein Pool aus Edelstahl, das wäre für unser TING das fehlende Juwel. Wir fingen wieder an zu visualisieren und zu träumen.

Es folgte die Reise nach Palau, einer Inselgruppe im Pazifischen Ozean. Ein Taucherparadies, das 2016 auf die Agenda kam. Wolfgang hatte es schon 2015 auf unserer Reise von Manila Richtung Südseeinseln ausgekundschaftet. Aber leider war er auf dieser Reise nicht mehr mit dabei. Er wurde zu schwach, um zu reisen, und blieb in Berlin in ärztlicher Betreuung.

Kurz vor dem Abflug bekam ich eine Facebook-Nachricht von einem gewissen Etienne Heimann, ein junger Filmemacher aus Deutschland. Um genauer zu sein, aus Katzenelnbogen, der kleinsten Stadt Deutschlands. Er wollte mir gerne ein Drehbuch zuschicken und fragte, ob ich es mal lesen könnte. Warum nicht?

Auf Palau wurde dann ein lang ersehnter Wunsch wahr: Ich drehte mit dem deutschen Schauspieler Michael Gwisdeck. Es ging um Demenz und beinhaltete ein paar sehr schön geschriebene Szenen. Es machte viel Spaß mit Michael. Mit ihm vertieften wir uns oft in lange Gespräche oder gingen gemeinsam essen. Außerdem: Wie ich schon vorher einmal erwähnte, liebe ich Menschen, die schräg sind, eigen und sich nicht verbiegen lassen. Michael war so einer. Leider ereilte mich vor einigen Wochen die traurige Nachricht: Michael verstarb am 28. September 2020.

Nach 14 Tagen verließen wir Palau und flogen Richtung Los Angeles, um von dort aus über Lima weiter nach Santiago de Chile zu reisen. Denn dort lag das Traumschiff. Es war mal wieder eine dieser vielen Reisen, bei denen man dann froh war, nach über 35 Stunden aus dem Flieger auszusteigen und einfach anzukommen.

<u>KAPITEL 21</u>

All Good Things …

(2016-2020)

Als wir im Landeanflug auf L. A. waren, um dort eine Zwischenlandung zu machen, hatte mein Telefon plötzlich wieder Netz. Ich las: *Wolfgang Rademann im Alter von 81 Jahren verstorben.*

Betroffen checkte das Team im Hotel ein. Jeder trauerte auf seine Weise. Auf dem Schiff arrangierten wir mit dem Schiffspastor eine Trauerfeier. Dieser kannte Wolfgang nicht persönlich, hielt aber eine sehr schöne und bewegende Rede. Ida, Maskenbildnerin und fast am längsten im Team, schloss sich ihm an. Einige Schauspielkollegen ebenfalls. Ich stand erst ganz am Schluss auf, schaute den hunderten von Möwen hinterher, die Richtung Westen in den Sonnenuntergang flogen, schloss meine Augen und spielte mit meiner Mundharmonika das alte schottische Volkslied, mit dem man traditionell das alte Jahr verabschiedete.

Ich verabschiedete Wolfgang. Es war das Lied, das er schon so oft von mir gehört hatte, wenn ein gemeinsamer Abend an Deck zu Ende ging: *Auld Lang Syne.*

Einen Tag später bekam ich einen Anruf von einem Journalisten, Björn Sülter. Er sollte einen Nachruf für ein Medienmagazin schreiben und bat mich um ein paar Worte. Daraus entstand erneut ein schöner, emotionaler Artikel.

Alles, was danach folgte, fühlte sich merkwürdig an. Etwas fehlte. Doch der Schiffsteil für die Episode Palau war fertig, und als nächstes kam Kuba dran. Das Team ging von Bord und flog ab, ich jedoch begab mich für eine kleine Pause nach Montana. Denn im Landteil der Kuba-Geschichte kam ich nicht vor. Das war mir aber auch ziemlich egal, denn ich hatte etwas viel Spannenderes zu tun: Ich sollte einen Film in Arkansas drehen. Es handelte sich um eine Vater-Tochter-Geschichte, dunkel, schwermütig und emotional geladen. Genau das, was ich jetzt brauchte!

Besondere Menschen und Projekte

Es war zwar nur ein Kurzfilm, aber endlich drehte ich wieder in Amerika. Wie schon erwähnt: Wenn du in den USA vor der Kamera stehst, wirst du behandelt wie ein Star. Geld gab es diesmal zwar keins, aber dafür »the royal treatment«. Man holte mich mit einer Stretch-Limousine vom Flughafen in Fayetteville, Arkansas ab. Ich wohnte in einem 5-Sterne-Hotel, und wir aßen im besten Restaurant der Stadt. Ich fühlte mich wertgeschätzt und sauwohl, als die Klappe geschlagen wurde. Das Resultat war entsprechend. Der Film gewann Preise auf verschiedenen Kurzfilm-Festivals.

Während dieser Zeit ging mir das Drehbuch von dem jungen Schreiber Etienne Heimann nicht aus dem Kopf. Es las sich gut und war spannend. Nur das Ende der Geschichte brauchte noch ein bisschen Arbeit. Wir begannen also, regelmäßig zu telefonieren. Er war engagiert, offen und hatte Biss. Ich fragte ihn, wer den Kommissar spielen solle. Diese Rolle sei eine Herausforderung, und ich hätte Interesse dran. Witzigerweise hatte er nicht gewagt, mich zu fragen, erwiderte er. Wir schlugen ein!

Für ein Treffen peilten wir Hamburg an. Ich wollte mir dort einen Sprinter mieten, weil ich nach Dänemark musste, um unsere privaten Sachen auszuräumen. Wir hatten entschieden, das Haus zu verkaufen. Die Sachen wollte ich dann nach Österreich bringen und in einen Container laden, zusammen mit den Bauteilen eines Edelstahlpools, den wir dort für Montana bestellt hatten. Etienne fragte: »Hast du schon einen Sprinter?« Warum er das fragte? Seine Mutter hat ein Kleinlastwagen-Unternehmen in Katzenelnbogen! Er versprach mir, einen mit nach Hamburg zu bringen. Wie einfach Dinge sein können! Doch sind wir mal ehrlich: Kann es so viele Zufälle geben? »Du hast aber auch immer ein Glück«, sagen mir einige. Das mag sein, aber ich bin davon überzeugt, dass die Dinge so passieren, weil ich schon als Kind immer alles visualisierte. Ich stelle mir im Kopf vor, wie alles abläuft. Meine Ex-Freundin Regina war sehr esoterisch und hat mir oft gute Buchempfehlungen gegeben. *The Secret* war eine davon. Ich las es und dachte mir: *Wow, das hätte auch ich schreiben können.*

Denn eine dieser Weisheiten der vielen großen Denker dieser Welt, die in diesem Buch zusammengetragen wurden, lautete: Visualisieren!

Oft höre ich aber auch von Bekannten, denen ich dieses Buch weiterempfohlen habe, dass es bei ihnen nicht klappt. Dann scheint Visualisieren wohl eine Gabe zu sein, für die ich sehr dankbar bin.

In Hamburg befand ich mich gerade in einem Handyladen und hatte mir meine zerbrochene Frontscheibe vom Handy erneuern lassen. Dabei stellte ich fest, dass ich kein Geld mithatte. Etienne kam dazu und löste mich schließlich mit 100 € aus. Das war unser erstes Treffen. Wie peinlich!

Wir redeten und redeten über sein Skript, und ich muss ihn wohl sehr gelobt und angefeuert haben, sodass er jetzt spontan den Entschluss fasste: Egal was kommen würde, diesen Film würde er unbedingt in diesem Sommer noch machen. Er wollte jetzt alles von mir wissen, und ich erzählte ihm in Kurzfassung einen Teil meiner Lebensgeschichte. Darunter waren sicher fünfzig Prozent von diesem Buch hier. Danach fuhr ich ins Haus nach Dänemark und lud den Sprinter voll. In Katzenelnbogen stieß Christine zu uns, und Etienne brachte uns im Hotel Berghof in der Hochzeitssuite unter. Zufall? Nein, er hatte sich jede Geschichte von mir gemerkt, auch die von Bali, und meinte schmunzelnd: »Ich dachte, ich mach dann mal einen auf Rademann.« Damit hatte er mein Herz gewonnen.

Wir drehten einen kleinen Teaser mit kurzen Action-Szenen für seinen Film. Der Regisseur war vor Ort. Mit einem Anflug von Martin Scorsese, aber beruflich noch nicht viel vorzuweisen, brachte er, meiner Meinung nach, ein sehr überzogenes Ego, verbunden mit entsprechender Überheblichkeit, mit an den Tisch. *Wieder so ein Regisseur*, dachte ich und gab Etienne einen dezenten Hinweis. Er solle einfach auf seinen Bauch hören. Doch hatte er Bedenken, Zeit zu verlieren und einen neuen Regisseur zu suchen. Für uns ging es erstmal weiter nach Österreich, und ich lieferte unsere privaten Sachen bei der Poolfirma ab.

Etienne ist mir sehr ähnlich, immer voller neuer Ideen. Er ist kein Träumer, sondern ein Macher. Für gut 8000 Euro hatte er bereits den 90 Minuten langen Kinofilm *Bauernopfer* produziert, der sich sehen lassen konnte.

Unter dem Motto *Der Traumschiffarzt kommt* sollte ein bunter Abend mit mir in der Stadthalle von Katzenelnbogen stattfinden. Der

Eintritt war als Grundstein zur Finanzierung seines Films gedacht. Fast schüchtern fragte er mich, ob ich dazu bereit wäre. Was für eine Frage! Bei dem Mut mit nur zwanzig Jahren musste ich einfach dabei sein!

Etienne druckte also prompt Plakate und machte Werbung in den lokalen Medien. Alles war schnell vorbereitet. Nach dem Soundcheck parkte ein kleines, silbernes Auto auf dem großen, fast leeren Parkplatz vor der Halle. Der Besitzer, ein passionierter Autogrammjäger, hatte mitbekommen, dass ich in der Stadt war. Er stand gerade an einem Busch und pinkelte. Als er mich kommen sah, ging der Reißverschluss flugs nach oben. Er drehte sich abrupt um, kam forschen Schrittes auf mich zu, und bevor ich es realisierte, ergriff er hocherfreut meine Hand: »Ach, Herr Wilder. So schön, Sie zu sehen. Darf ich um ein Autogramm bitten?« Er reichte mir einen Kugelschreiber. So erhielt ich immerhin eine Gelegenheit, die von ihm mit seiner rechten Hand gerade übertragenen Viren beim Händeschütteln über den Kugelschreiber wieder an ihn zurückzugeben. Aus dem heutigen Corona-Blickwinkel eine äußerst komische Geschichte, über die ich mich vor Lachen noch wegschmeißen kann.

Am Abend war die Bude voll. Etienne machte den Conféren cier. Es war sein erstes Mal. Doch gelang es ihm ganz ausgezeichnet, und er brachte das Publikum zum Lachen. Ich antwortete auf seine Fragen und spielte ein paar Songs auf der Gitarre. Dann sollte ich noch ein paar Anekdoten als Doc Sander preisgeben.

Ich erzählte die Geschichte einer Szene, die wir an Bord gedreht hatten. Zwei Schwestern reden miteinander. Die eine ist schwanger und bricht zusammen. Die andere ruft: »Hilfe, einen Arzt!« Der echte Schiffsarzt befand sich gerade ein Deck höher, rannte die Treppen hinunter und lief auf die Frau am Boden zu. Der Regisseur kam von hinten und sagte: »Es ist alles in Ordnung mit der Dame!« Der Schiffsarzt drehte sich entrüstet um und fauchte den Regisseur an: »Die Diagnose hier an Bord, die stelle immer noch ich. Ich bin hier der Arzt!« – »Wir drehen hier doch nur einen Film«, erwiderte der Regisseur. Jetzt sah der Bordarzt die Kamera und das Licht. Es folgte ein riesiges Gelächter an Deck. Aus dem Publikum im Saal stand plötzlich ein älterer Herr auf und rief laut: »Das war ich!« Ich traute meine Augen nicht. Da stand der damalige Schiffsarzt in Uniform vor mir. Er wohnte im nahen Lahnstein, hatte in der Lokalpresse von unserem Abend in der Gemeindehalle gehört und wollte mich überraschen. Das war ihm wahrlich gelungen. Er hatte extra seine alte Uniform angezogen.

Aber wie konnte es sein, dass ich an diesem Abend intuitiv von all den Erlebnissen als Doc Sander an Bord genau diese Geschichte erzählte? Ich habe keine Ahnung. Es erinnerte mich an mein Casting damals in Hamburg für *S.O.S. Barracuda*. Wie sagte die Wahrsagerin damals in Florida zu mir? »Listen to your gut feeling!« (»Hör auf deinen Bauch!«) Genau das versuche ich.

Bevor es in vier Wochen mit dem Film losgehen würde, hatte ich noch ein paar Projekte in Montana zu erledigen. Das Loch für den Pool musste angepasst werden; die Bodenplatte gossen wir selbst und ließen die Wände von einer Firma machen. Das war Millimeterarbeit, da musste alles passen. Das tat es jedoch: Mit viel Hilfe von Nachbarn und den Arbeitern der Poolfirma stand das Ding in nur drei Tagen! Auch Christines Gartenkonzept war seit dem Aufbau des Zaunes immer weiter fortgeschritten. Unser Traum vom TING nahm immer genauere Formen an.

Vor meiner Rückreise nach Deutschland bat ich noch meinen Freund, den Country-Sänger Jason De Shaw, einen Song für Etiennes Film *Jammertal* zu schreiben. Auf diese Weise konnte ich sogar ein bisschen Montana nach Katzenelnbogen mitbringen.

Dort traf ich im August dann auf ein junges Filmteam, das sehr engagiert bei der Sache war. Man konnte frei denken, und jeder brachte seine Ideen ein. Ich hatte die vorangegangenen Monate intensiv mit Etienne am Drehbuch gearbeitet und ebenfalls einige Ideen beigesteuert. Die Story selbst stammte von ihm. Doch erwirkte mir meine kreative Mitarbeit meine erste Nennung als Co-Autor und legte damit vielleicht sogar den Grundsteine für das, was noch kommen sollte.

Der Regisseur allerdings bremste sich selbst aus (im wahrsten Sinne des Wortes). Ein Trailer überfuhr ihn, und er brach sich ein Fußgelenk. Etienne konnte jetzt beim Dreh mehr Einfluss nehmen. Er übernahm sogar für ein paar Tage den Job selbst.

Etienne hatte es mit seinen zwanzig Jahren geschafft, den Großteil der Bevölkerung von Katzenelnbogen für sein Projekt zu gewinnen. Er brachte die örtliche Polizei, das Krankenhauspersonal, die

Feuerwehr, den Bürgermeister, den THW, eine 145 Personen starke Hundestaffel, Lastwagenfahrer, ein Privatflugzeug und sogar die Küche im Altersheim, die für das Filmteam kochte, mit an den Start. Alle packten mit an und halfen. Einen roten 911er SC-Porsche aus den Achtzigern hatte ich über meinen Freund Darius Mizani besorgt, der für Porsche Placement und Beistellungen im Filmbereich macht. Dieser wurde extra aus dem Porschemuseum zum Set gebracht. Diesen Film zu machen und all diese netten Menschen ken nenzulernen, war für mich ein Geschenk der besonderen Art und hat mein Leben bereichert. Man machte mich sogar zu einem echten »Einricher«, indem man mich eines Abends mit dem lokalen Getränk »Granatapfel-Schnaps« bis zum Rand abfüllte. Im Film traf ich auch wieder auf Maren Gilzer, die meine Vorgesetzte im Polizeipräsidium spielte und die mich in Leipzig damals auf der Bühne wortwörtlich ausgebremst hatte.

Kurz aufs Schiff

Im November 2016 drehten wir in Tansania den Landteil für die Sonderfolge *35 Jahre Traumschiff*, die Ostern 2017 ausgestrahlt wurde. Fun Fact am Rande: Florian Silbereisen zeigte sich dabei zum ersten Mal und spielte einen Schiffsoffizier.

Alle außer mir hatten die großen Schilder am Flughafen in Tansania gelesen, dass man aus den Nationalparks nichts mitnehmen darf. Keinen Stein, keinen Strauch, kein gar nichts. Das sollte noch wichtig werden.

Afrika besitzt eine unfassbare Magie. Wir fuhren zu den Massai-Kriegern, erlebten atemberaubende Landschaften. Wir drehten an einem Fluss, wo ich zwei Passagiere retten sollte, die mit ihrem Geländewagen im Fluss stecken geblieben waren.

Um uns herum standen diverse Parkwächter mit Maschinengewehren, die uns vor eventuellen Angriffe von Krokodilen oder Flusspferden schützten. Meine Maskenbildnerin Petra hatte wunderschöne Muscheln am Strand des Flusses gefunden.

Jetzt machte ich mich in meiner Drehpause ebenfalls auf und wollte mir ein paar von denen holen. Plötzlich fand ich einen großen Zahn. Ich fragte einen der Parkangestellten, ob das ein Hippo-Zahn sei. Ja, war es. Ob die unter Artenschutz stehen würden, hakte ich nach. Er verneinte. Ich steckte also alles in meinen Rucksack und später im Hotel in meinen Koffer.

Bei der Ausreise wurden dann alle unsere Gepäckstücke durchleuchtet. Bei mir ging natürlich die Alarmglocke los. Erst fand man die wunderschönen Steine, die ich gefunden hatte. Dann die Muscheln. Und beim dritten Durchlauf den Zahn. Jetzt wurde es eng. Eine Reihe von Zollbeamten versammelte sich langsam um mich herum, und erst jetzt dämmerte mir, was ich da eigentlich verbrochen hatte. Unser Produktionsleiter kam mir zu Hilfe. Er erklärte, dass wir gerade einen großen Film abgedreht hatten, der Werbung für Tansania machte, und ich einer der Stars dieser Sendung sei. Den Beamten interessierte das nur wenig. Er meinte, wir müssten auf seinen Vorgesetzten warten. Und diese Wartezeit dauerte ewig. Noch fünf Minuten bis zum Abflug. Ich wurde langsam richtig nervös und fragte ihn, warum es so lange dauern würde und ob er ihn nicht anrufen könnte. Drei Minuten später nahm er ganz ruhig sein Telefon und rief an. Ich hatte das Gefühl, er tat nur so, und am anderen Ende war gar keiner. Er wollte mir nur eine Lektion erteilen und mich zappeln lassen. Nach zwei weiteren Minuten meinte er dann: »Du kannst gehen!« Das ließ ich mir nicht zweimal sagen!

Schnell noch durch die Passkontrolle, dann ein Spurt bis zum Flieger, Klappe zu und ab ging's. Ich hatte es gerade noch geschafft. Nicht nur, dass ich einen wichtigen Zahnarzttermin in Südtirol vor der Brust hatte, nein, ich sollte auch direkt anschließend nach Hamburg zu Dreharbeiten fliegen. Die Vorstellung, in einem Gefängnis in Tansania dahinzuvegetieren, versuchte ich im Flieger so schnell es ging wieder abzuschütteln.

Bei den Dreharbeiten ging es um eine zweite Chance. Zehn Jahre waren vergangen, seit ich bei *Rote Rosen* aufgrund des Interessenskonflikts abgesagt hatte, doch holte mich meine Bestimmung nun wieder ein.

Vor 25 Jahren hatte ich auf dem Schiff Rickmer Rickmers in der Pressekonferenz zum Film *Die Große Freiheit* gesessen, der mir die große Freiheit auch wirklich verschaffen konnte. Nun spielte ich in *Rote Rosen* zukünftig einen dieser Reeder.

Ich kam also im Rahmen der Geschichte als großer Investor nach Lüneburg. Die Produzentin Alice Ziemann-Bahl hatte mich als Johan Feddersen gecastet, und nun fühlte sich alles richtig an. Wohlfühlfaktor 100 Prozent!

Eine Lady geht von Bord

Zurück auf dem Traumschiff wurde aus dem Thema Neuanfang wieder das Thema Ende. Denn nach 36 Jahren ging Heide Keller in Los Angeles von Bord. Fürwahr, das war eine lange Zeit. Und sie hatte ihren Job gut gemacht. Wie Wolfgang Rademann immer so schön sagte: »Heide ist das Traumschiff!«

Bei meiner ersten Fahrt hatte damals auf dem oberen Deck eine Veranstaltung stattgefunden. Heide, Siegfried Rauch und ich standen zusammen mit dem damaligen Kreuzfahrtdirektor auf der Bühne. Vor rund 500 Zuschauern wurde sie gefragt, was sie denn so von ihrem neuen Kollegen halten würde. Heide im O-Ton: »Naja, Nick ist ja ganz nett. Aber Siggi und ich vermissen schon den Horst Naumann.« Das fand ich zwar nicht so witzig und auch ein wenig unangemessen, doch ich schwieg. Vielleicht war es ja auch nur ein Versehen gewesen. Ich war eben »der Neue« und schluckte es.

Im Laufe der nächsten sieben Jahre wurde mir dann regelmäßig von Gästen und auch Kollegen zugetragen, dass Heide mal eben locker die Bemerkung fallen gelassen habe: »Der Nick ist ja auch kein richtiger Schauspieler.« Sie wollte damit wohl andeuten, dass ich nicht das Zertifikat einer deutschen Schauspielschule besaß. Nun ja, das stimmte. Mein Weg war eben anders verlaufen. Doch wen interessierte das? Ich schwieg weiterhin. Es war schon damals abzusehen, dass sie bald würde gehen müssen. Auch sie hatte ihr natürliches Verfallsdatum erreicht. Ich muss wirklich sagen, Heide Keller hat einen tollen Job als Beatrice gemacht. Hut ab! Aber als Kollege, der ich für sie und Siegfried Rauch anscheinend leider nie war, trauerte ich ihr keine Minute nach.
Christine und ich liebten das Traumschiff-Team. Die meisten kannten wir ja schon seit ihrem ersten Auftritt damals auf Bali. Auch mit den Gästen an Bord und der Schiffsbesatzung hatten wir immer ein sehr gutes Verhältnis. Doch für uns beide kam mit dem Job des Schiffsarztes noch eine andere Aufgabe hinzu, die wir uns selbst auferlegten. Wir taten alles, um zu einer positiven Atmosphäre zwischen den Gästen und dem ZDF-Team beizutragen. Ein freundliches »Guten Morgen« im Frühstücksraum, ein netter Plausch mit Passagieren; insbesondere Christine hatte dafür ein gutes Händchen. Sie machte an Bord Lesungen oder half der Reiseleitung mit bei den Landausflügen. Und trotzdem waren da für mich all die Jahre immer diese »Störfaktoren«. Zusammen mit dem verpatzten Auftakt bei meinem Einstieg, als Wolfgang sich nicht getraut hatte, Horst frühzeitig reinen Wein einzuschenken, einem gewissen Regisseur und den beiden Hauptdarstellern Siggi und Heide – ich hatte nie so richtig das Gefühl, jemals 100 Prozent angekommen zu sein. Doch von dem Moment an, da ich Sascha Hehn an meiner Seite hatte, fühlte ich mich wesentlich wohler in meiner Haut, und auch das Spielen vor der Kamera fühlte sich freier an. Sascha war ein absoluter Glücksfall für mich und die Produktion!

Kaiser, Premiere und Rote Rosen

Doch passierte noch etwas, das man als Glücksfall ansehen konnte: Plötzlich und vollkommen unerwartet stand Herr Kaiser wieder vor der Tür!

Nach meinem Weggang 2010 hatte ich mich insgesamt dreimal mit Agenturen oder Vertretern anderer Versicherungen getroffen. Sie wollten die immer noch andauernde Popularität der Werbefigur für sich nutzen. Letztendlich wagte es dann aber keiner, den letzten Schritt zu gehen. Doch dann kam eine Firma, die es wirklich durchzog: *Check24!* Sie riefen meine Agentur an, und der Deal stand. In einem selbstironischen Comeback tauchte Herr Kaiser plötzlich wieder auf.

Pünktlich zu der Zeit im Herbst, in der die Deutschen ihre Autoversicherungen oft erneuern, kam er in einem neuen Fernsehspot durch die Tür. Nun hörte man wieder den berühmten Satz, den man in den deutschen Werbeblöcken seit dem Ende der Marke Hamburg-Mannheimer vor sieben Jahren nicht mehr gehört hatte: »Hallo, Herr Kaiser!«

Die meisten der ehemaligen HM-Mitarbeiter verstanden die Ironie dahinter. Doch auch die Flut an bösen Briefen und FB-Nachrichten riss nicht ab. Man nannte mich »Nestbeschmutzer« und gab mir andere böse Bezeichnungen. Ich solle mich schämen, schrieb sogar einer.

Ich fand die Idee charmant: Herr Kaiser war jahrzehntelang das Synonym für Versicherungen und ihre Vertreter schlechthin gewesen, auch über die Hamburg-Mannheimer hinaus. Doch hatte sich das Geschäft in der digitalen Ära auch stark verändert. Der neue Spot nahm diesen Ball in meinen Augen gekonnt auf und bewahrte die Integrität der Figur.

Rückblickend zeigten mir die Reaktionen aber auch, dass die Hamburg-Mannheimer den außerordentlich hohen Identifikationswert der Figur bei den Mitarbeitern nie richtig erkannt hatte.

Doch blieb mir nicht viel Zeit für weitere Gedanken, denn meine zweite Runde bei *Rote Rosen* stand auf dem Zettel. Diesmal war ich in vier Blöcken gebucht. Es lag aber eine Woche Pause dazwischen, was ganz wunderbar passte. Genau in diesem Zeitfenster plante Etienne nämlich seine große Premierenfeier. Perfektes Timing! Zu dieser Veranstaltung kam auch mein Freund Ray Kuntz zusammen mit seiner neuen Freundin Susi extra aus Montana. Für mich war das ein sehr großer Beweis ihrer Freundschaft. Ich plante ebenfalls eine Premiere des Films auf Fehmarn. Das war ich meiner Geburtsinsel schuldig. Hier sollte es allerdings ein sogenanntes »Double Feature« werden, denn mittlerweile war auch der Kurzfilm aus Arkansas mit dem Titel *Living Colors* fertig.

Die Regisseurin Alicia Hayes und William Carlos Reyes, der Komponist, flogen ebenfalls für beide Premierenfeiern ein. Dem ewig mutigen Etienne schwebte derweil das Kloster Eberbach bei Wiesbaden, in dem schon *Der Name der Rose* mit Sean Connery gedreht worden war, für seine Premierenfeier vor.

Es war am 3. Oktober 2017. Dieses Event übertrumpfte in meiner Erinnerung sogar die Premierenfeier von Stargate, damals in Los Angeles. Wir feierten bis spät in die Nacht.

Am nächsten Morgen folgte dann ein schneller Ritt gen Norden nach Fehmarn. Dort rollte der Besitzer des Filmtheaters Burg auf Fehmarn, Hans Peter Jansen, den roten Teppich für uns aus. Zuerst lief *Living Colors*, dann als Hauptfilm *Jammertal*. Meine Partnerin Birge Funke und einige andere Darsteller aus dem Film, wie die Kollegin Eva Habermann, waren ebenfalls anwesend.

Anzumerken in Punkto Zufälle sei noch eines: Als ich auf der Bühne des Insel-Kinos stand, wurden mir kurzzeitig die Knie weich. Mein Gott, hier hatte alles angefangen! Genau hier in diesem Raum durften wir 1968 mit unserer Band *Flangia Kaiphos* üben, nachdem wir dem Strohballen-Schuppen in der Scheune in Petersdorf entwachsen waren. Jetzt, gute 50 Jahre später, stand ich auf denselben Brettern bei meiner Ansprache an das fehmarnsche Publikum, von denen ich viele schon seit Jahrzehnten nicht mehr gesehen hatte.

Und ratet mal, wo dieser gelungene Abend endete? Natürlich im »Party Headquarter« bei Susie in *Wissers Hotel* (wo es übrigens die beste Fischsuppe der Welt gibt).

Wer kann Keller?

Auf dem Traumschiff hatte man unterdessen die Frage geklärt, wer die Nachfolge von Heide Keller antreten könnte. Die Wahl fiel auf Barbara Wussow. Ich besorgte mir über ihre Agentin die Telefonnummer und rief sie an, um ihr zum neuen Job zu gratulieren. Ich wollte sicher sein, dass sie sich von der ersten Minute an im Team wohlfühlte, damit es ihr nicht so erging wie mir damals. Denn nun gehörte ich ja zu den Etablierten und konnte ein Beispiel setzen. Ich glaube, das hat sie damals gefreut.

Beim Land-Dreh auf den Malediven im November war ich nicht dabei. Dann im Dezember folgte der Schiffsteil für das Oster-Special. Da ich Barbara nur vom Telefon kannte, konnte ich ihr nun endlich den berühmten Satz von Heide Keller persönlich sagen: »Willkommen an Bord, Frau Wussow!« Sascha, Barbara und ich wurden das neue Team. Ach, war das entspannt. Wir hatten eine gute Chemie miteinander.

Vom Konzert zu Konny

Weihnachten verbrachten wir wieder in unserem geliebten Montana zur schönsten Zeit des Jahres, mit einer garantierten weißen Weihnacht und viel Schnee. Am 5. Januar 2018 richteten wir ein Hauskonzert mit Jason De Shaw aus. Auch Paige Rasmussen war mit von der Partie.

Unsere Heimatstadt Helena hatte gerade einen neuen Bürgermeister gewählt. Es war eine Sensation, denn Wilmot Collins ist ein Farbiger, ein Flüchtling aus Liberia, und wohnt seit 25 Jahren bei uns im Ort.

Er hatte sich in der Wahl durchgesetzt, was in ganz Amerika eine Sensationsnachricht darstellte, da Montana als »weißer« Staat gilt. Ich schrieb ihn über Facebook an und lud ihn zu unserem Hauskonzert ein. Seine Verwandtschaft war wegen seiner bevorstehenden Einschwörung ebenfalls im Ort, und Christine und ich baten ihn, einfach alle mitzubringen. Es war wieder ein tolles Konzert, und unser neuer Bürgermeister, seine Familie und wir schlossen schnell Freundschaft. Bei seiner folgenden Einschwörung lernte ich dann sogar noch seine betagte Mutter kennen.

Danach ging es direkt wieder an Bord der MS Amadea. Es wurde mein neuntes Jahr als Doc Sander, diesmal mit Reisen nach Hawaii und Japan. Da hatte Wolfgang immer mal hingewollt. Auf Hawaii traf ich endlich auf Konny Reimann, bekannt aus *Goodbye Deutschland*, von dem ich schon viel gehört hatte. Ihn und seine Familie wollte ich immer schon mal kennenlernen.

Konny und seine Frau hatten mich gefragt, ob sie bei uns als Komparsen mitmachen dürften, natürlich unentgeltlich. Aus einem mir nicht bekannten Grund gab es seitens der Produktion aber leider kein grünes Licht. Das fand ich sehr schade. Vielleicht waren die beiden bei den privaten Sendern einfach zu bekannt? Wer weiß schon, was in den Köpfen der Verantwortlichen manchmal vor sich geht. Wolfgang hätte die Sache vermutlich sofort durchgewunken. Also besuchte ich die beiden, zusammen mit einem Fotografen, in ihrem Haus, um für den Bauer-Verlag Fotos für eine Story zu machen. Konnys in Rum eingelegte Früchte für seinen *Konny's Jungle Juice* hauten mir die Füße weg. Zurück zum Hotel fuhr glücklicherweise der Fotograf. Ich durfte mich aber noch bei Konny in seiner Bar auf einer Schranktür mit Filzstift verewigen.

Konny ist so gerade, wie er im TV wirkt. Man kann ihn nicht verbiegen. Und das ist genau das, was ich an Menschen wie ihm (oder auch an Sascha Hehn) so liebe. Konny und Manuela Reimann besuchten uns diesen Sommer 2020 dann auch in Montana. Ihr könnt euch sicherlich alle vorstellen, wieviel Spaß wir miteinander hatten.

Während ich auf Hawaii drehte, meldete sich auch *Check24* erneut. Der Spot mit Herrn Kaiser war gut angekommen, und so ging es in die Verlängerung. Verrückt: Für drei Tage flog ich nach München und gleich wieder zurück. Denn wegen schlechten Wetters auf Hawaii war eine Szene noch nicht im Kasten. Ich muss zugeben: Die Fliegerei war inzwischen oft sehr anstrengend. Wir drehten aber wieder zwei sehr witzige Spots, und erneut folgten später dafür »blaue Briefe« einiger Ex-Hamburg-Mannheimer. Schade, aber nicht zu ändern.

Christine war derweil längst zurück in Montana. Unser Freund Ray Kuntz lud sie zu einem Konzert der *Helena Symphony* ein. Dabei entstand die Idee, dass das Orchester doch bei uns am TING ein Benefizkonzert geben könnte, mit Zuschauern auf dem Rasen und dem Orchester rund um den Pool herum. Christine war sofort begeistert, denn im Sinne von TING würden die Menschen zusammenkommen, und der Erlös ginge an die Kunst.

Man weihte mich in die Idee ein. Eine Woche später kam Allan R. Scott, der musikalische Leiter, zu uns, um sich die Gegebenheiten anzuschauen. Auch er konnte sich so ein Konzert gut vorstellen. Ab jetzt wurde alles von langer Hand vorbereitet. Als musikalisches Thema wählte Scott *Ein Mittsommernachtstraum* von William Shakespeare. Während die Traumschiff-Kollegen den Landteil in Japan drehten, in dem ich nicht dabei war, nutzten Christine und ich die Erholungspause und bereiteten schon einmal die ersten Dinge für das Konzert vor.

Nachdenklich

Wenn man aus sehr positiven Umständen in nicht so positive wechselt, bemerkt man oft die starke Veränderung. Denn als ich für zwei weitere Ausgaben von *Kreuzfahrt ins Glück* nach Europa zurückkehrte, wurde mir erstmals etwas richtig bewusst. Irgendwie war die Stimmung an Bord nicht mehr die gleiche wie früher, als Wolfgang noch unser »großer Anführer« gewesen war. Persönliche Differenzen reihten sich inzwischen aneinander; es gab zunehmend Reibungsflächen zwischen der Produktion und den Schauspielern. Sascha reichte es irgendwann. Er hatte die Nase voll, schmiss das Handtuch und ging. So war er einfach: ein absoluter gerader Mensch mit Rückgrat, der für sich die einzig richtige Entscheidung getroffen hat. Ich bewundere ihn dafür. Jetzt fehlte mir allerdings nicht nur Wolfgang, ich verlor auf dem Schiff auch einen sehr guten Freund

und eine wichtige Bezugsperson. Es wurde sichtlich kühler an Bord. Und das machte mich sehr nachdenklich.

Magie!

Am 26. Juni 2018 war es soweit: Bei uns am TING wurde der rote Teppich ausgerollt. Dreihundert Gäste erschienen im Smoking, die Damenwelt in langen Abendkleidern. Christine und ich öffneten für die Menschen von Helena die Türen zu unserem Traum, an dem wir so lange gebaut hatten. Man bezeichnete es überall als »besonderes Event«.

Wir konnten es kaum glauben. Die Gäste standen nun mit ihrem Champagnerglas auf dem Rasen und auf den Treppen und bewunderten Christines prachtvoll angelegten Garten. Alles blühte. Viele fragten uns, wo denn plötzlich dieses Haus in einem für Montana völlig fremden Baustil herkam. Denn wie schon erwähnt: In unser Grundstück kann man nicht hineinschauen, und viele sahen es zum ersten Mal. Es handelt sich genaugenommen um eine Art toskanische Villa.

Um den Pool herum saßen die siebzig Musiker mit ihren Geigen, Cellos, Oboen, Pauken und Trompeten. Hinter ihnen stand ein dreißigköpfiger Chor. Alle waren in Smokings und Abendkleider gewandet. Die runden Stehtische hatten wir festlich geschmückt, vierzig Fackeln brannten. Es konnte losgehen.

Nach einem leckeren Abendessen begann schließlich das Konzert. Wie eingeplant ging um 20:08 Uhr der Vollmond über dem Missouri auf, und der Lake Hauser erstrahlte in einem magisch-silbrigen Glanz.

Eingeleitet wurde das Konzert sehr patriotisch mit *America the beautiful*. Dann kam ein ganz besonderes Stück: *Das Lincoln Portrait*. Über eine klassische Komposition mit vollem Orchester wurden dabei die berühmten Worte des amerikanischen Präsidenten Abraham Lincoln gesprochen. Das übernahmen zwei Laudatoren, der demokratische Bürgermeister Wilmot Collins und der republikanische

Staatsanwalt Tim Fox. So war es auf jeden Fall politisch ausgewogen, denn die beiden verstanden sich gut, trotz ihrer politischen Differenzen.
Sogar Christines Onkel Hermann Unterhofer war extra aus Südtirol eingeflogen. Er ist Tenor und sang für das Publikum das wunderschöne Stück *Ombra mai fu* von Friedrich Händel. Nach der Dessert-Pause folgte dann das Hauptstück. Der Schauspieler Michael McNeilly spielte den König, die Königin und den Puck und rezitierte Shakespeares Texte.

Wir hatten die Menschen in dieser Nacht verzaubert. Unser TING bestand seine Premiere allemal. Das war alles, was wir erreichen wollten. Man redete noch monatelang von diesem Konzert. Und das Beste: Wir nahmen 25.000 Dollar für die *Helena Symphony* ein. Geld für die Kunst.

Wechselspiele

Als das ZDF im Herbst wieder drehen wollte, hatte man immer noch keinen Nachfolger für Sascha Hehn gefunden. Es ging nach Sambia. Keine Frage: Die Länder wiederholten sich jetzt schon des Öfteren. Sogar Wolfgang hatte sich immer wieder beklagt: »Mir gehen langsam die Länder aus.« Er hatte wohl recht.

Aus der Not heraus erfand man die Position des Staff-Kapitäns, die auf dem Traumschiff vorher niemals eine Rolle gespielt hatte. Aber auch ein solcher darf im wirklichen Leben ein Schiff steuern: Daniel Morgenroth übernahm den Posten und die Figur.

Nach gut neunmonatiger Suche legte sich das ZDF dann Anfang 2019 auf Florian Silbereisen fest. Er kam als frischgebackener Kapitän aufs Schiff. Florian war als Entertainer sehr bekannt, doch in den Augen vieler Zeitgenossen kein Schauspieler. Daher kritisierte auch die Riege deutscher Schauspieler das ZDF scharf für ihre Wahl. Letztlich bedeutete das aber nur große Aufregung und viel Presse. Wie sagte Wolfgang schon immer: »Egal wat da steht, dit is alles Werbung fürs Produkt.« Und daher wehte sicher auch der Wind.

Mit Florian kamen auch neue Einflüsse. Er brachte die Sängerin Sarah Lombardi mit, die in einer Episode mit mir zusammen singen sollte. Vier Wochen lang hatte ich den Song von Eric Clapton *My way home* auf der Gitarre geübt. Doch zwei Tage vor Drehbeginn erfuhr ich: Sie weigerte sich, den Song zu singen. Lieber wollte sie etwas von Whitney Houston machen. Kurze Panik an Bord. Sarah bekam ihren Willen, und ich war etwas irritiert. Künstler sind eben eigen. Die einen mehr, die anderen weniger. Aber wie gesagt, lasse ich mein Ego ja gerne zu Hause in Montana. Nach einem kurzen Treffen und etwas gutem Zureden, ob wir es nicht wenigstens einmal zusammen proben könnten, schmolz das Eis zwischen Sarah und mir, und die Szene mit dem Clapton-Song wurde doch noch gedreht. Und sie wurde sogar richtig gut, denn Sarah Lombardi ist eine Vollblutsängerin mit einer wunderbaren Stimme, und das Duett mit ihr klappte auf Anhieb.

Das Format sollte insgesamt wieder ein bisschen der Zeit angepasst werden. Deshalb hatte man in den letzten paar Jahren auch ein paar neue Regisseure ausprobiert. Florian machte seine Sache derweil wirklich gut. Für viele Zuschauer entsprach er zwar nicht der Figur eines Kapitäns, aber er ist ein absoluter Profi und war abends an der Bar sehr unterhaltsam. Und die Einschaltquoten gaben den Machern obendrein recht. Einschaltquoten sind für Sender das Maß aller Dinge. Doch besonders die älteren Zuschauer murrten, und viele von ihnen wollten das alte Traumschiff zurück, möglichst noch auf der MS Deutschland. Man kann es eben nicht allen recht machen. All die Veränderungen nahm ich natürlich ebenfalls wahr, und die Magie, die Christine und ich früher immer verspürt hatten, verblasste zusehends. Vielleicht ist es auch ein ganz natürlicher Prozess, wenn sich Dinge wiederholen. Jedes weitere Jahr wird dann irgendwann zur Routine. Nur ein richtiger »Macher« wie Wolfgang Rademann hatte es immer wieder verstanden, dem Traumschiff jedes Jahr neuen Zauber zu verleihen. Ja, er fehlte sehr.

Es ging weiter durch den Panama-Kanal, nach New Orleans, die amerikanische Küste hoch bis nach New York. Christine und ich genossen diese Reise sehr, doch mein Bauch meldete sich jetzt häufiger. Und sie merkte es auch. Etwas stimmte nicht mehr. Und als ich im Mai das Schiff verließ, wusste ich, es würde sich bald etwas ändern müssen.

Ja klar, der Job als Doc Sander war angenehm und aufregend. Man fuhr in der Weltgeschichte herum. Aber, wie schon gesagt, die Atmosphäre an Bord war schon lange nicht mehr so wie zu Wolfgangs Lebzeiten. Und seit Sascha weg war, beschlich mich zunehmend dieses sterile Gefühl von *business as usual*. Der Reiz war weg. Es fehlte die Herausforderung. Man fokussierte sich inzwischen auch noch mehr auf die Gastrollen und weniger auf die Stammcrew. Die Rolle gab für mich einfach nicht mehr viel her. Besonders in den Auftritten bei *Kreuzfahrt ins Glück*, wo Doc Sander in einer Ausgabe zur Komparsenrolle verödete. Denn Text hatte ich keinen. Hatte man die Figur vergessen? Wofür bezahlte man mich?

Aber noch hatte ich ja einen ganzen Sommer Zeit, um meinen Entschluss zu fassen.

Dabei stand erst einmal das zweite große Benefizkonzert für die *Helena Symphony* an. Wie aber konnten wir das Konzert vom letzten Jahr noch toppen? Wir wählten diesmal das Thema *A night in Italy*. Es gibt ein schönes Video vom Konzert, mit Worten kann man es kaum beschreiben. Diesmal lag noch mehr Magie in der Luft. Eine Sopran-Frauenstimme, ein Tenor und ein Bariton, alle aus New York, verzauberten an diesem Abend das Publikum. Ihr Italienisch war perfekt.

Für mich persönlich geschah etwas ganz Großes an diesem Abend. Der Italiener Ennio Morricone hatte die Filmmusik für den Blockbuster *Spiel mir das Lied vom Tod* komponiert. Ich konnte den Mundharmonika-Part schon seit meiner Bandzeit spielen. Hier stand ich jetzt, ein 99-köpfiges Symphonie-Orchester hinter mir, vor mir ein elegant gekleidetes Publikum von rund fünfhundert Personen und dahinter der Missouri. Ich schaute auf meinen Kindheitstraum. Unser privates Bonanza, etwas, von dem ich schon seit meinem zehnten Lebensjahr geträumt hatte. Damals als Kind bedeutete es für mich die geballte Kraft von Freiheit. Allan Scott setzte den Taktstock an, ich schloss meine Augen, und als mein Einsatz kam, fing ich an zu spielen. Ich hörte, wie ein Raunen durch die Zuschauer ging. Ich wusste, warum. Der erste Cowboy war auf dem Dach unseres Hauses im Abendlicht hervorgetreten, dann der zweite, der dritte. Bis dann schließlich alle sieben Cowboys stoisch und mit Baulampen theatralisch von hinten angeleuchtet das Bild des Wilden Westen abrundeten. Jetzt war es für das Publikum kein Konzert mehr, nun war es eine richtige Show!

Christine, Ray Kuntz, Allan Scott und ich hatten etwas Einzigartiges geschaffen. Wir spielten mit dieser Benefizaktion 50.000 Dollar für die *Helena Symphony* ein. Damit hatten wir den Wert des ersten Konzertes glatt verdoppelt! Wieder einmal machte unser TING eine gute Figur und erfüllte seine volle Bedeutung.

In diesem Sommer fingen wir auch an, vorsichtig unser Gästehaus zu vermieten, an dem wir neun lange Jahre gebaut hatten. Wir registrierten es zunächst bei den gängigen Online-Vermietungsportalen. Die ersten Buchungen kamen herein. Wir empfingen die Gäste voller Erwartung. Hatten wir an alles gedacht? Würden sie sich im TING wohlfühlen?

Es folgten wunderschöne und sehr herzliche erste Einträge in unser Gästebuch. Unser gemeinsamer Traum war also in Erfüllung gegangen. Nun konnten wir uns voll auf das Marketing und die Vermietung konzentrieren. Wie würde die nächste Saison wohl werden? Christine und ich diskutierten lange. Sollte ich meinen Job auf dem Traumschiff wirklich aufgeben? Schließlich bezahlte man uns dafür, die Welt zu bereisen. Es war ein weitestgehend sicherer Job in dieser verrückten Welt des Showgeschäfts; doch mein Bauch sprach anders.

Seit Wolfgangs Tod wurde das Traumschiff in meinen Augen nur noch »verwaltet«. Als er von uns gegangen war und die Leute mich damals fragten, was jetzt passieren würde, wiederholte ich immer nur den einen Satz: Wenn jeder sein Ego schön vor der Tür lässt, wird alles so weitergehen wie bisher. Denn immerhin hatte sich sein Format weit über drei Jahrzehnte bewährt. Aber wie es so ist, wenn der Patriarch in einem großen Unternehmen stirbt und es dann die »Kinder« übernehmen: Jedes »Kind« glaubt, es besser zu wissen.

Wäre Wolfgang noch am Leben und hätte das Sagen an Bord, wären Sascha und ich wahrscheinlich noch weiter mit ihm um die Welt gesegelt. Auch mein lieber Kollege Marcus Grüsser, der in *Kreuzfahrt ins Glück* fast zehn Jahre lang den Hochzeitsplaner spielte, ging 2016 aus dem gleichen Grund. Auch er wurde durch das Traumschiff zu einem engen Freund von mir und Christine. Und zwar so sehr, dass es auf diesem gesamten Planeten bis heute keinen anderen Menschen gibt, mit dem ich besser und mehr lachen kann als mit Marcus

Grüsser. Selbst dann, wenn es nichts mehr zum Lachen gibt.

Endspurt

Wir befinden uns jetzt auf der Zielgeraden und nähern uns dem Ende des wilden Lebens der ersten 68 Jahre des kleinen Klaus und des großen Nick. Denn wie ihr seht, sind es nicht mehr viele Seiten in diesem Buch. Dieses Ende heißt aber natürlich nicht, dass es zu Ende ist. Keine Bange. Denn ich hoffe natürlich auf die 100 Jahre und dann vielleicht auch auf das zweite Buch mit dem Titel: *Die letzten Jahre: noch viel Wilder!*

Wie sang Udo Jürgens so schön? Mit 66 Jahren, da fängt das Leben an. Ach, wie recht er doch hatte. Was also stand als nächstes auf meinem Zettel? Weiterhin jahrelang um die Welt fahren? Dann würde die Zeit für all meine anderen geplanten Abenteuer vielleicht nicht mehr reichen. Denn wie habe ich nun bereits mehrfach geschrieben: Timing ist keine Stadt in China.

Was war zum Beispiel aus meinen Ambitionen geworden, weiter als Schauspieler in Amerika zu arbeiten? Keine Agentur würde mich in den USA nehmen, wenn ich ihnen erzählte, dass ich sieben Monate im Jahr auf hoher See als Doc Sander herumschippere. Dann wären ja all ihre Mühen, mich in einem Film oder einer Serie unterzubringen, umsonst, da ich im Zweifelsfall weder Zeit für Castings noch für Dreharbeiten hätte.

Der Zeitpunkt einer Entscheidung kam also immer näher. Ich ging in mich und sortierte meine Gedanken. Die Welt hatte ich gesehen, sogar gemeinsam mit Christine. Viele Abenteuer hatte ich überstanden. Oft habe ich alles auf eine Karte gesetzt. Die Ratschläge von weisen Frauen, diesen Wahrsagerinnen, denen ich im Leben zufällig oder nicht zufällig begegnet bin, habe ich nicht als wirres Zeug abgetan, sondern ihnen gut zugehört und sie auch befolgt. Ich hörte fortan immer auf meinen Bauch und löste sogar den Konflikt mit meinem Vater, bevor er diese Erde verließ. Dieser Konflikt war aber auch gleichzeitig der große Antriebsmotor in meinem Leben gewesen und hatte mir Kraft und das Durchhaltevermögen gegeben, um meine Ziele zu erreichen.

Und was hatte die erste Wahrsagerin damals in Kissimmee zu mir gesagt? Du wirst an einem Ort leben, wo um dich herum viele Berge sind. Du schaust auf einen See, und es sieht bei dir aus wie in der Schweiz. Du wirst oft über den großen Teich fliegen, und durch das Haus, in dem du lebst, wird viel Geld fließen. Das sagte sie auch noch, doch erinnerte ich mich lange gar nicht daran. Denn: Damit konnte ich damals wirklich gar nichts anfangen.

Doch zwanzig Jahre lang ist in unser Haus viel Geld und sehr viel Arbeit geflossen. Jetzt, da wir begannen, das Gästehaus zu vermieten, floss das Geld wieder zurück. Sie hatte also recht behalten. Ihr letzter Satz war: »Du wirst Bücher schreiben!« Dieser klingt in mir immer noch nach. Denn was mache ich gerade hier und jetzt? Ich sitze und tippe an meiner Autobiographie. Parallel schreibe ich seit über einem Jahr mit einem Schreibpartner an einem Filmskript. Zehn Episoden á 60 Minuten. Es handelt sich um eine Geschichte, die sich über achtzig Jahre zieht. Sie ist so vielschichtig und spannend und passt so haargenau in unser heutiges politisches Weltbild, dass wir beide es immer wieder hinterfragen: Wie fanden wir zusammen? Und warum genau dieses Thema? Und zu so einem Zeitpunkt. Fügung? Aber vielleicht sollte man auch gar nicht so viel hinterfragen, sondern einfach nur machen. So wie ich es mein Leben lang gemacht habe. Denn diesen Rückblick auf mein Leben, den du hier liest, den hatte ich ja nie vor. Ich schaute immer nur nach vorn, nie zurück. Wäre da nicht Björn Sülter gewesen, der damals als erster das Potenzial in meinen Geschichten erkannte.

Im September war es dann soweit. Gemeinsam mit Christine hatte ich es beschlossen. Ganz wie meine Oma Elise Flohr es mir schon als Kind immer geraten hatte: Geh, wenn es am schönsten ist! Und jetzt war es wirklich an der Zeit, zu gehen.

Telefonisch deutete ich dem Aufnahmeleiter der Produktionsgesellschaft im September 2019 an, dass mein Entschluss feststand: Ich würde von Bord gehen. Nach meiner zwanzigjährigen Verbindung zum Traumschiff und nach zehn Jahren als Schiffsarzt Doc Sander fühlte es sich richtig an, aufzuhören. Es lag nun am Sender, wie und wann genau ich ausscheiden sollte. Man entschied sich, es wie bei meinem Vorgänger Horst Naumann zu machen. Über die Feiertage! Weihnachten sollte meine letzte Folge laufen, meine Abschiedsfolge.

Für diese hatte der Sender eine Idee. Da Christine mich vor zwanzig Jahren mit dem Traumschiff bekannt gemacht hatte, sollte es jetzt auch sie sein, die in meiner letzten Folge als Fee über mein Schicksal entschied.

Die Idee wurde schließlich von jenem Drehbuchautor aufgegriffen, der einst auch meine ersten Sätze als Stefan Wagenfeld geschrieben hatte, sein erstes Action-Drehbuch für S.O.S. Barracuda verfasste, mir auf dem Traumschiff den Namen Doc Sander gab und sowohl meine Einstiegsfolge als auch viele weitere Episoden dieser Reise mitgestaltete.

Das Buch vom wilden Leben des kleinen Klaus kann aber damit natürlich nicht enden. Es muss doch noch irgendeinen Knall geben! Und davon gab es dann gleich mehrere.

Kurz bevor es zum letzten Mal in San Francisco aufs Schiff ging, musste ich noch einmal nach Deutschland fliegen. Man buchte mich diesmal bei *Rote Rosen* als Johann Feddersen für eine Woche.

Magret hatte mich auf ein Buch aufmerksam gemacht, das vom ehemaligen Direktor der Burger Volksschule, Herrn Schramm, geschrieben worden war. Sowohl Magret als auch ich hatten immer wieder auf unserer Heimatinsel diesen perfiden Spruch gehört: »Juden und Maulwürfe hat es auf Fehmarn nie gegeben.« Magret hatte nun aber in diesem Buch gelesen, dass es auf Fehmarn einen jüdischen Friedhof gab. Verwunderlich. Diesen Mann wollte ich jetzt unbedingt aufsuchen und kennenlernen. Angeblich habe er akribisch Dokumente aus der nationalsozialistischen Zeit von 1930 bis 1945 und dem Leben auf Fehmarn zusammengetragen und historisch beleuchtet. Ich rief ihn an und fragte, was denn noch so in seinem Buch stünde. Gab es da etwas über meinen Vater? Ja, gab es. Das wollte er mir dann aber doch lieber persönlich sagen. Jetzt war ich wirklich sehr gespannt.

Wahrheiten

Das Studio, in dem *Rote Rosen* gedreht wird, liegt in Lüneburg. Und Lüneburg ist in der Nähe des Konzentrationslagers Neuengamme bei Hamburg. Wir kommen nun zurück auf etwas, das ich bereits früh im Buch angedeutet habe. Ich fuhr also hin. Ich erinnere euch nochmals daran: Mein Vater hatte dieses Lager für kurze Zeit bewacht. So hatte er es mir zumindest einmal gesagt. Er behauptete bis zuletzt, von all dem, was dort angeblich geschehen sein soll, **nichts bemerkt** zu haben – und schon gar nichts gesehen.

Hier stand ich nun also, an einem kalten und regnerischen Tag im Februar 2020. Nein, hier brauchte man keine Wachen von außen. Hier war man Wachhabender *im* Lager, nicht draußen. Eine Stunde verbrachte ich an diesem Ort, und es wühlte mich sehr auf.

Auf Fehmarn besuchte ich dann Herrn Schramm. Ich saß einem Mann gegenüber, der meinem Bauchgefühl von damals recht gab. Ja, mein Vater war schon mit 17 Jahren der Organisator der SA, der Vorreiterorganisation der Waffen-SS, auf Fehmarn gewesen. Das wusste ich aber schon, denn ich hatte ja damals einen Zeitungsausschnitt von 1928 im Telefonbuch in Badstaven gefunden. Damals hatte ich der Geschichte nicht viel Aufmerksamkeit geschenkt. Es erregte bei mir aber doch Zweifel an den Geschichten meines Vaters.

Nein, er war nicht nur der Organisator der SA, auch später Organisator der SS auf der Insel. Er hatte seine Finger überall drin. Zusammen mit einem gewissen Herrn Martens hatte er für den Besuch von Heinrich Himmler und Reinhard Heydrich 1935 den roten Teppich ausgerollt. Reiterstaffeln mit Männern in schwarzen SS-Uniformen zogen in einer Art von Militärparade am Rathaus vorbei, Hakenkreuzflaggen hingen überall. Ich sah mir all die Bilder und Dokumente an. Heydrich ließ damals am Südstrand ein Ferienhaus bauen. Dort, wo sonst keiner bauen durfte. Auf einer Sonnenwendfeier gab es ein Richtfest für ihn und seine Frau, Lina von Osten. Hier trug ein sehr hübsches junges Mädchen ein Gedicht vor und übergab Heydrich und Himmler einen Blumenstrauß. »Sie hatte sich sehr hervorgetan«, hieß es im damaligen Fehmarnschen Tageblatt. Das junge Mädchen war meine Mutter. Und an dem Tag hatten sich meine Eltern kennengelernt. Herr Schramm konnte alles dokumentieren.

Der ehemalige Bürgermeister Lafrenz, der sich damals dem Regime entgegengestellt und sich geweigert hatte, die Hakenkreuz-Flaggen am Rathaus zu hissen, nahm sich angeblich das Leben. Er hatte sich erschossen. Mein Opa Johannes Flohr, Kaufmann in Burgstaaken und guter Freund von Herrn Lafrenz, erhängte sich angeblich am nächsten Tag, eine dritte Person nahm sich am darauffolgenden Tag das Leben. Im Fehmarnschen Tageblatt drohte man in einem Artikel der Bevölkerung, dass jeder, der das Gerücht verbreiten würde, es handle sich hier um politische Morde, ins Gefängnis käme.

Fünfzig Jahre voller Zweifel und Misstrauen. Und es kam immer wieder hoch. Was war damals wirklich passiert? Das musste ich jetzt erst einmal alles sacken lassen. Und das dauerte.

Ich sagte bereits: Ich will und kann kein Richter sein. Es war sein Leben, nicht meins. Jeder ist für seine Taten selbst verantwortlich. Und die Zeit, in der man lebt, der Ort, an dem man lebt, sowie die Menschen, mit denen man lebt, haben großen Einfluss auf alle Richtungen, die man im Leben einschlägt. Es ist wichtig, diese Dinge zu wissen. Es ist wichtig, die Wahrheit zu kennen. Jedem obliegt dann, für sich selbst eine Interpretation zu finden und damit zu arbeiten.

Mein Bauchgefühl von damals hatte mich nicht getäuscht, und mein ganzes Leben lang waren diese Zweifel in mir gewesen. Jetzt erfuhr ich zumindest einen Teil der Wahrheit. Zugegeben, es war schwer zu verarbeiten. Doch für mich war es wie eine Erleichterung.

Hvidsten, das Auto von Heydrich, die Uniform, die ich damals trug, Dr. Feldman in Pennsylvania. Wo waren die Zusammenhänge?

Eine neue Welt

Es ging für mich nun für ein letztes Mal aufs Schiff. Ich flog am 29. Februar 2020 von Hamburg nach München, traf dort Christine, die aus Südtirol kam, und gemeinsam machten wir uns auf den Weg nach San Francisco. Dabei hörten wir auch erstmals die Nachrichten von einem neuen Virus: Corona! Die Taxifahrerin in San Francisco trug einen Mundschutz. Wie wenig man sich in der Rückschau zunächst bei solchen Neuigkeiten denkt, bevor sich alles setzen kann, oder?

Die MS Amadea legte ab Richtung in Los Angeles. Aberirgendetwas stimmte hier nicht. Ein seltsames Gefühl beschlich uns. Doch kam in Los Angeles erst einmal Linda Evans (bekannt aus *Dallas*) für einen Cameo-Auftritt an Bord.

Es gab jedoch nun immer mehr Meldungen über die Corona-Pandemie. Nun überschlugen sich die Ereignisse täglich. Der nächste Hafen war Guatemala. Wir waren die letzten, die hinausfuhren. Danach wurde das Einlaufen jeglicher Schiffe verboten. Corona! San Salvador ließ uns nicht in den Hafen. Corona! Nicaragua: Wir verlassen den Hafen, und auch hier waren wir wieder das letzte Schiff, danach war der Hafen zu. Corona! Panama: dicht. Corona! Alle anderen Länder auf der Route dicht; immer das gleiche: Corona, Corona, Corona!

Wir tankten in Panama noch ein letztes Mal Diesel, und der norwegische Kapitän Jarle Flatebø beschloss gemeinsam mit *Phoenix Reisen* in Deutschland, direkten Kurs auf Bremerhaven zu nehmen. Wir saßen in der Falle, auf einem Schiff. Nachrichten von anderen Kreuzfahrtschiffen erreichten uns. Wir hofften einfach, dass sich niemand an Bord infiziert hatte. Nach acht Tagen ohne Landgang und auf hoher See gab es dann jedoch ein leichtes Aufatmen. Keiner schien krank zu sein. Wir waren wohl frei vom Virus.

Christine und ich saßen auf dem Weg eines Tages an Deck und dachten nach. Eine wunderschöne zwanzigjährige Liaison mit dem Traumschiff und eine zehnjährige Präsenz als Doc Sander gingen nun mit dieser denkwürdig-verrückten Reise zu Ende. Ein Doppeljubiläum, das sich zum Abschluss perfekt anfühlte.

Dass Christine mir damals an Bord des Traumschiffs Wolfgang Rademann vorgestellt hatte und dass es jetzt ausgerechnet sie war, die hier in meiner letzten Folge mitspielte, fühlte sich richtig an. Auch, dass in meiner letzten Folge Helmut Metzger, einer der angenehmsten Regisseure, mit denen ich an Bord zusammengearbeitet habe, diesen letzten Dreh zu meinem erbaulichsten Dreh in den zehn Jahren machte, war einfach Fügung.

Alle Faktoren zusammengenommen, galt also wieder einmal: Timing ist keine Stadt in China. Nein, Timing war in diesem Fall sogar eine persönliche, reife und wohlüberlegte Entscheidung. Und das Timing war genau richtig.

Meine letzte Klappe war dann also auch unsere letzte gemeinsame Klappe. Das musste gefeiert werden. Wir befanden uns in der Karibik auf dem Heimweg nach Bremerhaven.

Draußen an Deck war es warm. Das Menü für unsere Klappe: das einfache Gericht, die legendären Würstchen, die es damals immer auf der MS Deutschland gegeben hatte. Und zu trinken? Champagner. Das musste jetzt sein, egal, was es kostete. Nach zehn Jahren wollten Christine und ich mit den Menschen feiern, mit denen wir so viel Zeit verbracht hatten und mit denen wir auch so viel erlebt hatten. Kapitän Jarle Flatebø, der Zahlmeister, der Hoteldirektor und viele andere der Schiffsbesatzung kamen zu unserer letzten Klappe. Ich wollte keine großen Reden schwingen, bedankte mich mit wenigen, aber herzlichen Worten bei all unseren Teamkollegen, mit denen wir die Welt umsegelt hatten, und wir leerten eine Flasche nach der anderen. Es waren genau die Menschen anwesend, mit denen Christine und ich dieses Ereignis feiern wollten. Danke an alle! Wolfgang schaute dabei auf uns herab, das weiß ich. Danke auch dir, lieber Wolfgang!

Zuflucht

Der Realitätscheck wartete dann in Bremerhaven: Lockdown! Wir fuhren direkt vom Schiff aus nach Frankfurt und saßen am nächsten Tag im Flieger nach Chicago. Alles war surreal. Das *Sheraton außer* mir und Christine nur noch zwei andere Gäste, am nächsten Tag schloss es. Im Lufthansa-Flieger waren wir fast die einzigen Passagiere. Alle Crew-Mitglieder machten ihren Job unter diesen gefährlichen Bedingungen freiwillig. An dieser Stelle noch einmal ein großes Dankeschön an alle, die damals in diesem Team waren und uns sicher über den großen Teich gebracht haben. Ohne euch wären wir damals nicht nach Hause gekommen.

Umso erleichterter erreichten wir unser Zuhause, unseren Rückzugsort. Die Welt befand sich im Ausnahmezustand. Der Zaun aus China wirkte jetzt fast wie ein symbolischer Schutzzaun, das Haus wie eine Kathedrale.

Kennt ihr das Gefühl, nachdem man etwas Gutes gegessen hat und diese wohlige Wärme den ganzen Körper durchflutet und man nur noch Dankbarkeit verspürt? Genau das spürten wir nun. Die ganze Welt stand kopf. Nirgends konnte man mehr hin.

Wir hingegen waren in unserem TING, unserem Ort zwischen Himmel und Erde. Das war jetzt für uns der ideale Platz auf der ganzen Welt. Und das galt nicht nur für uns: Unser Gästehaus war durchgehend ausgebucht! Die angenehmsten und liebsten Gäste, die wir uns wünschen konnten, suchten ebenfalls die Abgeschiedenheit und Ruhe vor diesem Sturm namens Corona, der durch das Land und die ganze Welt tobte.

Trotz der Pandemie und des Endes meiner Traumschiff-Reise war dies der schönste Sommer unseres Lebens. Wir wachten jeden Morgen neben der Liebe unseres Lebens auf.

Ich blickte an einem dieser Tage mit einem dankbaren Lächeln auf die zurückliegenden Jahre, sah vor mir den kleinen Klaus und dachte: *Wow, das Leben ist wirklich wilder, als man denkt!*

Danksagung

Nick Wilder

Es gibt noch so viele verrückte, herzerwärmende und spannende Geschichten, die ich in diesem Buch gerne ebenfalls erzählt hätte. Wenn ich zurückblicke, dann sehe ich die Menschen oder die Situationen wieder vor mir, muss meist schmunzeln, und dann bekomme ich dieses wohlige Gefühl im Bauch, denn der Moment der Dankbarkeit ist einer der schönsten im Leben. Es waren so viele, die mein Schicksal bis heute beeinflusst haben.

Dankbar bin ich all denen, die auf der Bühne meines bisherigen Lebens immer da waren, um für mich im richtigen Moment die Weichen zu stellen, auch, wenn manche von ihnen gar nicht mehr auf dieser Erde weilen und trotzdem von oben immer ihre Finger im Spiel haben, um über mich zu wachen, so wie zum Beispiel meine Mutter, mein Vater (auf seine ganz eigene Weise), mein Mentor Kjeld Ib Lise, Henning Madsen, Gloria Schweitzer, Wolfgang Rademann, Mervin Nelson, mein Schwiegervater Max Mayr und noch einige andere. Wenn man »zufällig« an jemanden denkt, dann weiß man, sie denken an dich.

Mange Tak an meine lieben dänischen Freunde, die Familie Madsen, Familie Palle, Rigmor Hansen, Morten Rasmussen, »lille« Carsten und viele mehr. Meinen Schwestern Magret und Helga, danke. Danke, Frau Kramer (Sie wissen schon warum: 1996, Barracuda). Thank you to my friends Dolores Hart, Tom Morrison, Ray Kuntz, Tom Morrison, Richard Opper and many more.

Den Daumen hoch auch für alle die ehemaligen Kolleginnen und Kollegen von Herrn Kaiser. Es war eine tolle Zeit mit Euch. Danke an alle meine Fans da draußen.

Und, last but not least, ich danke auch allen meinen Liebschaften, die dazu beigetragen haben, mich zu einem – wenn auch nicht perfekten – »Frauen-Versteher« zu machen.

In Bezug auf dieses Buch ein Dank an den Journalisten Björn Sülter. Er rief mich vor vielen Jahren für ein Interview zum Thema "Traumschiff" an. Björn lebte in Schleswig-Holstein, ich in Montana, und ich erinnere mich noch genau daran, wie ich nach unserem langen Gespräch das Gefühl hatte, dass sich da gerade ein Band geknüpft hatte. Zwei Stunden lang redeten wir über Gott und die Welt, und am Ende fragte ich nach, was er sich in seinem Leben wirklich wünschte. Ich riet ihm das, an was ich selbst immer geglaubt habe: *If you can dream it, you can do it!*

Diese Begegnung war die Initialzündung für dieses Buch. Und ich bin Björn dankbar, dass er mich ermutigt hat, dieses Buch zu schreiben. Er übernahm das Lektorat, brachte Struktur hinein und lieferte mir viele witzigen Ideen für die Zwischentitel, die das Buch so besonders machen.

Danke auch an Melina Brinkmann und Mel Schulz.

Und mein größter Dank gilt natürlich dir, Christine, die du mich jetzt schon fast 1/3 meines bisherigen Lebens begleitet hast. Danke für deine Geduld, danke, dass du mir über die letzten sieben Monate des Schreibens an diesem Buch dein Ohr geliehen und Dinge kritisch hinterfragt hast.

Vaterliebe ist ein packender, zutiefst emotionaler Roman über die zerstörerische Kraft von Familiengeheimnissen, die Wunden unbeantworteter Fragen – und die lebenslange Sehnsucht nach einer väterlichen Liebe, die nie erwidert wurde.

Getrieben von der unstillbaren Hoffnung, endlich die Anerkennung seines Vaters zu gewinnen – eines Mannes, der den Holocaust leugnet und die Nazis glorifiziert – wagt Alex von Stein einen riskanten Schritt: Er schleust sich in ein global wachsendes Netzwerk militanter Neonazi-Zellen ein. Jeder falsche Blick, jedes falsche Wort könnte ihn verraten – und töten.

Mit jedem Tag, den er tiefer in die Schattenwelt des Hasses vordringt, muss Alex mehr von seiner eigenen Identität aufgeben. Er trägt eine Maske, deren Ideale er verachtet, und droht daran zu zerbrechen. Erst eine unerwartete Wendung der Liebe zwingt ihn, den gefährlichen Weg zurück zu dem Mann zu finden, der er einst war – eine Rückkehr, die ihn alles kosten könnte.

Am Ende steht er vor einer letzten, alles entscheidenden Enthüllung: den dunkelsten Geheimnissen seiner Familie. Um die ganze Wahrheit ans Licht zu bringen, muss er den Tod noch ein einziges Mal überlisten – wissend, dass diesmal kein zweites Leben auf ihn wartet.

Vaterliebe

Eine warnende Geschichte

Als *Klaus Wilder* 1952 auf der Insel Fehmarn geboren, wurde er 1977 Windsurfweltmeister und eröffnete in Dänemark sein erstes Windsurfgeschäft.
Nach Beendigung des Studiums der Holzwirtschaft an der Uni Hamburg wanderte Nick in die USA aus und eröffnete 1983 in Florida sein zweites Windsurfgeschäft.
1991 zog es ihn nach Los Angeles und er begann dort mit 39 Jahren seine Schauspielkarriere.

Eine Rolle in Roland Emmerichs Welterfolg „Stargate“ war der Startschuss für weitere Gastauftritte in amerikanischen Soaps, Filmen und Serien. In Deutschland wurde er bekannt als Werbefigur *„Herr Kaiser“* (1997-2010), spielte diverse Hauptrollen in vielen deutschen Serien und war von 2010-2020 der Schiffsarzt *„Doc Sander“* in der beliebten TV-Serie „Das Traumschiff“.

Seit 27 Jahren lebt Nick Wilder zusammen mit seiner Frau und Schauspielkollegin Christine Mayn im Bundesstaat Montana, USA.

In der Saison 2024 wird Nick als Schurke *„Emery Forster“* bei den Karl-May-Spielen in Bad Segeberg gastieren.

In seinem Buch *„Das Leben ist wilder als man denkt!“* schrieb er 2020 sein abenteuerliches Leben auf und präsentiert seit 2022 seine Autobiografie als unterhaltsame Lesung auf deutschsprachigen Bühnen.

Dieser Rückblick auf sein Leben veranlasste Nick, sich dem Schreiben noch intensiver zu widmen. Zusammen mit seinem amerikanischen Co-Autor Richard Opper konzipierten beide eine 10-teilige TV-Serie mit dem Namen *„Father Love“* (Vaterliebe). Jetzt haben sie zu dieser Serie auch den Roman geschrieben. VATERLIEBE.

Richard H. Opper ist Verleger, Drehbuchautor und Maler

Er hat drei Romane und acht Drehbücher in Spielfilmlänge zu Themen wie dem Reaktorunfall von Tschernobyl, Watergate, Waffengewalt an Schulen, psychische Gesundheit und Obdachlosigkeit sowie drei Komödien geschrieben. Außerdem hat er zusammen mit Nick Wilder *„Father Love"* verfasst, eine zehnteilige Serie über einen deutschen Jungen, der sich verzweifelt um die Zuneigung seines Ex-Nazi-Vaters bemüht und einen entgegengesetzten Karriereweg wählt, der in einem Kampf auf Leben und Tod zwischen ihm und seinem Vater gipfelt.

Der inzwischen pensionierte Richard war zuvor Mitglied des Kabinetts von zwei Gouverneuren in Montana. Er hat vor den Gesetzgebern der Bundesstaaten und dem US-Kongress ausgesagt. Er hat einen Stab von über 3.000 Mitarbeitern und ein Budget von über 2 Milliarden Dollar pro Jahr geleitet und kennt die politische Welt, die er in vielen seiner Drehbücher schildert, sehr gut.